AI시대 바둑을 파헤친다!

최강
포석

AI시대 바둑을 파헤친다!

최강 포석 1. 화점 포석편

2판 1쇄 발행 2024년 8월 20일

감 수 김일환
지은이 이하림
발행인 조상현
마케팅 조정빈
발행처 더디퍼런스

등록번호 제2018-000177호
주소 경기도 고양시 덕양구 큰골길 33–170
문의 02-712-7927
팩스 02-6974-1237
이메일 thedibooks@naver.com
홈페이지 www.thedifference.co.kr

독자여러분의 소중한 원고를 기다리고 있습니다. 많은 투고 부탁드립니다.

ISBN 979-11-6125-492-0 13690

AI시대 바둑을 파헤친다!

최강 포석

이하림 지음 · 김일환 감수

1. 화점 포석편

더디퍼런스

들어가는 말

"바둑의 신이 있다면 인간의 최고수와 몇 점이면 적당할까?" 오래 전부터 이런 궁금증이 있었습니다. 그동안 인간은 두점 접바둑이면 이긴다고 자신감에 넘치기도 했지만 막상 신급 존재인 인공지능(AI)이 등장하자 넉점에도 목숨을 걸기 어려운 시대가 되었습니다. AI등장 초기에는 그래도 해볼만하다는 생각이 있었는데 AI가 진화에 진화를 거듭하면서 지금은 바둑의 적수가 아닌 스승으로 받아들이기에 이르렀습니다.

AI시대에는 생각지도 못했던 기술이 창궐합니다. AI가 보여주는 바둑의 세계는 정말 신비롭지요. 상식을 벗어난 수가 신기하게도 힘을 발휘하는 등 상황에 따라 변신하는 둔갑술의 천재입니다. 인간은 보이는 힘만 믿지만 AI는 보이지 않는 힘으로 세밀하게 분석하고 종합적 판단을 내립니다.

특히 바둑의 초반은 감성과 감각이 지배하는 시공간이며 단순 인공지능의 계산으로는 인간지능을 넘을 수 없는 금기의 영역이었는데, 더욱 강력해진 인공지능은 이런 고정관념을 보기 좋게 깨뜨리며 인간의 감성을 압도했습니다. 미지의 세계인 초반에도 신출귀몰한 AI는 거침없이 계산을 하며 이에 따라 정석과 포석에서도 혁명이 일어났습니다.

그동안 인공지능이 차가운 이성으로 인간 바둑의 세계를 파헤쳐왔다면 이제는 인공지능 바둑의 심오한 세계를 인간의 따뜻한 감성으로 분석할 차례입니다. 이 책의 기획 배경은 이처럼 달라진 바둑 수법을 AI의 새로운 시각으로 보여주려는 데 있습니다.

그동안 정석 분야는 3권의 시리즈로 완결했습니다. 1권에서는 화점 중에서 가장 많이 접하는 기본적인 정석에 대해, 2권에서는 화점 정석 중 협공에 대해, 3권에서는 소목 정석에 대해 중점적으로 다뤘습니다.

이번에는 포석 분야를 다룰 차례인데 실전에 주로 사용하는 화점과 소목에 초점을 맞춰 두 권으로 완성할 예정입니다. 책의 구성은 익히 알려진 포석 유형을 기반으로 해서 AI의 창의적 발상과 진화된 수법을 알려주는 방식입니다. 익숙한 포석의 눈높이에서 출발해서 점진적으로 AI 수법에 적응하면서 자연스럽게 신시대에 맞는 안목을 키우고 실전에 적용하는 힘을 기르는 데 목표를 두었습니다.

이번 책의 주안점은 화점인 만큼 편의상 '화점 포석'이라는 명제로 양화점 포석과 삼연성 포석에 대해 다뤘습니다. 다음 책은 소목이 주안점이며 화점·소목 포석과 양소목 포석에 대해 다룰 예정입니다.

이 책의 내용은 국면의 운영 방법에 따라 4개의 파트로 구분했습니다. 특히 화점에 3三침입이 유행하면서 양화점에서의 포석 변화가 다채롭습니다. '파트 1'에서는 화점 정석을 기반으로 한 기본적인 포석 변화에 대해 다룹니다. '파트 2'에서는 AI의 주특기인 손빼기 전략에 따라 전체 국면을 염두에 둔 능률적인 포석 변화에 대해 다룹니다. '파트 3'에서는 양화점에 상대가 소목으로 대응할 때 소목 정석을 기반으로 화점과 연동해서 전개되는 포석 변화에 대해 다룹니다. '파트 4'에서는 AI시대에 걸맞은 삼연성 포석의 운영법에 대해 다룹니다.

본문은 유형별로 이어지는데, 보충 학습을 위해 각 유형 말미에 본문과 연계하며 '원포인트 레슨'을 넣었습니다. 전반적으로 낮은 단계에서 높은 단계까지 두루 독자의 수준에 맞춰 AI시대를 관통하는 포석의 길잡이로 삼을 수 있도록 체계적이고 실전적이며 흥미롭게 꾸미고자 노력했습니다.

바둑의 신을 가정하고 상상했던 세계가 현실이 되었습니다. 우리가 AI로부터 배울 점은 종합적 관점에 의한 대세적 안목과 열린 사고에 의한 창의적 발상입니다. 이 책에는 AI로부터 전수받은 다양한 포석 변화들이 등장하지만 사실 AI는 포석이란 무엇인지도 모릅니다. 어차피 AI는 말이 없습니다. 오직 계산하고 판에다 실천할 뿐입니다. 전체 국면의 일부분인 포석도 인간의 언어인 만큼 어떻게 활용할지는 전국을 바라보는 여러분의 안목에 달렸겠지요.

더불어 AI시대에 바둑을 즐기면서 실력을 늘리는 비결은 모양에 구애받지 않는 자유자재한 인공지능의 냉정한 계산에 모양을 중시하는 인간의 예술적 열정으로 생명을 불어넣는 조화로운 공존 아닐까요.

이하림

 차례

PART 1 ☞ 양화점에서 기본 포석

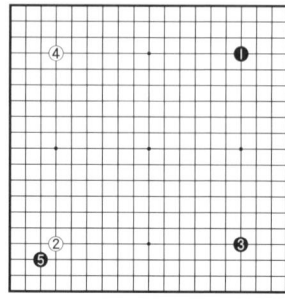
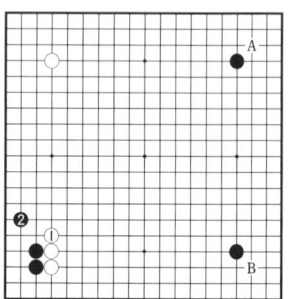
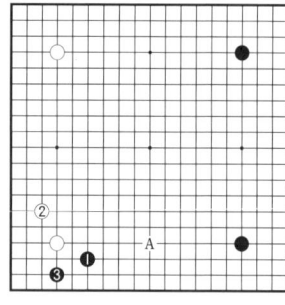
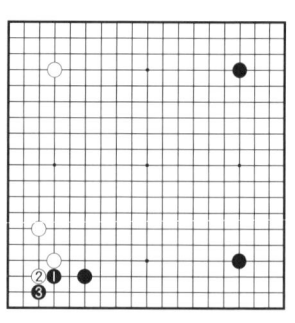
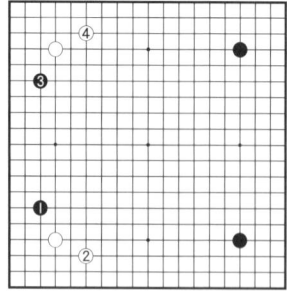
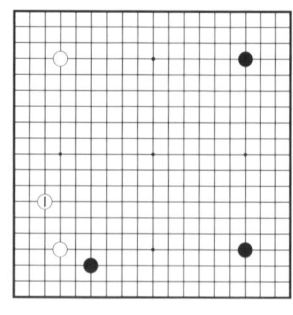

PART 2 ☞ 양화점에서 능률 포석

7형 걸치고 3드침입 – 나의 강한 쪽에서 막음

88

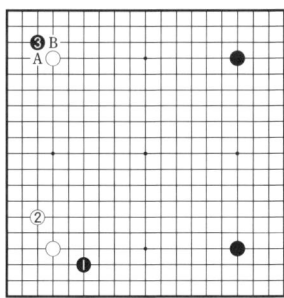

8형 걸치고 3드침입 – 상대 강한 쪽 막음(기본)

96

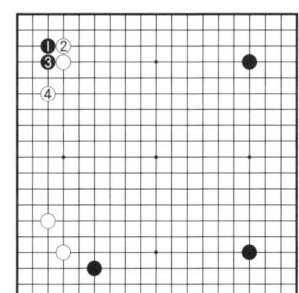

9형 걸치고 3드침입 – 상대 강한 쪽 막음(심화)

107

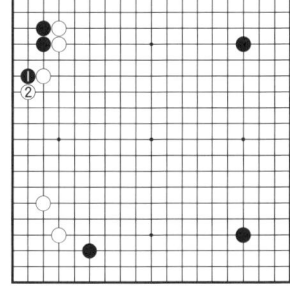

10형 걸침에 손빼고 3드침입

121

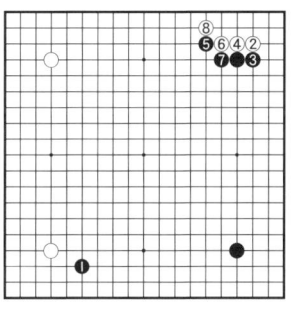

11형 양쪽 걸치고 나서 한쪽 굳힘

134

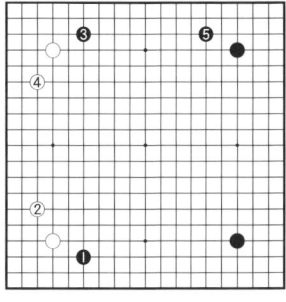

12형 양쪽 걸침에 한쪽 손빼고 3드침입

148

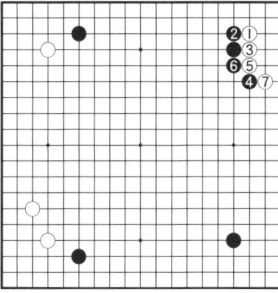

PART 3 ☞ 양화점에서 소목 대응 포석

13형 소목 날일자걸침에서 기본

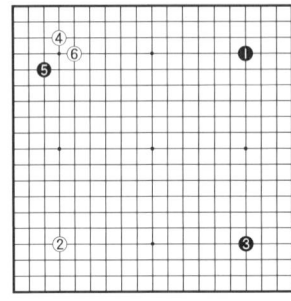

162

14형 소목 날일자걸침에서 심화

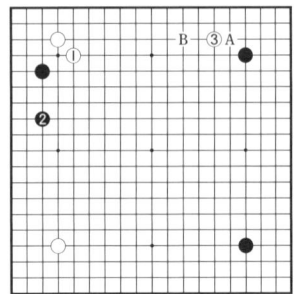

176

15형 소목 날일자걸침에서 협공

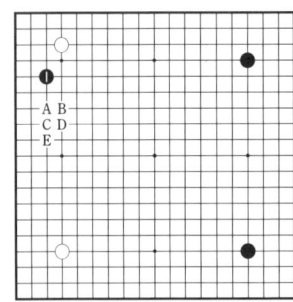

191

16형 소목 한칸걸침에서 꽉이음

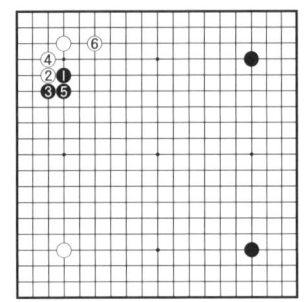

206

17형 소목 한칸걸침에서 호구이음

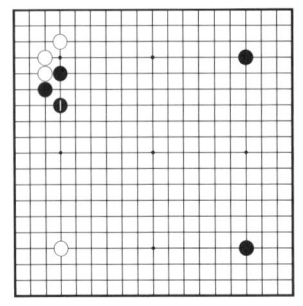

219

18형 소목 한칸걸침에서 협공

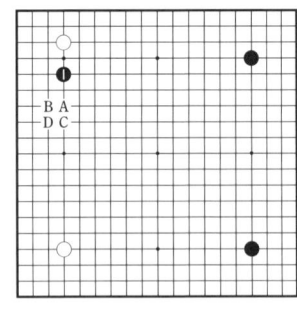

230

PART 4 ☞ AI시대 삼연성 포석

19형 기본 변화

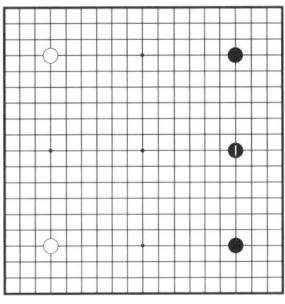

20형 한칸협공에 3三침입

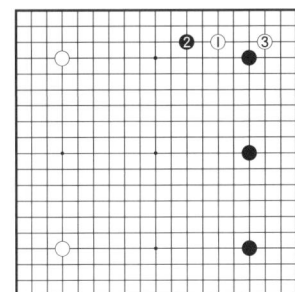

21형 한칸협공에서 올라서는 변화

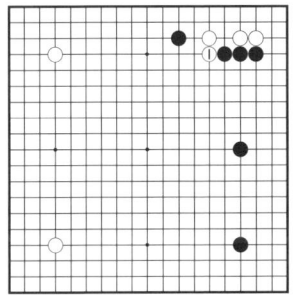

22형 한칸협공에 낮은 양걸침

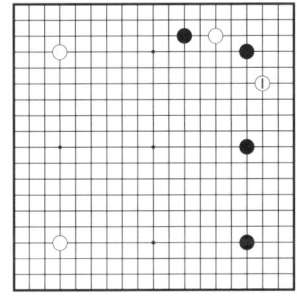

23형 한칸협공에 높은 양걸침

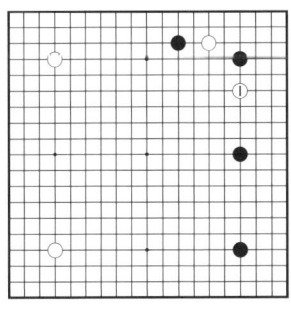

24형 위로 붙이는 변화

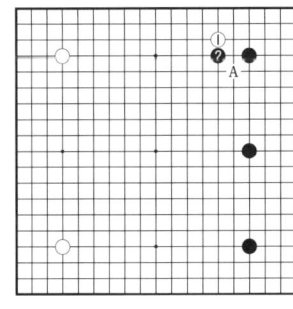

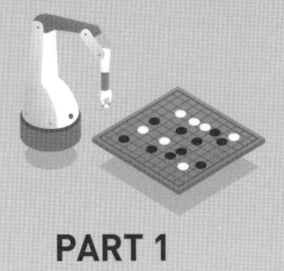

PART 1

양화점에서
기본 포석

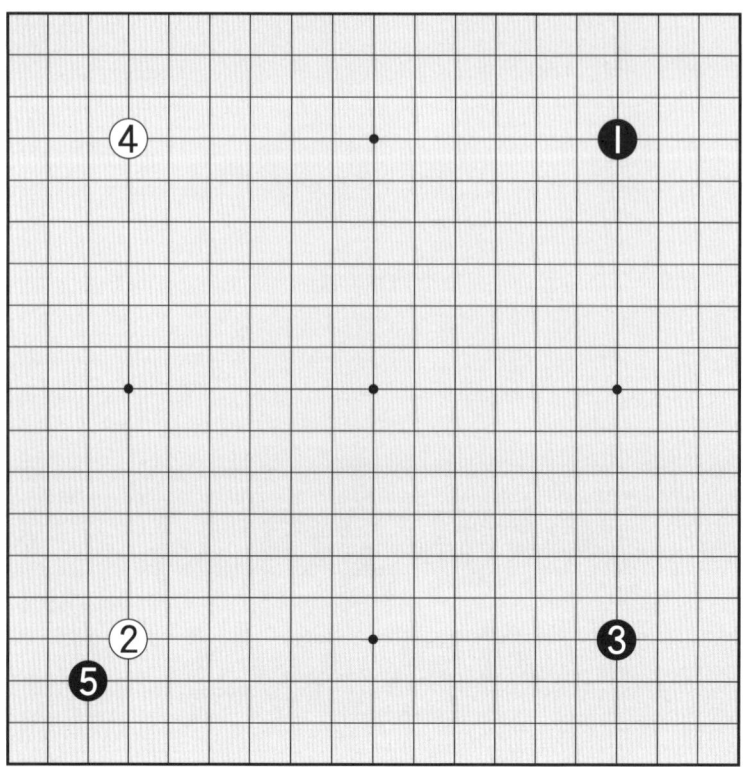

　흑1과 3이 모두 화점이면 보통 '양화점 포석'이라 한다. 백2, 4도 양화점인데 AI시대에는 화점 포석이 주류이다.
　특히 화점에서 흑5의 이른 3三침입은 AI의 전매특허인데 화점 포석의 첫 단추는 여기서부터 출발한다.

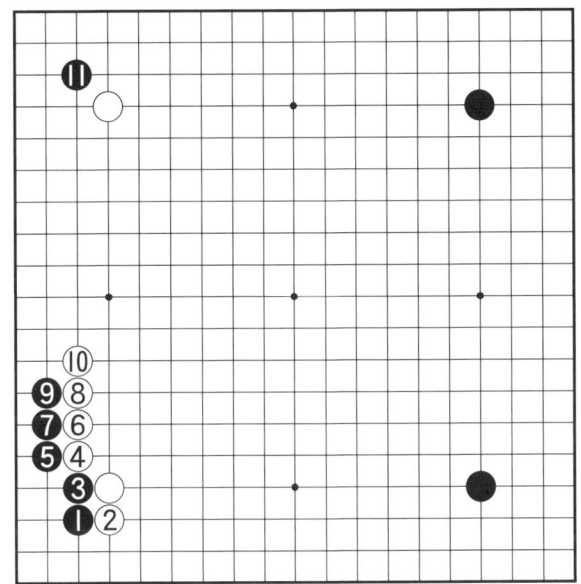

1도

1도(흑, 실리로 충분)

흑1에 침입한 후 백이 10까지 두텁게 두면 흑 11로 재차 침입한다.

AI시대 이전이었다면 이런 진행은 흑의 소탐대실로 단정했을 테지만 이제는 흑이 충분하다고 본다.

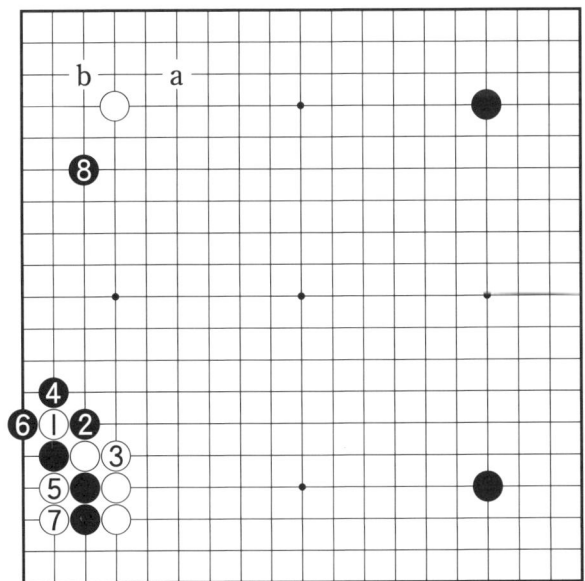

2도

2도(이단젖힘 정석)

앞 그림 흑5 때 백1의 이단젖힘이면 이하 7까지 정석이다. 다음 흑8로 걸치면 무난한데 서로 대등한 형세라는 것이 AI의 견해이다.

흑8은 a쪽 걸침이나 b의 침입도 거의 같은 가치이다.

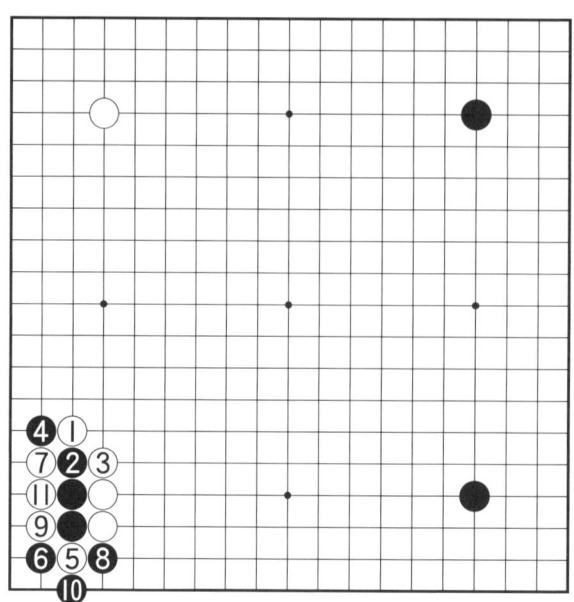

3도

3도(상용 날일자 늦춤)

1도 흑3 때 백1의 날일자 늦춤이 많이 두는 수단이다. 흑2, 4에 여기를 백이 계속 둔다면 5 이하 11까지 보편적인 정석 수순이다.

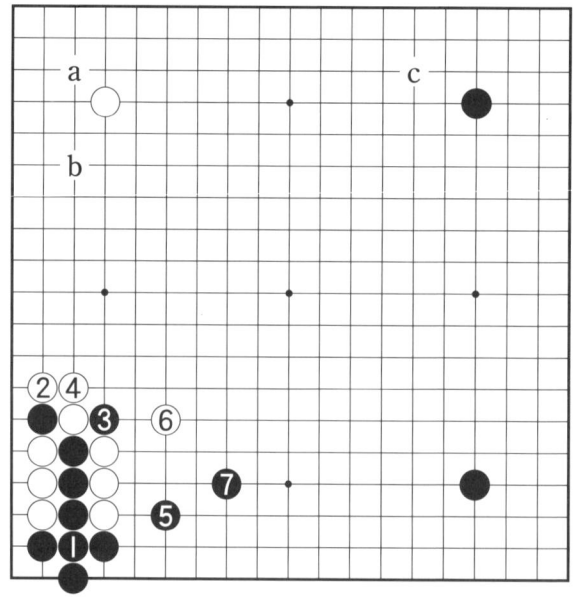

4도

4도(부분 정석)

이다음 흑1로 잇고 나서 7까지 되면 정석이 일단락된다.

　보통 실전에서는 처음부터 부분 정석에 치중하지는 않는데, 흑이 7로 a의 침입이나 b쪽 걸침, c의 굳힘 등 공간을 선제적으로 활용할 수 있다.

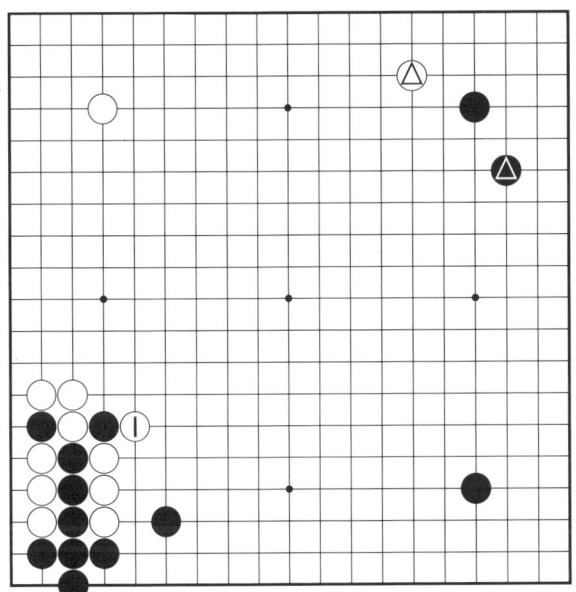

5도

5도(백, 두터움)

앞 그림 흑5 때로 돌아
가서 우상귀에서 미리
백△와 흑▲가 교환되
어 있다면 백1로 한점
을 축으로 잡을 수 있고
백이 두터운 흐름이다.

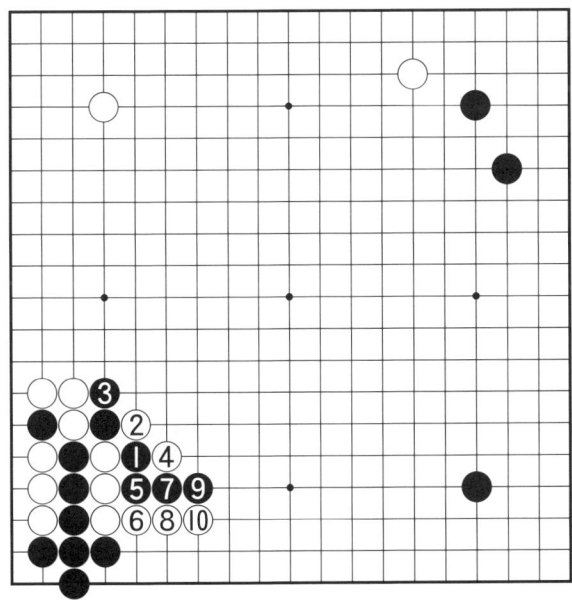

6도

6도(흑, 위험)

이럴 때는 4도 흑5 대신
1의 젖힘이 유효하다.
그렇다고 백2, 4에 흑5
로 나가면 백6 이하 10
으로 밀어가서 귀의 흑
이 위험하다.

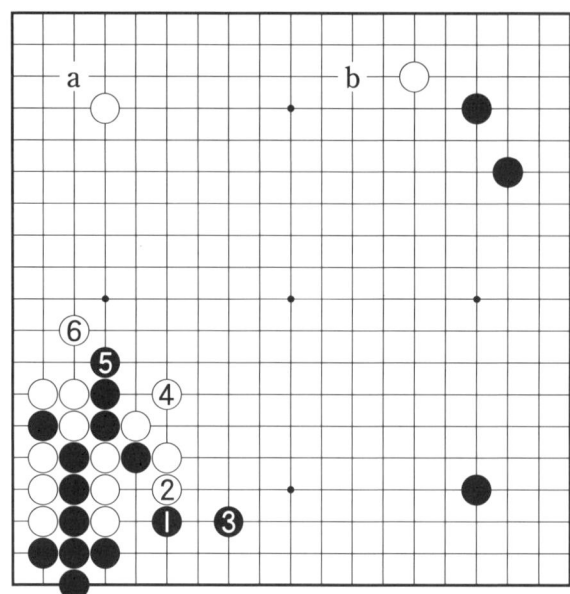

7도

7도(효율적 지킴)

앞 그림 백4 때 하변 흑 1로 나가고 백2에 흑3 의 한칸이 효율적 지킴 이다. 백은 4, 6으로 좌 변에서 주도하는 흐름 이 된다.

　다음 흑은 좌변을 직 접 움직이기보다 a나 b 와 같은 큰 자리를 선점 하는 것이 우선이다.

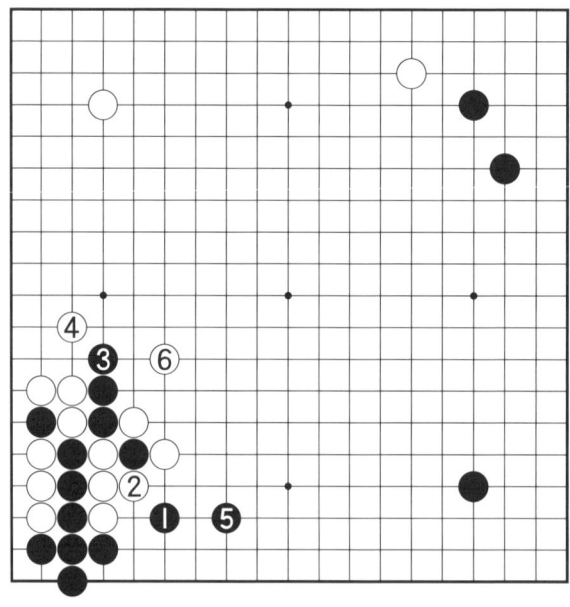

8도

8도(가능한 변화)

흑1에 백2로 잡은 후 6 까지도 가능한 변화인 데 앞 그림과 비슷한 맥 락이다.

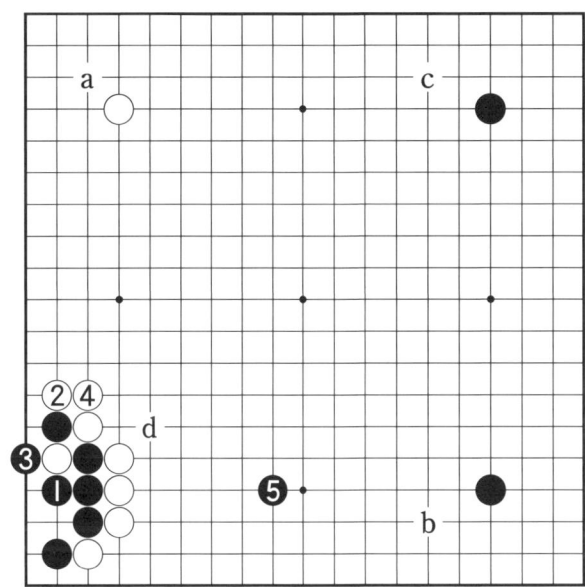

9도

9도(간명한 변화)

3도 백7 때 흑1로 잡으면 간명한데 백도 2, 4로 봉쇄하면 실리와 두터움의 대결이다.

　다음 흑은 a의 침입, b나 c의 굳힘 등이 대표적 큰 자리인데, AI는 흑5의 다가섬도 d의 활용과 연계해서 능동적이라 본다.

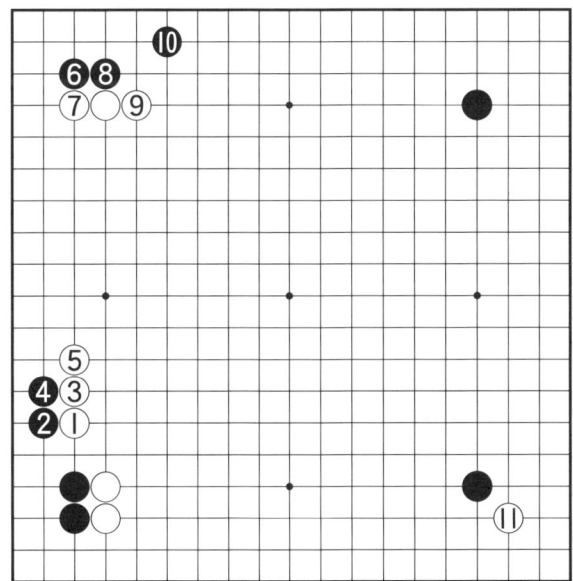

10도

10도(싸움 유도하는 붙임)

거슬러 올라가 백1에 흑2의 붙임은 싸움을 유도하는 치열한 수단이다. 백3, 5로 물러서면 간명한데 대신 흑6으로 재차 침입해서 발빠르며 이하 11까지 보편적인 변화이다.

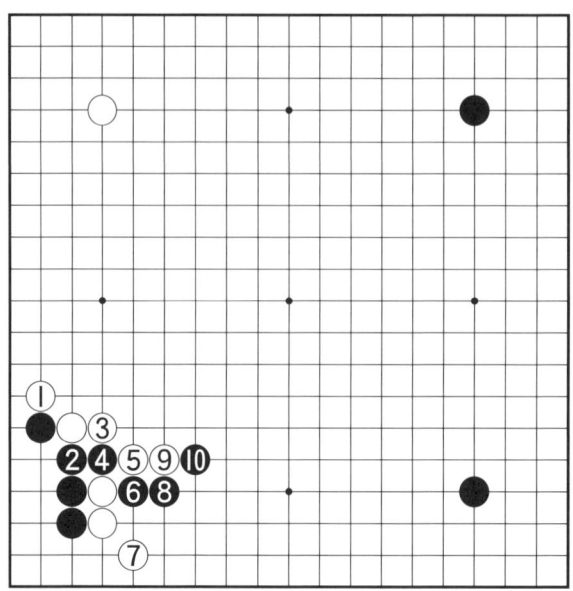

11도

11도(기세의 젖힘)

앞 그림 흑2 때 기세로 두자면 백1의 젖힘인데 흑2 이하 6으로 끊어 싸움을 피할 수 없다.

이하 10까지는 기억해둘 정석 수순이다.

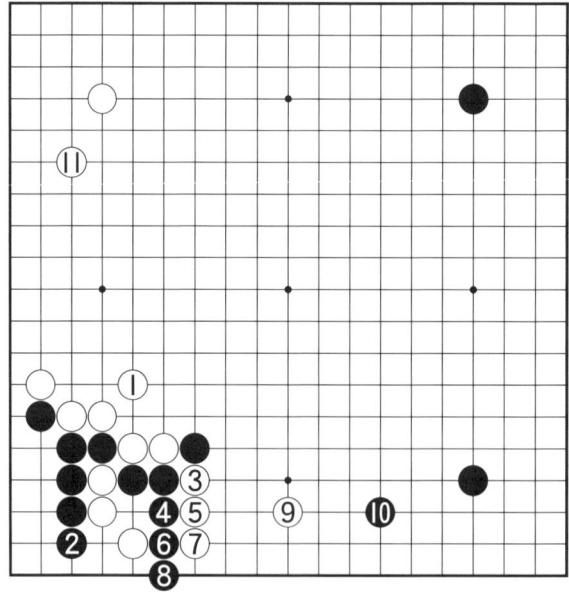

12도

12도(무난한 타협)

이다음 변화가 많지만 백1로 호구치면 간명하다. 흑2는 절대 지킴이고 백3으로 끊은 후 9까지 무난한 타협이다.

다음 흑10과 백11로 큰 자리를 두면 AI는 백이 약간 두터운 정도로 판단하지만 미세한 관점이므로 이제부터의 바둑이다.

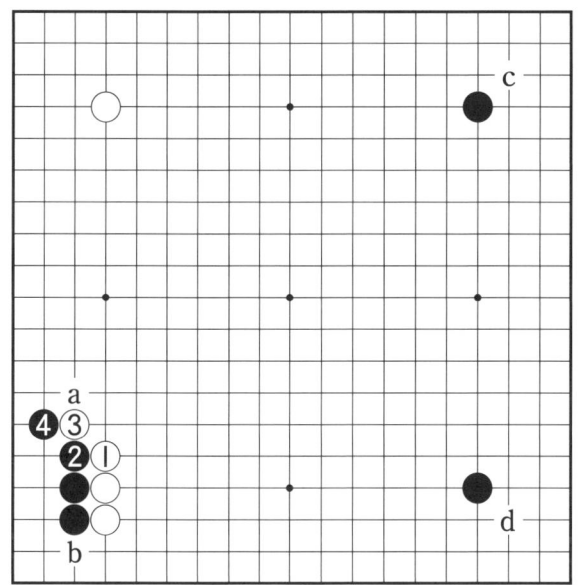

13도

13도(무난한 수순)

1도 흑3 때 백1은 변화를 제한하려는 의도로 많이 두며 4까지 되면 무난한 수순이다.

　다음 백이 a로 늘면 약간 느슨하고 b로 젖히면 3도로 환원된다. AI라면 당장 백이 여기를 두지 말고 c나 d의 침입을 권할 것이다.

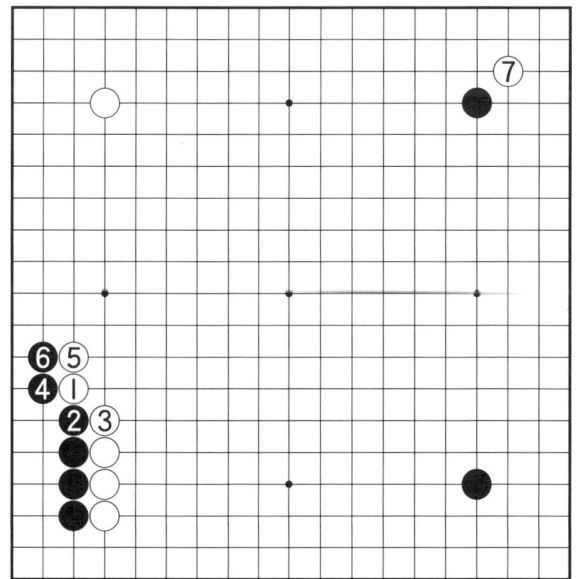

14도

14도(늦추는 수단)

앞 그림 흑2 때 백1로 늦추는 수단도 있다.

　흑2, 4에 백5로 하나만 늘고 흑6에 손을 돌려 7로 침입하면 백도 충분하다는 것이 AI의 견해이다.

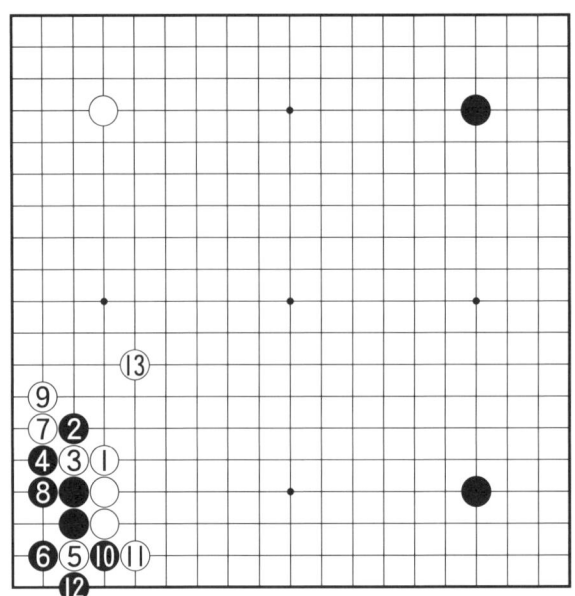

15도

15도(흑이 당한 결과)

백1에 흑2의 뜀은 지금 처럼 축이 유리할 때 사 용이 가능하다.

백3, 5는 약점을 공 략하는 하나의 방안인 데, 흑6으로 손따라 받 으면 백7로 끊은 후 13 까지 필연이며 흑이 당 한 결과이다.

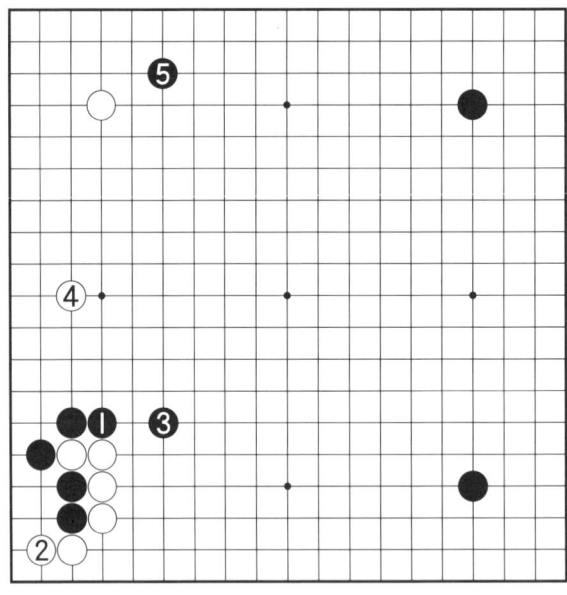

16도

16도(대응법)

앞 그림 백5 때 흑도 변 에서 1로 밀어올리고 백 2에 흑3의 뜀이 대응법 이다. 다음 백4로 벌리 고 흑5로 걸치면 거의 대등한 진행이다.

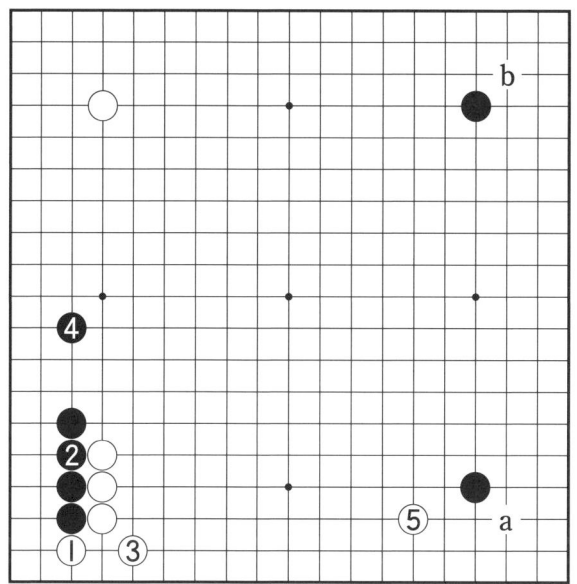

17도

17도(간명한 정리)

15도 흑2 때 서로 간명하게 정리하자면 백1로 젖히고 4까지의 변화를 생각할 수 있다.

다음 백5로 걸치면 무난하며 5 대신 a나 b의 침입도 AI시대에 걸맞는 선택이다.

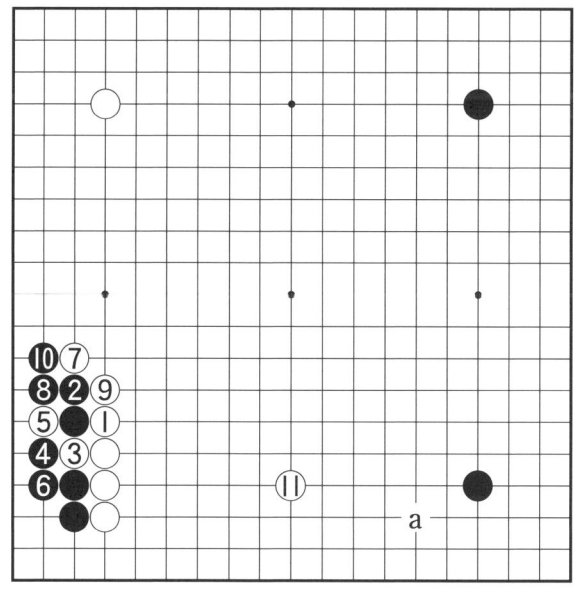

18도

18도(백, 두터운 정리)

백이 두텁게 정리하자면 1로 밀고 3, 5로 끊는 정석도 생각할 수 있다. 이하 10까지 일단락되며 백11의 벌림이면 무난하다.

백11 대신 a의 걸침이나 우상귀 또는 우하귀 3三에 침입하는 것도 큰 자리이다.

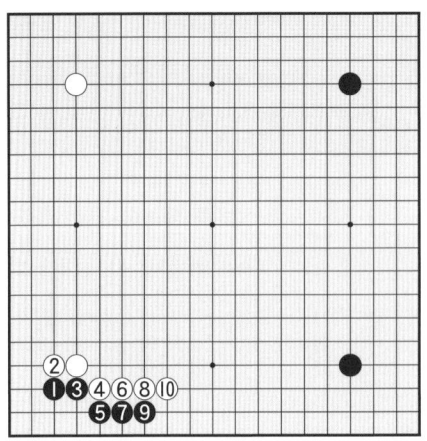

▦ 장면

흑1의 3三침입에 대해 이번에는 백2로 좌변 쪽에서 막은 후 10까지 진행된 장면이다.

　이때는 흑이 좌변 두터움을 어떻게 견제하면 좋을지 생각해보자.

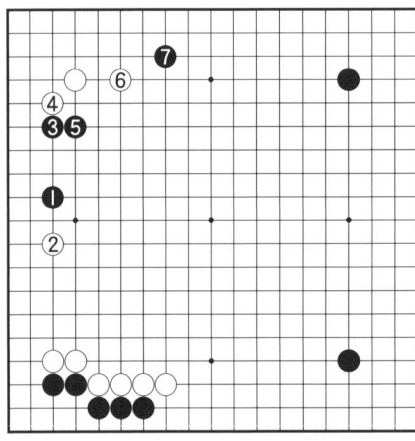

1도(적당한 간격의 갈라침)

흑1의 갈라침이 좋은 자리이며 간격도 적당하다.

　백2로 압박하며 4, 6으로 공격을 가하지만 흑은 좌변에 근거를 갖춘 후 7로 백진의 엷음을 공략하면 충분히 맞서는 국면이다.

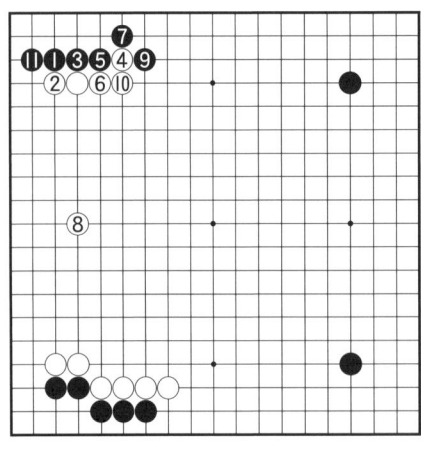

2도(3三침입부터 전환)

흑1의 3三침입부터 전환해도 충분하다. 백2로 막은 후 7까지는 보편적인 수순인데 백8로 좌변 모양이 웅대하지만 흑도 9, 11의 견실한 실리로 맞서면 어울린 형세이다.

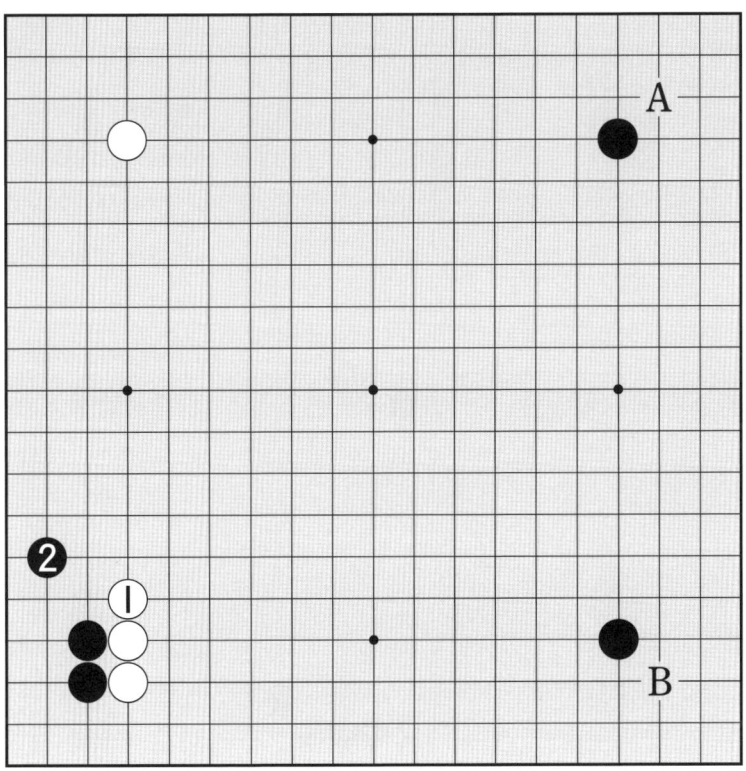

　　이른 3三침입에서 백1로 늘고 흑2의 날일자로 받으면 간명하게 일단락된다. 다음 백이 A나 B로 침입하는 것이 AI 시대에 전체를 구상하는 입체적 전략인데 이후의 포석 변화에 대해 알아본다.

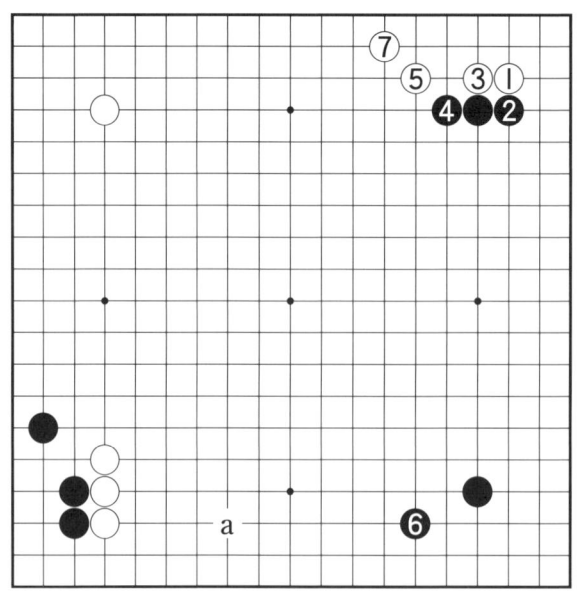

1도

1도(뛴 후 마늘모지킴)

이 구도에서 우상귀 백 1의 침입이 주로 사용되며 흑2, 4에 백5의 뜀도 축이 유리하므로 가능한 선택이다.

여기서 흑이 손을 빼고 6의 굳힘이나 a로 다가설 때도 백7의 마늘모 지킴은 좋은 자리로 기억해둔다.

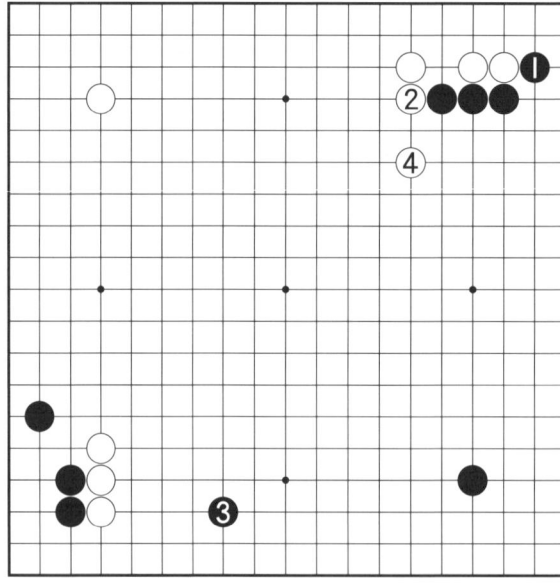

2도

2도(기세의 대결)

앞 그림 백5 때 흑1로 귀의 젖힘도 엷음을 추궁하는 하나의 방안이며 백2로 밀어올리는 것이 보편적 대응이다.

흑3에 다가서고 백4로 뛴 것은 AI가 제시하는 기세의 대결이다. 좌하귀 백 석점은 탄력이 있어 크게 공격받을 염려는 없다.

3도(상용 타개수단)

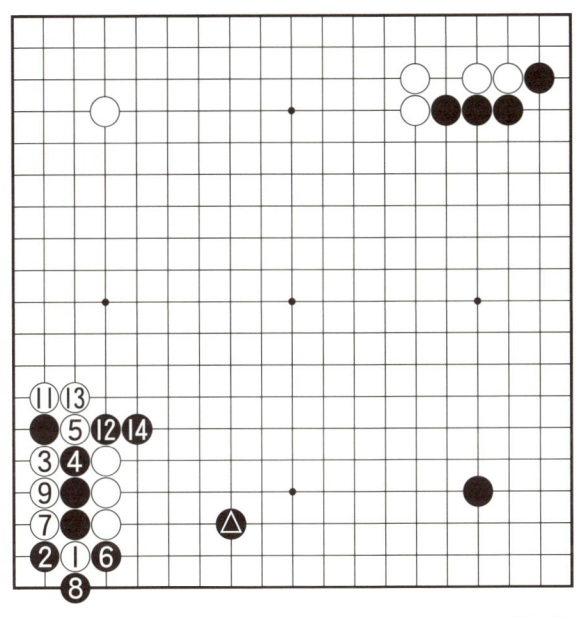

3도

⑩‥①

앞 그림 흑3 때 좌하 백이 먼저 타개하자면 1로 젖힌 후 3의 건너붙임이 상용 수단이다.

흑4, 6에 백이 많이 알려진 정석 수순대로 7 이하 13까지 두면 흑은 ▲가 대기한 만큼 14로 늘어 주도적인 싸움을 전개할 수 있다.

4도(발빠른 실리작전)

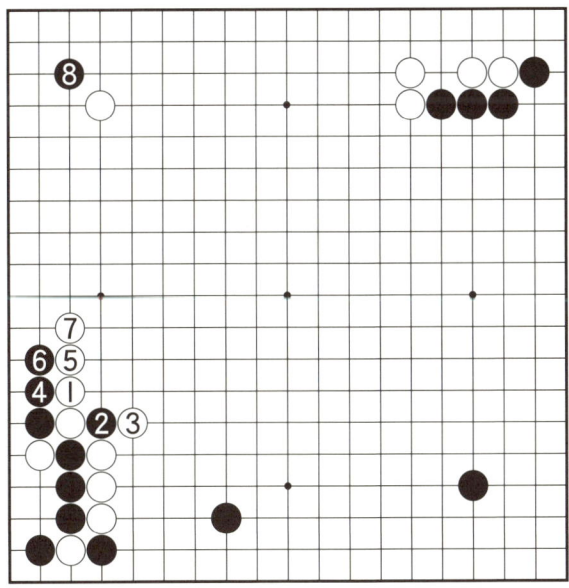

4도

이런 경우에는(앞 그림 흑6 때) 백1로 물러서는 것이 무난하다.

흑도 2의 끊음은 축이 불리하지만 한점을 사석으로 4, 6을 선수하기 위함이며 8로 침입해서 발빠른 실리로 국면을 주도해간다.

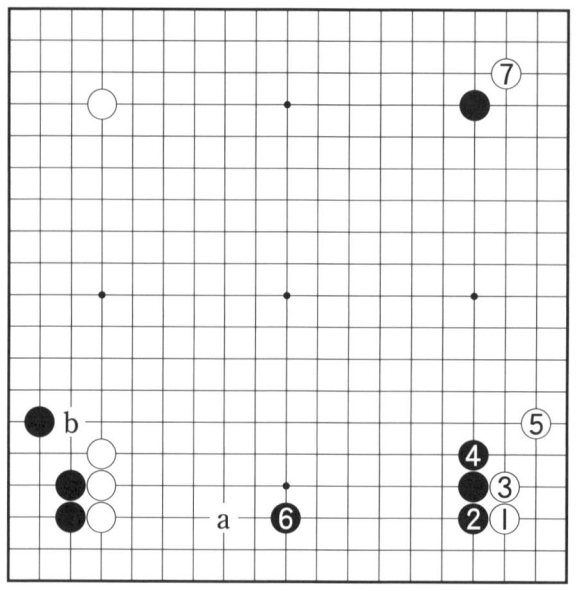

5도

5도(흑, 느슨한 벌림)

처음으로 돌아가서, 이번에는 우하귀 백1로 침입했을 때의 변화이다. 흑2로 막고 5까지도 간명한 정석 수순이다.

이때 하변에서 '좌우동형은 중앙이 급소'라는 격언대로 흑6에 벌리면 약간 느슨하다. 백은 a의 벌림과 b의 붙임 등 근거와 타개에 여유가 있는 만큼 7로 큰 자리를 두며 앞서간다.

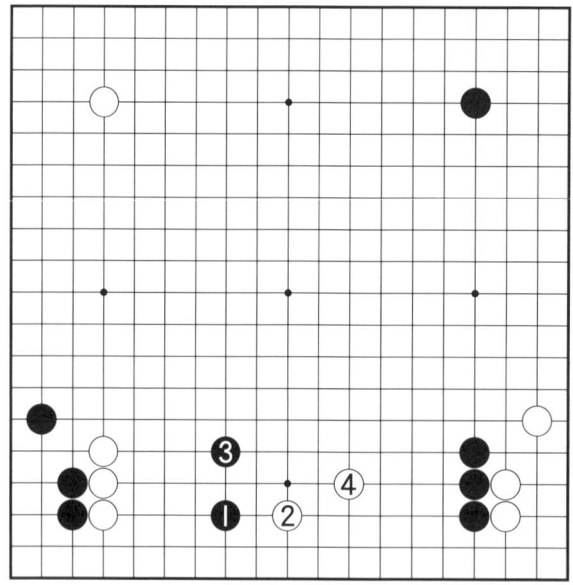

6도

6도(치열한 구상)

하변이 좌우동형이라도 흑1로 넓게 다가서는 것이 능동적 운영이다.

백도 공간이 넓은 만큼 2, 4로 침입해서 싸우는 것이 AI가 알려주는 치열한 구상이다.

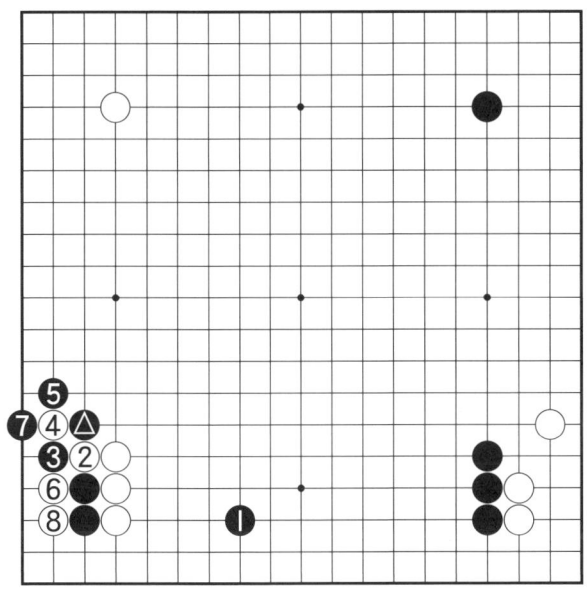

7도

7도(가치 상실)

이 배석에서 좌하귀가 흑▲의 뜀으로 된 경우라면 흑1의 다가섬은 가치가 떨어진다.

백2, 4로 끊으면 8까지 부분적으로 정석인데, 흑1이 단단한 백진에 다가선 모양이라 바람직하지 않다.

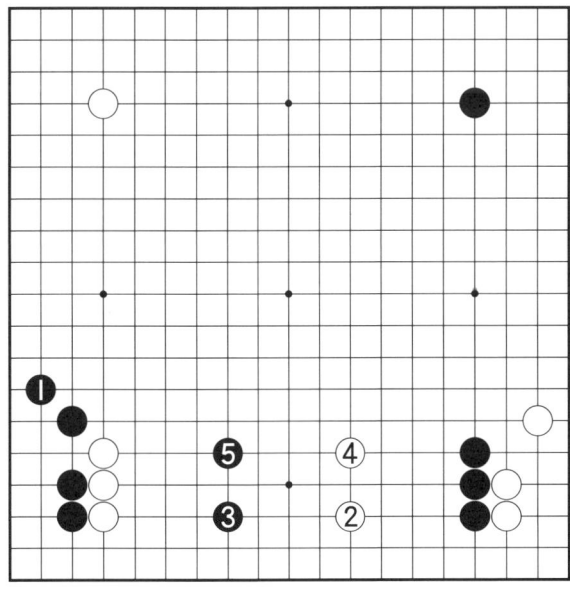

8도

8도(백, 불안한 싸움)

이런 구도에서는 흑1의 마늘모 지킴이 우선이다 (1도 백7과 같은 맥락).

이에 따라 좌하귀 백도 약해진 만큼 2로 다가서는 것은 효력이 약하다. 흑이 하변에 침입해서 서로 동등하게 5까지 되더라도 우하귀 흑은 탄력이 있는 만큼 백이 불안한 싸움이다.

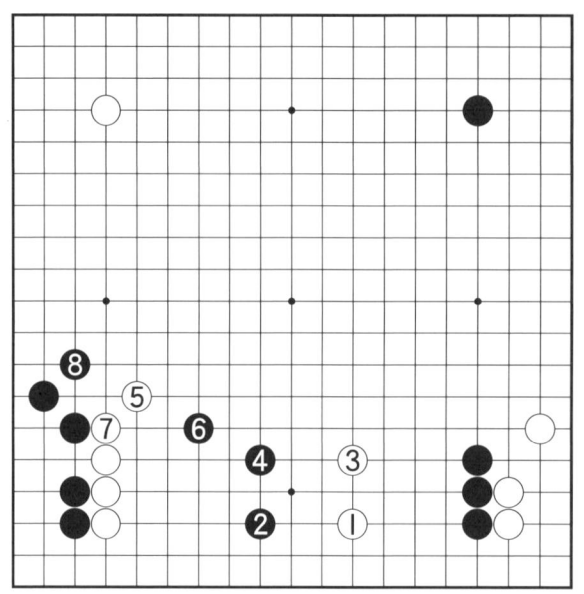

9도

9도(백이 부담스런 진행)
백1에 흑2로 침입한 후
8까지는 실전에 등장했
던 변화인데 한눈에 봐
도 백이 쫓기는 흐름이
다. 역시 AI도 백이 부
담스런 진행으로 본다.

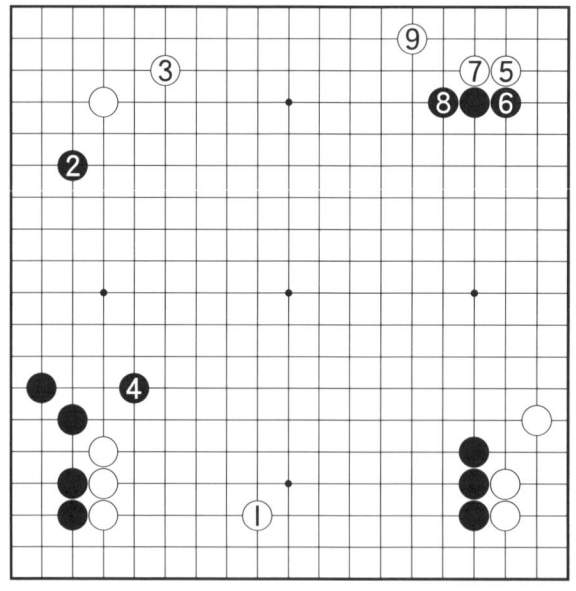

10도

10도(백, 적당한 벌림)
하변 백은 1의 벌림이
적당한 간격이다.
　흑이 2, 4 다음 하변
을 노리더라도 백5 이
하 9까지 큰 자리로 전
환하며 버티면 백이 약
간 활발한 형세이다.

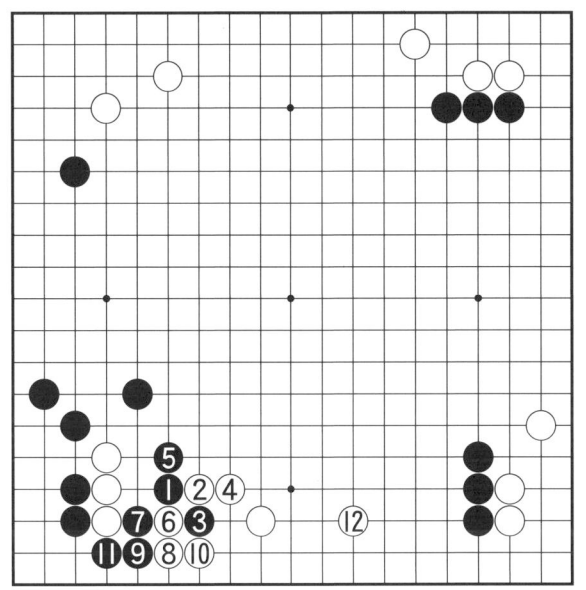

11도

11도(석점을 버리고 둔다)

이다음 흑1의 침입이 강력하지만 백은 2로 붙이고 흑3, 5에 백6으로 끊은 후 12까지 석점을 버리고 하변을 주도적으로 경영하면 충분하다.

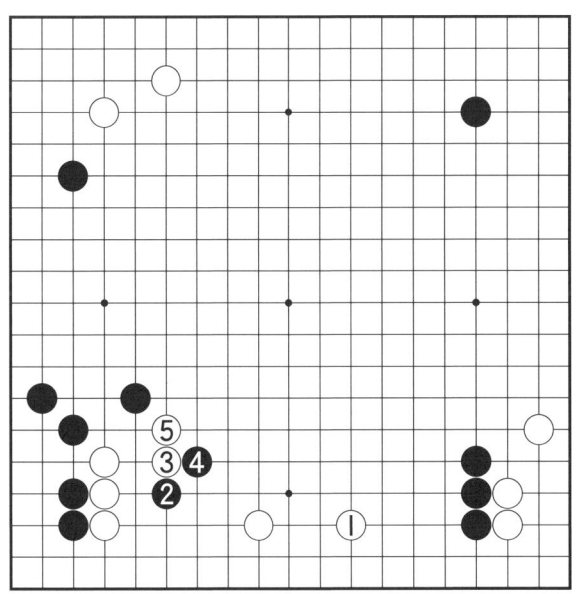

12도

12도(맞서 싸우는 방안)

10도 흑4 때 백1로 하변부터 운영하면서 흑2로 침입할 때 백3, 5로 맞서 싸우는 것도 효과적 방안이다.

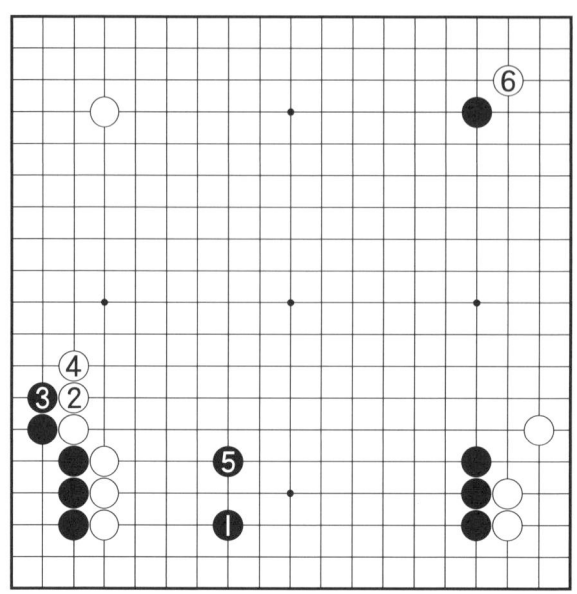

13도

13도(무난한 변화)

좌하귀 정석 모양이 달라졌다. 이런 경우라도 흑1로 다가서는 것이 가능하다.

백도 무난하게 두자면 2, 4로 늘어가며 차후 하변 침입을 노린다. 다음 흑5의 뜀과 백6의 침입은 AI가 제시하는 큰 자리이다.

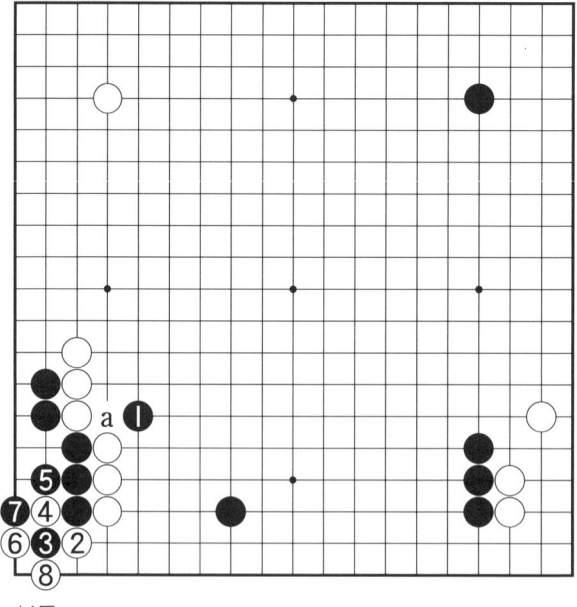

14도

14도(귀의 응수타진)

앞 그림 백4 때 흑1의 활용은 시기가 중요하다. 백은 a로 잇지 않고 귀쪽 2, 4의 끊음이 세심한 응수타진이다.

흑5로 받으면 백6, 8로 교묘한 패가 발생하며 흑이 선패이지만 팻감에 대처하기가 까다롭다.

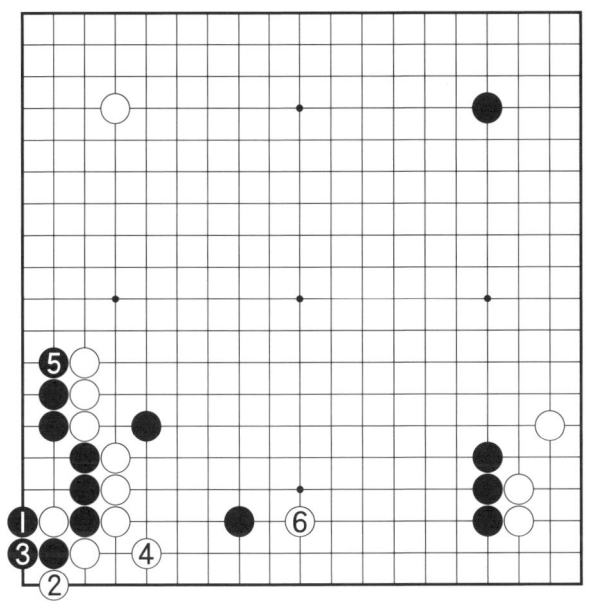

15도

15도(하변에 침투)

앞 그림 백4 때 흑1쪽에서 단수치는 것이 일단 분란은 없다.

이번에는 백이 2, 4로 모양을 잡으면 흑5가 절대인데 백이 6으로 하변에 침투하며 국면을 주도한다.

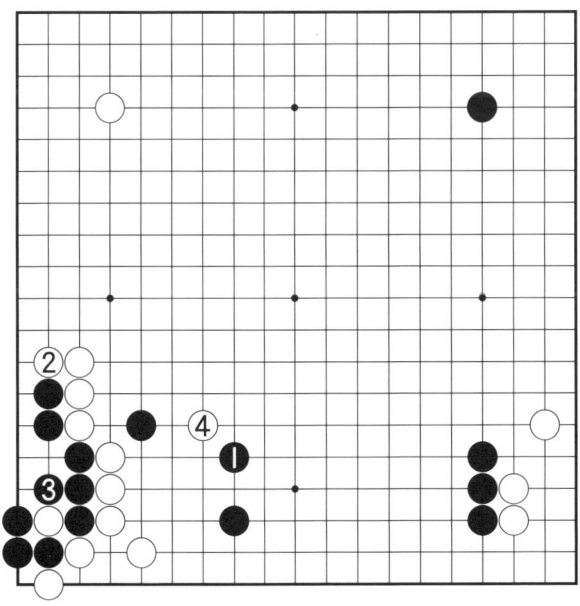

16도

16도(백, 활발)

앞 그림 백4 때 흑1로 하변을 키우며 백진을 위협하면 좌변 백2의 막음이 귀에 선수가 되며 4의 효율적 방어로 백이 활발한 형세이다.

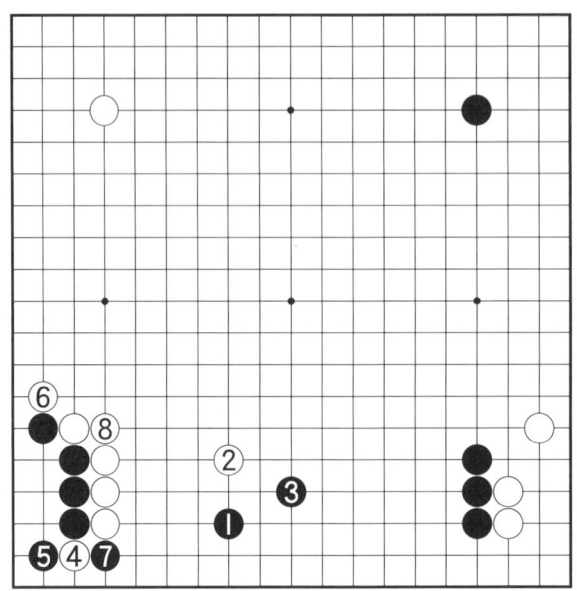

17도

17도(백의 일책)

흑1에 백2로 모자 씌워 하변 모양을 제한한 다음 4, 6으로 양쪽을 젖혀 정리하는 방법도 일책이다.

이때 흑7로 잡고 백8로 이으면 간명하지만 백이 두터워서 흑이 약간 불만이다.

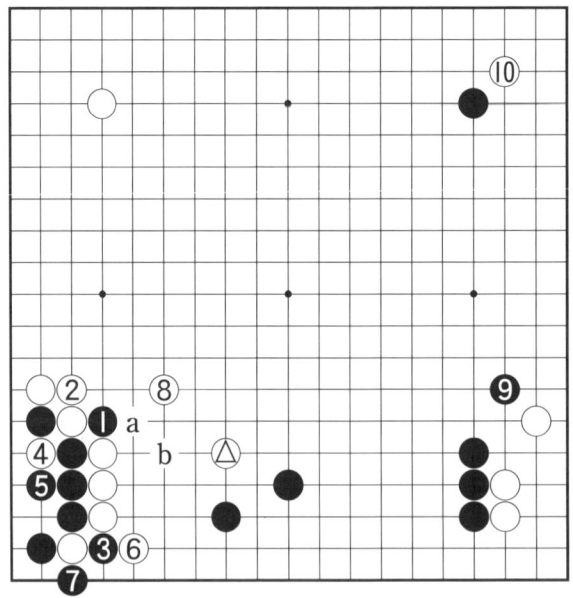

18도

18도(능동적 끊음)

흑도 능동적으로 두자면 1로 끊고 3으로 잡는다. 백도 4, 6을 선수하고 8로 씌우면 한점을 잡을 수 있다. 이때 흑a는 백b로 두점이 갇혀 잡히는데 ⬭의 활용 덕분이다. 다음 흑9의 씌움과 백10의 침입은 AI가 제시하는 큰 자리인데 형세는 호각이다.

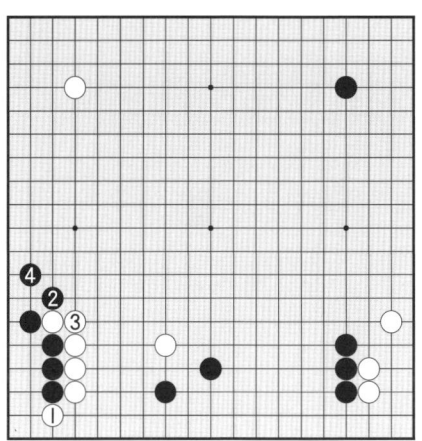

▦ 장면

이 장면에서 백1로 젖힐 때 흑2, 4로 변에 진출하면 백이 어떻게 대응할지 생각해보고 형세도 판단해보자.

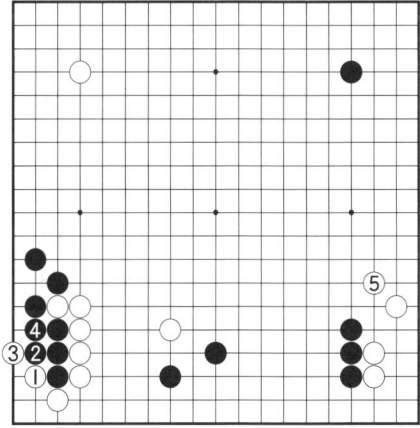

1도(차분한 대응)

우선 귀에서 백1, 3은 선수 활용이므로 결정해둔다.

다음 백이 무난하게 두자면 5의 마늘모 행마가 차분한 대응이며 형세는 약간이라도 백이 편하다.

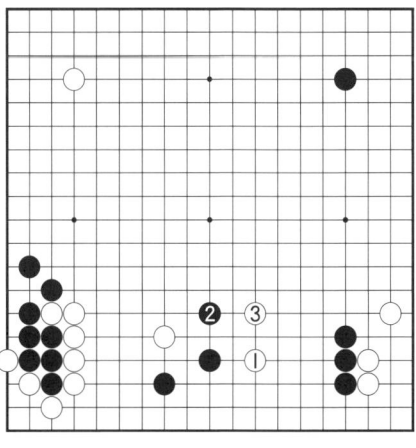

2도(치열한 대응)

앞 그림 흑4 때 백이 강하게 두사면 1로 침투하는 것이 치열한 대응이다. 서로 흑2와 백3으로 뛰면 백이 약간이라도 활발한 싸움이다.

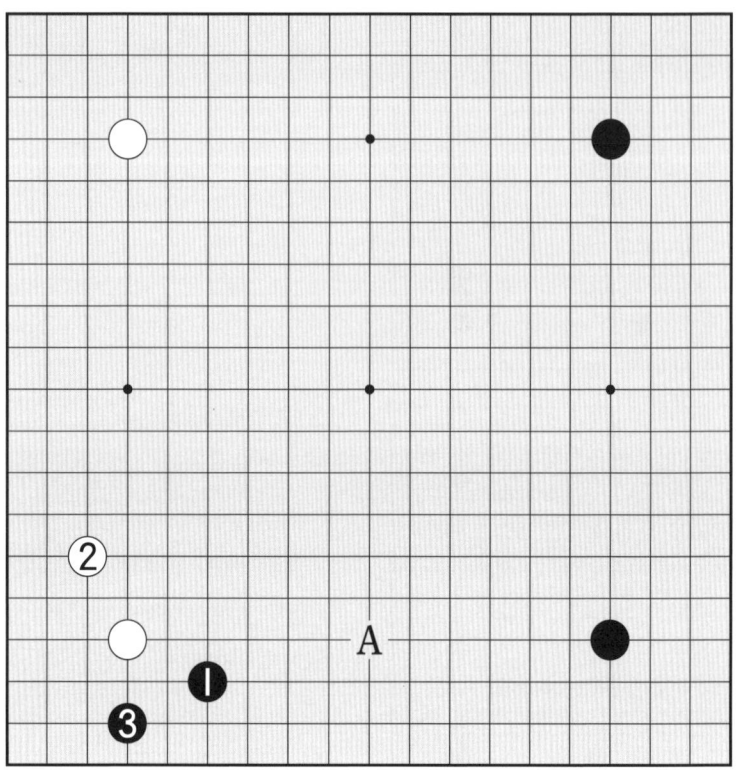

　　양화점 포석에서 흑1로 걸치면 백2의 날일자받음이 가장 보편적 수비이다. 이때 흑3의 날일자달림이 귀에 진입하는 요소로 그동안 각광받았는데 AI의 영향으로 약간 느슨한 행마로 가치가 절하되었다. 그 이유는 흑이 압도하는 변화가 드물고 백은 국면을 주도하는 대응법이 많기 때문이다. 더불어 흑3 대신 A의 벌림도 구형인데 이후 핵심 변화에 대해서도 알아본다.

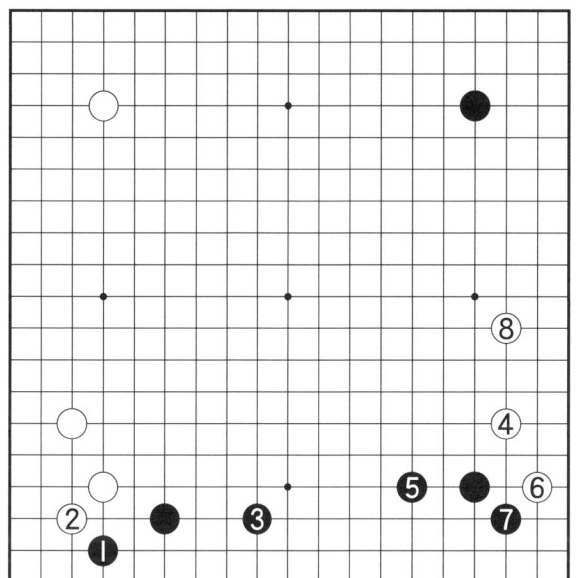

1도

1도(과거의 흐름)

흑1에 백2로 받은 후 8 까지는 과거에 유행했 던 대표적 포석 흐름이 다. AI도 이렇게만 둔다 면 서로 균형이 잡혀있 다고 본다.

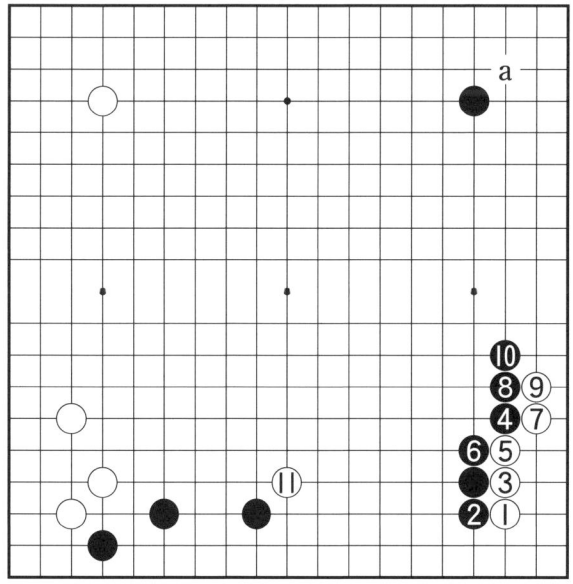

2도

2도(AI시대 감각)

우선 앞 그림 흑3 때 백 1의 침입이면 AI시대의 감각이다. 흑2로 막은 후 10까지 두텁게 두더 라도 백11로 삭감하는 정도로 충분하다.

AI라면 백11로 a에 침입해서 더욱 실속부터 차리며 국면을 주도할 것이다.

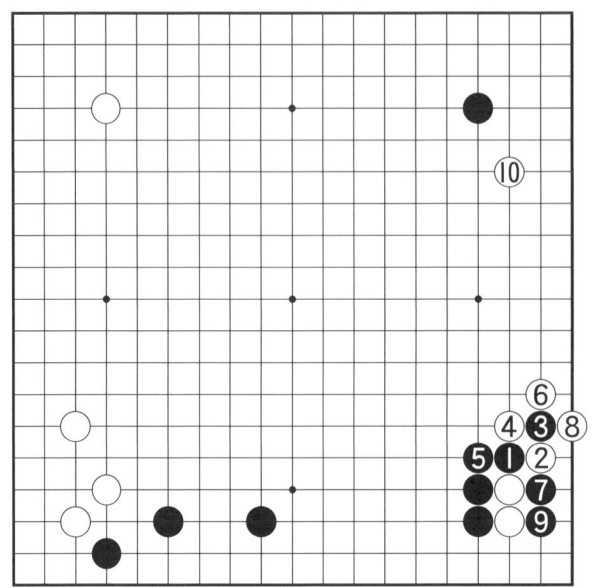

3도

3도(백, 우변 주도)

앞 그림 백3 때 흑1, 3
의 이단젖힘 이하 9까
지 귀를 차지하면 백은
10으로 걸쳐 우변을 주
도한다.

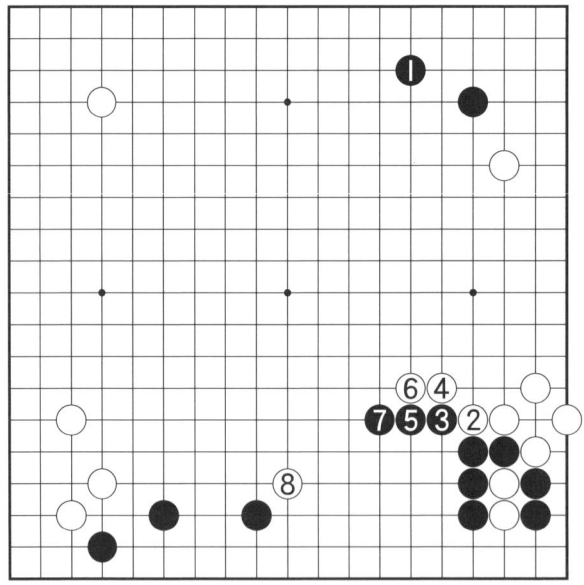

4도

4도(우변 정리하며 삭감)

이다음 흑1로 받으면
백2 이하 6까지 우변을
정리하면서 8로 삭감하
는 자리가 제격이다.

　2도와 4도 모두 흑이
하변을 순조롭게 키울
수 없다.

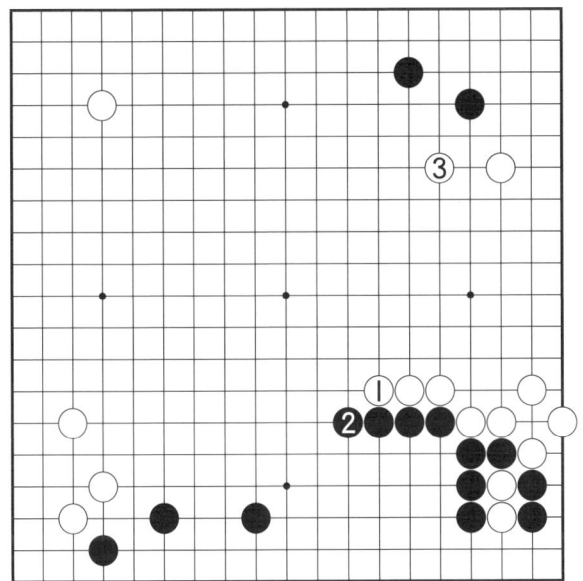

5도

5도(백, 활발)

앞 그림 흑7 때 AI 관점은 백1로 하나 더 밀어 하변에 흑집을 허용해도 3으로 우변을 키우면 백이 활발한 국면이라 본다.

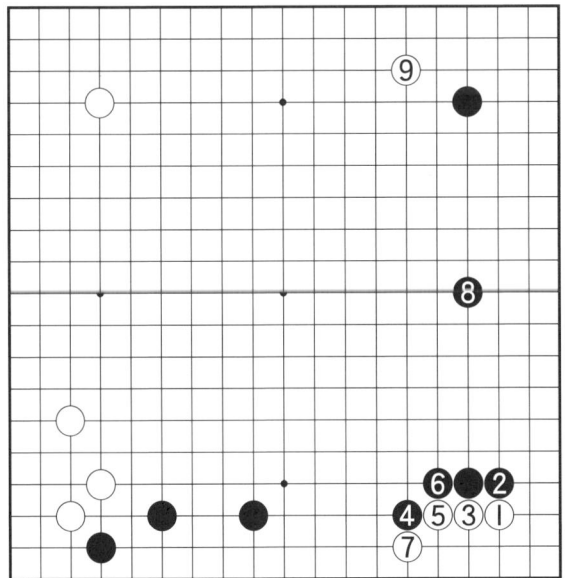

6도

6도(세력 효율성 반감)

백1에 흑2쪽에서 막은 후 8까지 먼저 우변을 키우려 해도 낮은 자세인 하변과의 연계에서 세력의 효율성이 반감된다.

반면에 백은 귀에서 실속을 차리며 9로 걸치기만 해도 편한 국면이다.

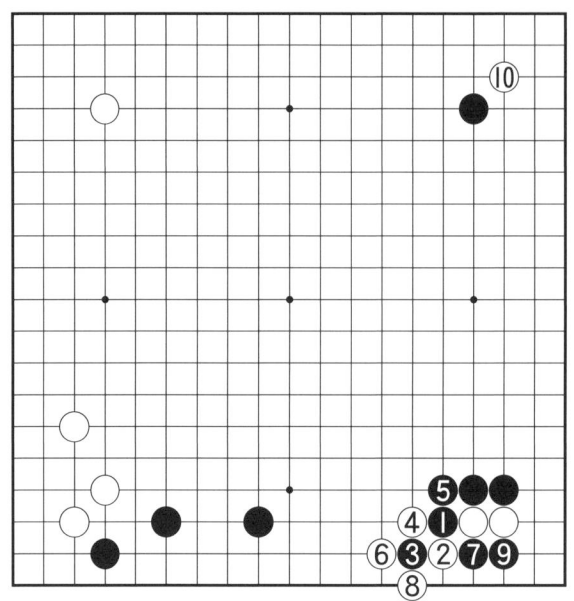

7도

7도(비교적 무난한 타협)

앞 그림 백3 때 흑도 1 이하 9까지 귀를 차지 하며 진영을 나누는 정 석이면 비교적 무난한 타협이다.

AI의 관점에서 백이 10으로 침입하면 약간 편한 정도이다.

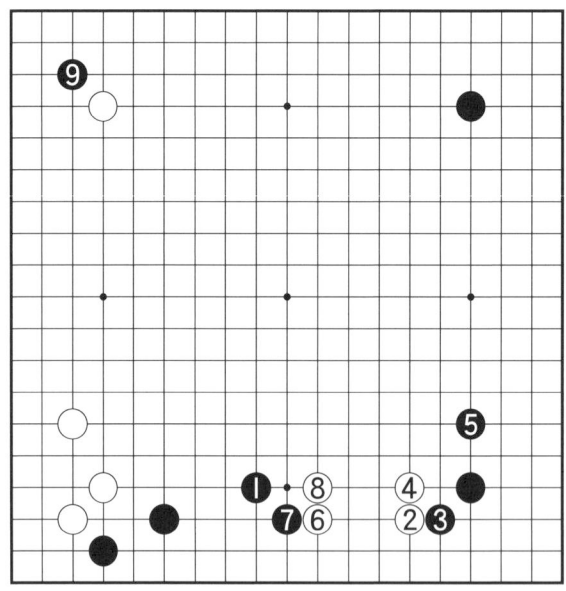

8도

8도(높은 벌림의 효율)

거슬러 올라가 1도 백2 때 흑1로 높인 것은 하 변을 효율적으로 운영 하기 위함이다.

이때 백2의 걸침이면 흑3, 5로 받고 백6에 흑 7로 처방한 후 9로 전환 해서 균형이 잡힌 형세 이다.

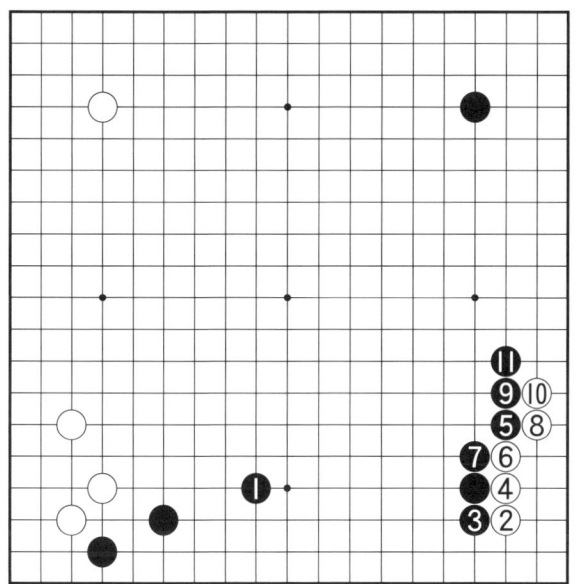

9도

9도(유효한 침입)

흑1에도 백2의 3三침입은 유효하다. 흑3에 막은 후 11까지 되면 하변이 웅장한데 더욱 커지기 전에 백의 대응법은 무엇일까.

삭감과 침입 중의 선택이 앞길을 가른다.

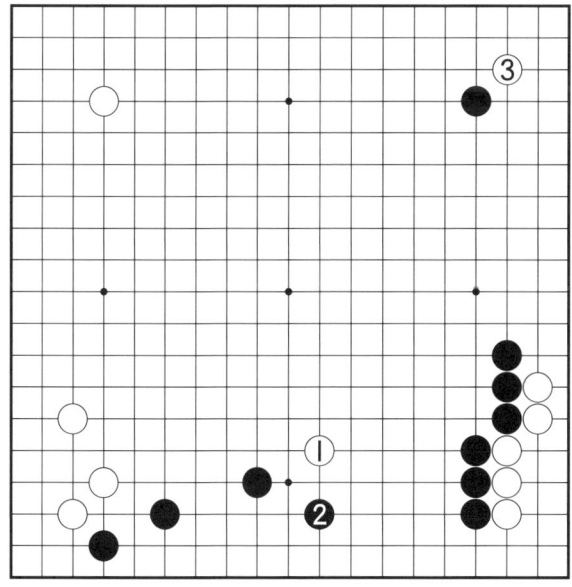

10도

10도(목적 달성)

삭감을 선택한다면 백1이 적당한 자리인데 흑2로 받아주면 백3에 전환해도 목적 달성이다.

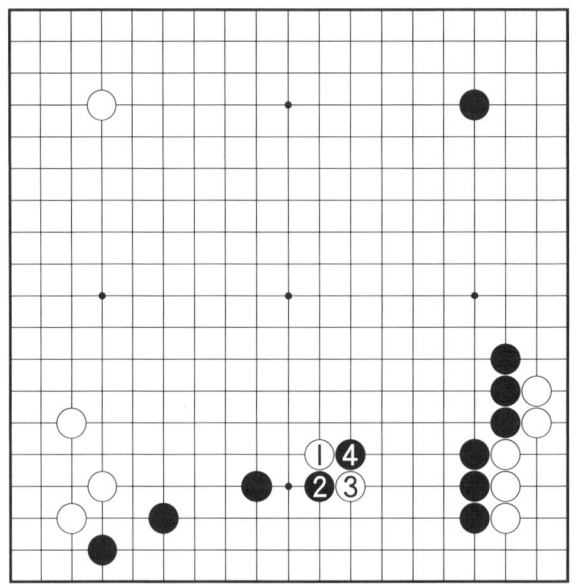

11도

11도(치열한 강수)

백1에는 흑2, 4의 끊음이 치열한 강수이며 주변 흑이 두텁기 때문에 백도 타개하려면 난관을 극복해야 한다.

백이 특별한 대안은 있겠지만 굳이 이런 상황을 만들 필요가 없다.

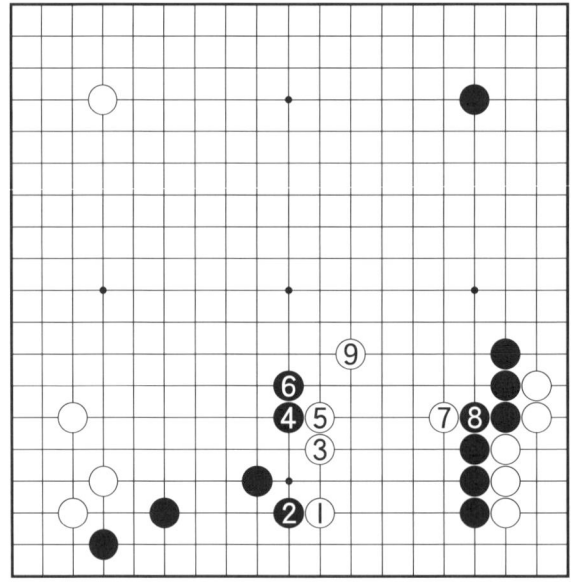

12도

12도(과감한 침입)

차라리 이런 데는 백1로 침입하는 과감한 결단이 필요하다.

흑2로 막으면 백3 이하 9까지 중앙으로 타개하는 흐름이 좋다.

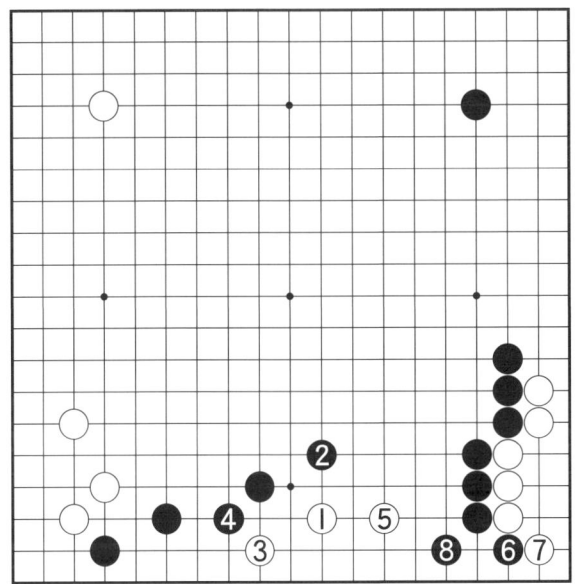

13도

13도(아쉬운 타개법)

백1에는 흑도 2의 씌움이 두터움을 활용하기 위한 강수이다.

이때 백3, 5로 안정하려는 것은 흑6, 8로 귀와 연루되어 아쉬운 타개법이다.

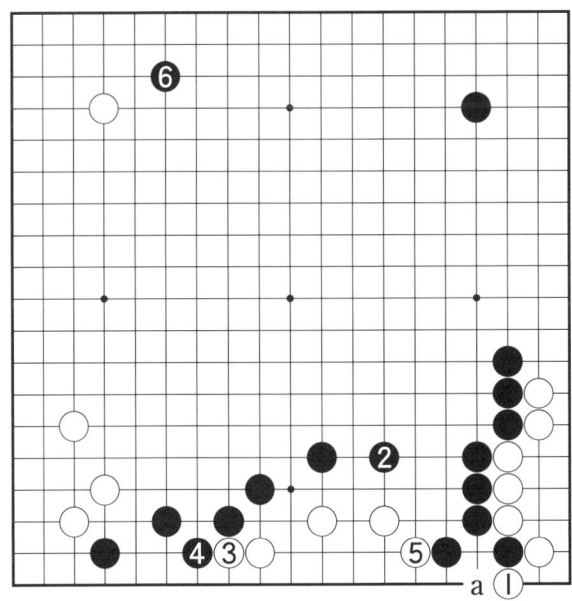

14도

14도(귀의 패맛)

이다음 백1로 귀의 지킴이 보통인데 흑도 2로 포위하며 두터워졌다. 백3, 5로 지킬 때 흑이 a의 패맛을 남기며 6으로 전환하면 서로 어렵지만 형세는 흑이 주도한다.

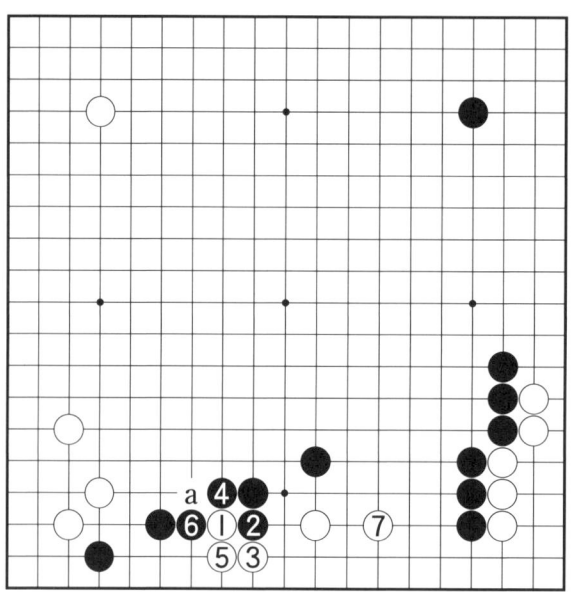

15도

15도(효율적 공간활용)

13도 흑2 때 백1로 들어가서 공간을 넓게 이용하는 것이 효율적 방안이다. 흑2로 막을 때 백3에 젖힌 후 7까지 서로 타협안인데 13도와 비교하면 백이 숨통이 트였다. 흑이 a의 약점도 생겨 맘껏 공격할 수 없는 만큼 백이 약간 편한 진행이다.

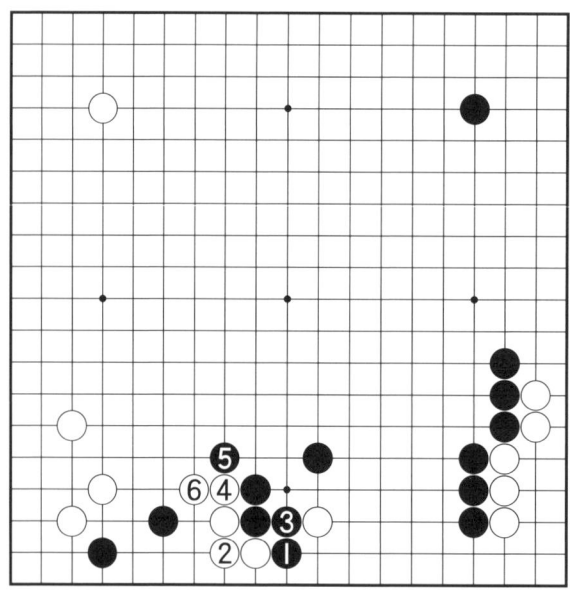

16도

16도(어려운 싸움)

앞 그림 백3 때 흑1, 3으로 차단하면 백4, 6으로 나가 귀가 위험하다.

흑이 귀를 내주면 불리하므로 나가 싸우겠지만 서로 어려운 진행이다.

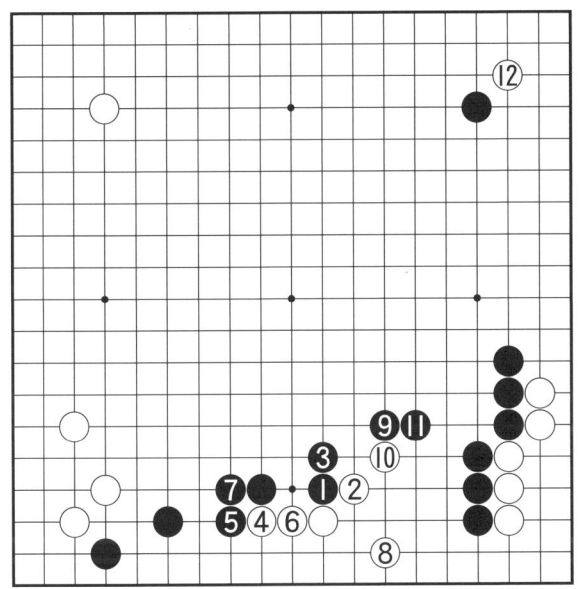

17도

17도(두터운 공격)

되돌아가서 흑1의 붙임도 두터운 공격이다.

이하 11까지 백이 안에서 살고 나서 12로 전환했지만 중앙 흑이 두터워졌고 우하귀와 연계해서 하변 백을 공격하는 뒷맛도 남아 형세는 거의 팽팽하다.

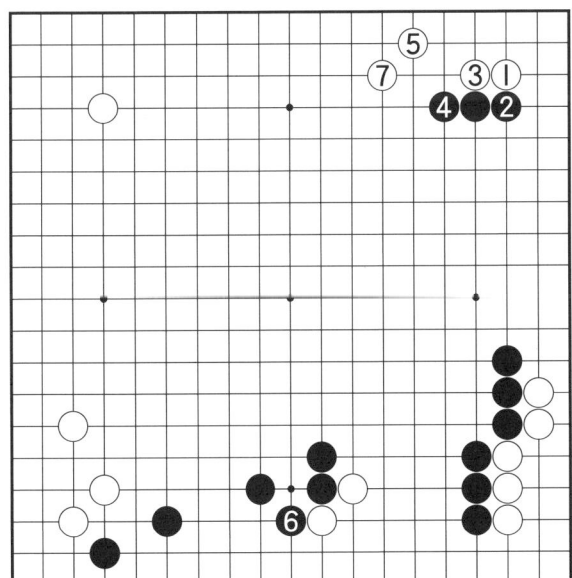

18도

18도(대국적 발상)

앞 그림 흑3 때 백이 싸움을 피하려면 곧장 1로 전환하는 것도 AI가 권장하는 대국적 발상이다.

이하 백5 때 흑6으로 하변을 제압하면 백7이 요처로 이 진행도 거의 대등하다고 본다.

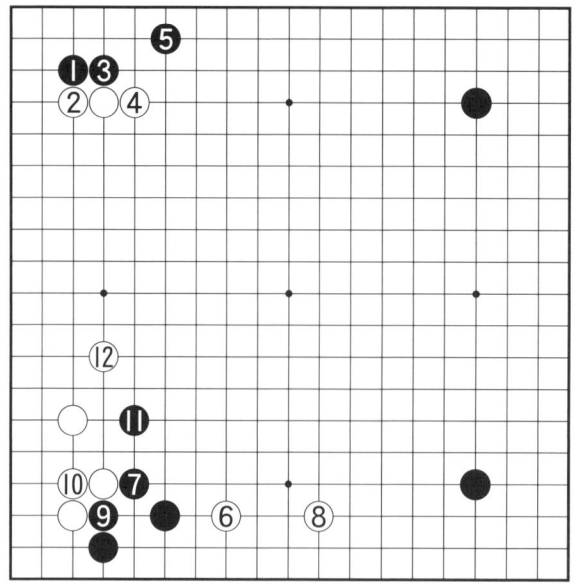

19도

19도(흑의 국면 전환)

1도 백2 때 흑이 손을 빼고 1로 침입해 큰 자리로 향하는 것도 국면을 전환하는 하나의 방안이다.

이하 5까지 간결한 정석 다음 백6으로 협공하면 흑7의 붙임은 알려진 타개 기술이며 이하 12까지 거의 팽팽한 공방이다.

20도

20도(백의 능동적 방안)

애초 흑1에 백도 2로 걸친 후 4의 협공이 하나의 능동적 방안이다.

흑5로 귀를 허용해도 백이 6, 8로 봉쇄하면 두터움으로 국면을 주도한다.

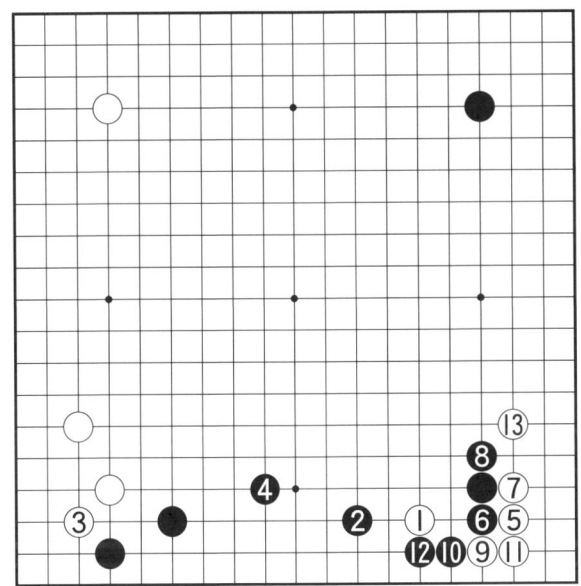

21도

21도(백, 견실한 실리)

백1에 흑2로 협공하면
백은 3으로 귀를 지킨
후 우하귀도 13까지 처
리해서 견실한 실리로
충분하다.

흑은 하변의 발전성
이 제한되어 이 정도의
일방가로는 약간 미흡
하다.

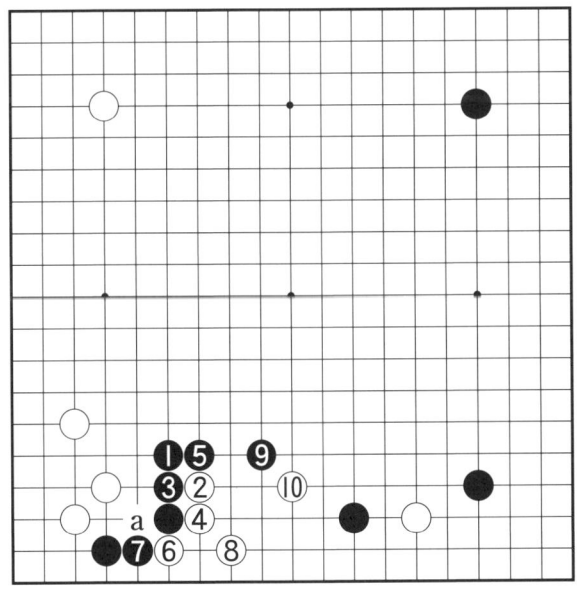

22도

22도(세련된 모양 파괴)

앞 그림 백3 때 흑1로
하변을 넓히면 백2, 4가
모양을 무너뜨리는 세
련된 기술이다.

이하 10까지 되면 a
의 맛도 남은 만큼 백이
활발한 진행이다.

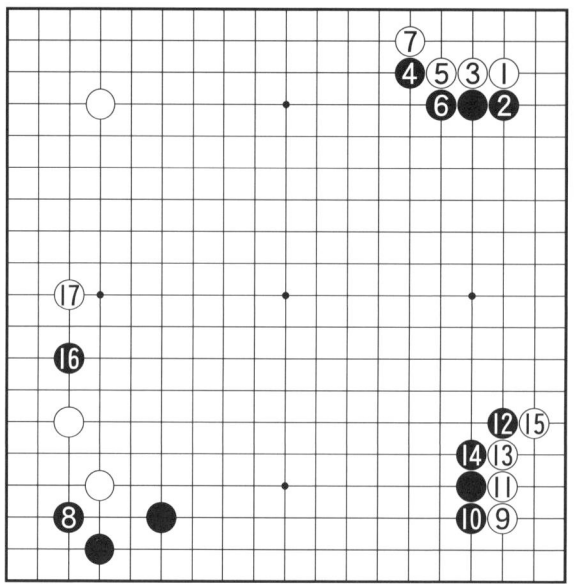

23도

23도(백의 스피드 행마법)

AI 감각은 백1의 3三침입을 권장하는데 기본적으로 귀를 선점하면 국면을 주도한다는 판단이다. 이하 7까지 되고 나서 흑8로 귀를 파도 백은 내버려두고 재차 9로 침입하는 스피드가 돋보인다. 이하 15까지 되고 나서 흑16으로 공격해도 백17로 협공해서 귀쪽 두점을 미끼로 활용하면 백이 약간 활발한 국면이다.

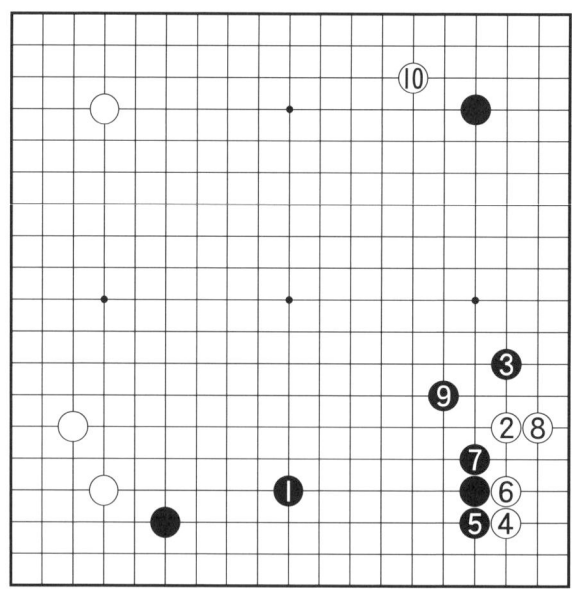

24도

24도(예전의 상식)

처음으로 돌아가서 흑1로 넓게 벌리면 백2로 걸친 후 우하귀 정석을 거치며 10까지 변화가 예전의 상식이었다.

이 진행이면 거의 팽팽한 형세이다.

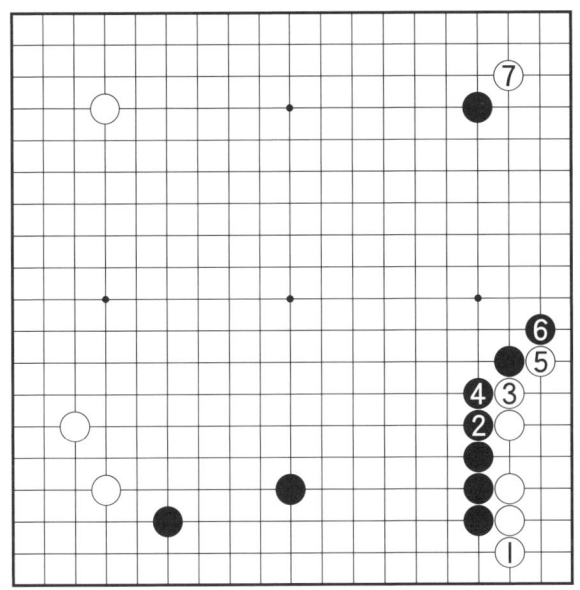

25도

25도(AI 행마법)

앞 그림 흑7 때 백1로 내려선 후 6까지 AI가 선호하는 수순이다.

여기서 백이 손을 빼고 7로 빠르게 침입해서 충분하다고 본다. 백1 이하 7까지 AI 행마법이라 봐도 좋다.

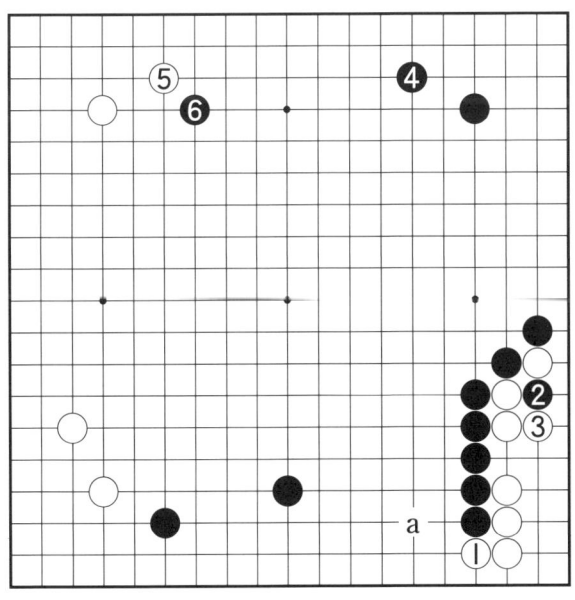

26도

26도(흑의 폭넓은 발상)

앞 그림 흑6 때 백1의 꼬부림은 a의 교환을 기대한 것이지만 흑도 하변은 내버려두고 2를 선수해서 우변 침식을 차단한 후 6까지 폭넓게 두면 충분히 대항할 수 있다.

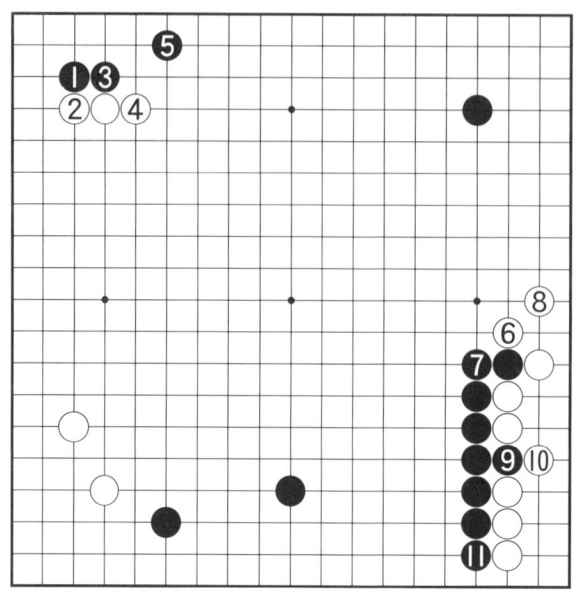

27도

27도(진보된 감각)

25도 백5 때 흑이 손을 빼고 빠르게 좌상귀 1 의 침입도 변화를 구하는 진보된 감각이다.

이하 5까지 간결한 정석 다음 백6, 8로 우변에 진출하면 흑9, 11 로 막아 하변 두터움으로 대항한다.

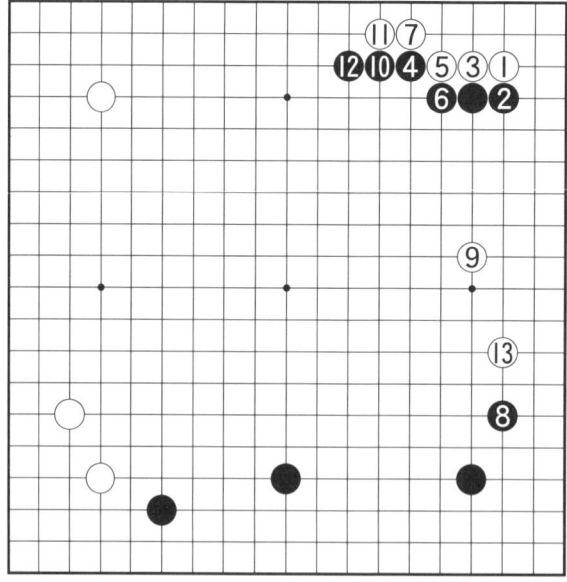

28도

28도(일순위 변화)

처음부터 백1로 넓은 쪽에 침입을 하고 나서 13 까지도 AI의 일순위 변화인데 백이 약간이라도 편하다고 본다.

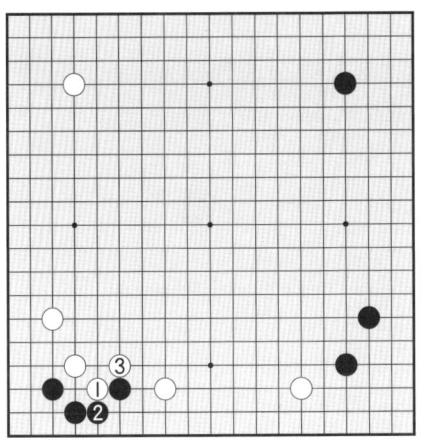

▦ 장면

좌하귀 정석(본형 20도 참조)에서 백 1, 3으로 호구쳐서 봉쇄하는 것이 그동안의 상식으로 알려졌다.

AI의 관점에서 이후 대응법과 형세를 어떻게 보는지 알아보자.

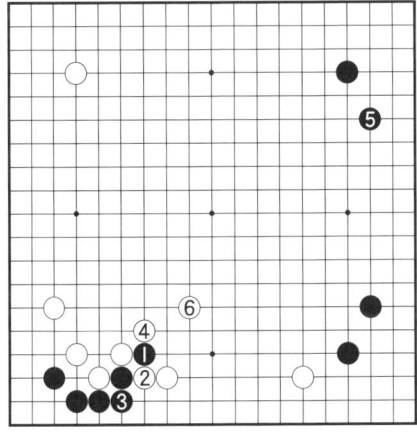

1도(백, 활발)

그동안 보편적이라고 여겼던 흑1의 젖힘이면 백2, 4로 잡는 것이 두텁다고 본다.

다음 흑5의 굳힘은 축머리를 겸하고 있는데 백6이 능률적 방어이며 백이 활발한 형세라고 본다.

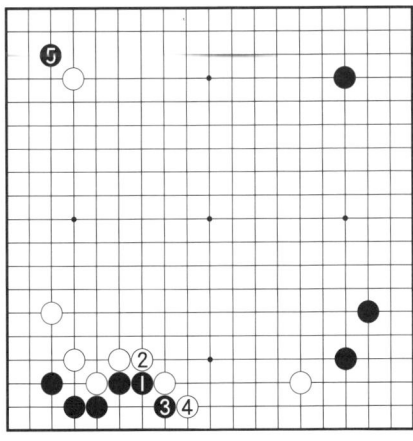

2도(흑, 실전적 수법)

AI의 관점에시는 흑1, 3으로 치리한 후 5의 침입으로 전환하면 충분하며 형세는 백이 약간 편한 정도라고 본다. 흑1, 3은 AI 특유의 실전적 수법으로 기억해둔다.

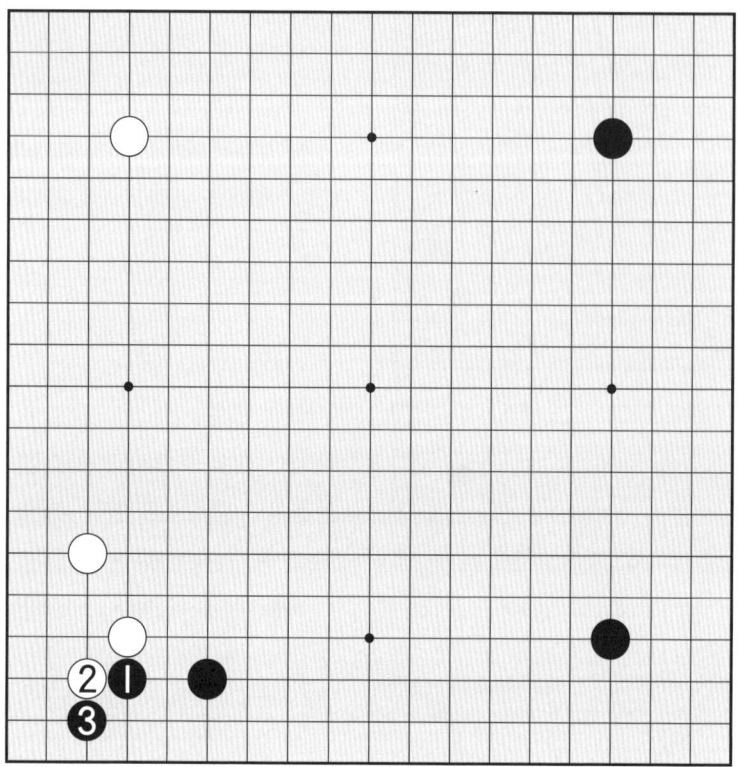

　화점에 흑이 걸치고 백이 날일자로 받은 장면에서 여기를 계속 둔다면 흑1, 3으로 붙이고 젖히면서 귀를 파고드는 것이 AI시대 대표적 발상이다.

　귀에서 늦추지 않고 치열하게 마감하겠다는 뜻인데 이후의 포석 변화에 대해 알아본다.

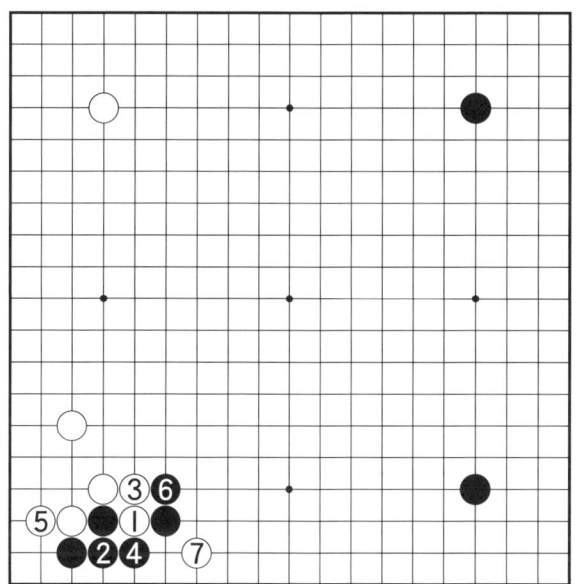

1도

1도(풀어가는 방안)

백1로 단수친 후 3으로 이으면 6까지 기억해둘 보편적 정석 수순이다.

백7은 치열한 활용인데 국면을 풀어가는 하나의 방안이다.

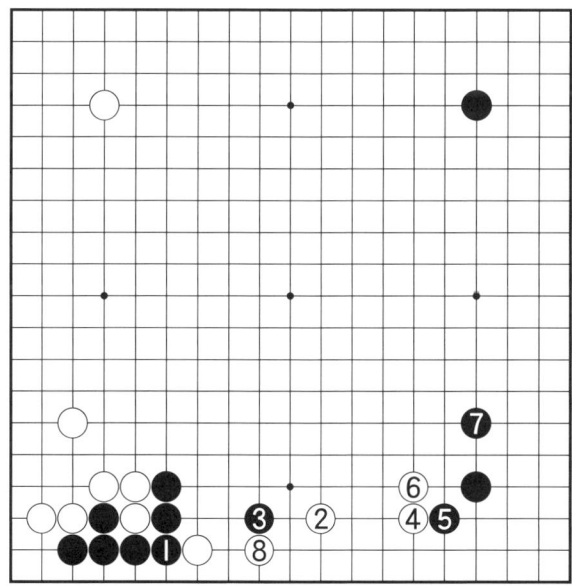

2도

2도(백, 하변 주도)

이때 흑1로 잇고 백2로 갈라친 후 8까지 되면 백이 하변 전체를 주도해서 활발하다.

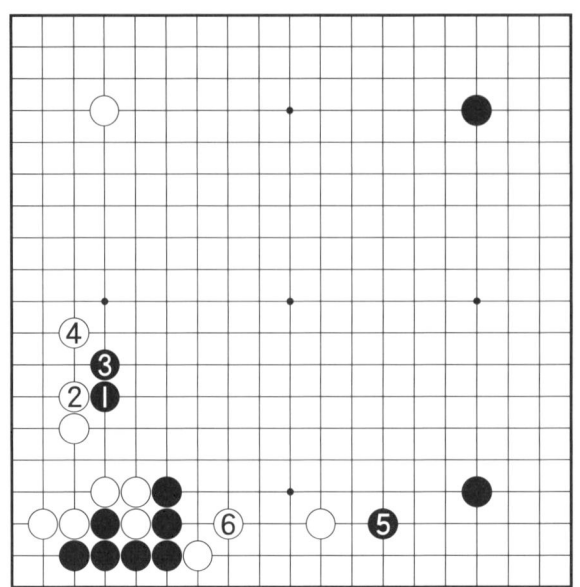

3도

3도(흑, 능동적 대안)

앞 그림 백2 때 흑도 1,
3으로 좌변에 교두보를
마련한 후 5로 화점에
서 다가서는 것이 하나
의 능동적 대안이다.

　백6으로 자세를 잡고
나서~

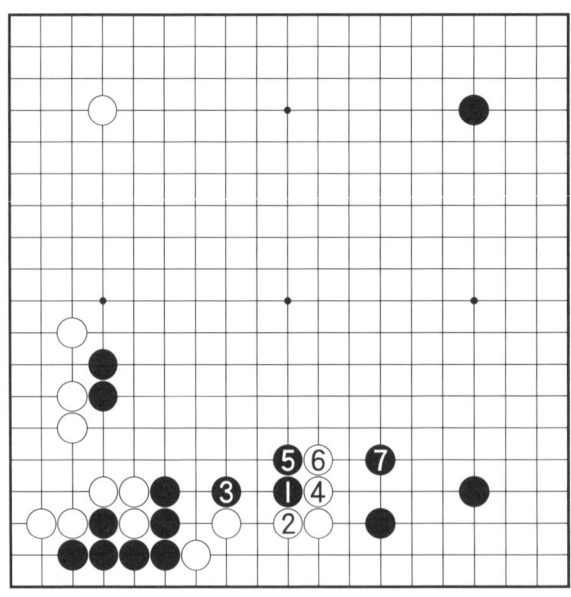

4도

4도(팽팽한 싸움)

하변에서 흑1, 3으로 눌
러간 후 7까지 AI가 보
여주는 맹렬한 추격인
데 형세는 팽팽한 싸움
이라고 본다.

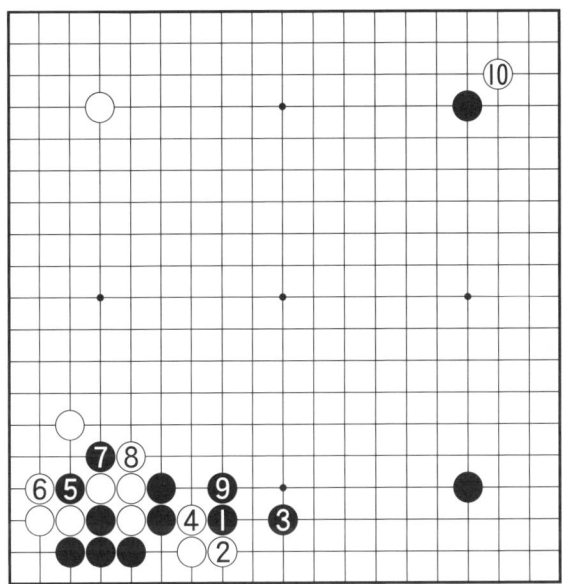

5도

5도(상용 수순)

1도 다음 흑1이 백의 주문을 역행하는 씌움이다. 이하 9까지 상용 수순이며 백은 뒷맛을 남기고 10으로 전환하는 것이 넓은 발상이다.

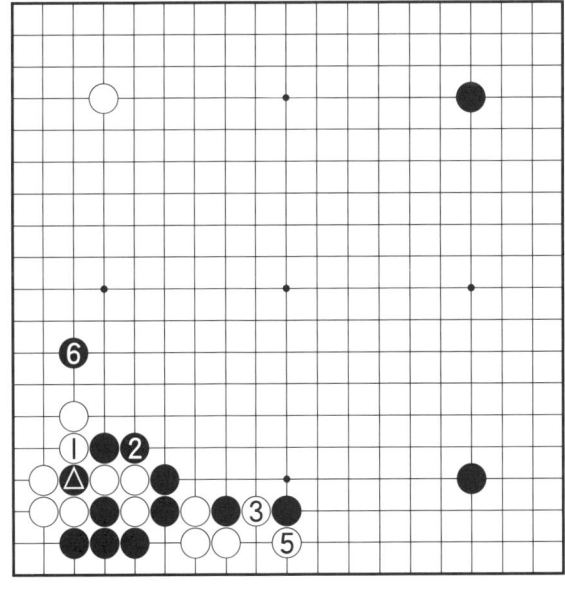

6도

④・△

6도(팽팽한 변화)

앞 그림 흑7 때 백1로 잡고 흑2에 백3으로 돌파하며 변화를 구할 수 있다.

흑4로 석점을 잡으면 백5로 하변을 다스리고 흑도 6으로 좌변을 압박해서 거의 팽팽하다.

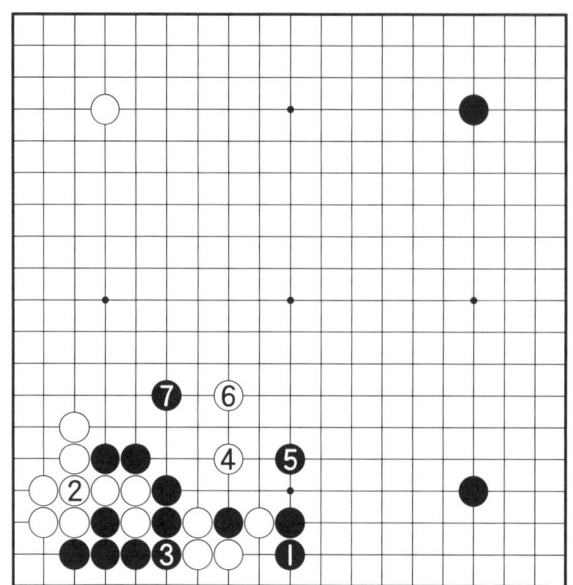

7도

7도(어려운 국면)

앞 그림 백3 때 흑도 1
로 하변부터 지키며 싸
울 수 있다.

이하 7까지 AI가 보
여주는 변화인데 서로
어려운 국면이다.

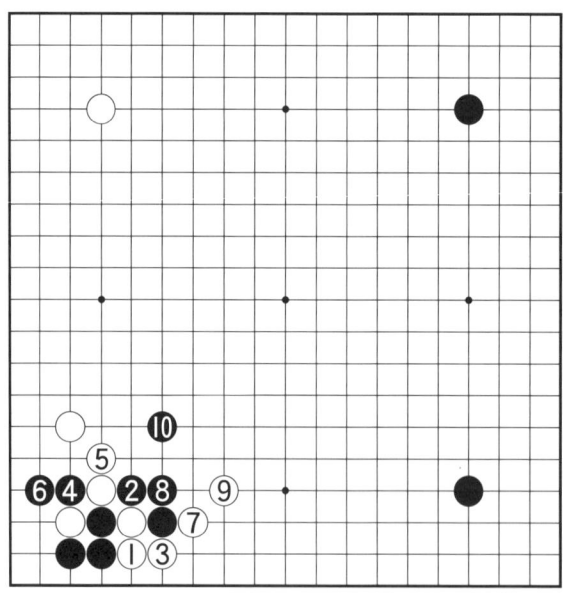

8도

8도(진화된 행마법)

1도 흑2 때 백1로 뚫으
면 흑2로 끊은 후 10까
지 AI시대 진화된 행마
법이다.

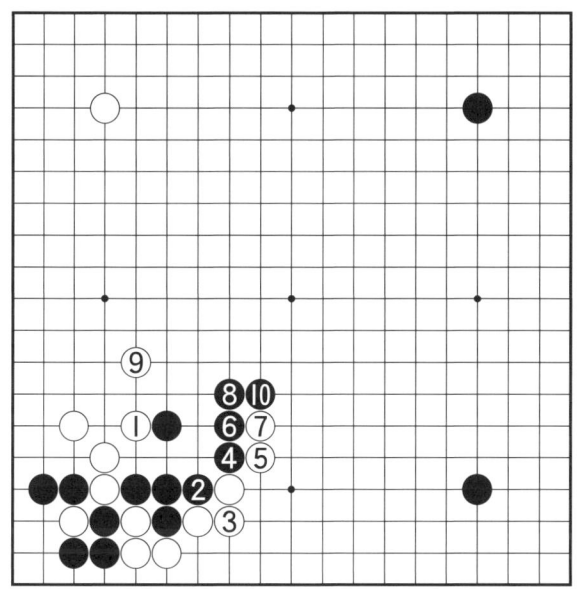

9도

9도(모양 정리 행마법)

이다음 백1이 급소이고 흑2 이하 8까지 필연이다. 백1 이하 흑8까지는 모양을 정리하는 행마법으로 기억해둔다.

백9의 뜀은 중앙 지향이고 흑10의 꼬부림은 요소이다.

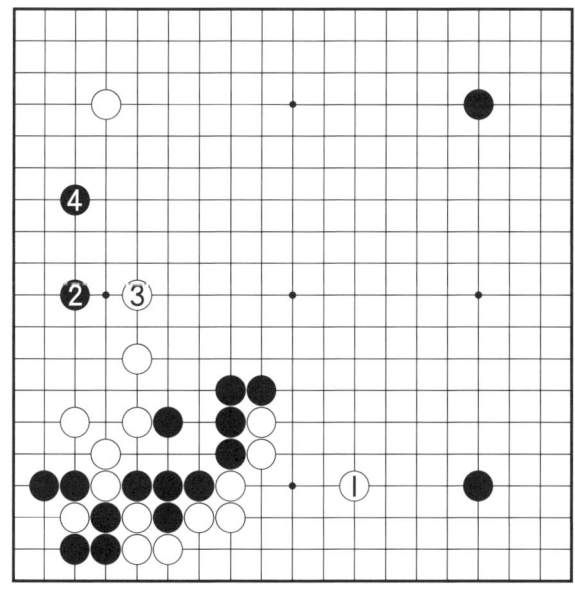

10도

10도(백, 하변의 경우)

여기서 백이 좌변과 하변, 어디를 두느냐가 초점이다.

하변이라면 백1의 벌림이 효율적인데 흑2, 4로 좌변에 정착하면 국면은 흑이 약간 편하다.

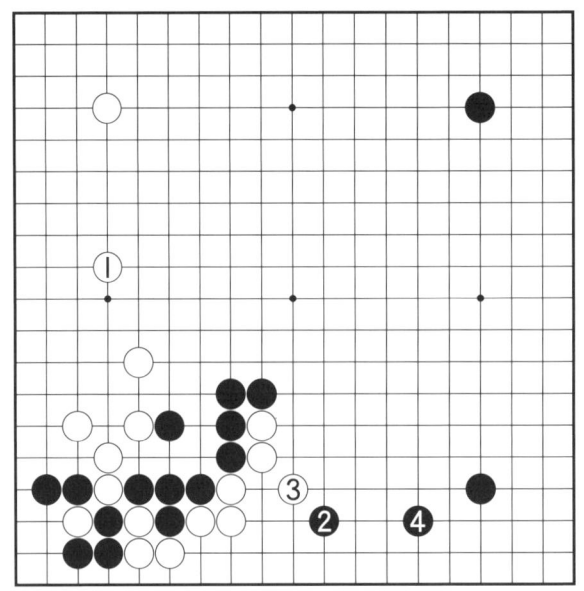

11도

11도(백, 좌변의 경우)

9도 다음 백이 좌변부터 둔다면 1의 벌림이 제격이며 흑도 2, 4로 하변을 다스리면 충분한 형세이다.

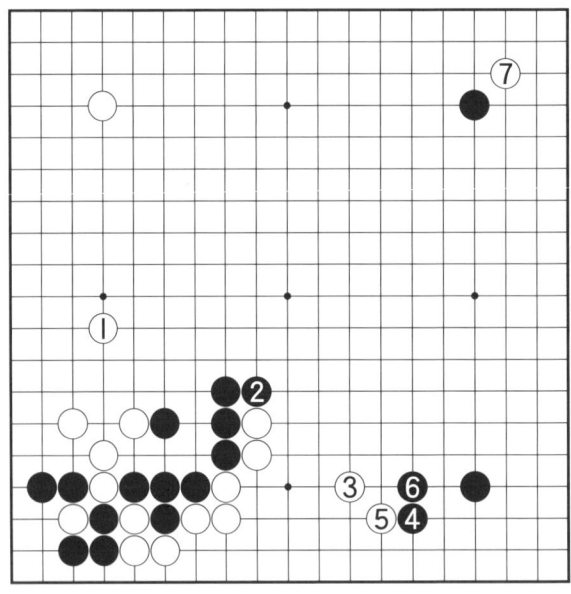

12도

12도(안정적 변화)

9도 흑8 때 백이 안정적으로 두자면 1로 벌리고 흑2에 하변도 백3으로 벌린다.

흑4에 백5를 활용한 후 7의 3三침입은 AI가 보여주는 이후의 변화인데 서로 어울린 형세이다.

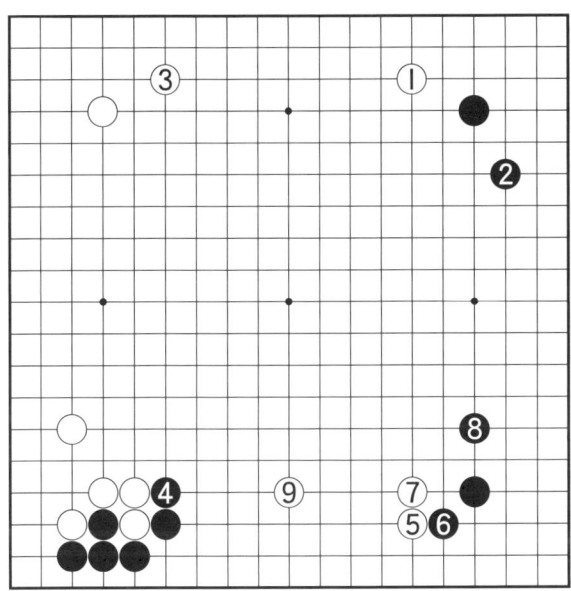

13도

13도(백, 손빼는 경우)

1도 흑4 때 백이 손을 빼고 두는 변화도 가능하다.

가령 백1, 3으로 상변을 개척해도 흑의 다음수는 4로 밀어올리는 곳이 우선이다. 이하 9까지 되면 비슷한 형세이다.

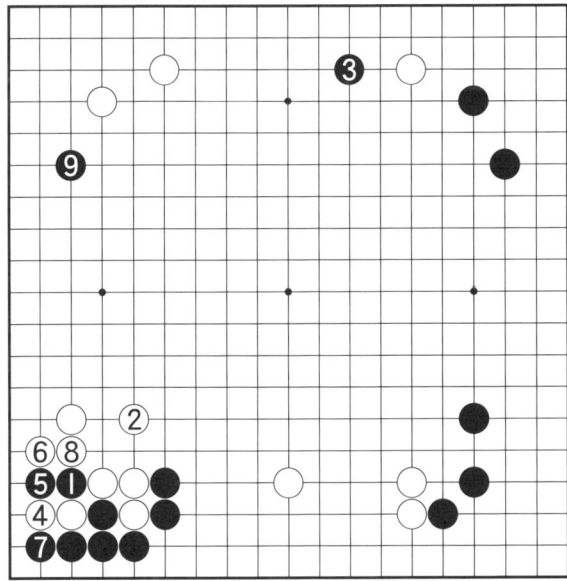

14도

14도(이후 대표적 변화)

이다음 흑1로 손뺀 곳을 응징하고 백2로 지킬 때 흑3에 협공하는 것은 AI가 보여주는 대표적 변화이다.

좌하귀는 백4 이하 8까지 활용하면서 정리하는 것이 요령인데, 흑도 두점을 잡지 않고 9로 전환하는 것이 대세적 태도이다.

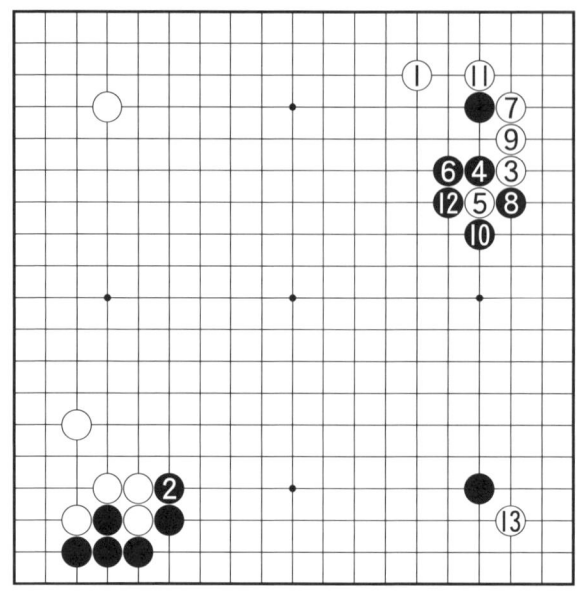

15도

15도(양걸침 이후)

백1에 바로 흑2의 요소를 둘 수도 있다. 백3의 양걸침이면 흑4로 붙인 후 12까지 축이 유리한 흑이 선택할 수 있는 두터운 정석이다.

다음 백13으로 침입해서 형세는 어울렸다.

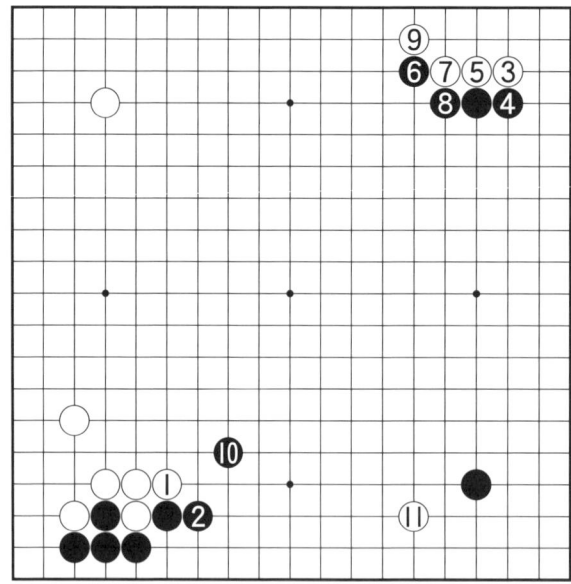

16도

16도(백의 일책)

1도 흑4 때 요소였던 백1의 곳을 먼저 밀어놓고 3의 침입으로 전환하는 발상도 일책이다.

이하 9까지 되고나서 흑10은 중앙 대세점이며 백11로 하변 모양을 견제하면 팽팽한 진행이다. 흑10과 백11은 맞보기로 봐도 되겠다.

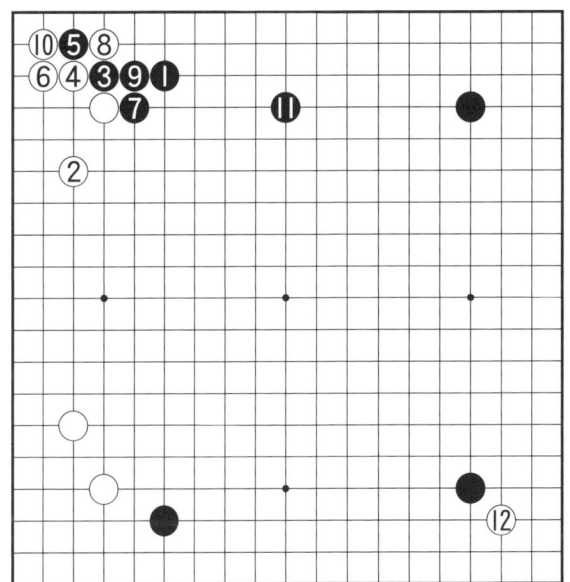

17도

17도(귀의 변화)

좌하귀 흑이 걸쳐만 놓고 좌상귀 1로 재차 걸치는 경우도 많다. 흑3, 5에 백6으로 단순히 늘면 귀를 중시하겠다는 뜻인데 이하 11까지도 정석에 해당한다.

백은 귀를 지켰고 흑은 변에 모양을 구축했다. 다음 백12로 침입해서 아직은 팽팽하다.

18도(패의 공방)

앞 그림 백8 때 흑1의 패는 시도할 수 있는 도발이다.

백2에 흑3의 팻감이 있고 백4로 이을 때 흑5로 뚫리지만 백6에 나가면 서로 싸울 수 있다.

18도   ④‥△

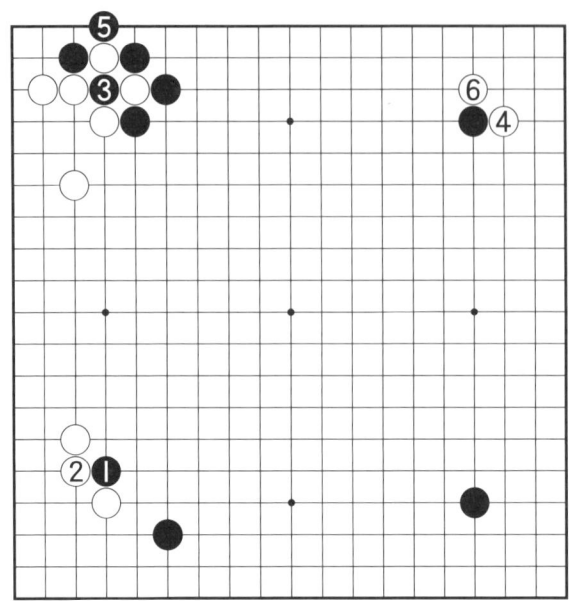

19도

19도(유력한 팻감)

흑1에 백도 2로 받고 4
의 붙임이 유력한 팻감
이다. 흑5로 따내 상당
히 두텁지만 백도 6으
로 실리를 차지하면 충
분한 형세이다.

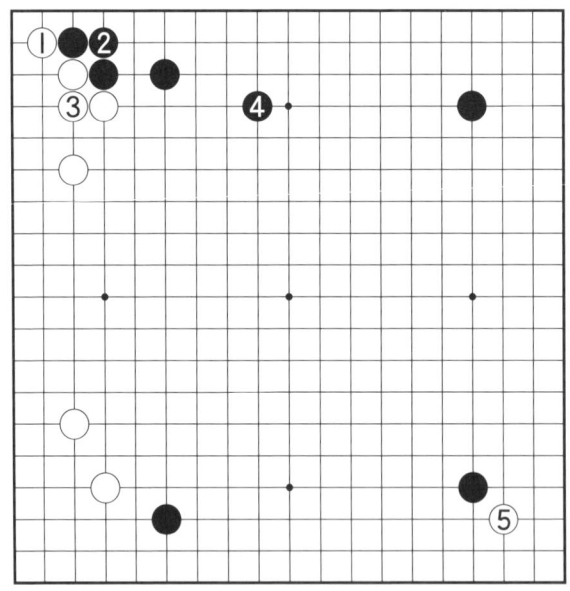

20도

20도(간명책)

17도 흑5 때 백1로 이
단 젖히고 흑2, 4로 벌
리면 서로 간명하다.

흑4로 높인 것은 모양
의 얇음을 보완하기 위
함이다. 다음 AI는 여전
히 백5의 침입을 우선순
위로 둔다.

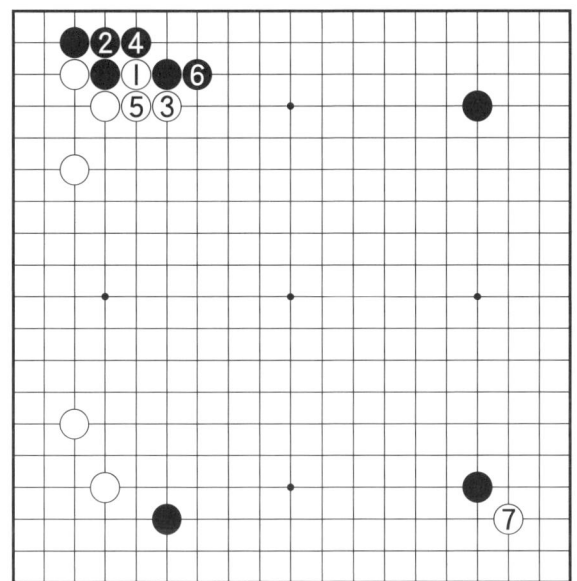

21도

21도(발빠른 착상)

17도 흑5 때 백1, 3으로 호구쳐 6까지 확실하게 눌러놓고 7의 침입으로 전환하는 것도 AI시대의 발빠른 착상이다.

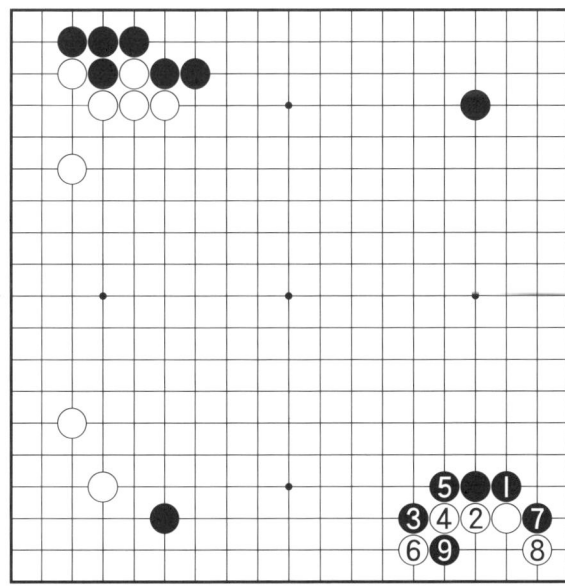

22도

22도(귀의 정리법)

이다음 흑1, 3으로 둔 후 7, 9로 끊는 것은 귀의 모양을 정리해가는 정석 수순이다.

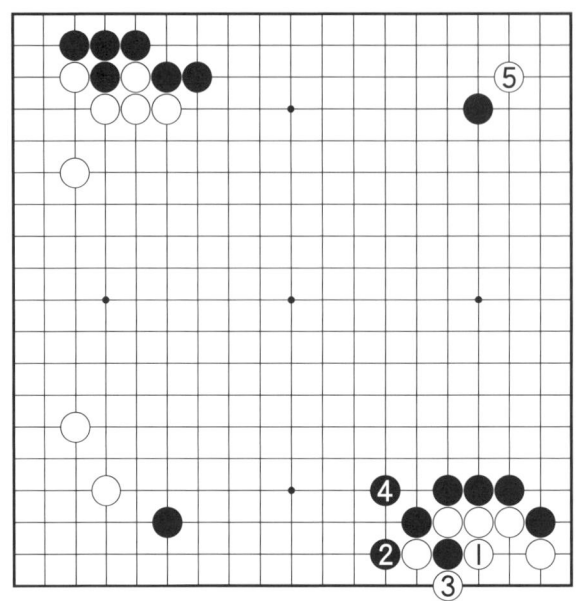

23도

23도(견실한 양호구 지킴)

계속해서 백1, 3으로 잡을 때 흑4의 양호구는 AI가 알려주는 견실한 지킴인데 중앙 끊는 약점을 아예 방지하려는 뜻이다.

백5로 전환해서 아직은 형세가 어울렸다.

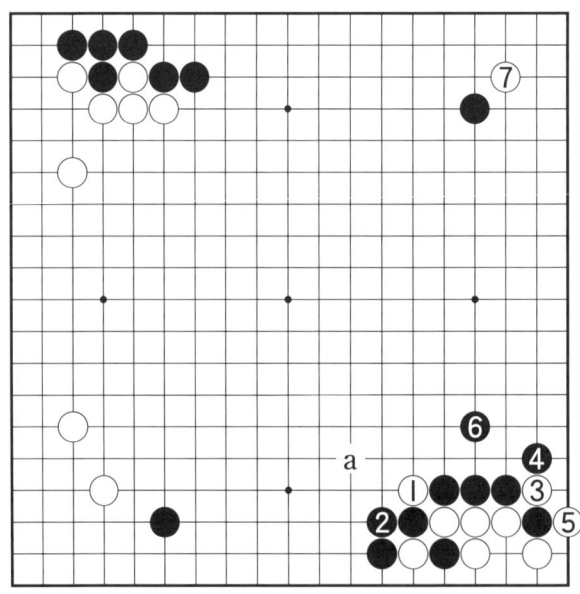

24도

24도(약점 만들어놓기)

앞 그림 흑2 때 백1로 끊어놓고 3, 5로 이쪽을 잡을 수도 있는데 나중에 중앙 약점을 이용하기 위함이다.

이때 흑은 축이 불리하므로 6의 지킴이 보통이며 하변을 중시하면 a로 향할 수도 있다. 어쨌든 백7로 전환하면 거의 대등한 형세이다.

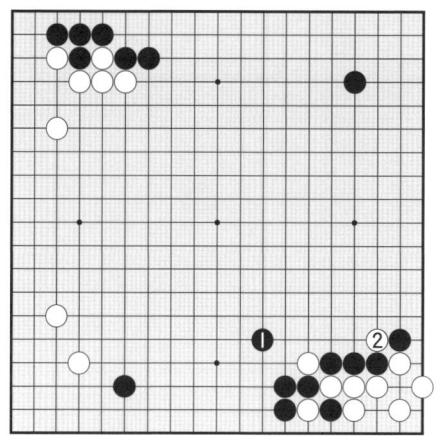

▦ 장면

이 장면(본형 24도 참조)에서 우하귀 정석 이후가 초점이다.

흑1로 하변을 중시하는 경우 백2로 끊으면 흑이 어떻게 대응할지 생각해보자.

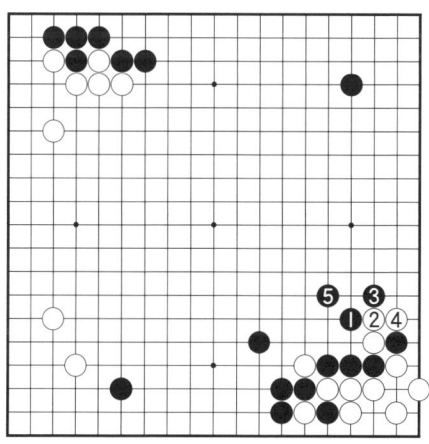

1도(능률적 중앙 정리)

흑1로 씌워서 한점을 버리고 5까지 중앙을 정리하는 것이 능률적이며 형세는 흑이 약간 활발하다.

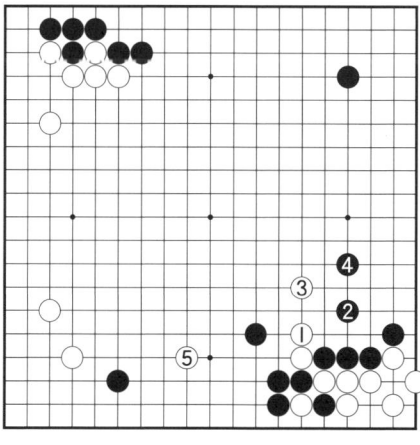

2도(백, 능동적 싸움)

백도 여기를 둔다면 1, 3으로 나간 후 하변 5로 갈라쳐서 싸우는 것이 능동적이며 서로 어려운 형세이다.

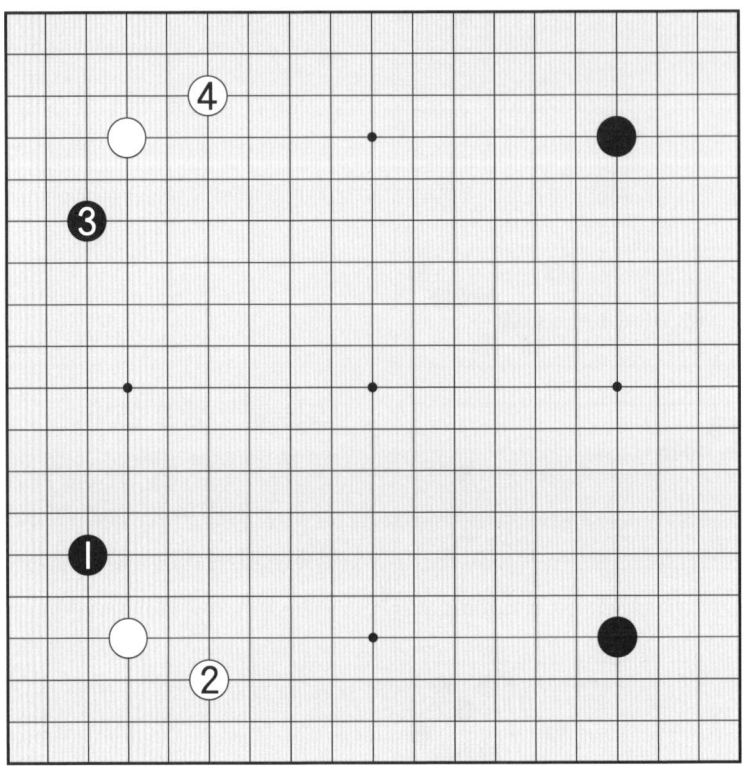

　화점에 흑1, 3으로 안쪽에서 걸치는 것은 국면을 갈라놓고 싸우려는 적극적인 작전이다. AI시대에는 거의 볼 수 없지만 이 배치에서 이창호 9단이 AI 정석을 활용한 두터운 전략을 구사하면서 눈길을 주었다.

　백2, 4로 받은 이후 단순한 두터움으로 국면을 주도해가려는 가칭 'AI활용 이창호 포석'에 대해 알아본다.

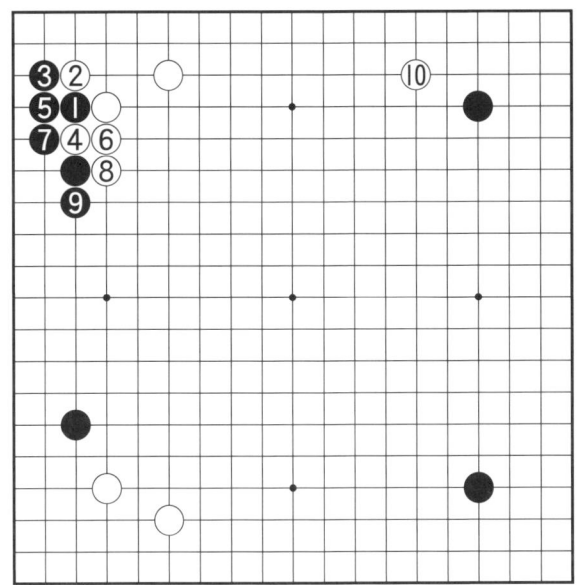

1도

1도(AI의 경우)

이 배치에서 AI라면 보통 흑1, 3의 정석을 추천하며 이하 10까지는 흑이 좌변, 백은 상변에 힘을 싣는 모습이다. 형세는 어울렸다고 본다.

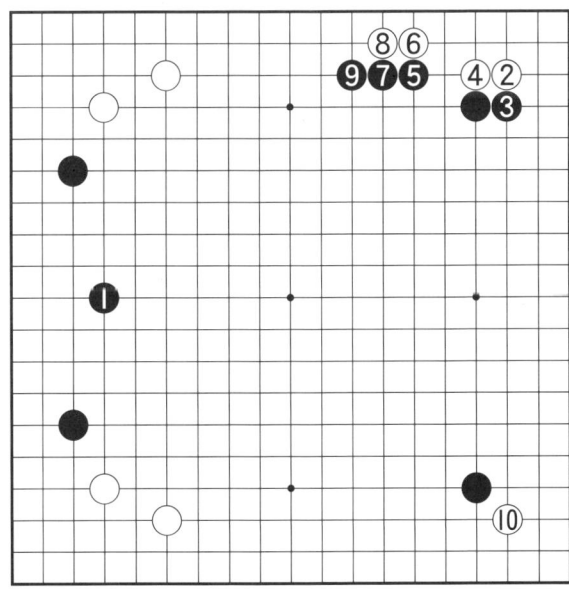

2도

2도(단순 두터움 전략)

기본형 다음 흑1은 예전에 많이 두었던 모양 구축인데 최근 이창호 9단이 애용해왔다. 백2의 3三침입이 보통인데 흑3, 5로 두고 백6에 붙이면 싸우지 않고 7, 9로 단순하게 늘겠다는 구상이다. 전체적으로 두터움을 형성해가려는 의도가 읽혀진다.

백10 다음의 대처가 이 포석의 핵심인데~

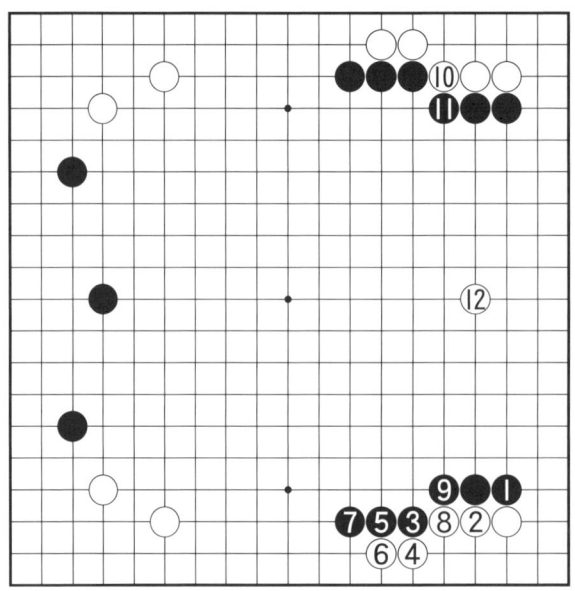

3도

3도(백, 만족)

이때도 같은 쪽에서 흑1로 막고 7까지 두면 백은 8, 10을 결정한 후 12로 좌우동형의 중앙을 갈라쳐서 만족이다.

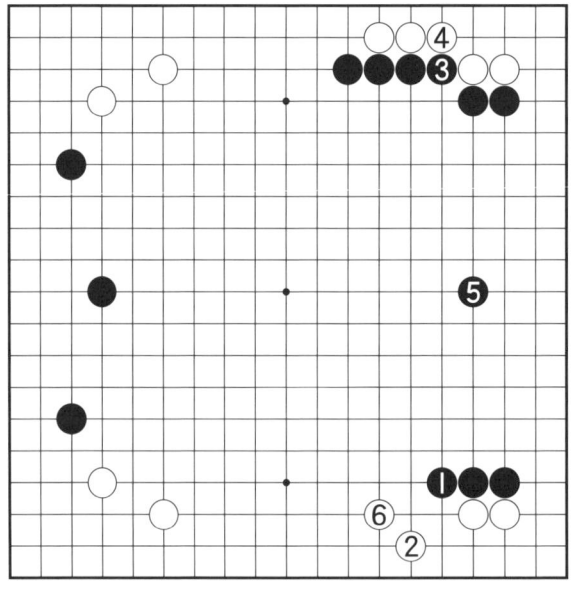

4도

4도(좌우 연계가 어렵다)

흑이 우변을 경영하자면 앞 그림 백2 때 흑1로 늘어 간명하게 처리한 후 3, 5로 모양을 구축할 수 있다.

다만 좌변과 연계하면 입체감이 떨어져서 두터움 활용에 어려움이 있다. 백은 6으로 세력을 견제하며 실리로 앞서간다.

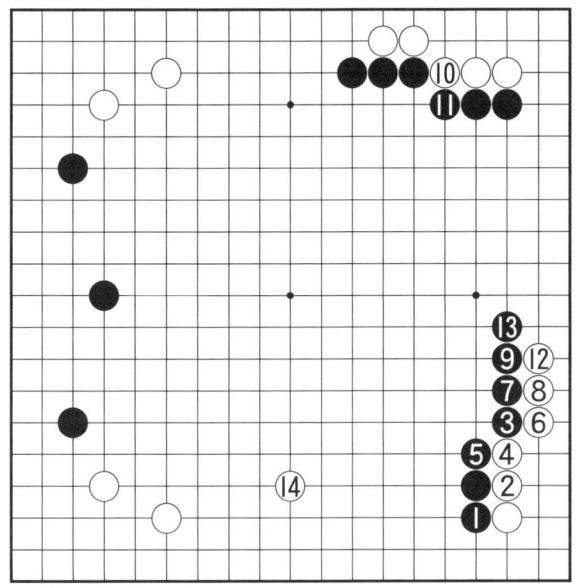

5도

5도(일관된 작전)

2도 다음 흑1쪽으로 막
은 후 13까지는 좌변과
연동해 두터움을 입체
화하려는 일관된 작전
이다. 백은 귀에서의 싸
움을 피해 실리를 차지
하며 14로 세력도 견제
하면 충분하다.

정교한 AI 관점에서
는 흑이 미흡하지만 두
터움 활용에 이 포석의
성공여부가 달려있다.

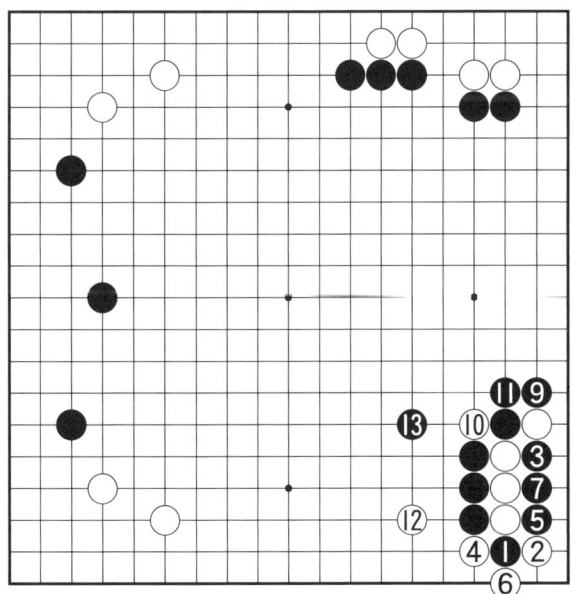

6도

⑧‥❶

6도(싸우기 편한 무대)

앞 그림 백6 때 흑1로
젖히고 이하 13까지 되
면 세력이 넓어져 앞으
로 흑도 싸우기 편한 무
대가 갖춰졌다.

AI의 형세로는 백이
불리하지 않지만 굳이
상대 의도대로 둘 필요
는 없다.

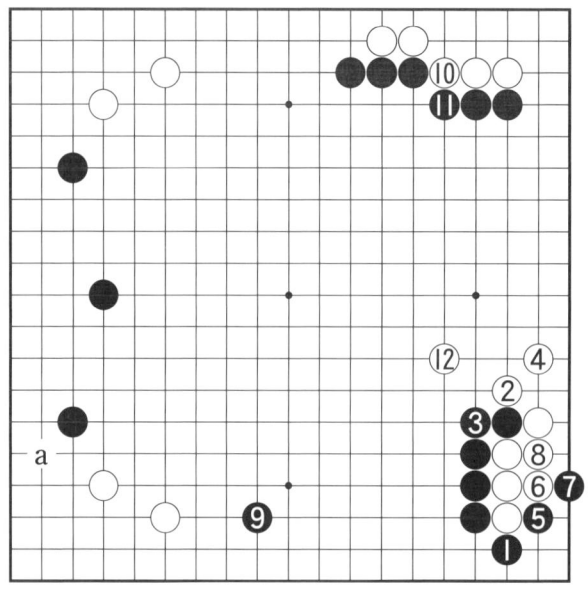

7도

7도(백의 변신)

흑1에는 백2, 4로 변신하며 우변 진출이 상황에 맞다. 흑5, 7의 활용은 당하지만 일관된 두터움 전략에 차질이 생겨 앞으로 흑이 국면을 주도하기가 어려워졌다. 다음 흑9로 하변을 넓히는 정도인데 백12가 중앙 대세점이며 12 대신 귀쪽 a의 지킴도 크다.

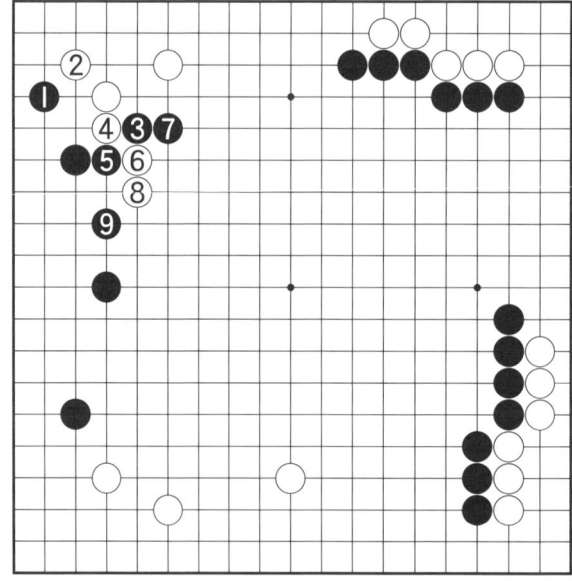

8도

8도(예측불허)

되돌아가서 5도 다음 흑의 두터움 활용이 초점인데 좌변 모양을 토대로 삼는다면 흑1, 3으로 넓히는 것이 하나의 방안이다.

백4, 6으로 도발하는 경우 주변이 두터운 흑이 7, 9로 강하게 맞서면 형세는 예측불허이며 전투력에 달려있다.

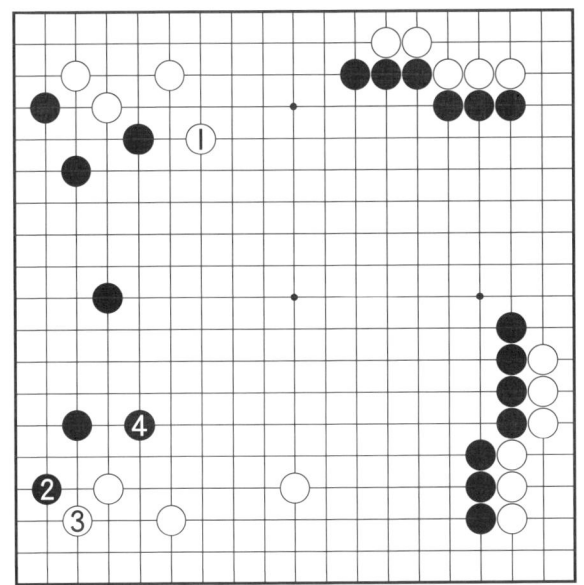

9도

9도(무난한 변화)

앞 그림 흑3 때 백1로 중앙 진출이면 무난한데 흑도 2, 4로 실리를 지키면서 두터움을 활용해가면 백이 약간 편한 정도로 이제부터의 바둑이다.

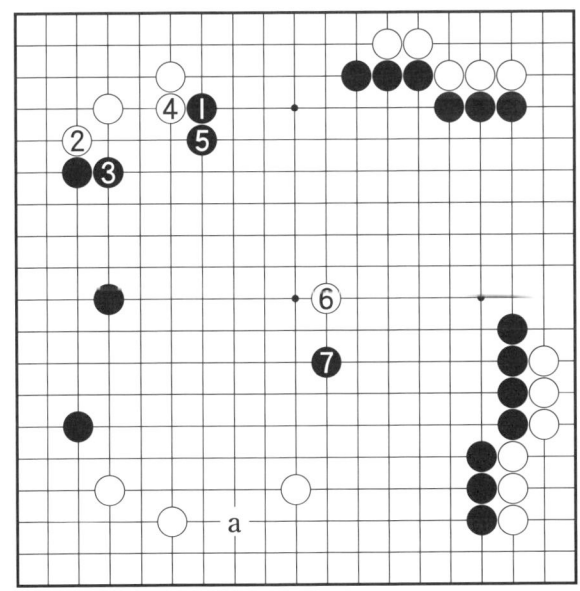

10도

10도(어깨짚음 이후)

5도 다음 흑1은 AI가 선호하는 어깨짚음이다. 이렇게 폭을 넓히면 백 2, 4로 귀를 지킨 후 6의 삭감이 시급하며 흑은 7로 차단해서 중앙 전투를 주도한다.

타개에 능한 AI가 보기에 당장은 실리가 많은 백이 편하지만 흑도 상대를 세력권 안에 끌어들인 것이 강점이며 a의 침입도 남아있어 예측불허이다.

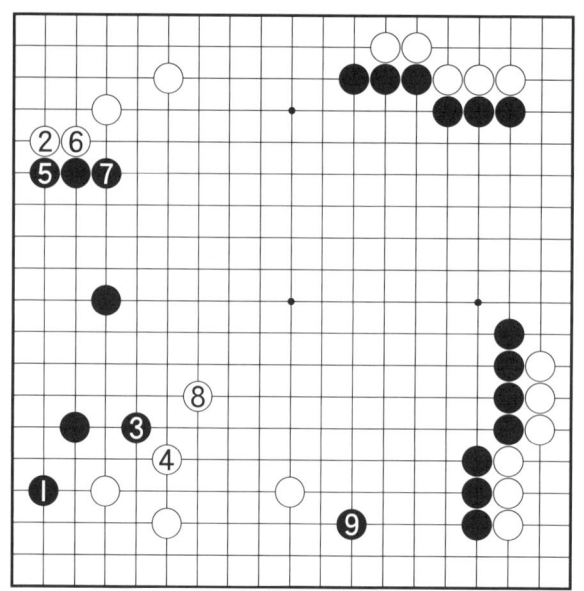

11도

11도(은근한 세력활용)

좌하 흑1부터 두면 백2가 실리로 크다. 이하 9까지 AI가 보여주는 무난한 변화인데 흑이 실리는 부족하지만 은근히 세력을 활용해가는 것이 특징이다.

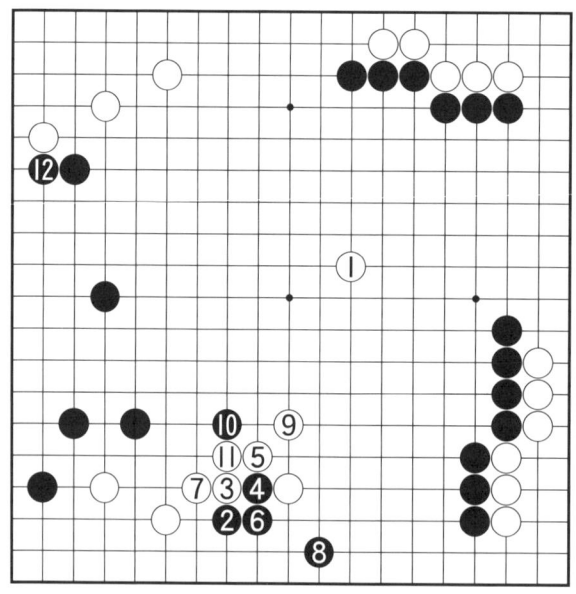

12도

12도(적시의 침입)

앞 그림 흑3 때 백1로 삭감부터 서두르면 흑2가 적시의 침입이며 이하 12까지 흑도 실리로 균형을 맞추며 대항할 수 있다.

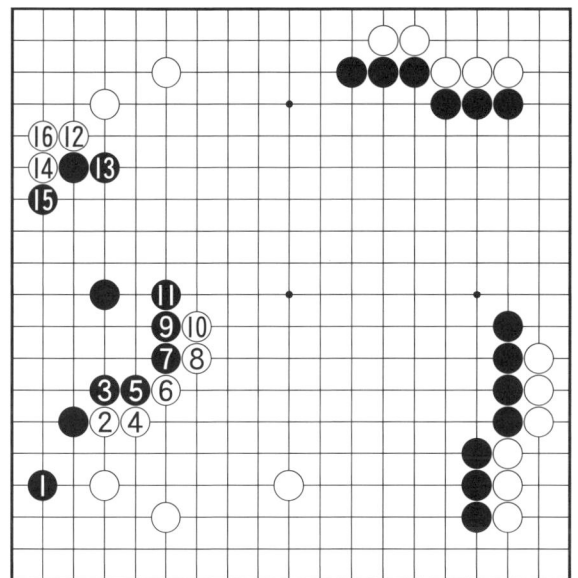

13도

13도(백, 활발)

흑1에는 백2로 붙이는 변화도 생각할 수 있다. 이하 11까지 눌러 중앙을 제어한 후 좌상귀 16까지 실리를 지키면 백의 행마가 리듬을 타며 활발한 국면이다.

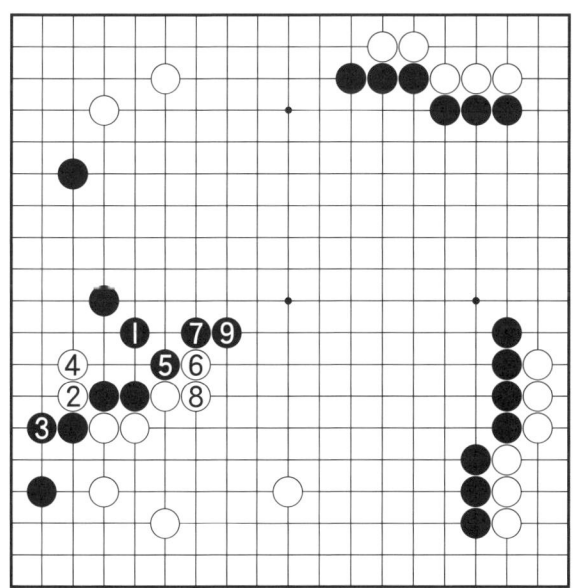

14도

14도(약점 이용)

앞 그림 백6 때 흑1로 지키면 백2, 4로 약점을 이용해서 9까지 중앙을 정리하는 것이 일단 백의 선수이다.

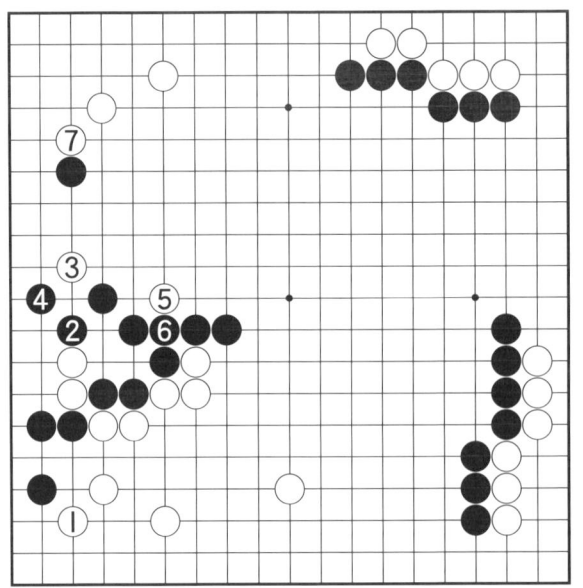

15도

15도(백, 활발)

이다음 좌변도 백1이 선수이고 3, 5로 활용한 후 7로 귀를 지키면 역시 AI는 백이 활발한 국면으로 본다.

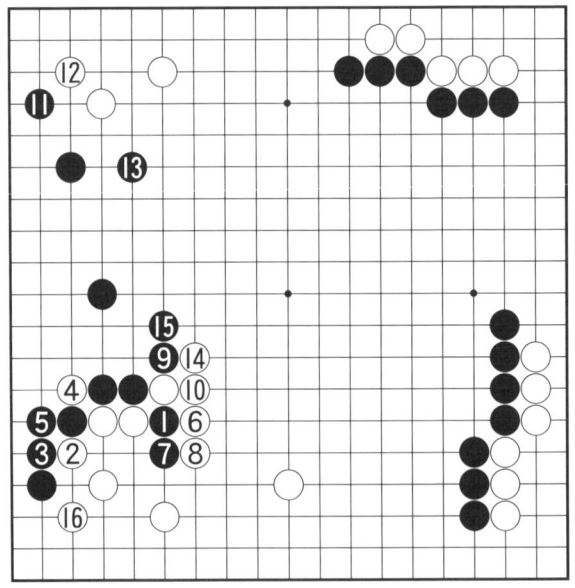

16도

16도(두터움 전략 차질)

13도 백6 때 흑1로 끊으면 이하 10까지 두점이 잡힌다.

그사이 흑이 좌변을 정리하고 11, 13으로 좌상 귀쪽을 선점할 수 있지만 백14, 16의 실전적 대응만으로도 흑은 중앙 두터움 전략에 차질이 생긴다.

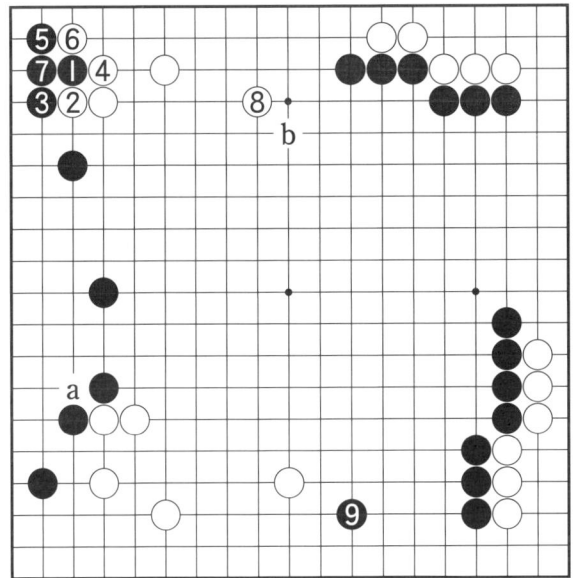

17도

17도(실전적 대안)

13도 백4 때 흑1의 침입이 AI의 실전적 대안이며 8까지 무난한 타협이다.

다음 흑은 당장 a쪽 끊길 염려가 없는 만큼 9로 실속부터 차리든지 아예 b로 씌워 노골적으로 모양을 넓히면 아직 흑의 두터움이 살아 있어 갈 길이 멀다.

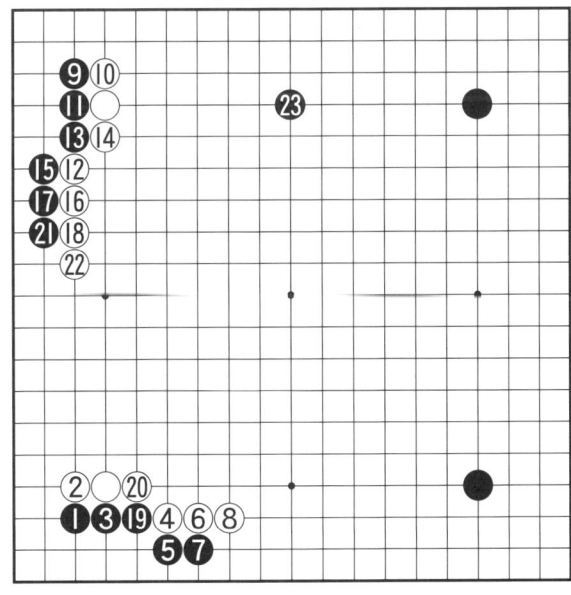

18도

18도(백의 두터움 전략)

이번에는 백으로 AI활용 두터움 전략을 적용해보자.

양화점 포석에서 흑1의 이른 3三침입에 백2 이하 8까지, 흑9의 침입에도 백10 이하 22까지 단순하지만 두터운 전략이다. 흑23으로 견제하고 나서~

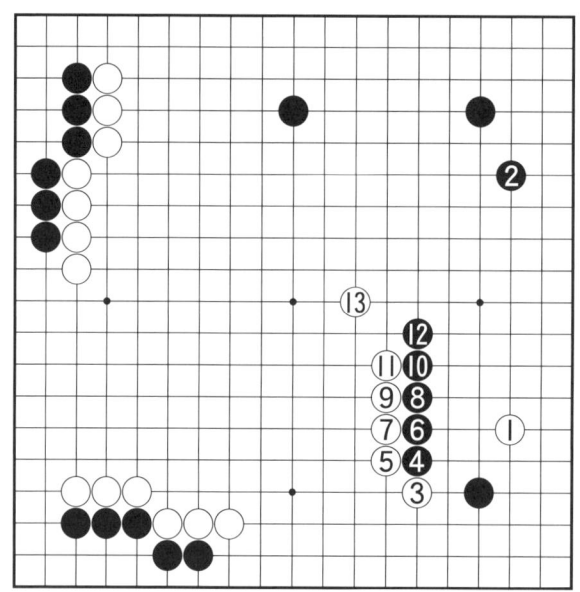

19도

19도(백, 넓은 모양)

백1의 걸침과 흑2의 굳힘은 AI의 일순위 추천수이다. 다음 백3의 양걸침부터 13까지 되면 실리와 두터움의 극단적인 대결로 치닫는다.

형세는 팽팽하다고 보지만 주도권은 모양이 넓은 백이 쥐고 있다.

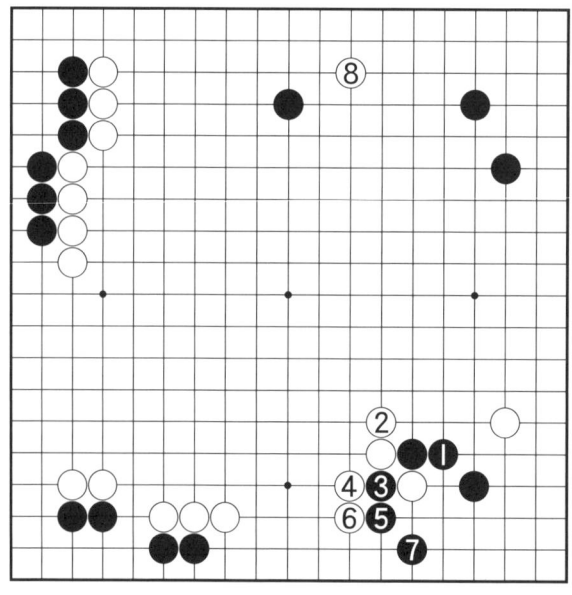

20도

20도(백, 싸움 주도)

앞 그림 백5 때 흑1로 끌면 이하 7까지 일단락되고 나서 백8의 침입이 요처이다.

역시 형세는 팽팽하지만 백은 두터움을 배경으로 싸움을 주도할 공산이 크다.

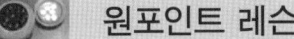

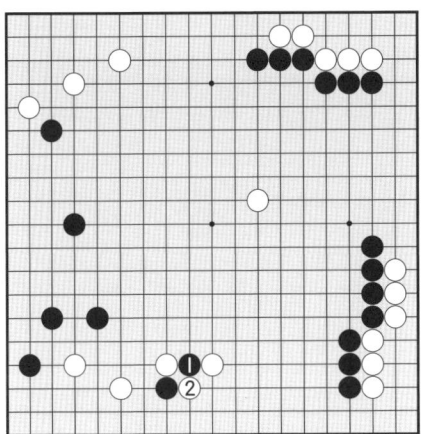

▦ 장면

이 장면(본형 12도 참조)에서 흑1로 끼울 때 백2로 아래쪽에서 단수친 후의 변화에 대해 생각해보자.

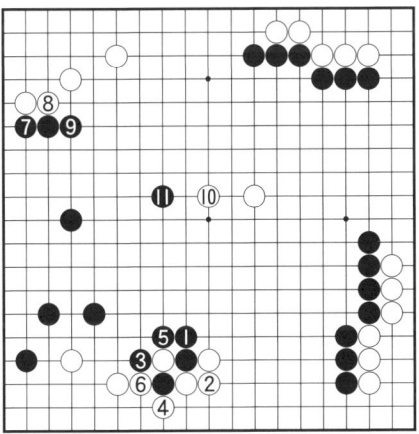

1도(백, 단순한 연결)

흑1로 나가는 것은 당연하며 이때 백2, 4로 단순한 연결이면 바깥 흑이 두터워져 흑이 7, 9로 좌변 모양을 정리하며 중앙에서 싸우기 편해졌다. AI의 진단은 백10에 흑11로 압박하면 형세도 흑이 약간 편하다고 본다.

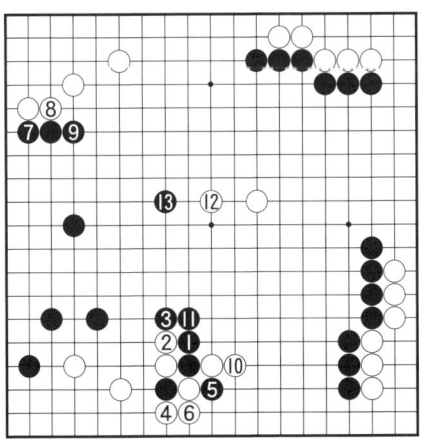

2도(적절한 타협)

흑1에 백2로 밀어서 정리히는 것이 능동적이며 좌변도 포함해서 11까지 되면 적절한 타협이다.

백12에 흑13은 좌변 모양도 넓히는 일석이조의 압박이며 형세는 어려운 싸움이지만 거의 어울렸다고 본다.

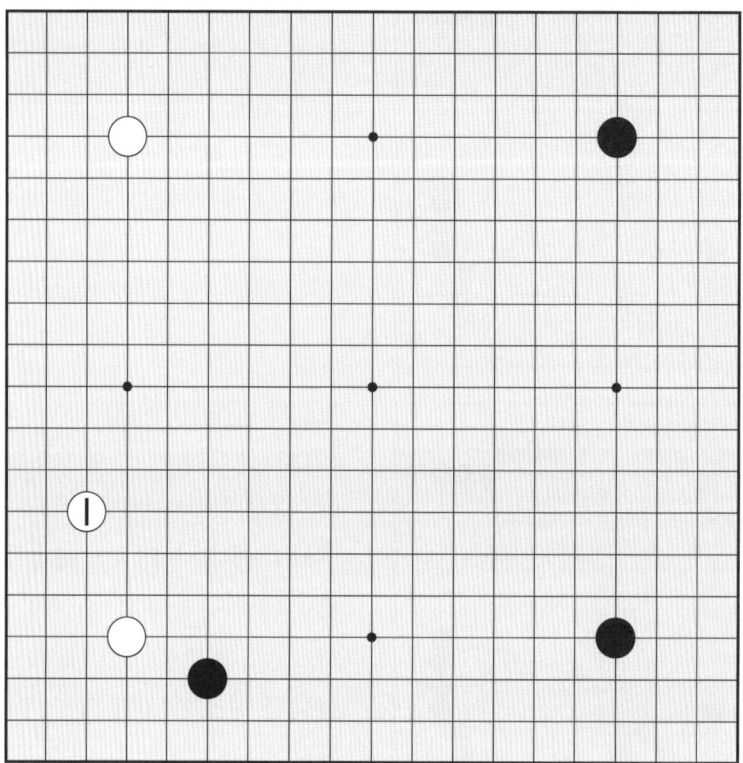

　화점 걸침에 백1의 눈목자받음은 실리에 취약하지만 3三 침입을 유도해서 국면을 주도하려는 뜻이다.

　AI의 관점에서 전체 국면을 조망하면서 이후의 포석 변화에 대해 알아본다.

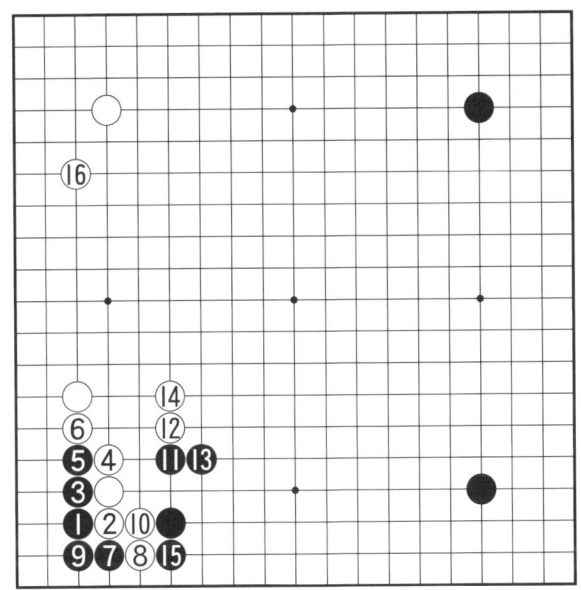

1도

1도(과거 정석에서)

흑1로 3三에 침입하면
백2로 막은 후 14까지
과거 대표적인 정석이
었다.

　다음 AI는 흑15로 활
용할 때 백이 16으로 굳
히면 서로 어울렸다고
본다.

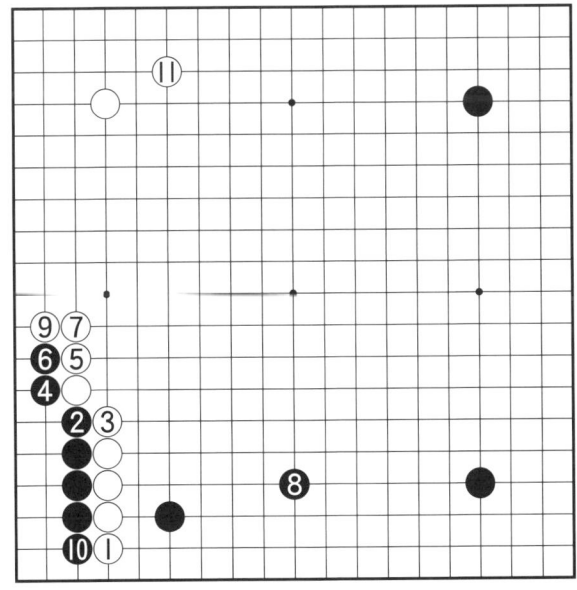

2도

2도(백, 두터운 막음)

1도 흑5 때 백1로 내려
서는 수로 발전되었는
데 이하 7까지 늘 때 흑
8로 전환하면 백9로 막
는 것이 두터운 선수이
고 11로 굳히넌 백이 충
분한 형세이다.

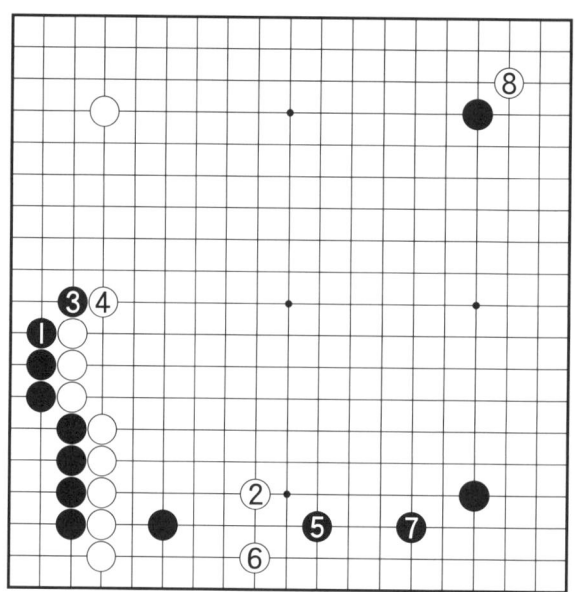

3도

3도(한번 더 민다)

앞 그림 백7 때 흑1로 한 번 더 밀어야 하고 백도 하변 협공으로 전환하는 것이 효율적이다. 이하 8까지 AI가 보여주는 무난한 변화이다.

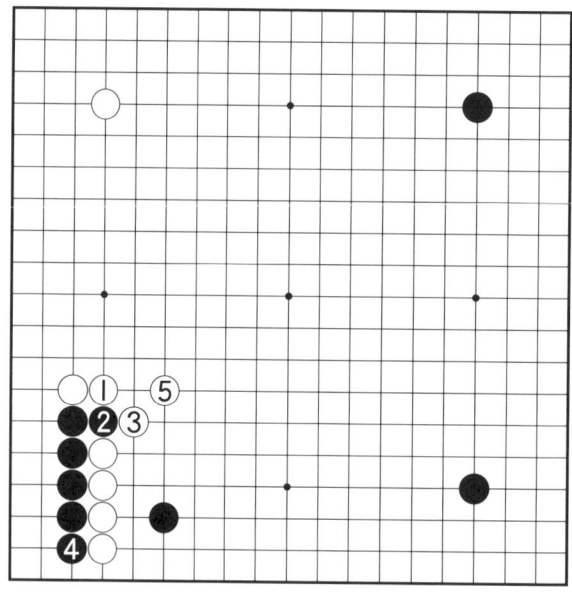

4도

4도(효과적인 틀)

2도 흑2 때 백1로 올라 선 후 5까지 틀을 잡을 수도 있다. 실은 AI도 이렇게 두면 백이 효과 적이라고 본다.

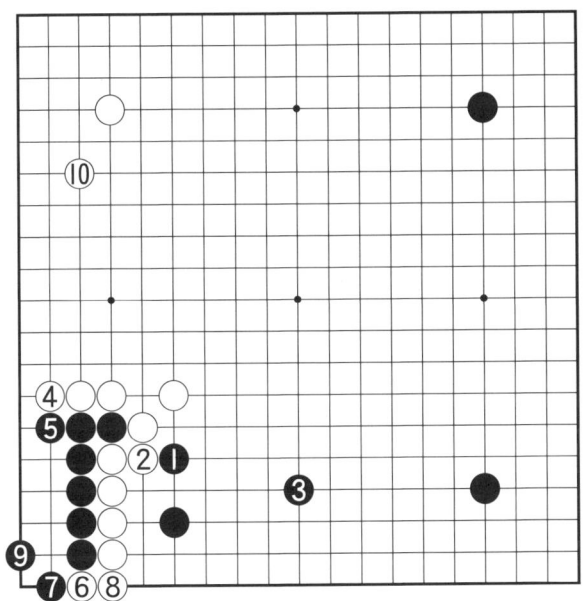

5도

5도(백, 두터움)

이다음 흑1, 3으로 하변을 키우지만 백4 이하 8까지 모두 귀에 선수이고 10으로 굳히면 백이 두터운 진행이다.

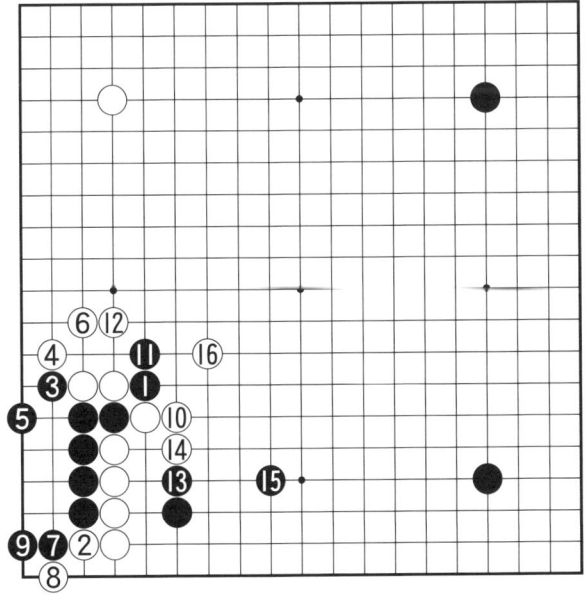

6도

6도(끊고 싸우는 경우)

4도 백3 때 흑도 1로 끊고 싸울 수 있다.

이하 16까지 AI가 보여주는 변화 중 하나인데 아직 형세는 불투명하다.

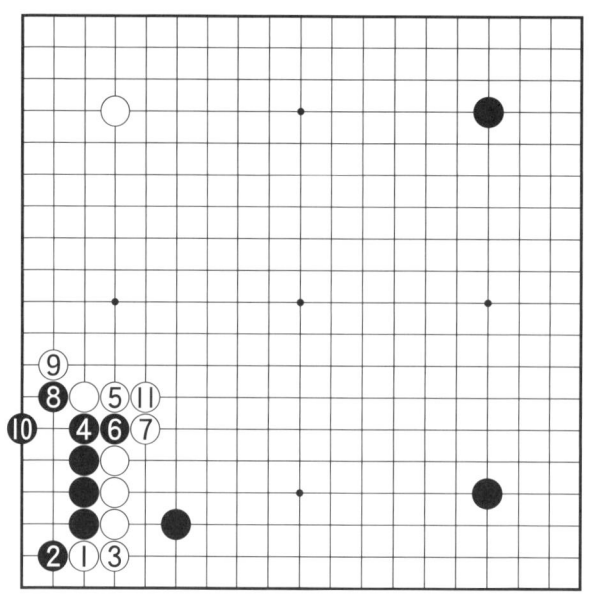

7도

1도 흑5 때 백1, 3으로 젖혀 이으면 이하 11까지 AI가 보여주는 간명한 변화이다.

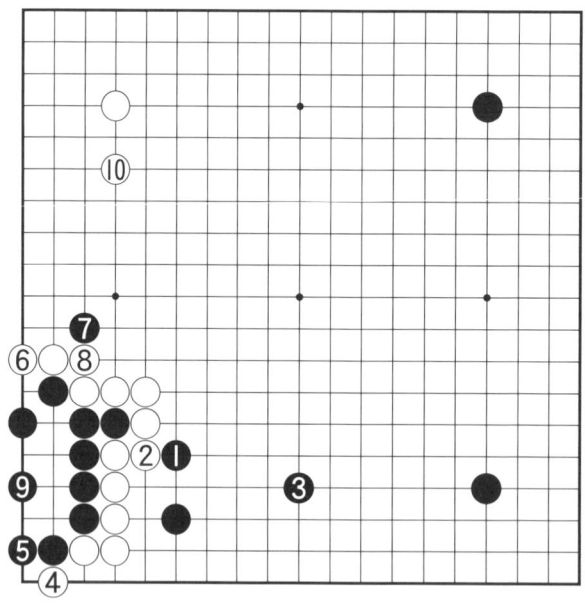

8도

8도(백, 두터움으로 대항)

이다음 흑1, 3으로 하변에 모양을 갖추면 백도 4, 6으로 귀를 활용하면서 10까지 좌변 두터움으로 대항할 수 있다.

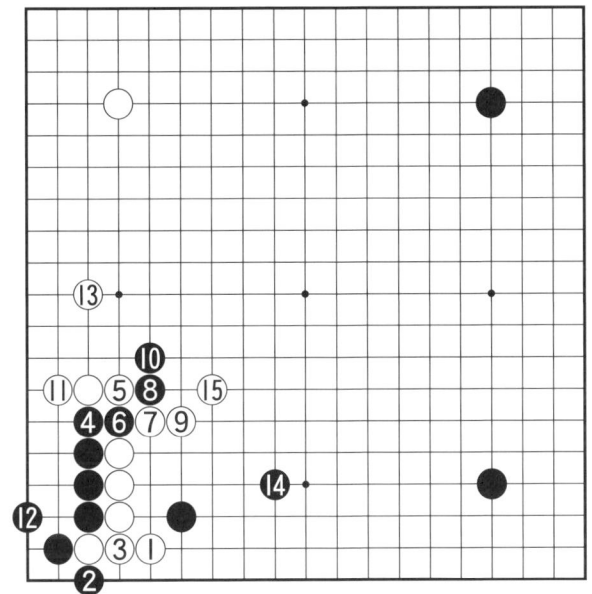

9도

9도(싸우는 변화)

7도 흑2 때 백1로 호구
치고 흑2, 4에 백5로 올
라선 후 15까지의 싸움
도 AI가 알려주는 변화
로 앞 그림과는 일장일
단이 있다.

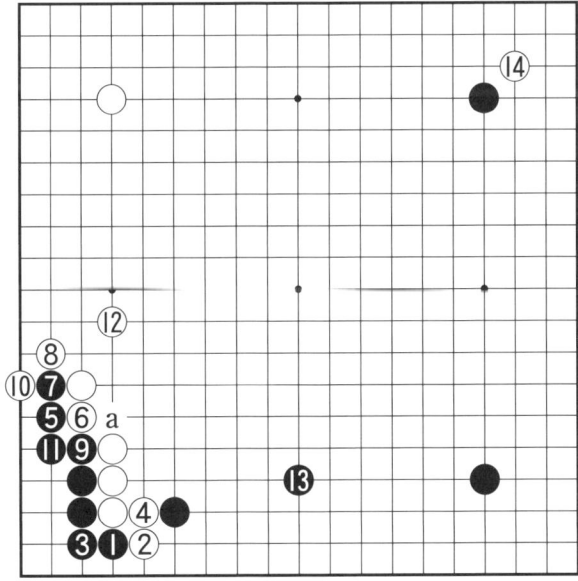

10도

10도(AI 정리법)

1도 백4 때 흑1로 먼저
젖힌 후 12까지도 AI가
보여주는 정리법이다.
다음 흑13에 벌리고 백
14로 침입해서 어울린
형세이다.

　백12의 지킴은 효율
을 중시한 것으로 a쪽
뒷맛이 있지만 당장 흑
이 끊기는 어렵다.

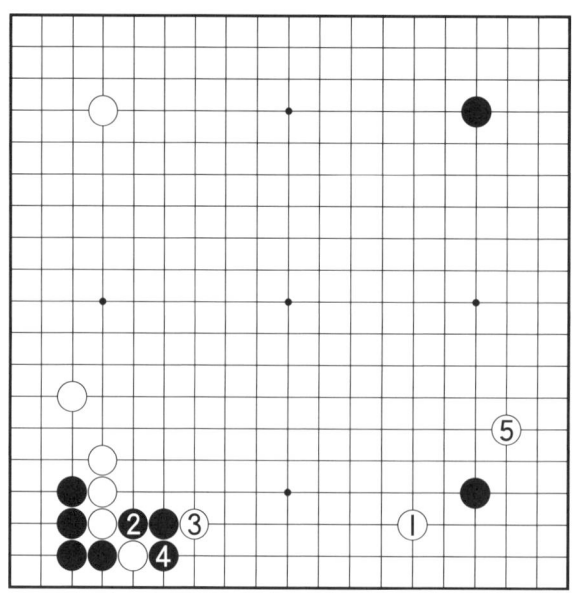

11도

11도(백, 능동적 발상)

앞 그림 흑3 때 백1의 걸침은 능동적인 발상이다. 흑2로 끊으면 백3의 맥점을 활용한 후 5의 양걸침으로 발빠른 전략인데 이래도 형세는 어울렸다.

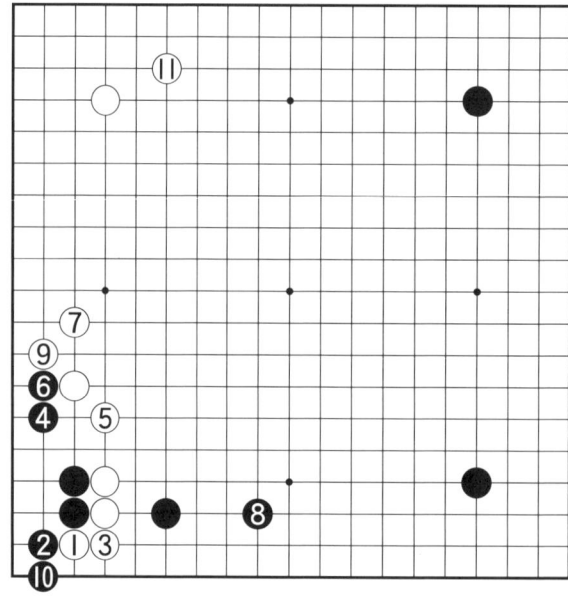

12도

12도(백, 먼저 젖힘)

거슬러 올라가 1도 흑3 때 백도 1의 젖힘을 먼저 시도할 수 있다.

이하 11까지 AI가 보여주는 알기 쉬운 변화인데 서로 어울렸다.

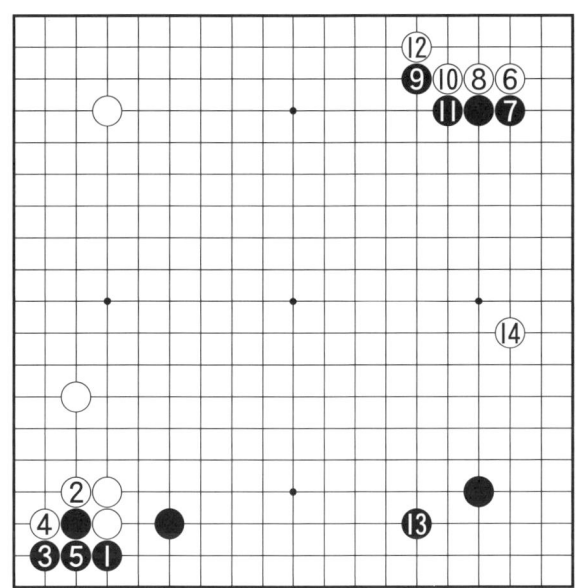

13도

13도(백, 간명한 정리)

1도 백2 때 흑1의 젖힘
이면 뒤에서 백2, 4로
선수해 간명하게 정리
한 후 14까지 AI의 변
화도인데 백이 약간 활
발하다고 본다.

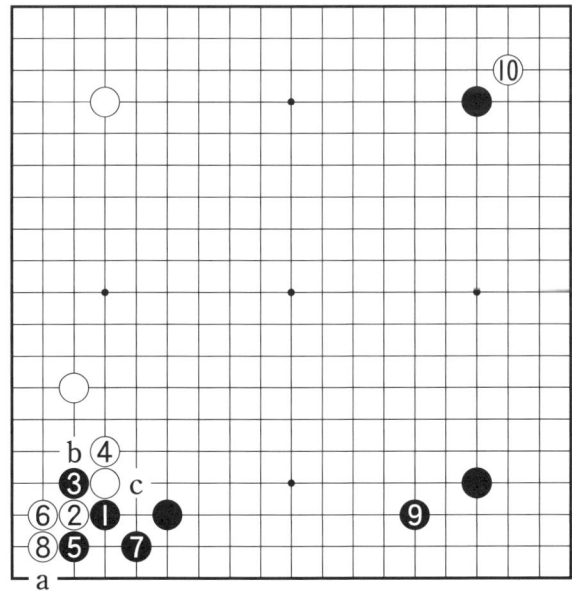

14도

14도(맞끊는 경우)

처음으로 돌아가서 흑1,
3으로 맞끊고 이하 8까
지 예전부터 알려진 정
석 수순이다. 흑a, 백b
면 일단락이지만 그 경
우 AI는 백이 편하다고
본다. 차라리 흑은 a를
생략해야 c쪽에 힘을 실
을 수 있고 이를 감안하
면 9의 굳힘이 효율적
이라고 본다. 백도 10의
침입이면 충분하다.

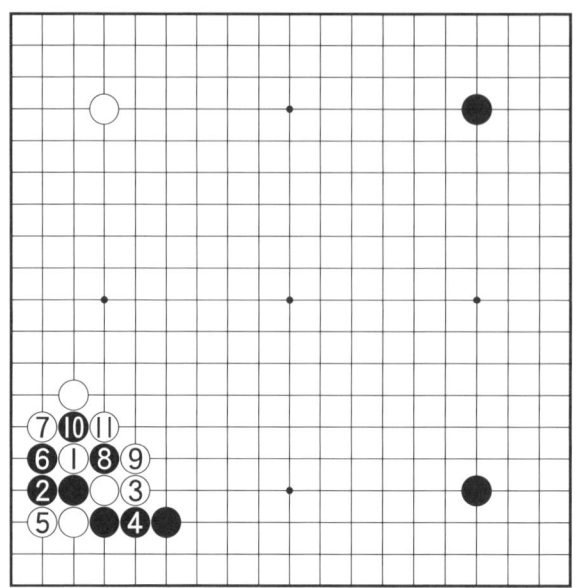

15도

15도(백의 일책)

앞 그림 흑3 때 백1로
단수치고 3을 선수한 후
5로 몰아가는 것도 하나
의 방안이다. 이하 11까
지 필연인데~

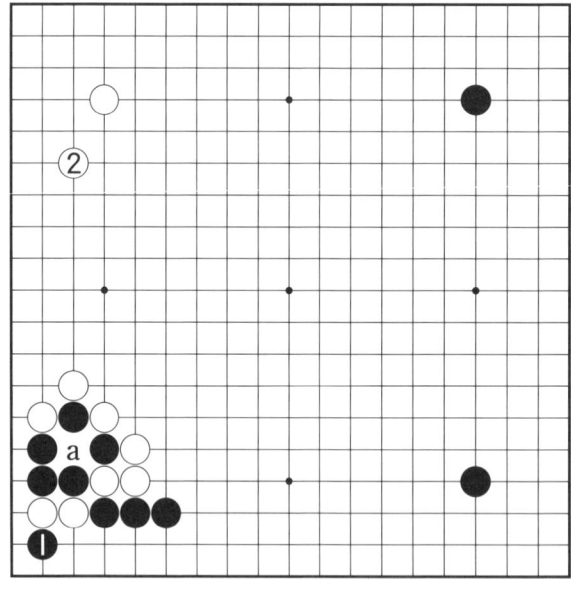

16도

16도(백, 두터움)

흑1로 귀를 잡을 때 백2
로 굳히면 a가 선수인
만큼 좌변 일대가 두터
워서 백이 충분한 형세
이다.

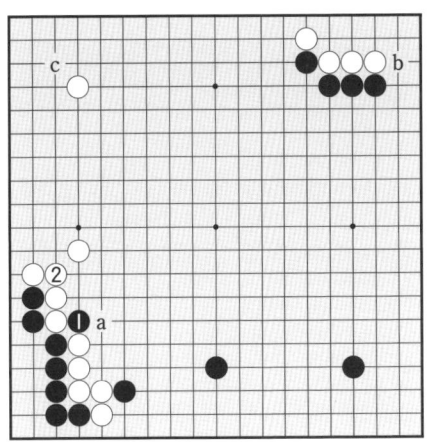

장면

다음은 본형 10도에서 약간 진전된 국면이다. 좌하 정석에서 흑1로 엷은 곳을 끊으면 백이 어떻게 대응할지 생각해보자.

이때 백2로 이으면 흑이 a로 움직이는 뒷맛을 남겨놓고 b나 c로 전환해서 충분하다.

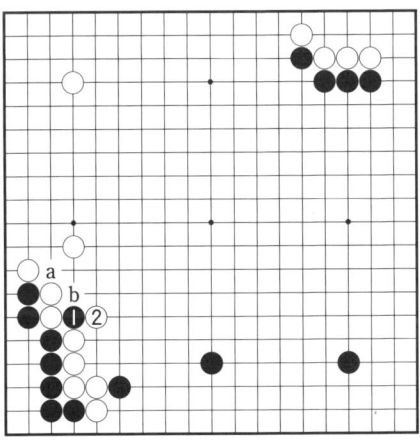

1도(흑, 불리)

당장 약점을 흑1로 끊으면 백2로 몰고 나서 흑이 a로 끊든 b로 나가든 불리하다. 흑a로 끊으면 한점을 잡더라도 후수이며, 흑b로 나가면 자연스레 백a로 이으면서 흑 두점이 곧마로 몰린다.

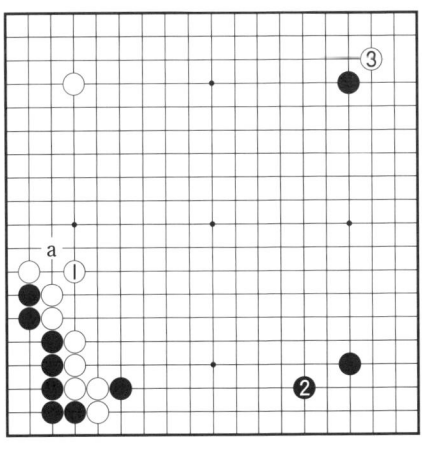

2도(간명한 호구 지킴)

백이 뒷낫이 신경 쓰이면 거슬리 올라가 이 시점에서 1의 호구로 지켜도 간명한데 a의 활용이 남아있다.

다음 흑2로 굳히고 백3에 침입하면 서로 무난한 형세이다.

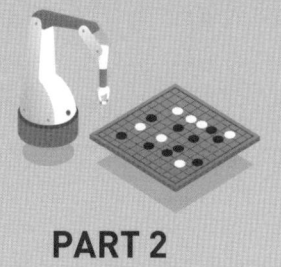

PART 2

양화점에서
능률 포석

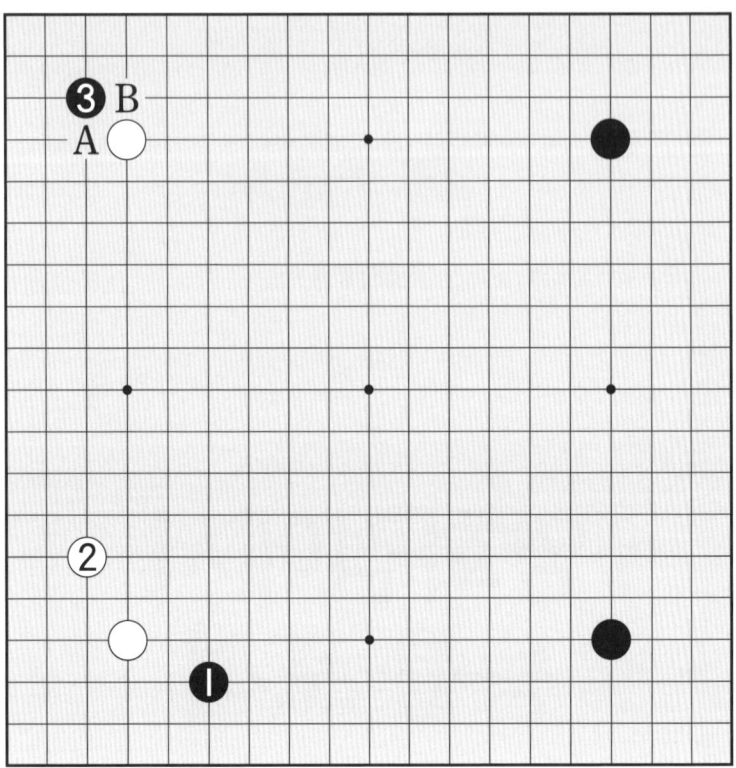

양화점 포석에서 흑1로 걸친 후 백2에 받을 때 손을 돌려 흑3으로 3三에 침입하는 것은 공간을 능률적으로 넓게 사용하려는 발빠른 전략이다.

백은 A와 B, 어느 쪽이든 막을 수 있는데 이번 형에서는 백이 강한 A쪽 막음 이후 변화에 대해 알아본다.

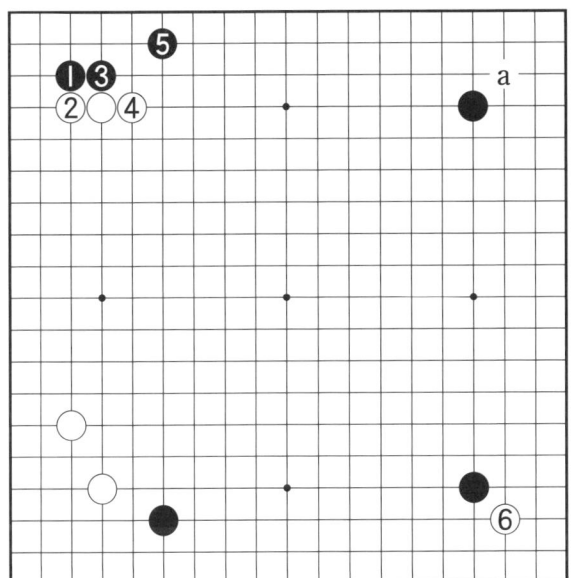

1도

1도(모범 포석)

흑1의 침입에 백2로 막은 후 5까지는 실전에 많이 등장하는 간명한 정석 처리이다.

　다음 백6(또는 a)의 3三침입이면 AI시대의 모범 포석 흐름이다.

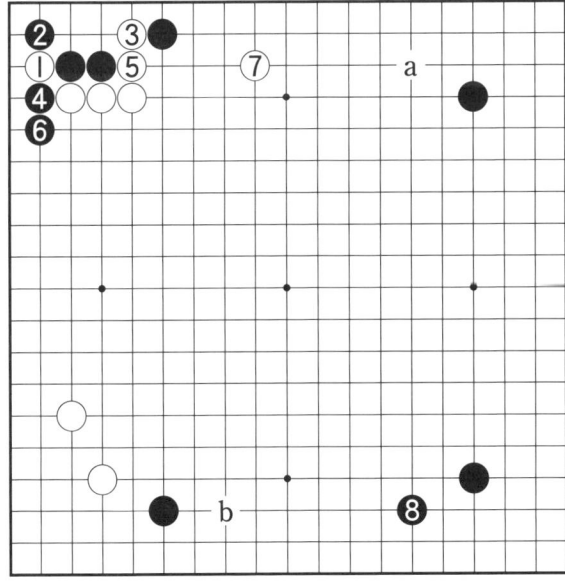

2도

2도(귀를 공략하는 경우)

앞 그림 흑5 때 백이 귀를 공략한다면 1, 3이 효과적 수순이며 이하 7까지 기억해둘 정석의 예이다.

　다음 흑8의 굳힘이 큰 자리이며 백은 a의 걸침이나 b의 협공이 AI의 일순위 추천수이다.

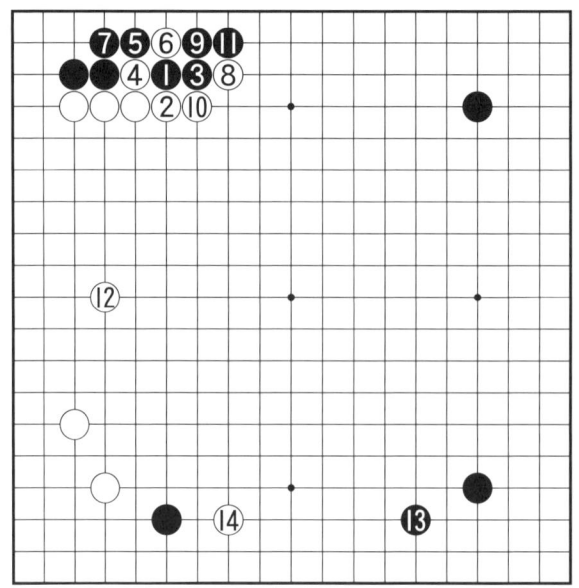

3도

3도(백, 변에서 주도)

1도 백4 때 흑1로 뛰는 경우 백2로 밀고 나서 이하 11까지 정석 수순 이다.

다음은 AI의 변화도 인데, 백이 실리를 허용 한 대신 12로 벌리고 14 로 협공하며 변에서 주 도하는 흐름이다.

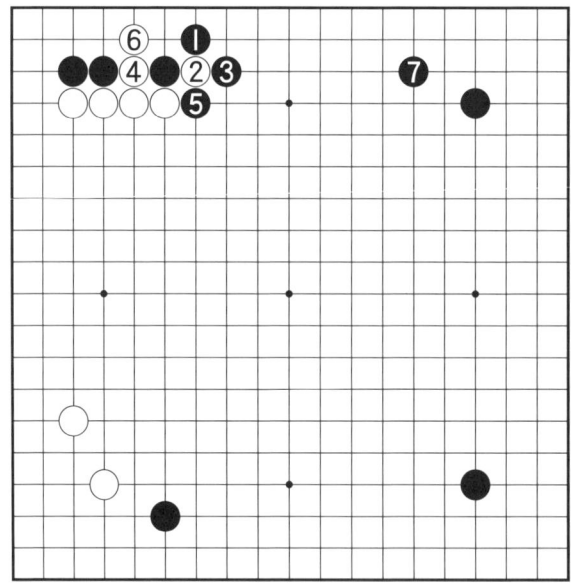

4도

4도(바꿔치기)

앞 그림 백2 때 흑1의 날일자 지킴은 탄력을 주기 위함이다.

이때 백2는 흑3으로 반발해서 6까지 바꿔치 기가 된다. 흑이 귀는 빼앗겼지만 7로 굳히면 서 두터운 상변 모양으 로 대항할 수 있다.

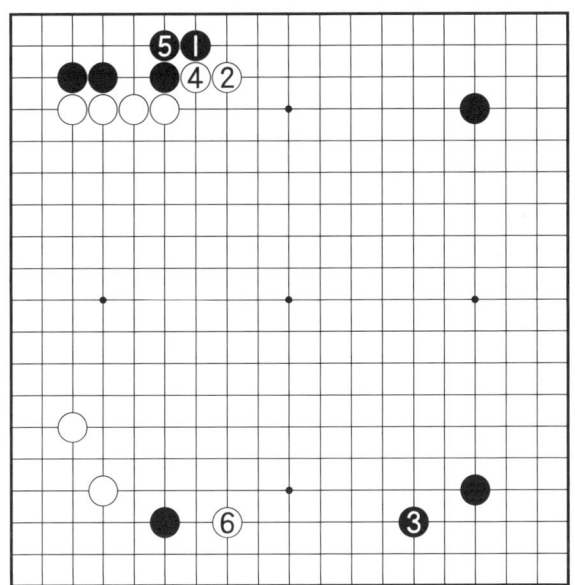

5도

5도(날일자 압박)

흑1에는 백2의 날일자로 압박하는 편이 상황에 어울린다.

이후 AI는 6까지의 변화를 보여주는데 백이 약간 주도하는 포석 흐름이다.

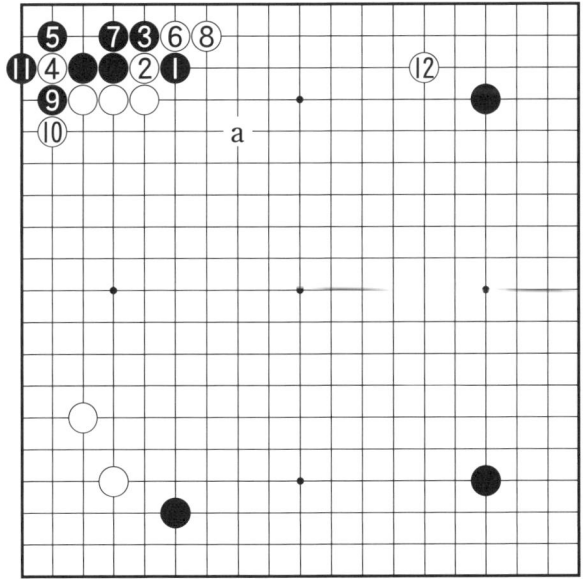

6도

6도(백의 노림)

흑1에 백2, 4의 젖힘은 노림이 숨어있다. 이때 흑5로 받으면 백이 축은 불리해도 6, 8로 늘기만 해도 이미 흑이 당한 결과이다. 다음 흑9, 11로 한점 잡는 것이 필연인데 백12로 걸치면 백이 우세한 흐름이다.

백이 수비 위주로 두자면 12 대신 a로 보강하는 것도 안정적이다.

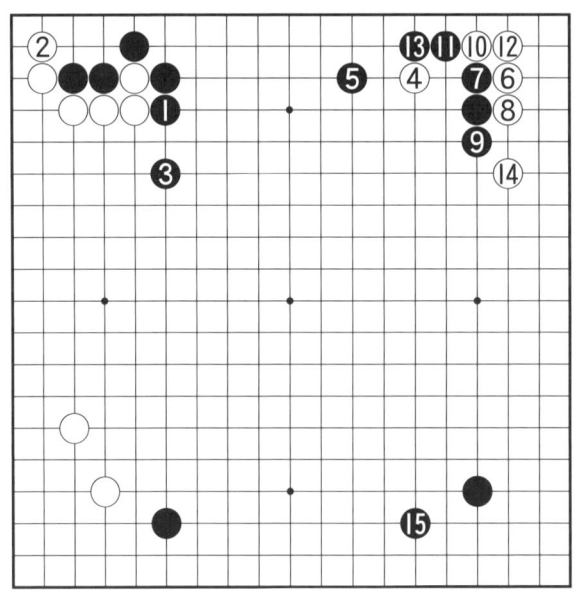

7도

7도(흑의 효율적 대응)

앞 그림 백4 때 흑1로 밀어올리고 백2면 흑3에 뛰는 것이 힘차며 상변을 키우는 데도 효율적이다.

다음 백4에 걸치면 흑5로 협공한 후 15의 굳힘까지 AI의 변화도인데 흑이 약간 활발하다.

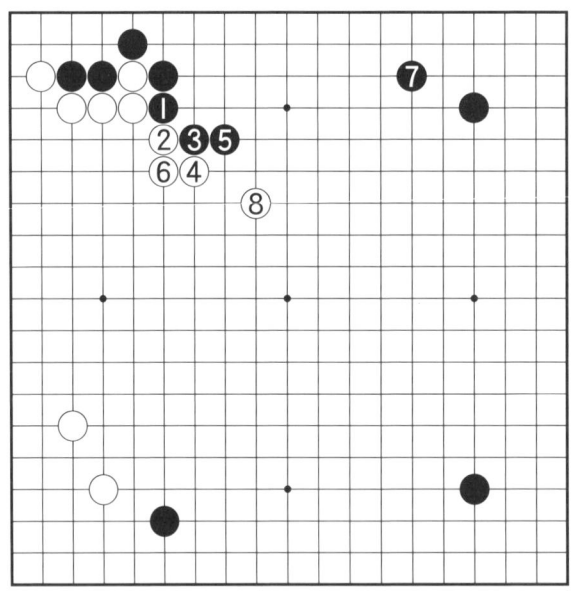

8도

8도(백의 능동적 대응)

흑1에는 백도 2 이하 중앙에서 맞서는 것이 능동적이며 8까지 AI의 변화도인데 아직 팽팽한 포석 흐름이다.

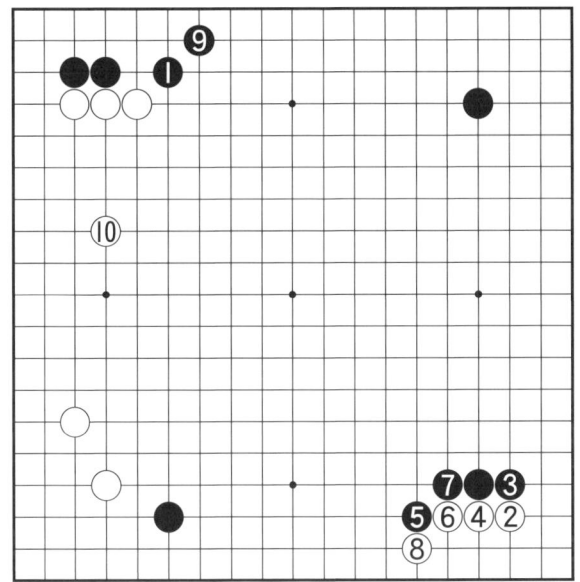

9도

9도(마늘모 지킴이 우선)

흑1로 뛰면 백이 손을 돌리는 경우가 많다.

가령 백2로 침입해서 8까지 되면 흑9의 마늘모로 지키는 것이 우선이다. 다음 백10으로 벌리면 무난한 진행이다.

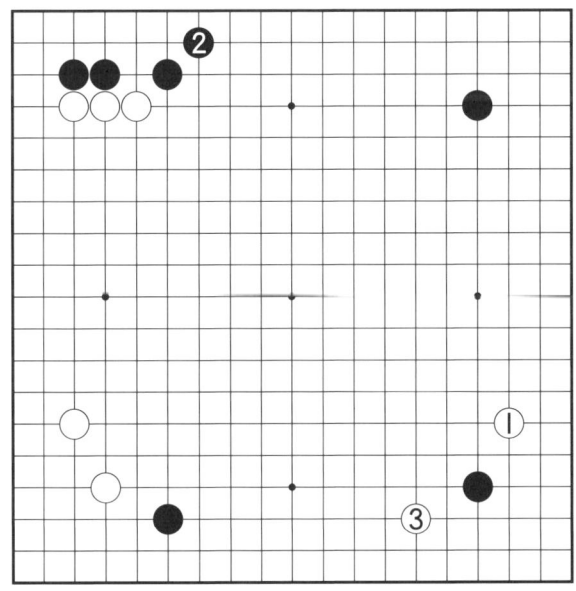

10도

10도(양걸침 흐름)

백1로 걸치는 경우라면 더욱 흑은 축이 불리하므로 2의 지킴은 필수이다. 다음 백3으로 양걸침하는 포석 흐름이 보편적이다.

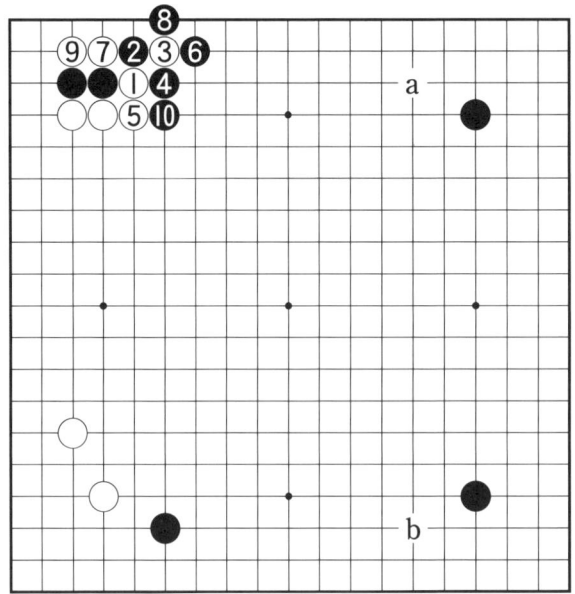

11도

11도(상변 발전성)

거슬러 올라가 1도 흑3 때 백1, 3의 이단젖힘이면 9까지 정석 수순이다. 다음 흑이 10으로 밀어올리면 상변 발전성이 높고, 10 대신 귀를 중시하면 a나 b로 굳혀도 충분하다.

백도 이런 배석에서는 좌상귀 정석을 피하는 편이 보통이다.

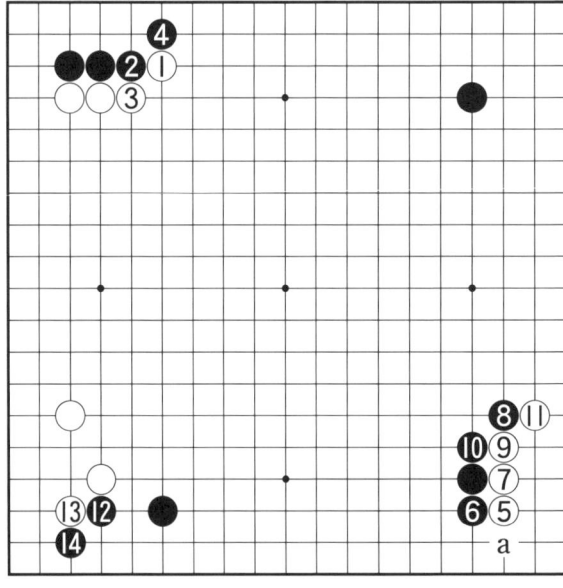

12도

12도(무난한 패턴)

1도 흑3 때 백1로 늦추는 수도 실전 빈도가 높다. 흑2, 4에 이번에는 백이 5로 침입해서 이하 11까지 같은 패턴으로 대응해도 무난하다.

다음 흑은 12, 14로 좌하귀를 공략하거나 a의 젖힘으로 우하귀 모양을 정리해갈 수 있다.

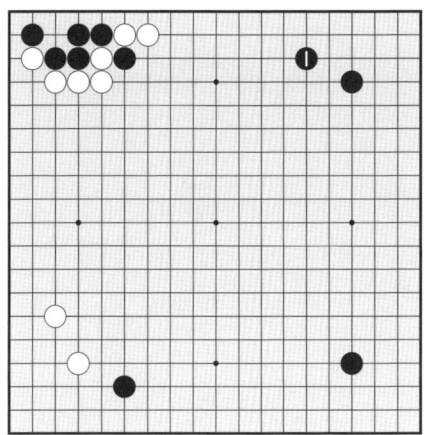

▦ 장면

좌상귀는 이미 흑이 당한 결과이다
(본형 6도 참조).

이를 만회하기 위해 흑1의 큰 자
리로 전환하면 백이 어떻게 대응할
지 생각해보자.

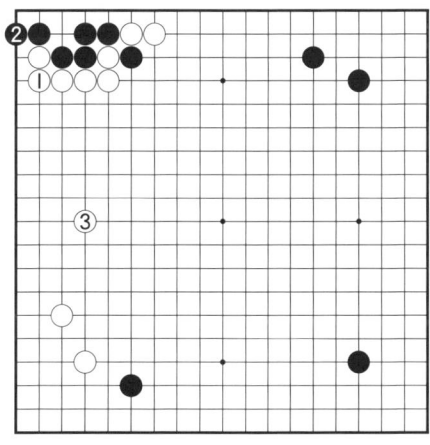

1도(선수활용)

무엇보다 백1의 이음이 아주 큰 선
수활용이다. 흑2로 살아도 나중에
끝내기까지 당하면 3집에 불과하다.
유유히 백3으로 좌변에 모양을 구축
하면 단연 백이 우세한 국면이다.

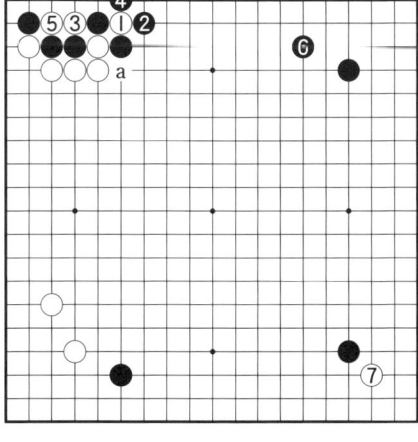

2도(백, 대우세)

거슬러 올라가 백1로 끊은 시점에서
흑2, 4로 한점을 잡고 6으로 굳혀도
차선책이라 주장하기 어렵다.

석점이 잡힌 귀의 손실뿐만 아니
라 백 모양이 너무 견실해서 나중 흑
a의 밀어올림이 힘을 잃었다. AI의
진단은 백의 대우세라 선언한다.

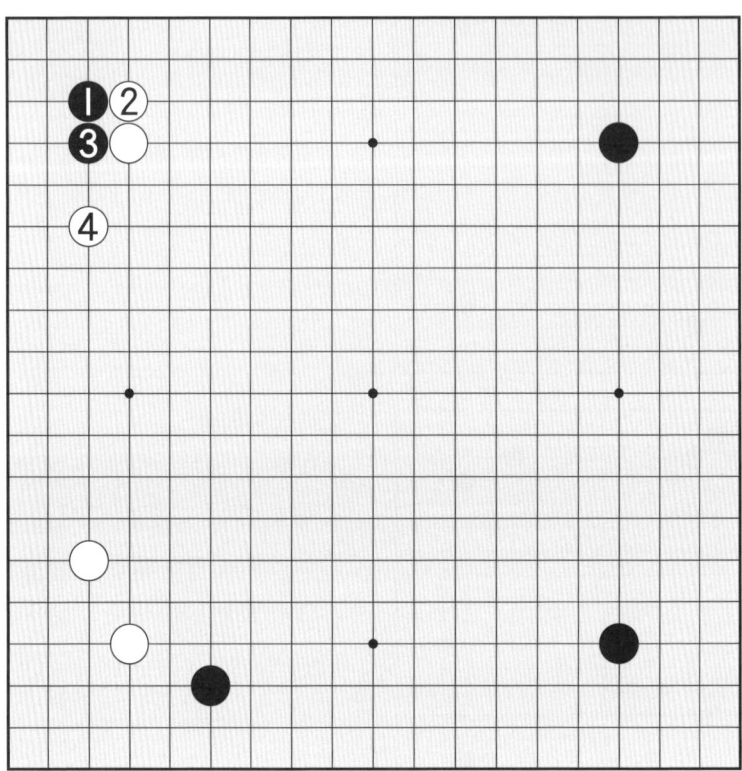

    이번에는 흑1의 3三침입에서 백2로 상대의 강한 쪽을 막은 후 4로 늦출 때의 포석 구상을 생각해본다.

    같은 정석을 사용하더라도 주변 상황에 따라 가치와 효율이 달라질 수밖에 없는데, 이를 염두에 두면서 먼저 기본적인 포석 변화에 대해 알아본다.

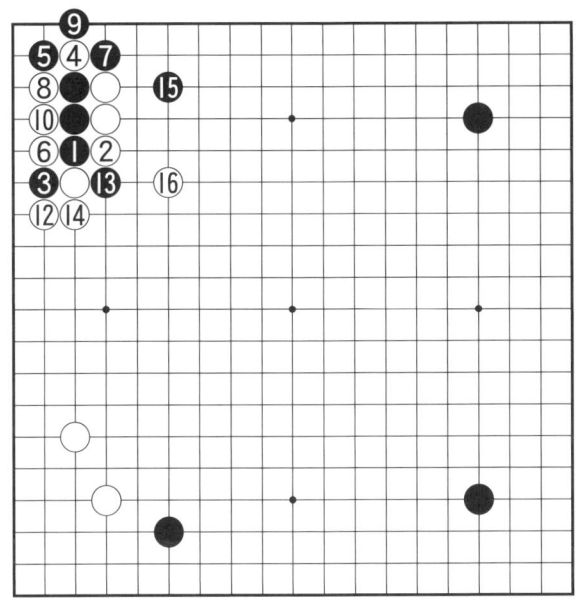

1도

11··④

1도(상용 정석에서)

기본형 다음 흑1, 3으로 응수하면 무난하다. 백4로 젖힌 후 16까지 되면 익히 알려진 상용 정석인데 이후 포석 변화에 대해 알아보자.

우선 좌변만 보면 모양의 완성도가 높아 보통은 백이 원하는 변화이다.

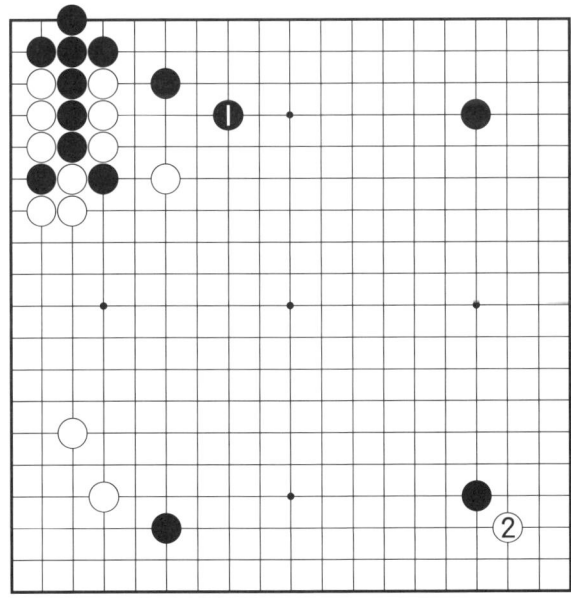

2도

2도(흑, 느슨한 지킴)

이다음 흑1로 지키면 정석이 완결되지만 전체 구상에서는 약간 느슨하다. 백2로 침입하면서 국면은 백이 주도한다는 것이 AI의 견해이다.

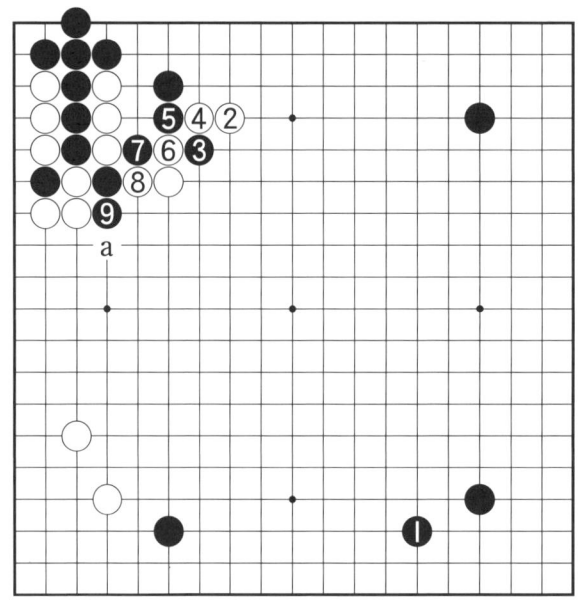

3도

3도(흑, 능동적 굳힘)

1도 다음 흑1의 굳힘이 능동적인데, 상변 백2로 추궁하면 흑3으로 가른 후 7의 끼움이 효과적이다.

이때 백8의 양단수는 흑9로 나오면서 a의 축이 불리한 백이 위험한 진행이다.

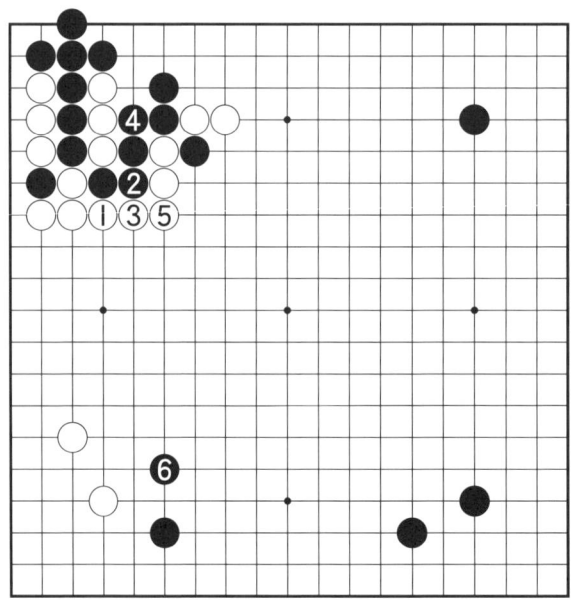

4도

4도(흑, 우세)

앞 그림 흑7 때 백도 1 이하 5까지 두텁게 정리하는 것이 순리인데, 다음 흑6으로 좌변 모양을 견제하면 흑이 우세한 흐름이다.

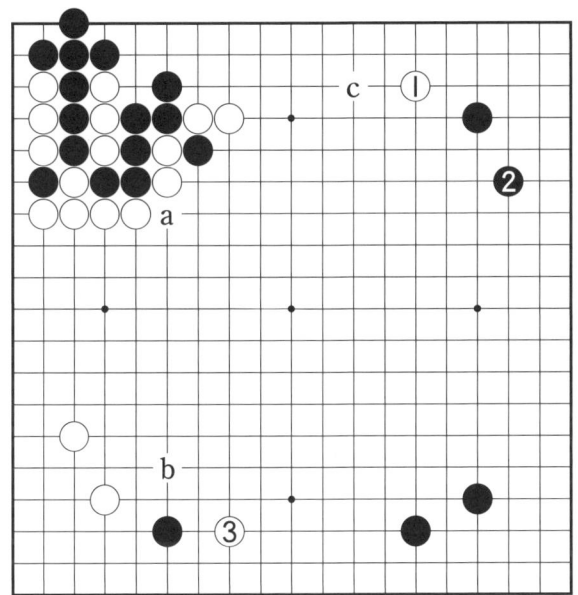

5도

5도(백, 능동적 태도)

앞 그림 흑4 때 백도 a
로 잇는 대신 1, 3으로
요처를 차지하는 것이
일단 능동적이다.

다만 흑이 좌상 약점
을 노리면서 b나 c의 어
느 쪽에서 도발하든 충
분한 싸움이다.

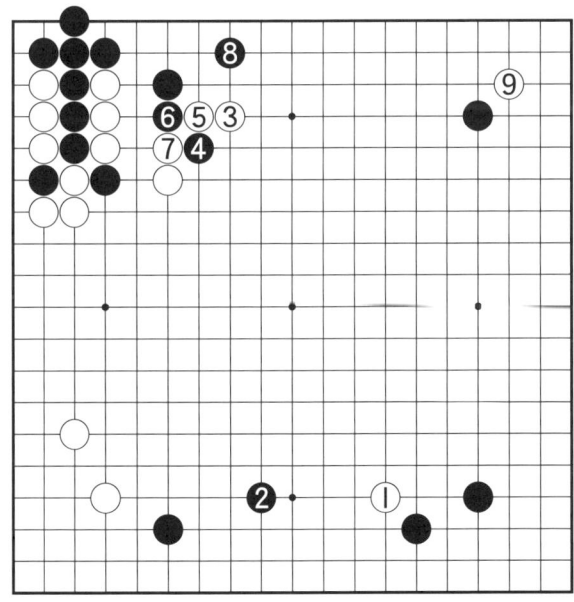

6도

6도(어깨짚음의 의도)

백1의 어깨짚음은 흑2
다음 백3으로 추궁할 때
3도의 축을 내다본 수이
다. 이때는 흑도 4 이하
7 때 8로 근거를 마련하
는 것이 부난한데 흑이
물러선 만큼 백도 9로
전환하면 충분하다.

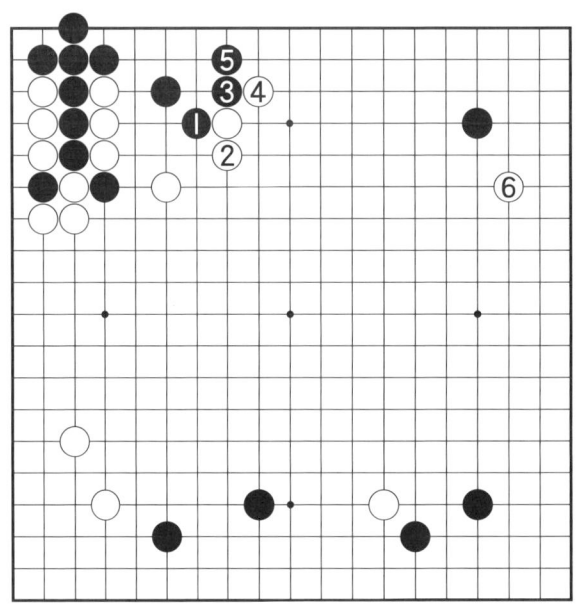

7도

7도(흑, 간명한 안정책)

앞 그림 백3 때 흑이 간명하게 두자면 1로 붙인 후 5까지의 안정책도 있다. 일단 백은 6으로 걸치면서 국면을 주도한다.

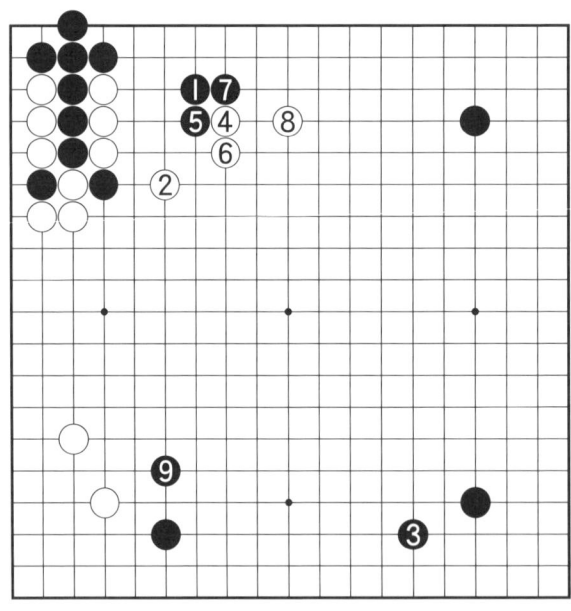

8도

8도(흑, 눈목자 행마)

거슬러 올라가 1도 백14 때 흑1의 눈목자 행마는 엷지만 일책이다.

이때도 백2로 받으면 흑은 3으로 굳히며 효율적 국면이 된다. 백4로 압박하면 흑5, 7을 선수한 후 9로 좌변 모양을 견제하면서 흑이 안정된 포석 흐름이다.

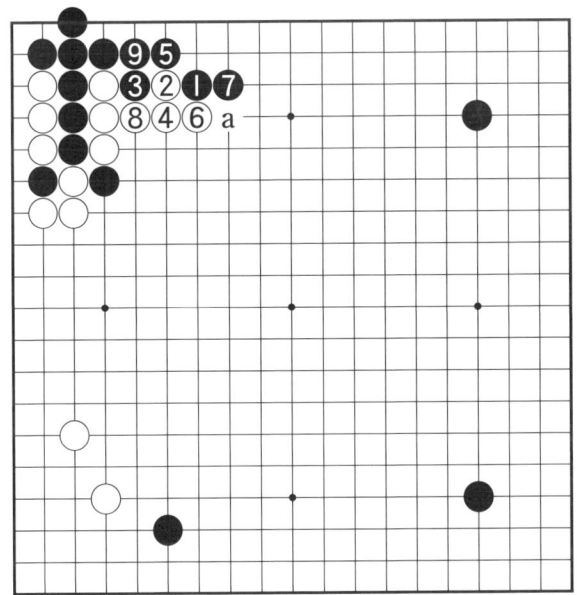

9도

9도(효과적 껴붙임)

흑1에는 백2의 껴붙임
이 효과적이다. 흑3으로
틈새를 파고들면 백4로
물러선 후 9까지의 수
순을 밟는다.

　다음 백이 a로 밀어
가든지 큰 자리에 전환
해도 충분하다.

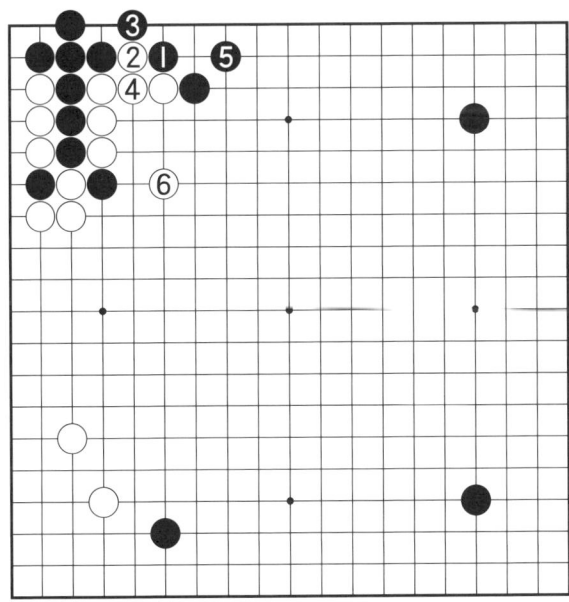

10도

10도(호구치는 자세)

앞 그림 백2 때 흑1로
젖혀 받는 것이 무난하
다. 이때 백2, 4로 끼워
이으면 흑5로 호구치는
자세가 좋고 백6으로 지
키지만 백 모양의 효율
성이 떨어진다.

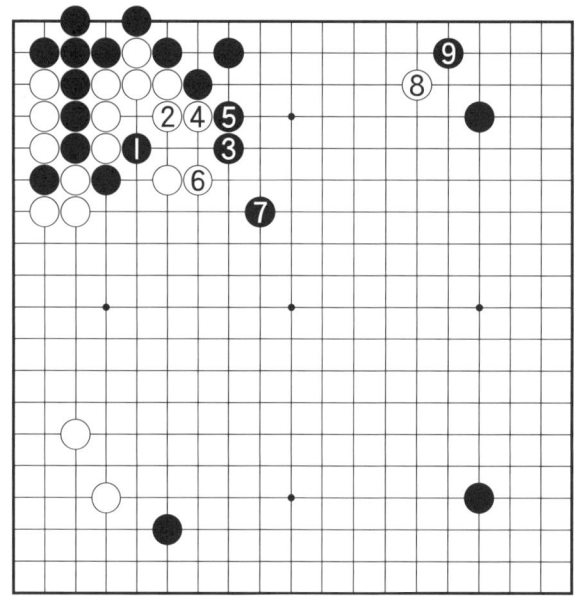

11도

11도(흑, 활발한 공격)

이다음 흑1로 추궁해서 7까지의 중앙 진출이 교묘한 행마이다.

백8로 침입하면 흑9로 공격해서 흑이 활발한 국면이다.

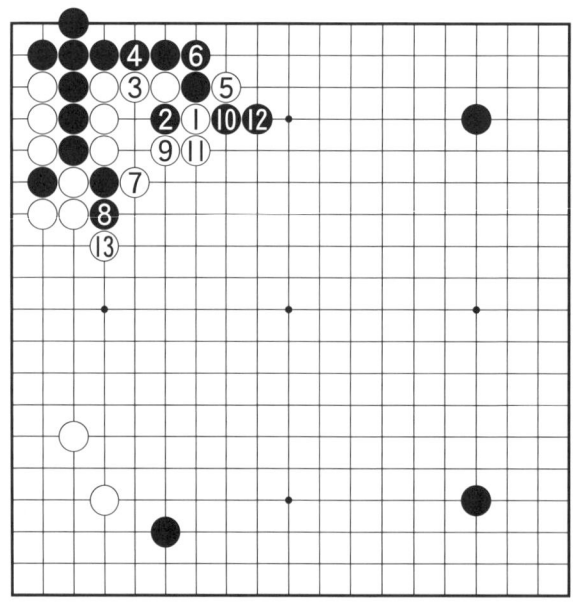

12도

12도(모양 정리법)

이 시점에서 백은 끼우지 말고 1의 젖힘이 효율적이다.

그러면 흑2, 4로 자연스럽게 잇고 나서 13까지 필연의 모양 정리법이며 서로 균형이 잡힌 형세이다.

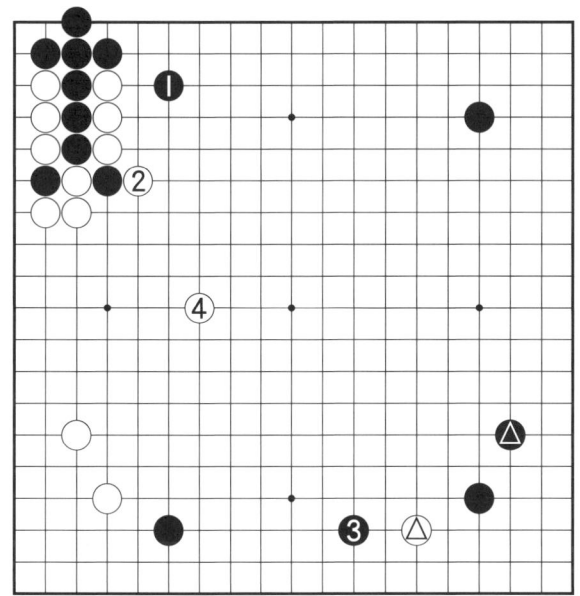

13도

13도(달라진 상황)

1도 흑3 다음 백△와 흑 ▲가 교환되면 1도의 나머지 수순을 밟을 때 상황이 달라진다. 즉 흑1이면 백2로 축이 성립하며 흑3의 협공이 축머리를 겸하고 있지만 백4의 지킴이 중앙도 다스리는 좋은 자리로 백이 활발한 흐름이다.

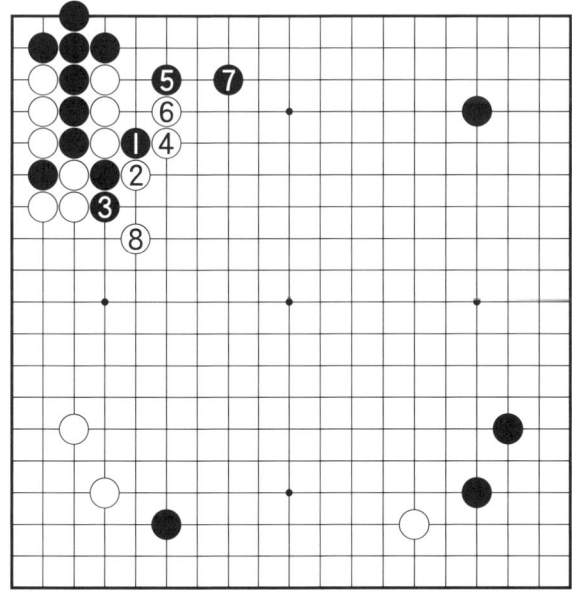

14도

14도(흑의 일책)

이런 배석에서는 축을 피하면서 모양도 정리하는 흑1의 젖힘이 하나의 방안이다. 이하 8까지는 좌변 모양에서 보편적 수순이며 백이 약간 편한 정도이다.

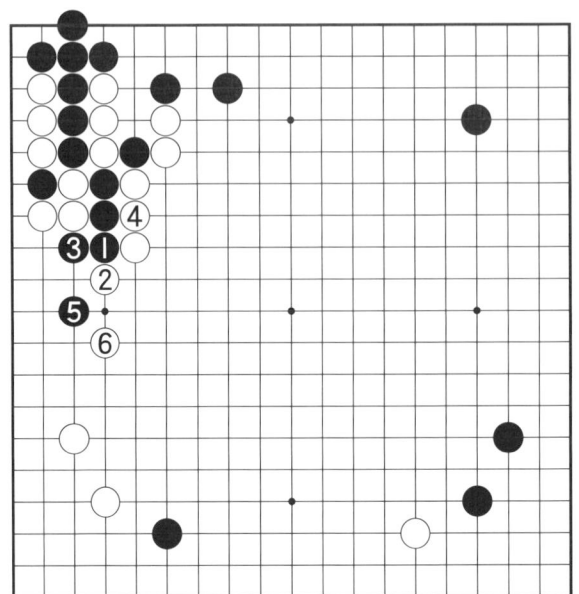

15도

15도(흑, 위험)

이다음 흑1, 3으로 나가
면 백4로 막고 6으로 씌
워 좌변 흑이 위험에 처
한다.

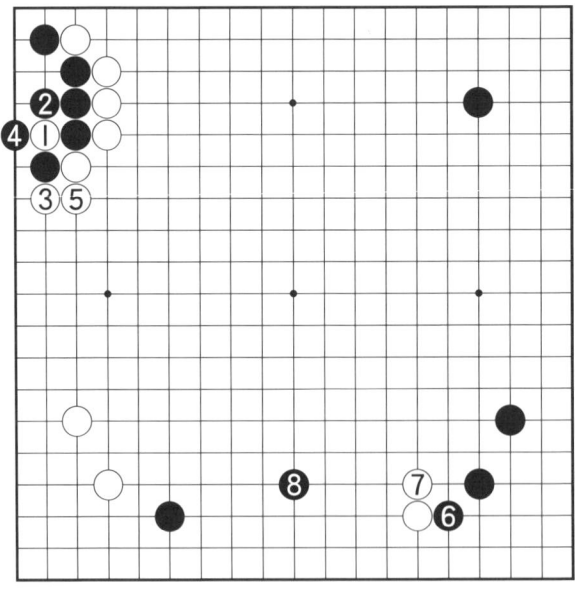

16도

16도(흑의 간명책)

이런 배석에서는 백1로
끊을 때부터 흑도 2로
물러서는 것이 가장 간
명하다. 백3, 5로 봉쇄
되어도 흑6, 8로 하변에
서 주도권을 행사하면
균형이 잡힌 형세이다.

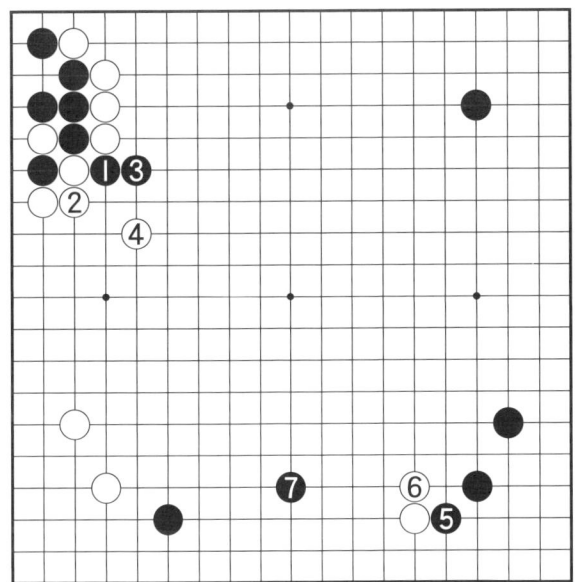

17도

17도(싸울 여지)

앞 그림 백3 때 흑1, 3
으로 이쪽에 싸울 여지
를 만들어 놓고 5, 7로
전환할 수도 있다.

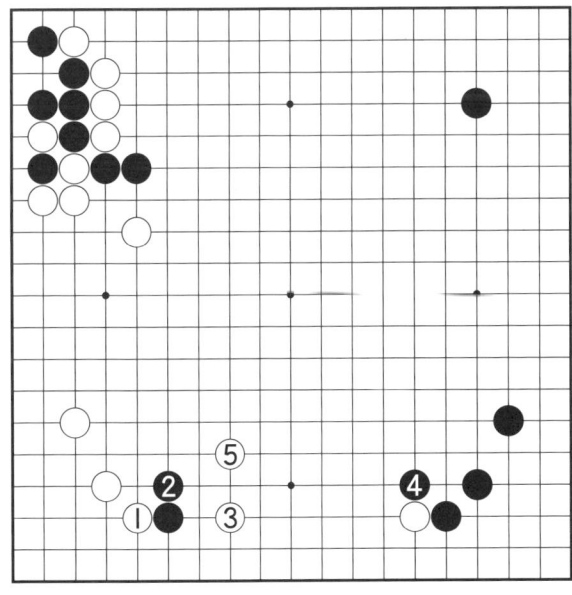

18도

18도(백의 선제 공격)

앞 그림 흑5 때 백이 받
지 않고 1, 3으로 선제
공격도 일책이다.

흑4도 요소이지만 백
5로 공격하면 국면을 주
도해서 충분히 내가를
구할 수 있다.

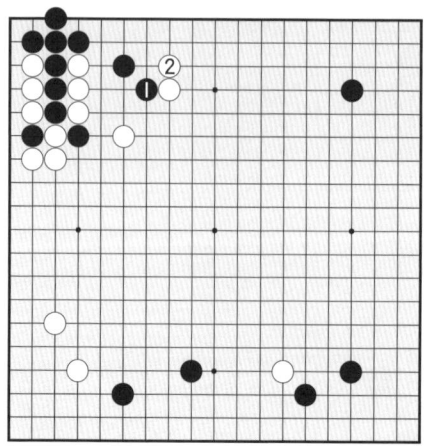

▦ 장면

이 장면(본형 7도 참조)에서 흑1로 붙일 때 백2로 강경하게 근거를 공격하는 경우 이후 변화에 대해 AI의 관점에서 알아보자.

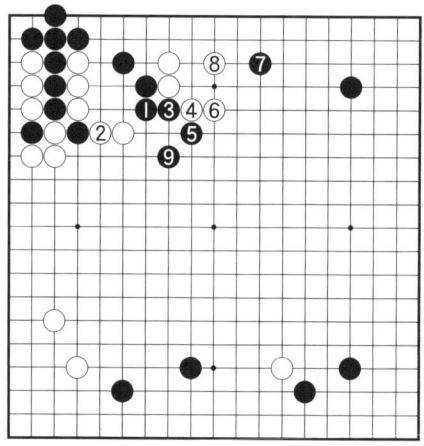

1도(간명한 전투 행마법)

우선 흑1의 진출은 당연하며 백2의 수비도 견실한 태도이다.

이후 9까지 AI가 제시하는 간명한 전투 행마법이며 서로 어렵다.

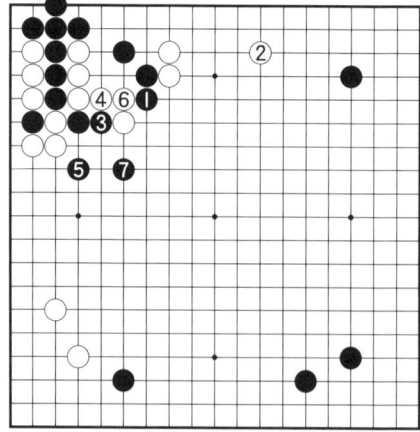

2도(중앙 백의 분단)

흑1에 백2부터 벌리면 흑3으로 추궁해서 7까지 중앙 백이 분단되어 약간이라도 흑이 편한 싸움이다.

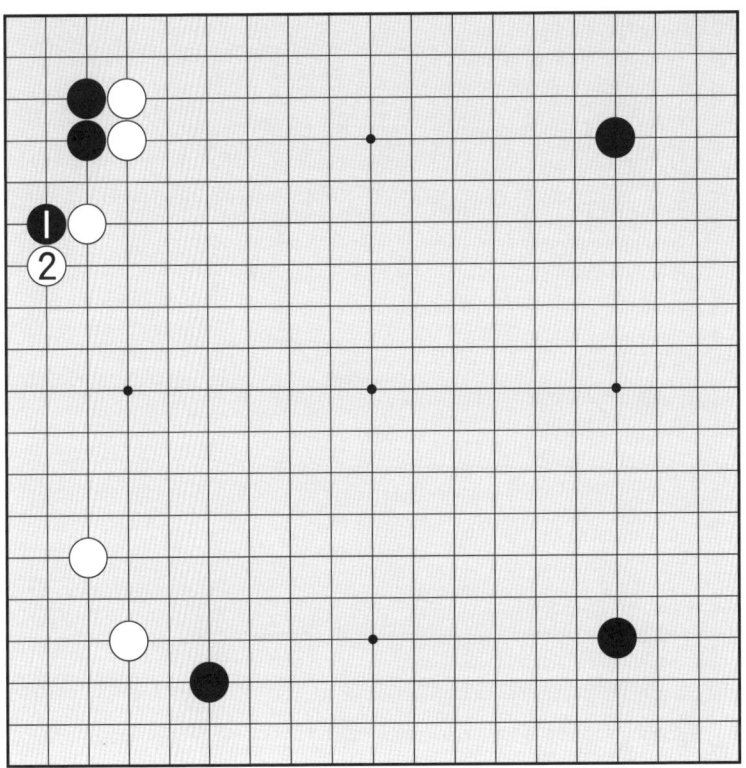

　　좌상귀 정석 과정에서 무난한 변화를 피해 흑1로 붙이고 백2로 막으면 어려운 길로 접어든다. 여기서 파생되는 핵심 변화들이 포석에서는 어떻게 적용되는지 알아본다.

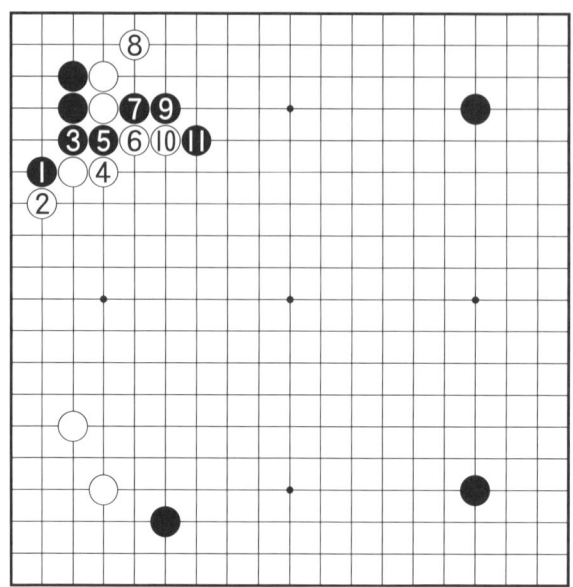

1도

1도(상용 수순)

흑1에 백2로 막으면 6까지는 필연이며 다음 흑이 어느 쪽을 끊느냐에 따라 갈래 길이 나온다. 흑7쪽을 끊은 후 11까지 실전에 많이 나오는 정석 수순이므로 기억해둔다.

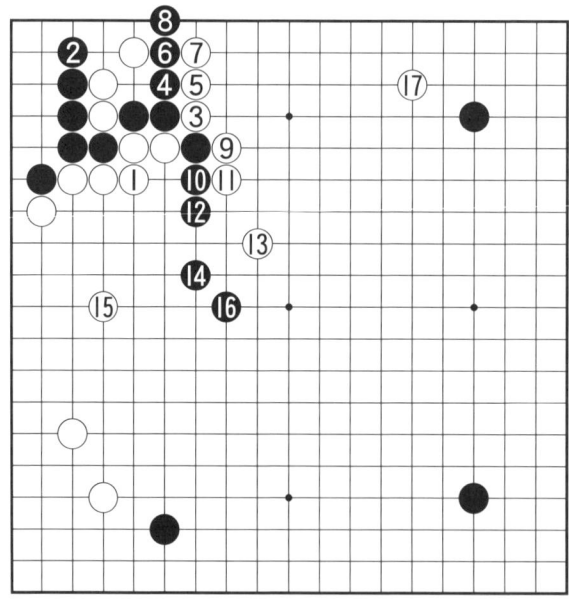

2도

2도(귀와 변의 대결)

이다음 백1로 약점을 이으면 흑2의 보강도 필수이며 백3에 끊고 8까지도 필연이다.

백이 실리는 허용했지만 9 이하로 몰면서 15로 좌변을 지키고 17로 상변도 키우면 충분한 국면이다.

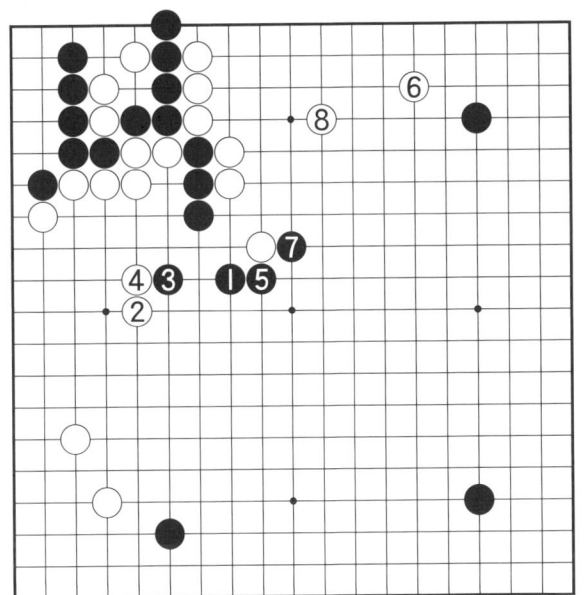

3도

3도(날일자 행마)

앞 그림 백13 때 흑1의 날일자 행마는 중앙에 힘을 주겠다는 뜻인데 백2 이하 서로 싸움을 피하며 8까지 되면 백이 약간 편한 정도이다.

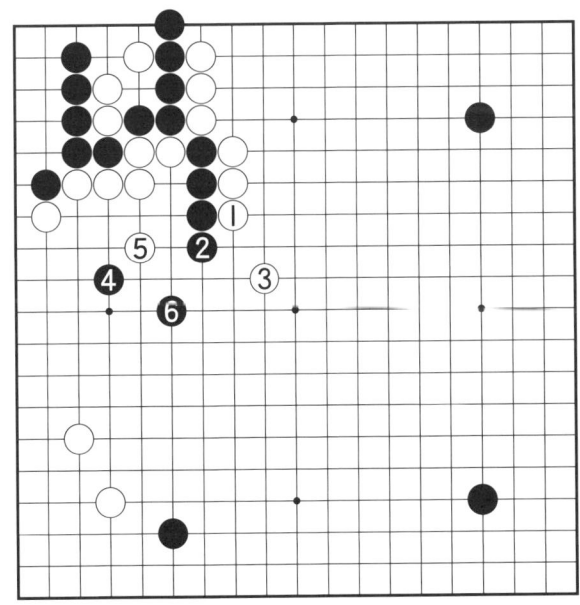

4도

4도(좌변 싸움)

2도 흑12 때 백1로 하나 더 밀고 3으로 진출하면 상중앙 모양에 끊어질 약점은 없지만 흑이 4, 6으로 좌변에 진입하며 충분히 싸울 수 있다.

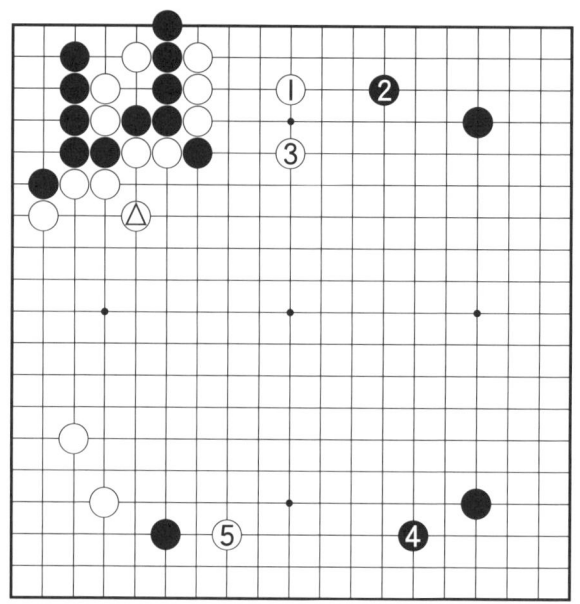

5도

5도(호구로 잇는 경우)

1도 다음 백△의 호구로 잇고 2도 8까지의 수순을 밟은 후 백1로 벌리면 가장 무난하다.

흑2, 4로 굳혀 실리로 앞서지만 백도 5로 협공하며 국면을 주도하면 충분히 맞서는 진행이다.

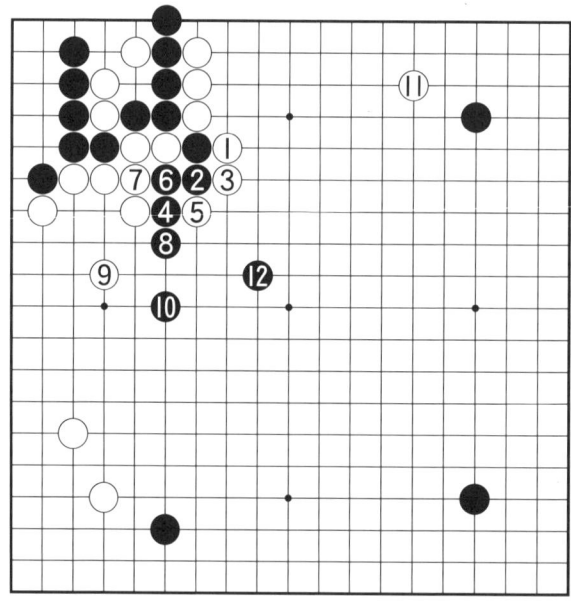

6도

6도(흑, 활발)

이 시점에서 백이 상변에 벌리지 않고 1, 3으로 몰면 흑4의 곳이 맥점이 되어 백 모양이 엷어진다.

이하 12까지 AI가 보여주는 변화인데 흑이 활발한 흐름이다.

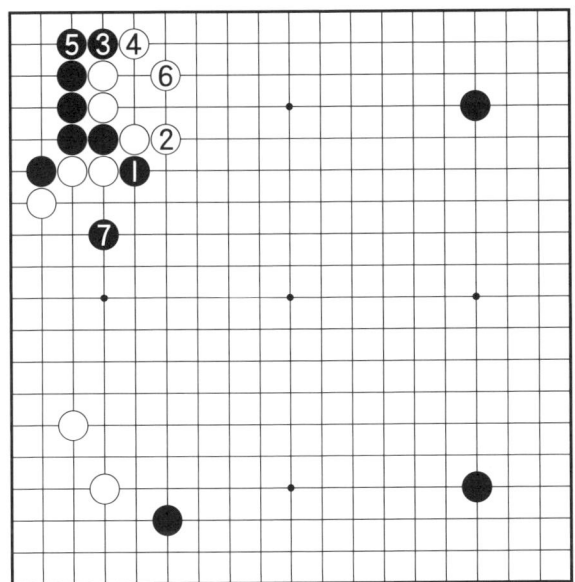

7도

7도(효율적 급소)

거슬러 올라가 1도 백6
때 흑1로 좌변쪽을 끊
는 경우라면 6까지 보
편적인 진행이며 흑7이
허술하지만 모양을 정
리해가는 효율적 급소
이다.

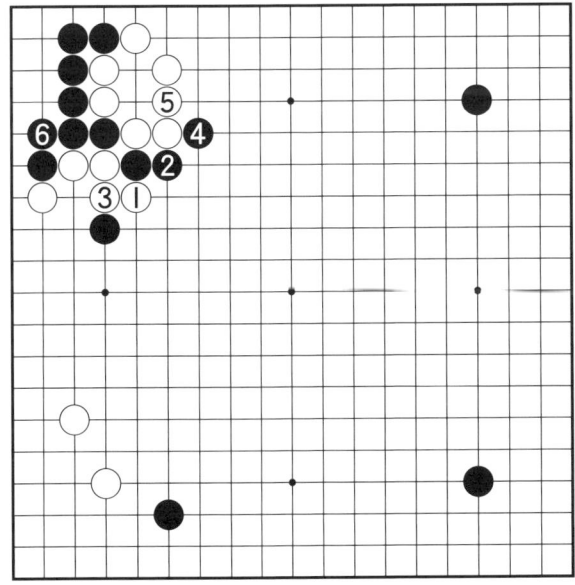

8도

8도(백, 불리)

이때 백1, 3으로 나가는
것은 흑4를 선수하고 6
으로 귀를 이으면 모양
이 엷은 백이 불리한 진
행이다.

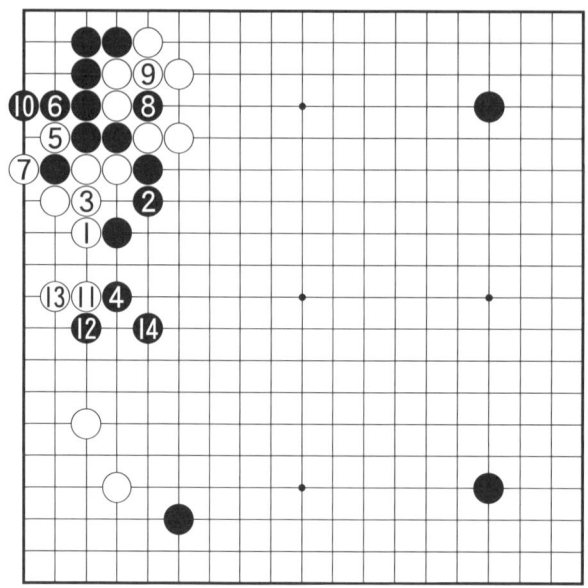

9도

9도(흑, 중앙 압도)

7도 다음 백1의 호구가 정수인데 흑2에 백3으로 잇는 것은 잘못된 대응이다.

흑4로 좌변을 압박한 후 14까지 AI가 보여주는 변화인데 흑이 중앙을 압도해서 아주 우세한 흐름이다.

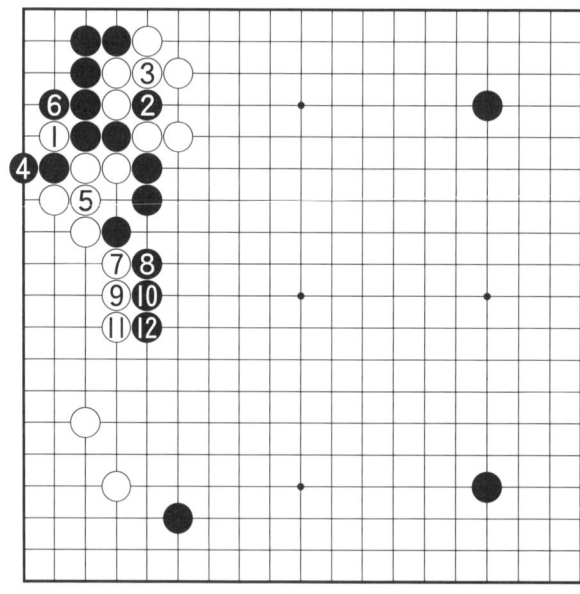

10도

10도(흑의 꼼수)

앞 그림 흑2 때 백1의 단수가 정수이며 이때 흑은 2를 활용해놓는다.

다음 흑4는 조임을 노리지만 꼼수에 가깝고 이를 두려워한 백5의 이음은 기회를 잃은 명백한 실수이다.

흑6으로 잡은 후 12까지 AI의 변화도인데 흑이 귀와 중앙을 정리해서 충분한 국면이다.

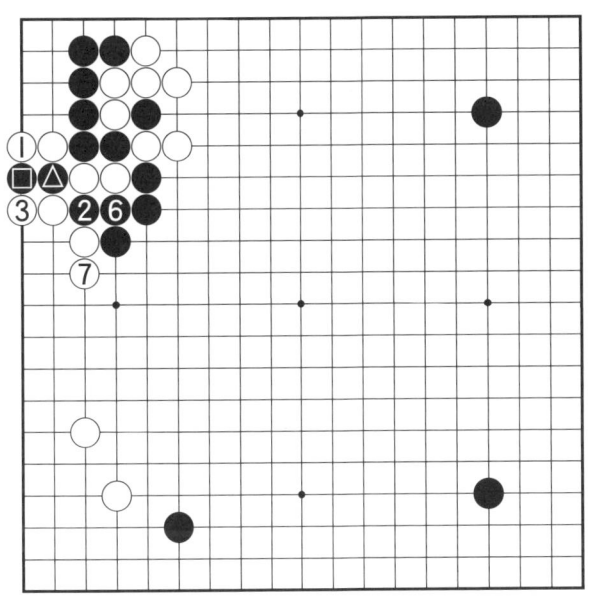

11도

④‥▲ ⑤‥◼

11도(정교한 수순)

앞 그림 흑4 때 백1로
잡고 흑2 이하 6으로 조
이면 백이 잇지 않고 7
로 나가는 것이 정교한
수순이다.

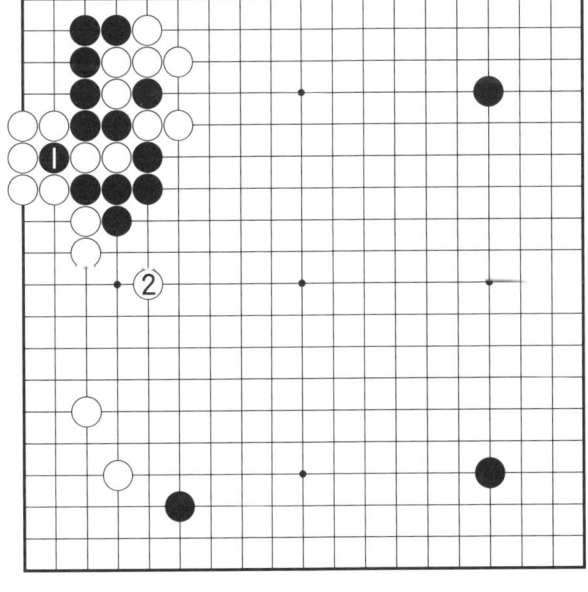

12도

12도(백, 우세)

이다음 흑1로 따낼 때
백2로 보강하면 더불어
흑 전체가 미생인 만큼
백이 우세한 흐름이다.

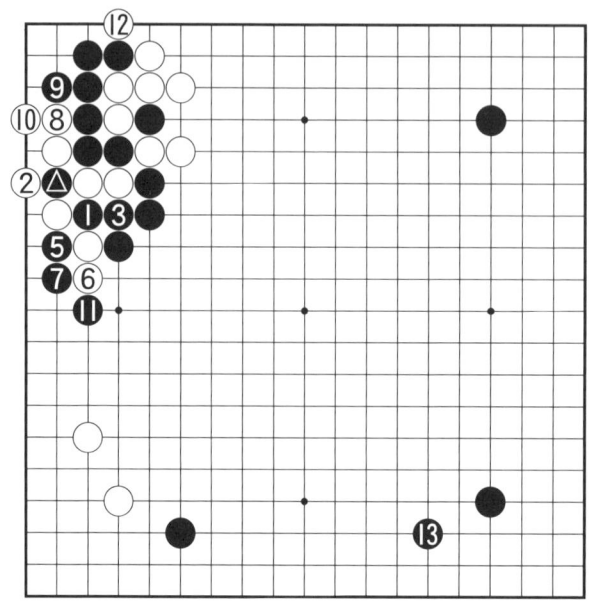

13도

④…▲

13도(올바른 조임)

10도 백3 때 그냥 흑1, 3으로 조이고 5, 7로 끊어 나가는 것이 올바른 수순이다.

다음 백8, 10으로 귀와 수상전은 백승이지만 흑11의 두점 제압이 선수이고 13으로 굳히면 귀는 잡혀도 흑도 두터워 형세는 어울렸다.

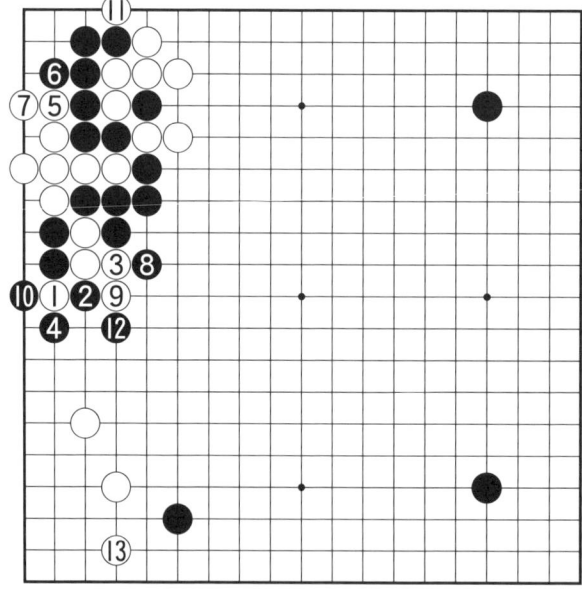

14도

14도(형세 불변)

앞 그림 흑7 때 백1, 3을 활용하고 5, 7로 귀를 잡으면 12까지 흑이 후수가 된다.

백13으로 지키면서 축머리 활용도 남았지만 잡힌 백의 덩치가 커진 만큼 형세는 거의 불변이다.

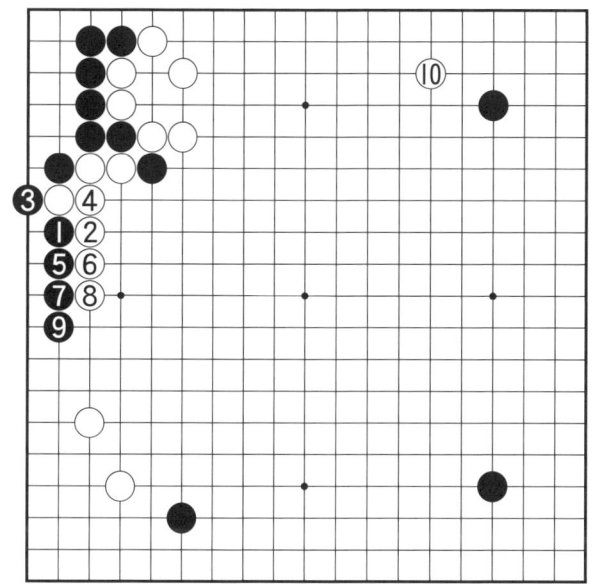

15도

15도(흑의 일책)

7도 백6 때 흑이 귀를 지키자면 1의 껴붙임이 하나의 방안이다.

이하 10까지 AI의 유력한 변화인데 흑이 저자세이지만 좌변에 진입했고 백도 두터움을 배경으로 상변을 키워 어울린 형세이다.

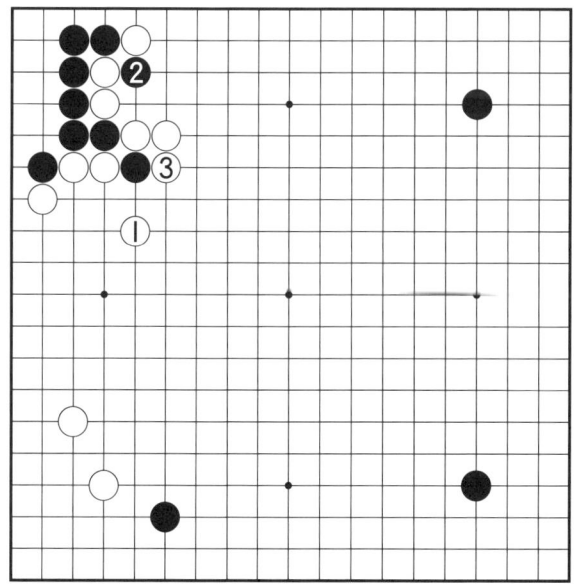

16도

16도(백, 능동적 방안)

7도 흑5 때 백1로 좌변을 보강하는 것도 능동적 방안이다.

흑2로 끊어 상변에 손실을 입지만 백3으로 중앙을 제압하면 충분한 보상이다.

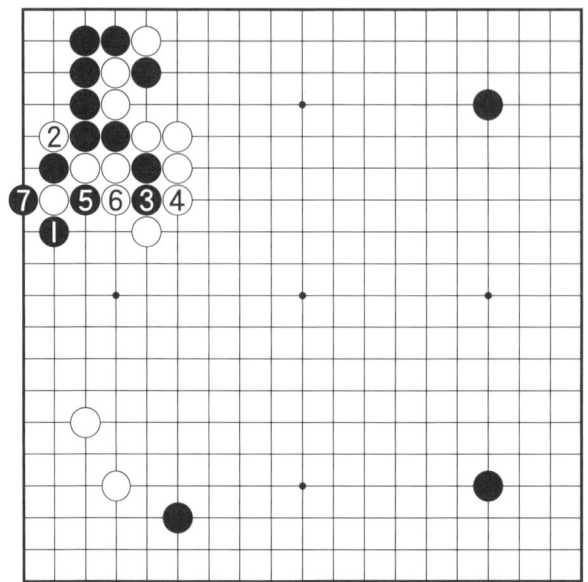

17도

17도(껴붙이는 맛)

이 모양에서도 좌변에는 흑1로 껴붙이는 맛이 남아있다. 이때 백2로 잡으면 흑3으로 나간 후 5로 끊는 맥으로 7까지 귀쪽 백 두점이 되려 잡힌다.

그사이 백이 중앙 두점을 잡고 두터워졌지만 실리 손실을 입은 만큼 미흡한 결과이다.

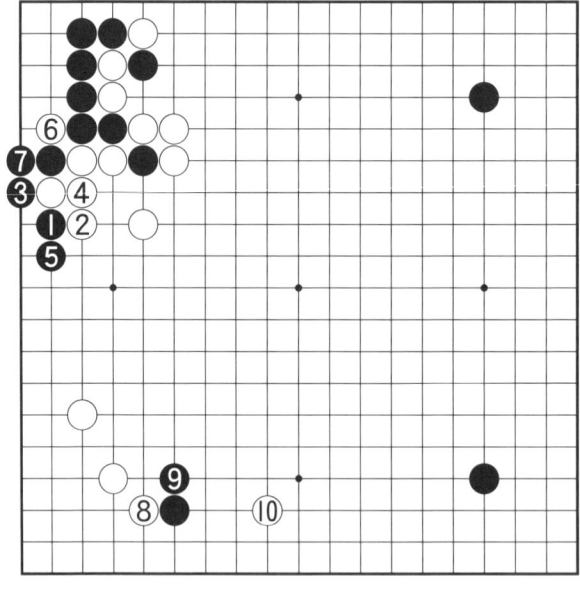

18도

18도(좌변이 뚫린 대가)

흑1에는 백2로 물러선 후 7까지가 무난하며 8, 10으로 공격해서 좌변이 뚫린 대가를 구하면 거의 대등한 국면이다.

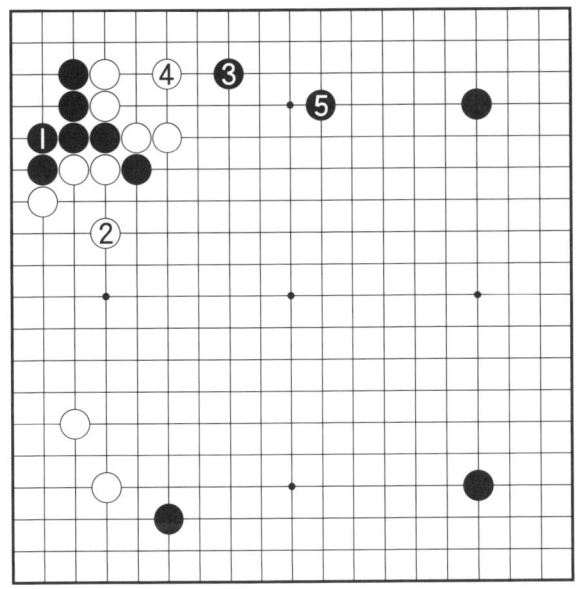

19도

19도(흑의 일책)

7도 백2 때 흑1로 좌변 쪽을 잇고 싸우는 것도 일책이다.

　백2로 지키면 흑3에 다가서고 백4와 흑5로 지키면 서로 무난한 흐름이다.

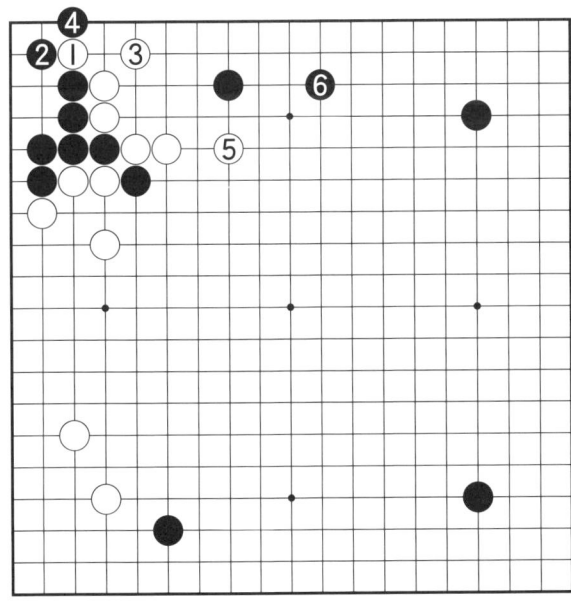

20도

20도(백, 중앙 주도)

앞 그림 흑3 때 백1의 젖힘은 흑2로 받으면 백 3으로 호구쳐서 효율적 으로 방어하려는 뜻이 다. 이하 6까지 되면 흑 이 상변을 안정했지만 백도 중앙을 주도해서 충분한 국면이다.

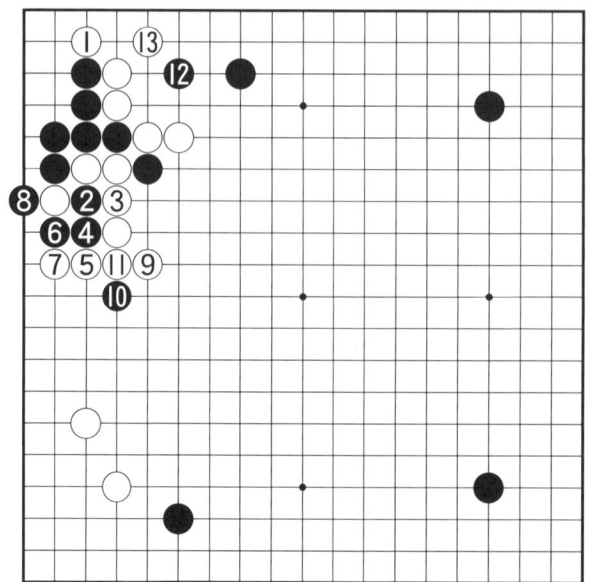

21도

21도(효율적 공방)

백1에는 흑도 2로 끊어 귀를 선수로 살아두고 이하 12로 급소를 공격하는 것이 효율적이다.

　백은 그냥 잇는 것보다 13의 호구가 탄력적 방어이다.

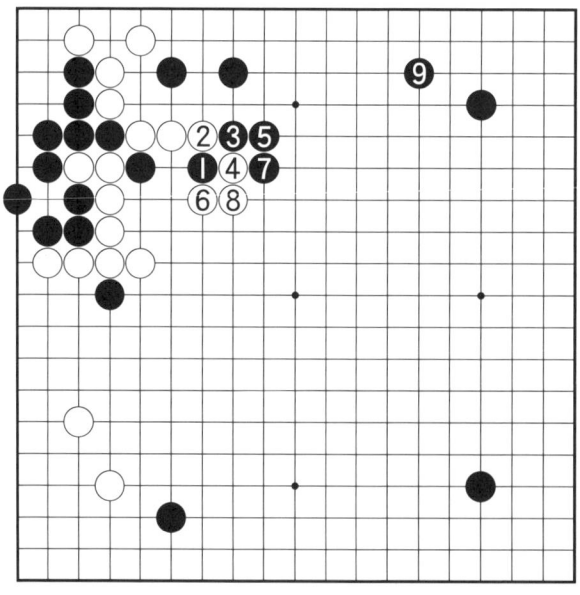

22도

22도(약점 압박하는 급소)

이다음 흑1은 약점을 최대한 압박하는 급소이다. 이때 백2, 4로 끊으면 흑5로 물러선 후 9까지 상변에 진영을 구축해서 흑이 약간 편한 국면이다.

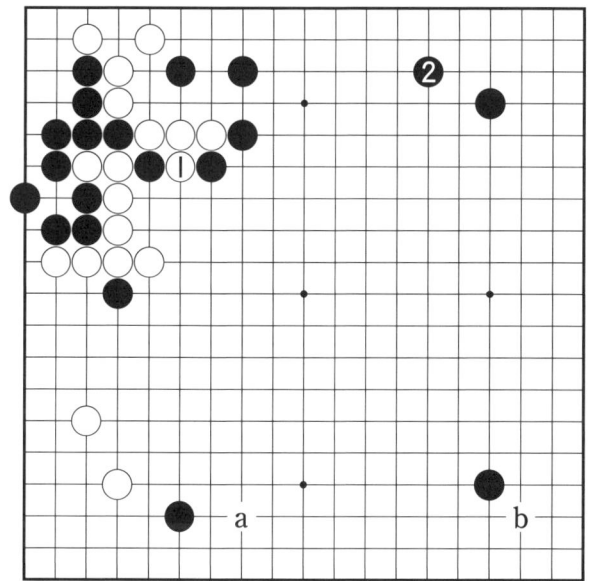

23도

23도(무난한 변화)

앞 그림 흑3 때 백도 1
로 물러서는 것이 무난
하며 흑2로 지키면 어
울린 형세이다.

　AI는 백의 다음수로
a의 협공이나 b의 침입
을 추천한다.

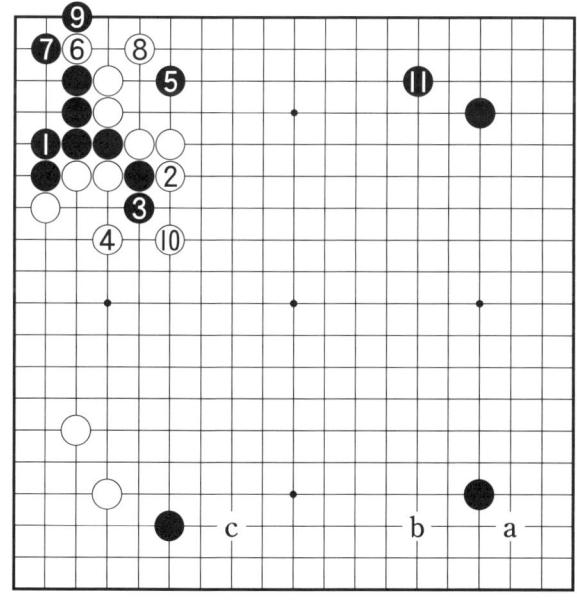

24도

24도(백, 유력한 방안)

거슬러 올라가 흑1로 이
을 때 백2의 단수도 유
력한 방안이다.

　흑3에 나간 후 11까
지 AI의 무난한 변화도
인데 다음 백이 a~c 중
어디를 두더라도 국면
을 주도하는 흐름이다.

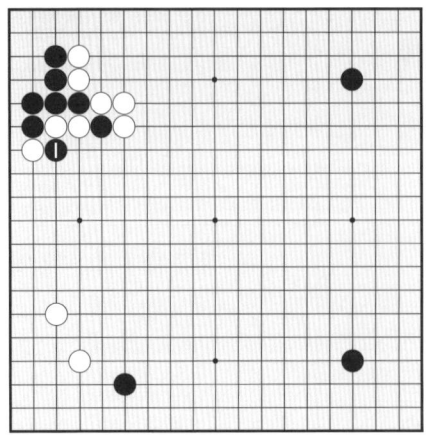

▦ 장면

이 장면(본형 24도 참조)에서 흑1로 끊으면 백이 어떻게 대응할지 생각해보고 AI의 형세 진단도 알아보자.

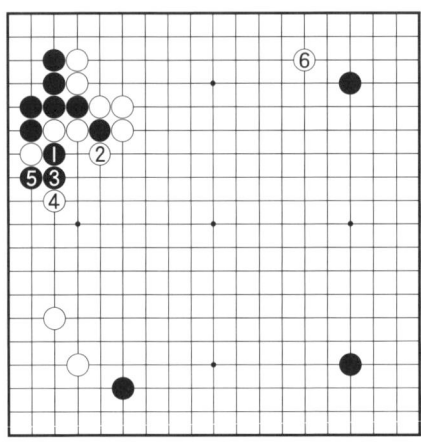

1도(백, 활발)

흑1에는 백2로 잡는 것이 간명하며 두텁다. 흑3에는 백4를 활용한 후 6으로 상변을 넓히면 AI의 진단은 백이 활발하다고 본다.

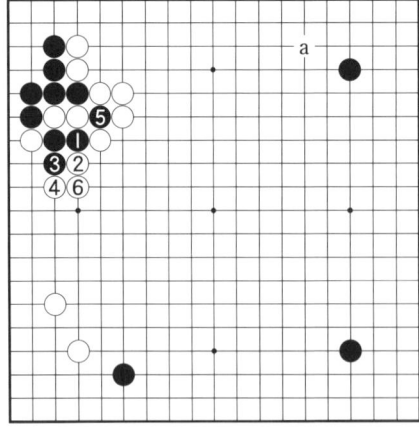

2도(좌변 정리)

앞 그림 백2 때 흑1로 단수쳐도 백이 a로 전환하면 활발한데, 달리 백이 2 이하 6까지 좌변을 정리해도 충분한 국면이라고 본다.

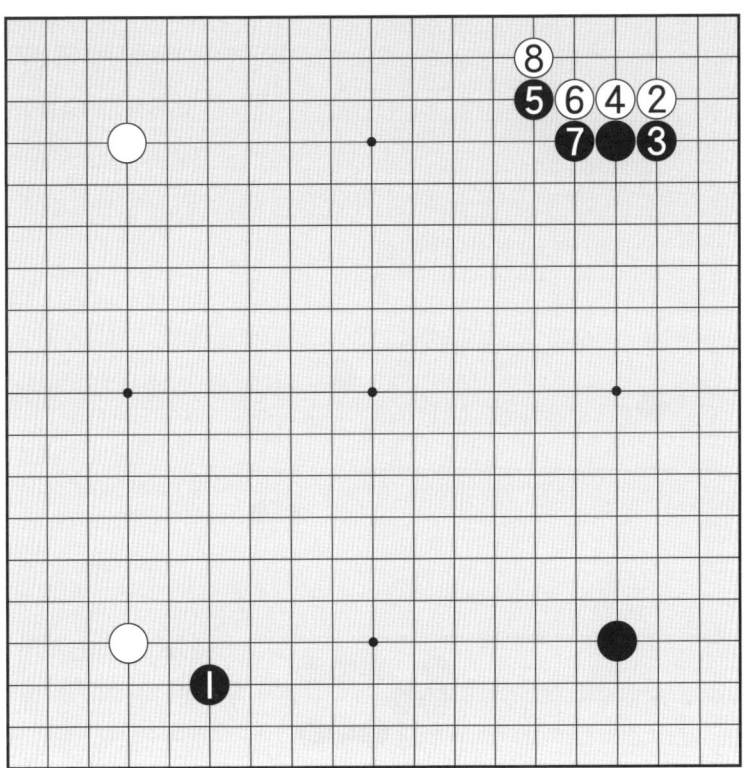

　　양화점 포석에서 흑1의 걸침에 백이 받지 않고 2의 3三
침입으로 전환하는 것도 실전에 많이 등장하는 능동적 전략
이다. 흑3에 막은 후 8까지는 보편적 수순인데 이후 포석
변화에 대해 알아본다.

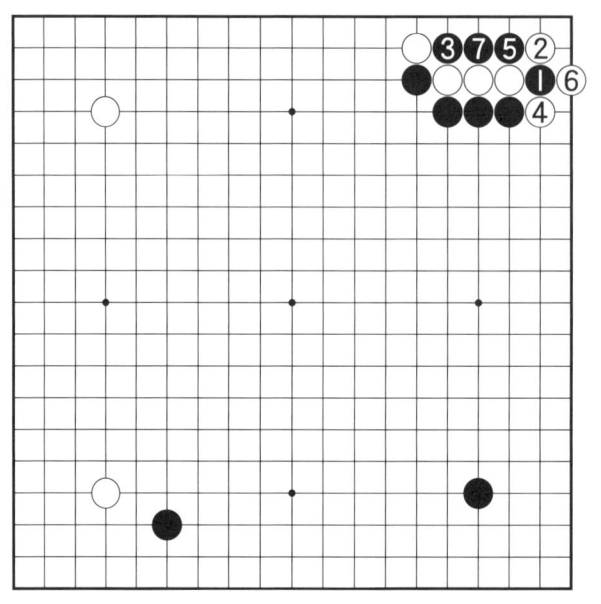

1도

⑧‥❶

1도(백의 대응)

기본형 다음 흑1, 3으로 많이 두는 정석을 즉각 시도하면 백은 4로 잡고 8까지 대응한다.

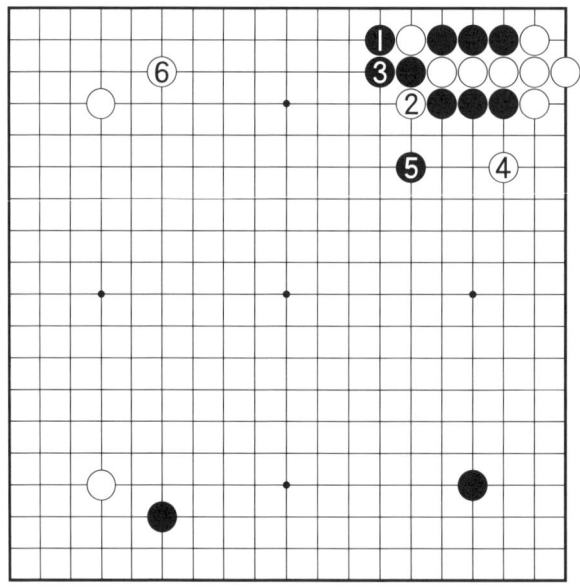

2도

2도(모양 견제의 굳힘)

이다음 흑1로 잡고 백2, 4에 흑은 축이 불리하므로 5로 두지만 백6의 굳힘이 흑 모양을 견제하는 요소여서 흑이 약간 불만이다.

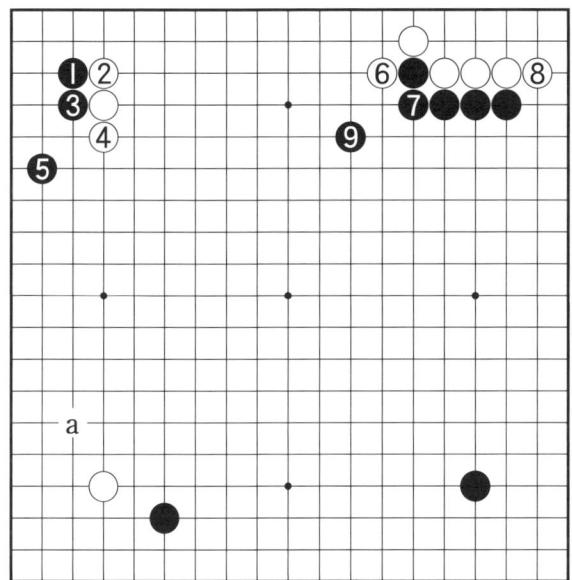

3도

3도(주도적 발상)

기본형 다음 흑1의 3三 침입으로 전환하는 것이 AI시대의 주도적 발상이다.

이하 9까지 실전에 많이 나오는 변화인데, 흑9로는 a의 양걸침도 일책이다.

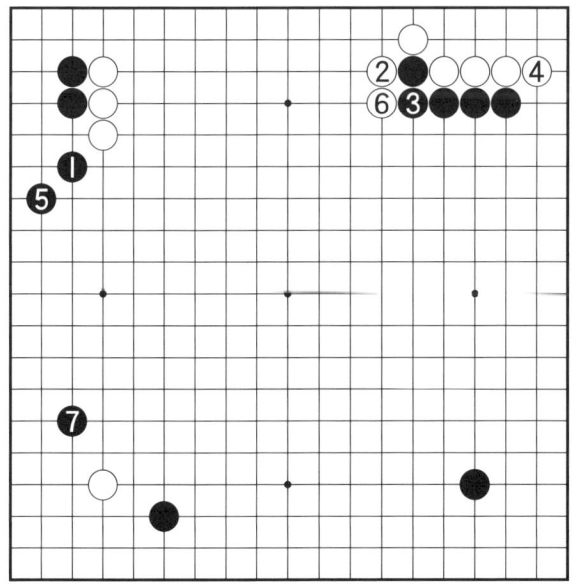

4도

4도(요소 밀어올림)

앞 그림 백4 때 흑1로 뛰는 경우 백2, 4로 보강한 다음 흑5로 지키면 백6의 밀어올림이 요소이다.

흑도 7의 양걸침으로 주도할 수 있지만 상변 발전성이 높은 백이 약간 편한 국면이다.

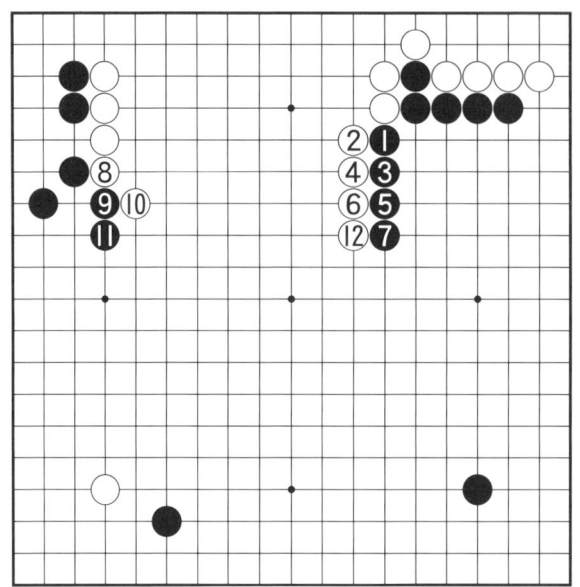

5도

5도(흑, 위험한 발상)

앞 그림 백6 때 흑1의 젖힘은 위험한 발상이다. 백이 노골적으로 양쪽을 밀어가서 12까지 되면 상변이 커지는 만큼 흑이 대세에 밀린다.

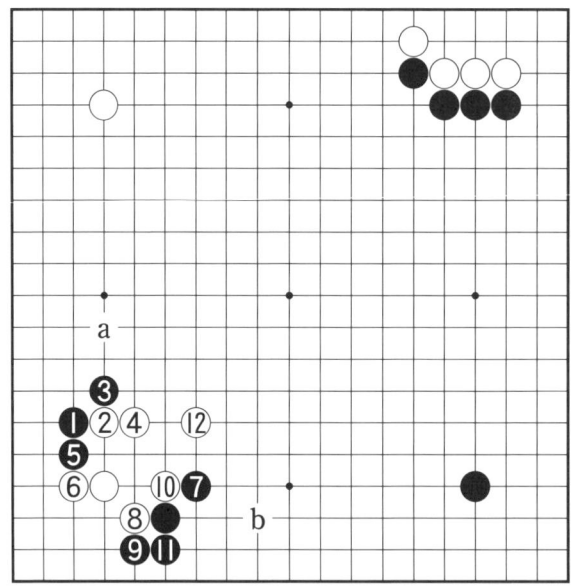

6도

6도(양걸침 이후)

처음으로 돌아가서 공격적 성향이라면 흑1의 양걸침부터 둔다. 백2에 흑3, 5 다음 7의 마늘모는 예전에 많이 사용하던 정석인데 백이 12까지 유연하게 대응하고 나서 a와 b를 맞보면 무난한 흐름이다.

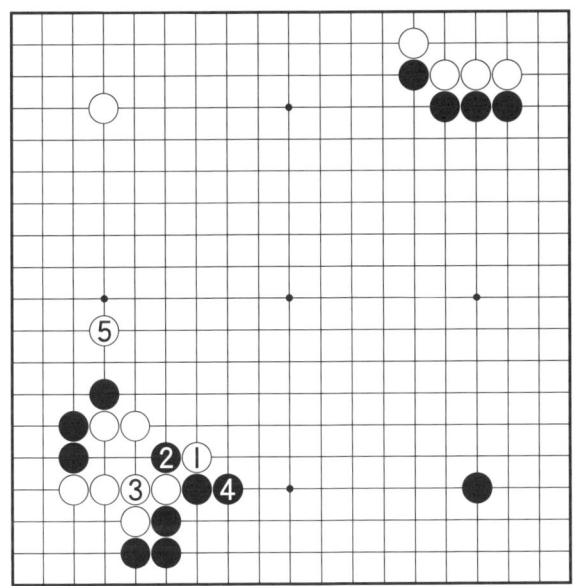

7도

7도(백, 좌변 주도)

앞 그림 흑11 때 백이 강하게 두자면 1로 젖히고 흑2, 4에 백5로 공격한다. 그러면 백이 좌변에서 확실하게 국면을 주도하는 흐름이다.

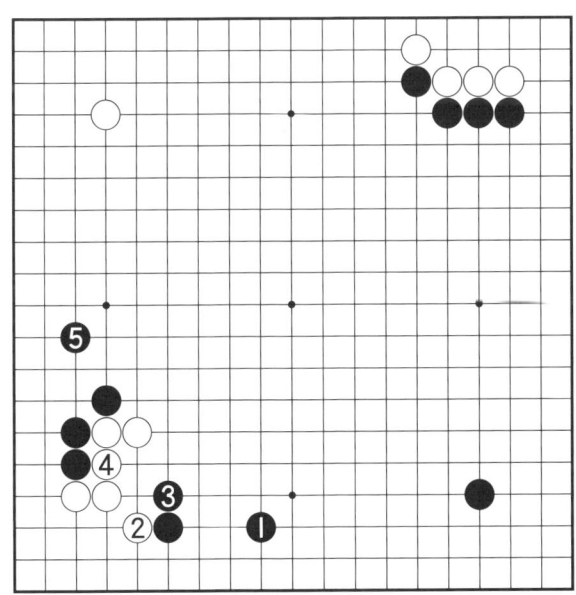

8도

8도(흑, 안정적 벌림)

6도 백6 때 AI는 흑1의 두칸벌림이 안정적이라고 본다.

백이 2, 4로 귀를 지켜 불안요소는 없지만 흑도 5까지 양쪽을 벌려 비교적 무난한 변화이다.

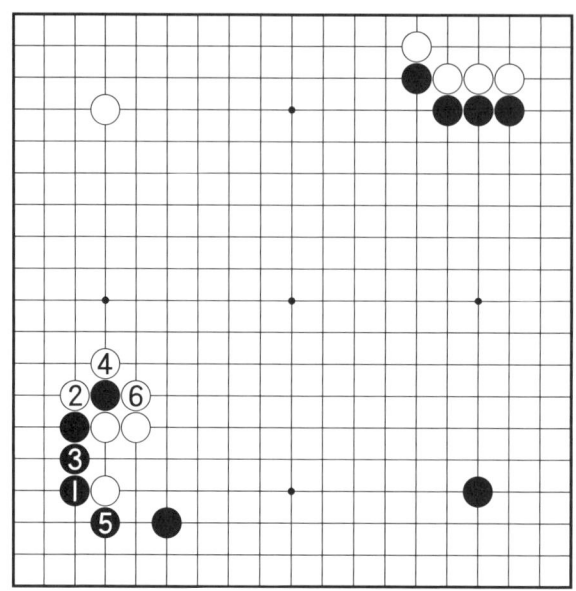

9도

9도(진화된 공략법)

6도 백4 때 흑1의 붙임이 진화된 귀의 공략법이다. 이때 백이 지금처럼 축이 유리하다면 2로 끊은 후 6까지 두텁게 한점을 잡아도 충분하다.

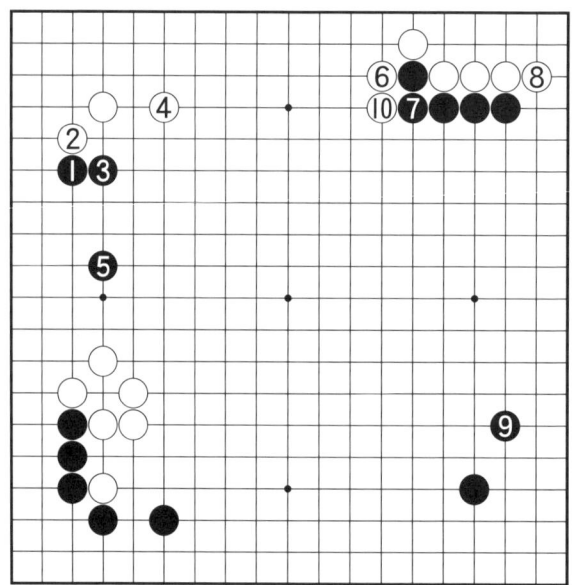

10도

10도(상변 발전성)

이다음 흑1로 걸치면 백2, 4로 대응한 후 10까지 AI의 유력한 변화인데 귀로부터 상변 일대가 견실해서 발전성이 높은 백이 약간 편하다고 본다.

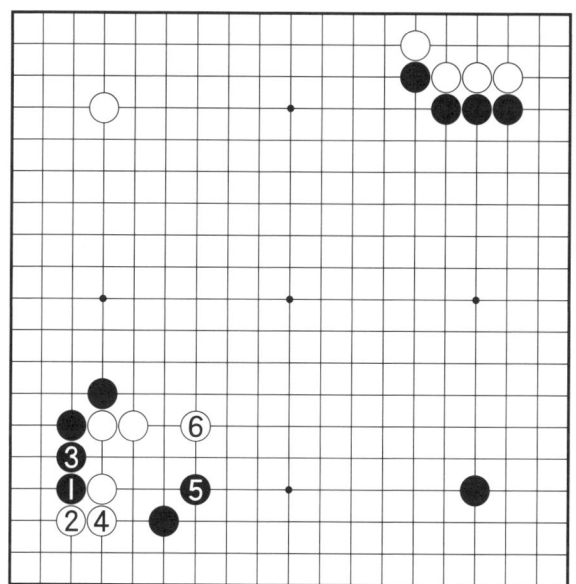

11도

11도(귀를 중시하는 경우)
흑1에 백이 귀를 중시
하면 2, 4로 받는 것이
보편적이다.

다음 흑5의 마늘모는
공격적 행마이며 백6의
뜀은 양쪽 흑을 노리는
무난한 대응이다.

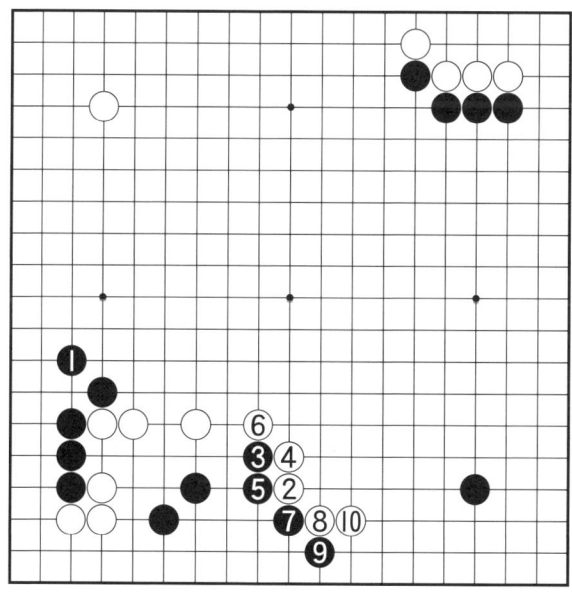

12도

12도(효율적 정리법)
이다음 흑1로 좌변을 지
키면 백2로 하변을 공격
한다.

흑3으로 나간 후 10
까지는 모양을 효율적
으로 정리하는 무난한
변화이다.

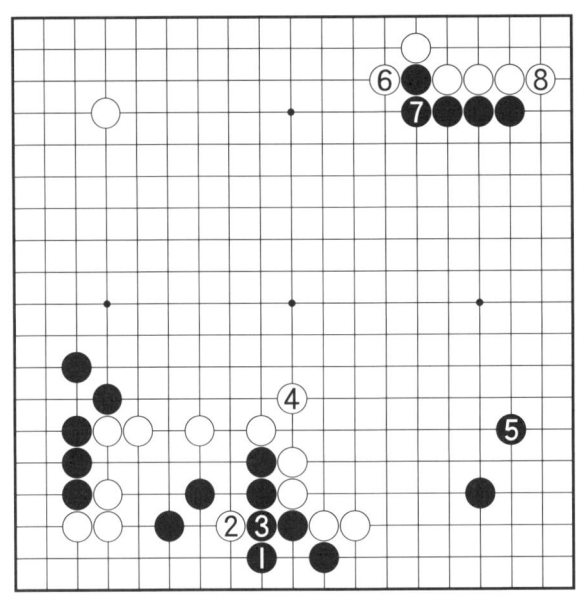

13도

13도(무난한 변화)

이다음 흑이 무난하게 두자면 1로 자신부터 지킨 후 백2, 4에 흑5로 굳힌다.

이 진행은 백도 8까지 중앙과 우상귀를 견실하게 보강해서 서로 어울렸다.

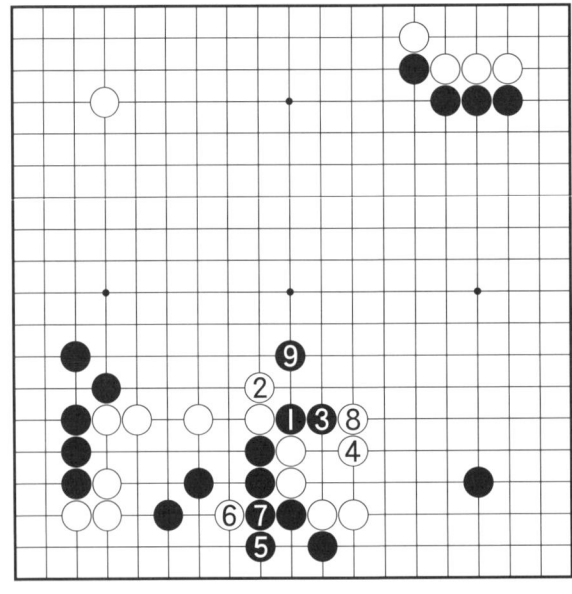

14도

14도(흑, 능동적 끊음)

12도 다음 흑1로 끊어 놓는 것이 능동적 행마이다. 이하 9까지 되면 흑이 활발한 싸움이다.

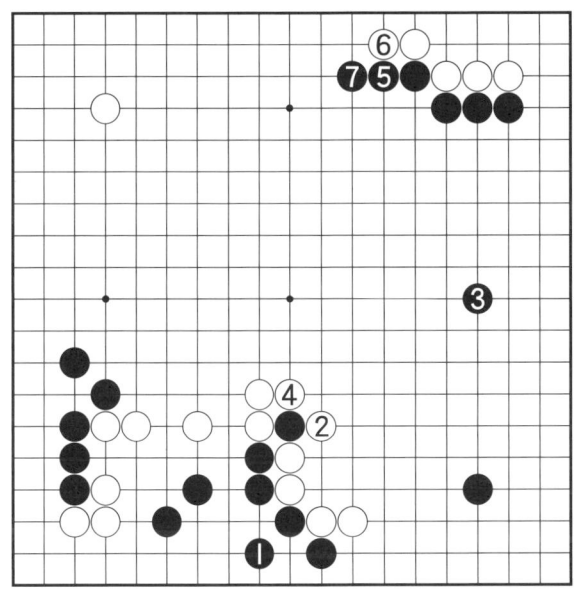

15도

15도(싸움을 피할 때)

앞 그림 백2 때도 흑이 굳이 싸움을 피하자면 1부터 지킬 수 있다.

백2로 잡을 때 흑3의 벌림은 축머리도 겸하며 이하 7까지 서로 모양을 정리하면 흑이 약간 편한 정도이다.

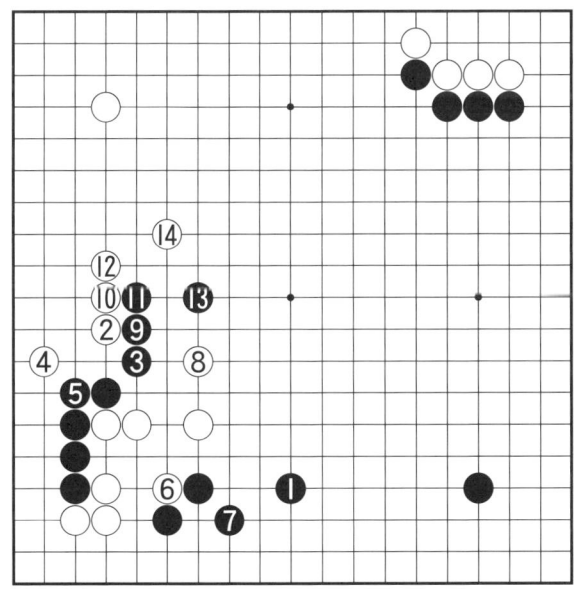

16도

16도(수비 겸하는 급소)

11도 다음 흑1로 하변부터 지키면 이번에는 백2로 좌변을 공격한다.

흑3에 나가면 백4를 활용한 후 6의 껴붙임이 수비를 겸하는 급소로 기억해둔다. 흑7로 지키면 백이 8 이하 14까지 몰면서 국면을 주도하는 흐름이다.

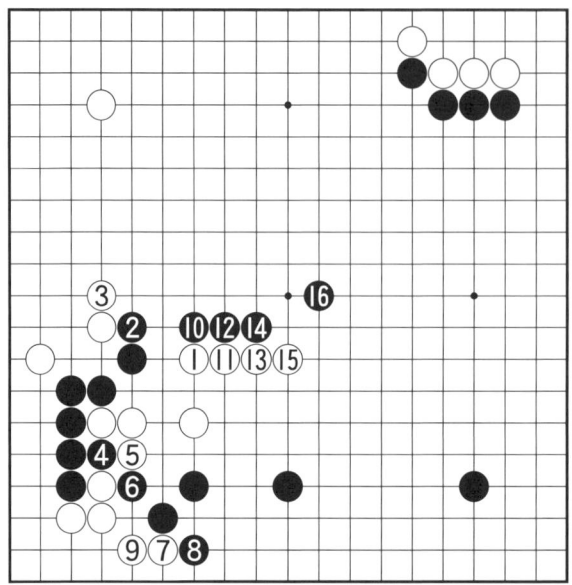

17도

17도(흑, 끊어 싸움)

앞 그림 백6을 생략하고 이 그림 백1부터 두면 흑이 2를 선수한 후 4, 6으로 끊어 싸운다. 이하 16까지 중앙 백이 몰리면서 이번에는 흑이 국면을 주도한다.

수순 중 백11로 젖힐 수 있지만 흑이 맞끊으면 백이 부담스런 싸움이다.

18도

18도(두칸벌림 이후)

11도 백4 때 흑1의 두 칸벌림이면 안정적이다. 백2로 협공한 후 10까지는 많이 두는 상용수순이다.

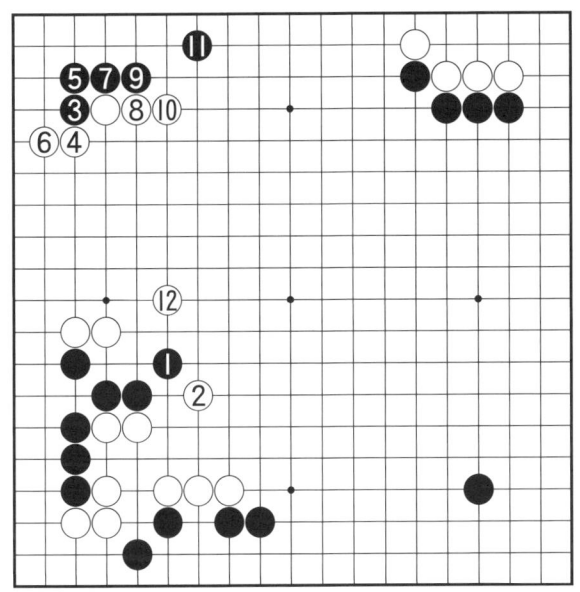

19도

19도(마늘모 행마 이후)

이다음 흑1의 마늘모는 탄력적 행마이며 백2의 배후 받음도 요소이다.

흑3의 붙임은 좌변 모양을 견제한 행마이며 이하 12까지 AI의 유력한 변화인데 흑은 실리를 점하고 백은 공격하면서 모양을 키워 어울렸다.

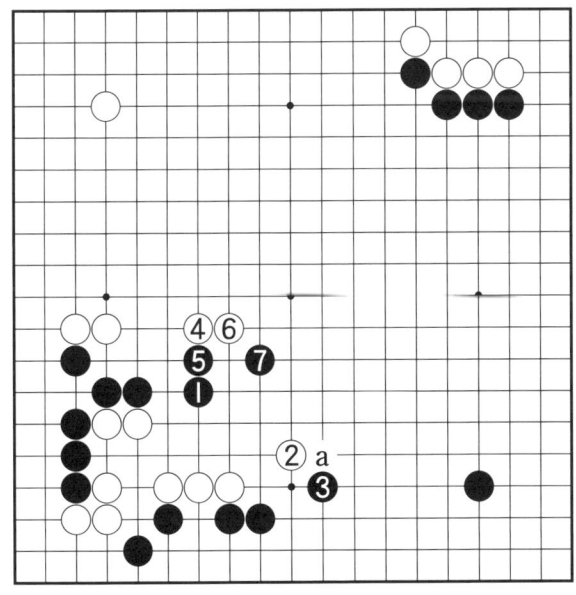

20도

20도(팽팽한 싸움)

18도 다음 흑1로 뛰는 경우는 백2, 4가 AI의 유력한 공격 행마이다.

흑5, 7로 대응할 때 백a로 밀어가면 팽팽한 싸움이다.

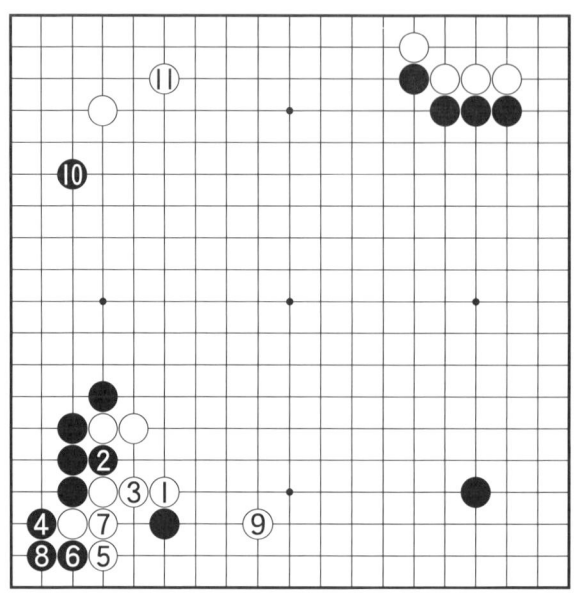

21도

21도(백, 간명책)

11도 흑3 때 간명한 변화를 원한다면 백1로 붙인 후 9까지 정석 수순이다.

　다음 흑이 좌변을 살려 10으로 걸치고 백11로 받으면 서로 무난한 변화이다.

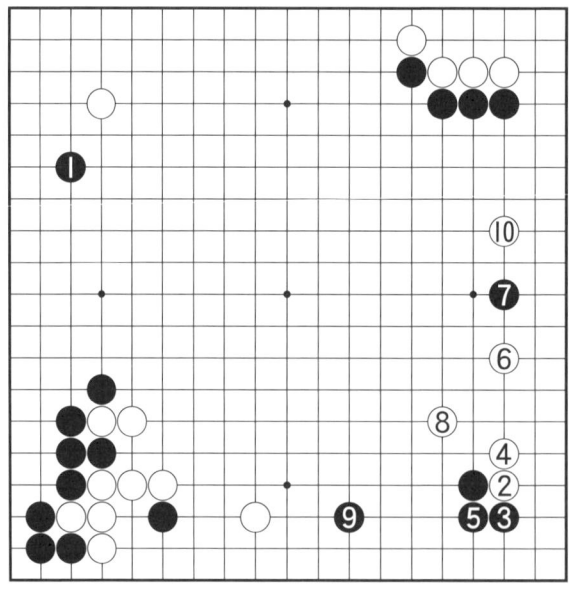

22도

22도(기습 붙임)

흑1에 백이 받지 않고 2의 기습 붙임도 일책이다. 이하 9까지 서로 안정하고 나서 백10의 침입은 AI의 화려한 변화인데 거의 대등한 싸움이다.

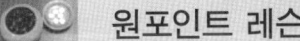
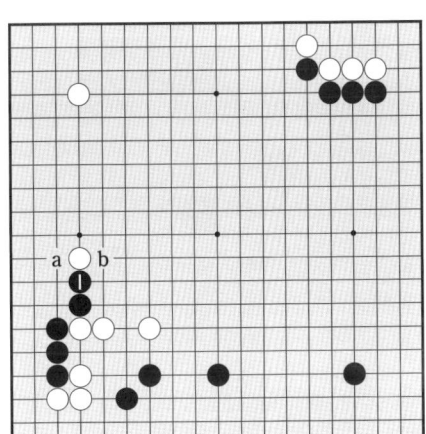

▦ 장면

이 장면에서 좌변 흑이 수습하는 방법으로 1의 부딪침도 일책인데, 다음 백이 a나 b로 받은 이후의 변화에 대해 생각해보자.

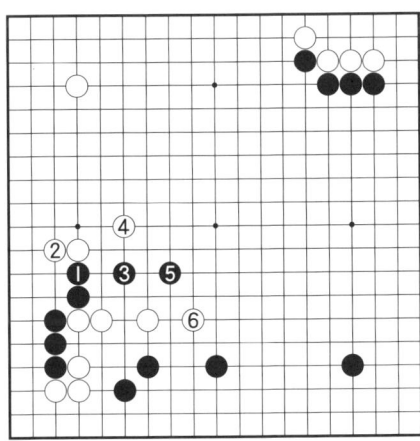

1도(나가는 힘)

흑1로 부딪치면 백2로 근거를 위협할 때 흑3으로 나가는 힘이 생긴다.

　서로 6까지 진출하면 어울린 형세이다.

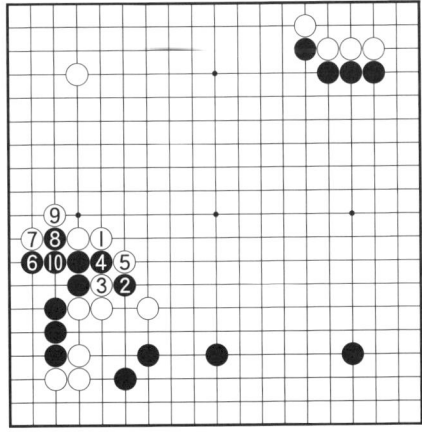

2도(중앙 봉쇄의 경우)

백1은 중앙 봉쇄에 뜻을 둔다. 흑은 2로 나가는 척하며 약점을 만들어놓고 이하 10까지 근거를 확보하는 것이 모양을 정리하는 요령이다. 이후 중앙 싸움으로 번지면 서로 어렵다.

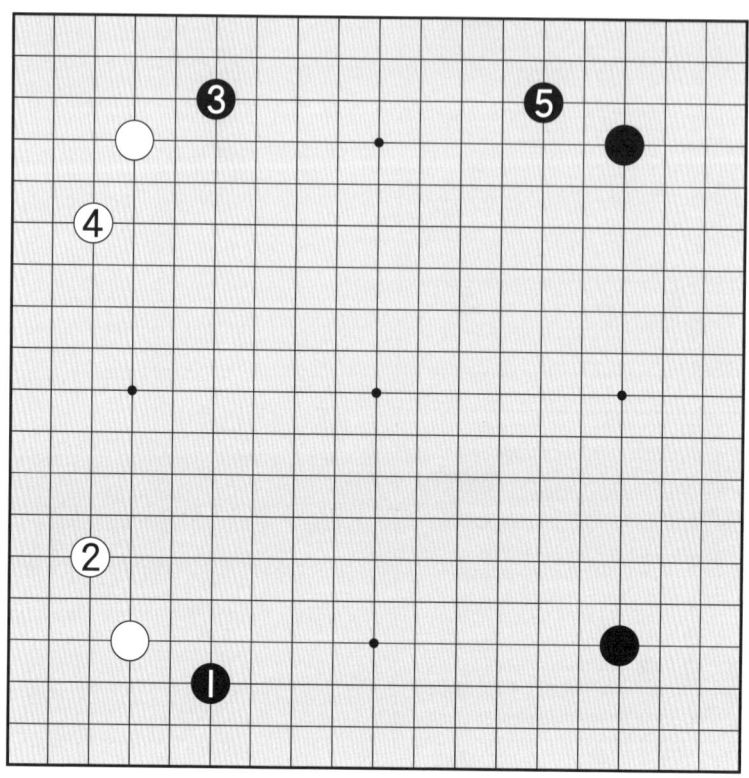

양화점 포석에서 흑1, 3으로 양쪽에서 걸침만 해놓고 백
이 모두 받을 때 흑5로 한쪽을 굳힌 장면이다. 걸침을 활용
해서 국면 전체를 능률적으로 이끌려는 입체적 전략인데
AI의 관점에서 이후 변화에 대해 알아본다.

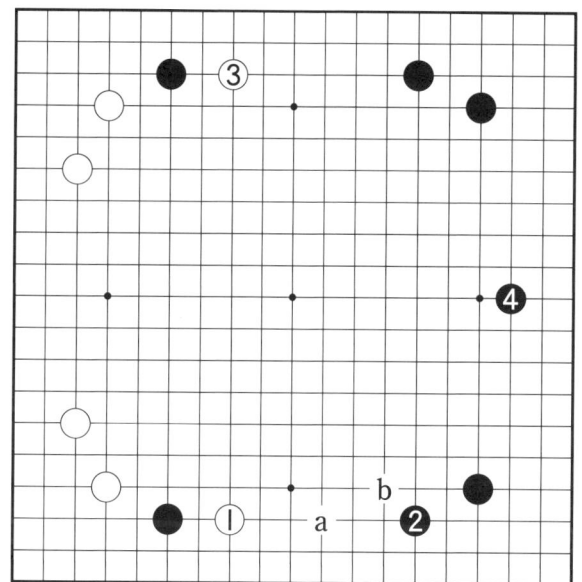

1도

1도(협공과 모양 대결)

기본형 다음 백1, 3의 협공과 흑2, 4의 모양 구축은 서로 유리한 고지를 점하기 위한 방안인데 AI는 대등한 형세라고 본다.

다음 백은 a의 벌림이나 b의 어깨짚음으로 풀어가는 것이 보편적이다.

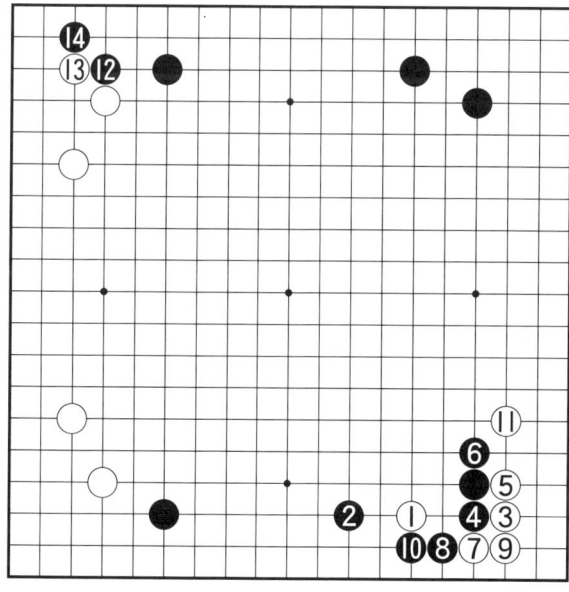

2도

2도(걸침 이후)

기본형 다음 백1의 걸침이면 흑2의 협공이 우선이다.

이하 11까지는 평범한 정석이며 다음 흑이 귀쪽 12, 14로 파고드는 것이 AI시대의 일반적인 포석 진행이다.

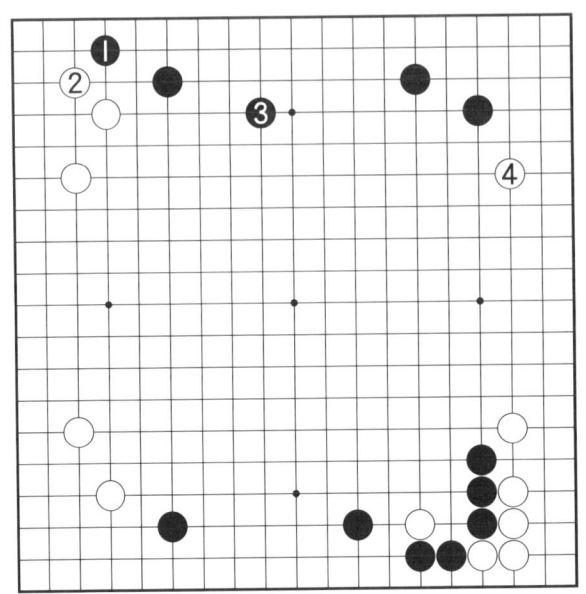

3도

3도(변의 모양 구축법)

이 포진에서 상변만 보자면 흑1, 3의 모양 구축도 AI가 알려주는 수법이다.

다음 백4로 걸치면 거의 대등한 국면이다.

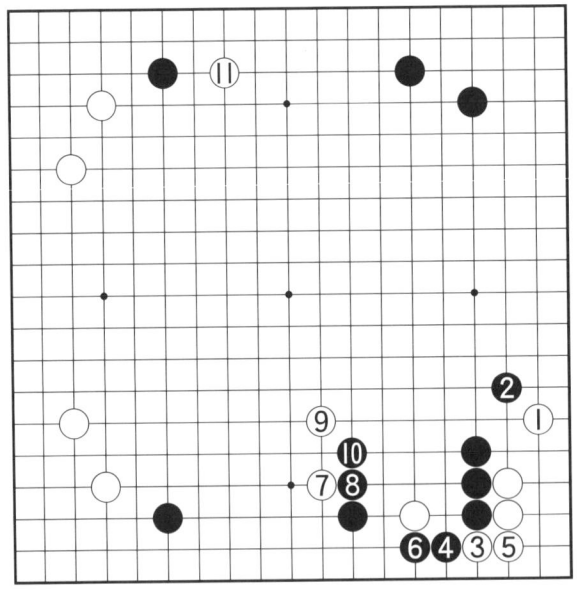

4도

4도(백의 일책)

2도 흑6 때 백1의 날일자 행마도 일책이다. 흑2로 압박하면 백3, 5를 선수해놓는다.

다음 백7의 어깨짚음은 하변 견제를 위함인데 흑8, 10으로 대응하면 백11의 협공으로 전환해서 백의 속력 행마가 볼만하다.

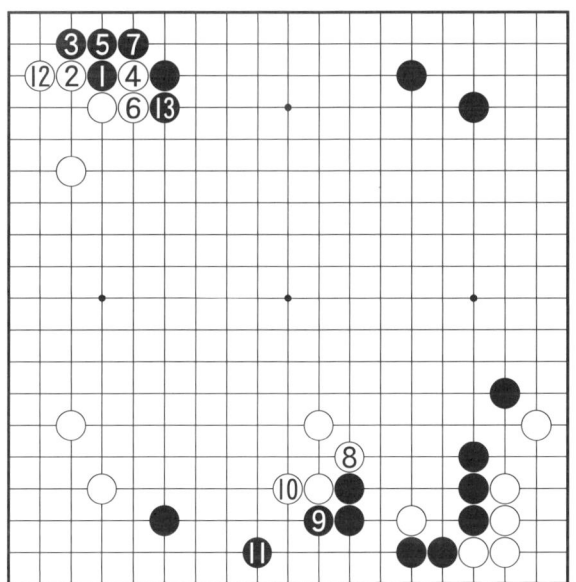

5도

5도(귀부터 두는 경우)

앞 그림 백9 때 흑1, 3
으로 귀부터 두는 것이
주도적이다. 백4, 6 다
음 전환해서 8로 요소
를 호구치면 흑9, 11의
연결이 간명하다.

백12와 흑13으로 정
리되면 팽팽한 형세인
데 앞으로 상변을 어떻
게 처리하느냐가 초점
이다.

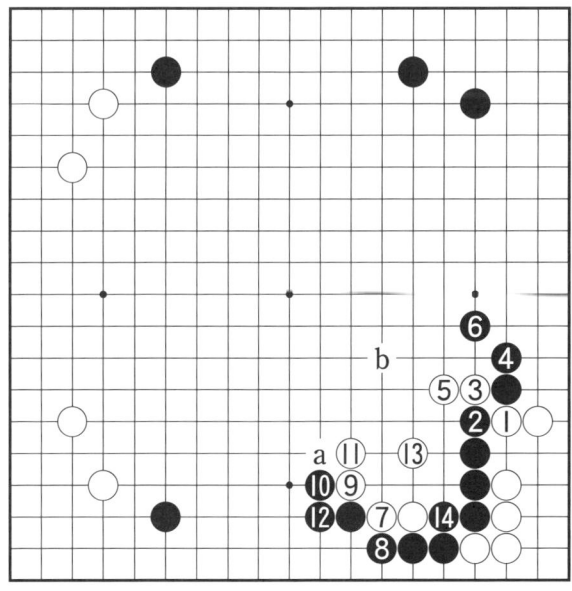

6도

6도(백, 끊고 싸움)

4도 흑6 때 백1, 3으로
끊고 싸울 수 있다.

이하 14까지 유력한
변화이며, 다음 백은 a
나 b로 보강해서 모양
을 정리하면 대능한 형
세이다.

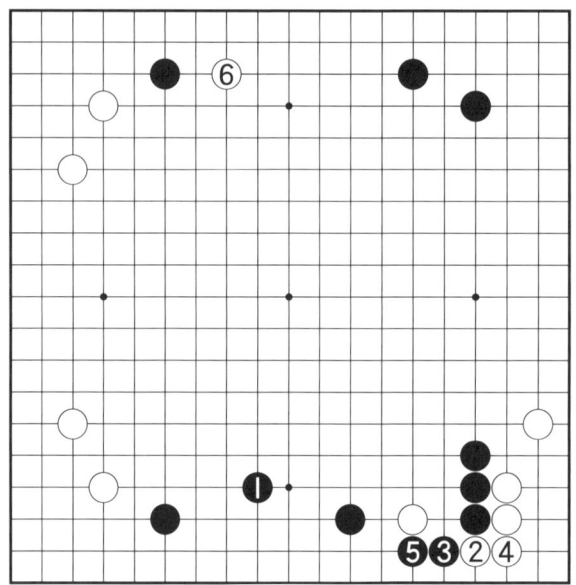

7도

7도(안정적 모양 구축)

이 시점에서 흑이 하변 부터 지키자면 1의 눈목자가 안정적 모양 구축이다. 백도 2, 4를 선수한 후 6으로 협공하면 충분하며 형세는 어울렸다.

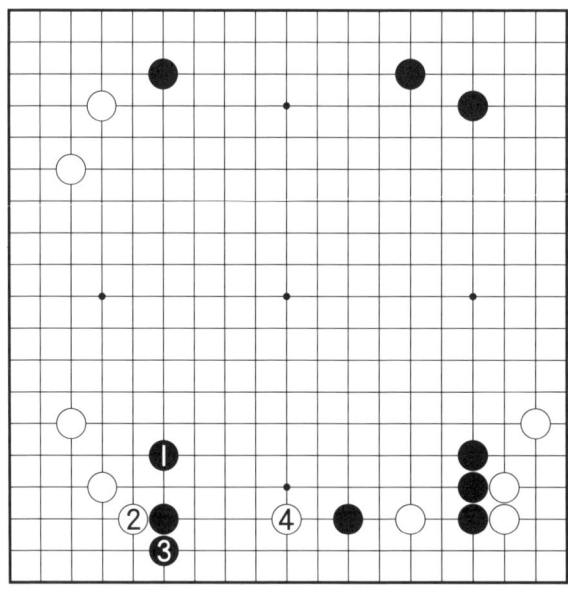

8도

8도(흑의 부담)

흑1로 하변을 넓히는 것은 능동적 구상이지만 백2, 4로 침입할 여지도 생겨 흑의 부담으로 작용한다.

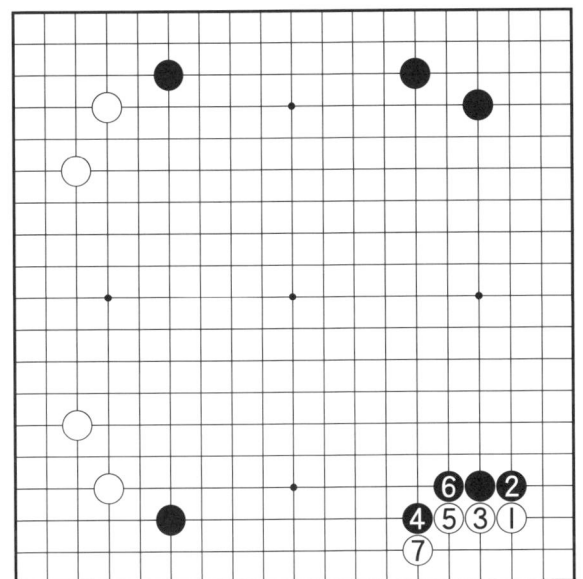

9도

9도(추세는 3三침입)

처음으로 돌아가서, 추세에 따른다면 백1의 3三침입이 유망하며 이하 7까지 보편적인 수순이다.

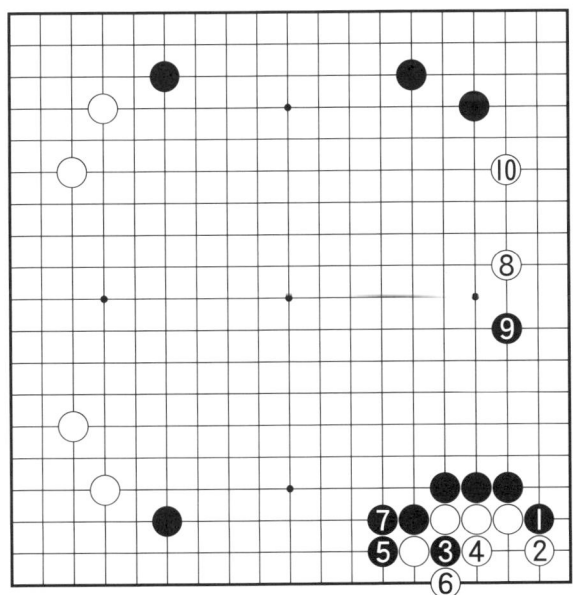

10도

10도(무난한 변화)

이다음 흑1, 3의 끊음은 귀를 정리하는 방안이며 이하 10까지 되면 무난한 포석 변화이다.

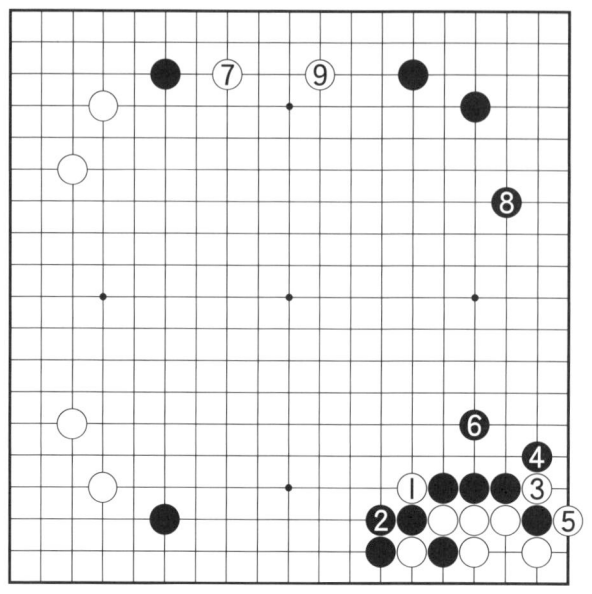

11도

11도(중앙 움직이는 맛)

앞 그림 흑5 때 백1로 끊어 중앙에 움직이는 맛을 남겨놓고 3, 5로 오른쪽을 잡을 수도 있다. 흑6에 지킨 후 9까지 유력한 변화인데 백이 약간 편한 정도이다.

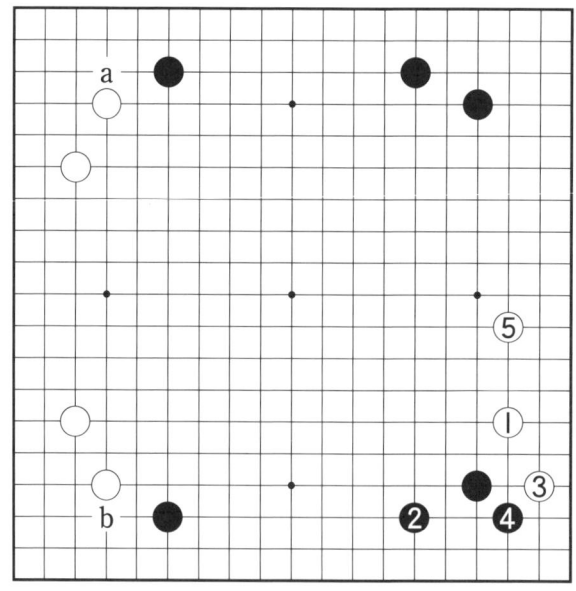

12도

12도(옛날 정석에서)

백1로 우변에서 걸치는 경우 흑2로 받고 나서 5까지 옛날 정석이 사용되면 결과는 서로 무난하다.

다음 흑a나 b로 귀에 파고드는 진행이 보편적이다.

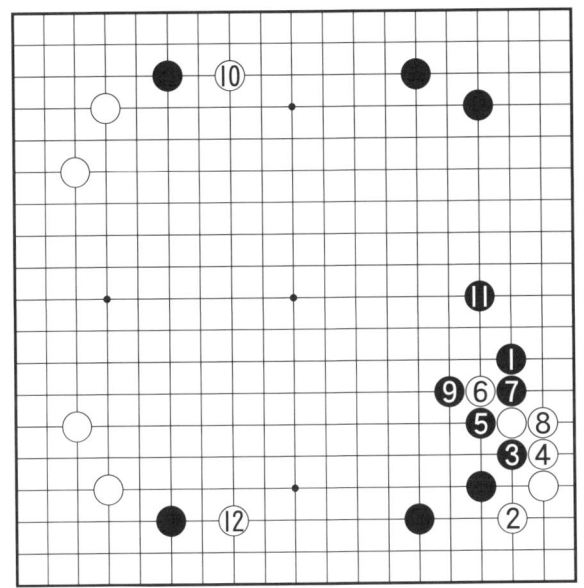

13도

13도(우변 두터움)

앞 그림 백3 때 흑1의 협공이 주도적이다. 이하 9까지 익히 알려진 정석 수순인데 AI의 진단은 백10, 12로 협공을 가해도 우변에 구축된 모양이 두터워서 흑이 활발하다고 본다.

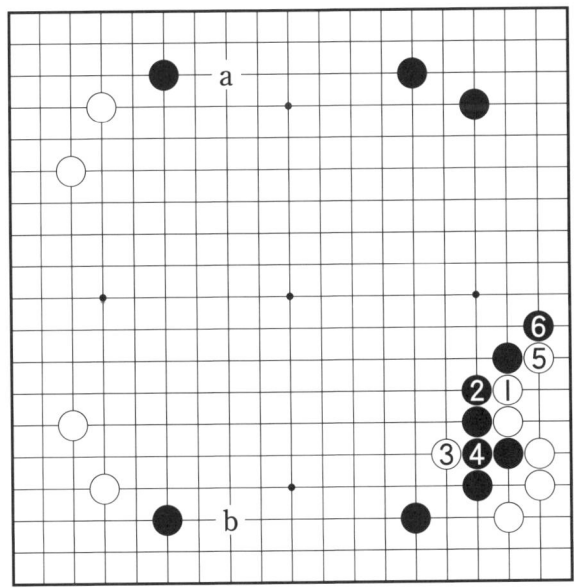

14도

14도(특유의 행마법)

앞 그림 흑5 때 백이 1로 헤딩하며 5까지 선수해놓고 a나 b로 협공하는 것이 AI 특유의 행마법인데 흑이 약간 편한 정도라고 본다.

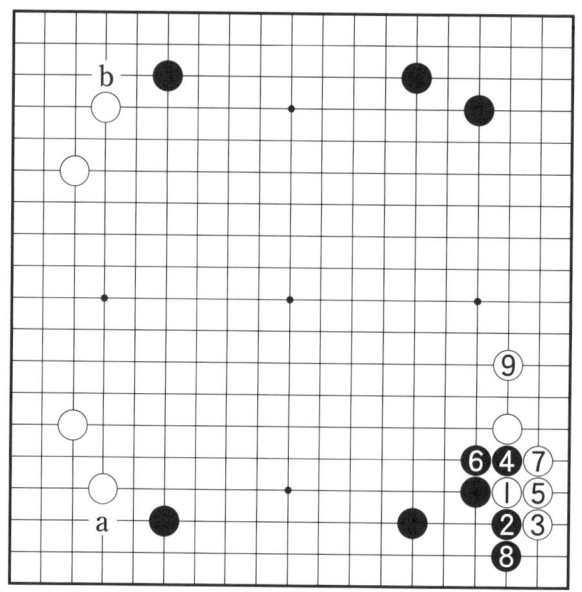

15도

15도(안정적 한칸벌림)

12도 흑2 때 백1, 3으로 AI정석을 구사하는 것이 우선이다.

이하 흑8 때 우상 흑진이 대기하고 있는 이런 포진에서는 백9의 한칸벌림이 안정적이다. 다음 흑a나 b로 귀에 파고드는 진행이면 보편적이다.

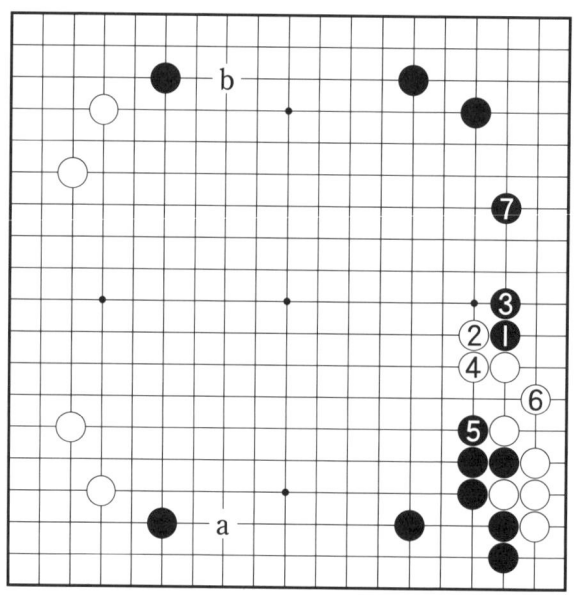

16도

16도(능동적 도발)

앞 그림 백9 다음 흑1의 헤딩은 AI의 능동적 도발인데 이하 7까지 한껏 압박해서 우변을 효율적으로 지키겠다는 발상이다.

다음 백a나 b로 협공하는 포석 흐름이 예상되지만 흑이 치열하게 둔 만큼 약간 활발하다.

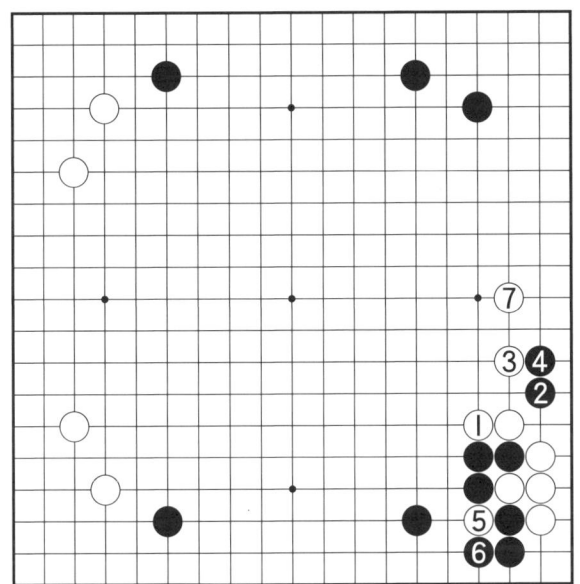

17도

17도(배석의 영향)

15도 흑8 때 백1이 보편적 행마이지만 우상 흑진이 대기할 때는 배석의 영향을 받아 백이 국면을 주도하기가 어렵다.

우선 흑2로 들여다본 후 7까지 상용 수순을 밟아본다.

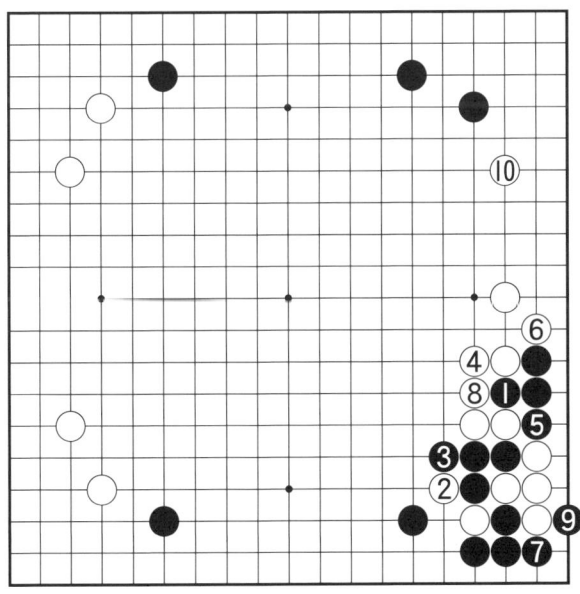

18도

18도(백, 우세)

이다음 흑1에는 백2, 4가 절대 수순이다.

이때 흑5로 끊어 귀의 넉점을 잡으면 백이 10까지 바깥을 조이며 우변을 두텁게 경영해서 우세란 흐름이다.

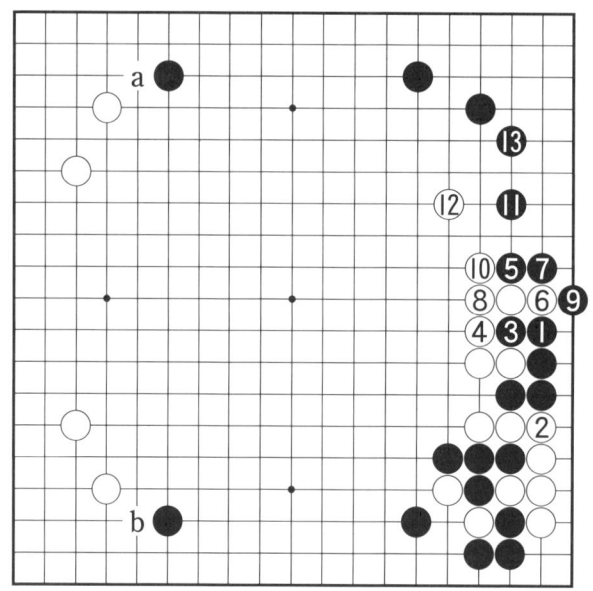

19도

19도(백, 활발)

앞 그림 백4 때 흑도 일
단 변쪽으로 나가야 하
는데 1로 늘면 백2의 이
음은 당연하다.

흑3, 5의 껴붙임이
맥인데 다음 7, 9로 넘
고 13까지 되면 중앙 백
이 두텁다. 백은 a나 b
로 붙이면서 활발한 흐
름을 이어갈 것이다.

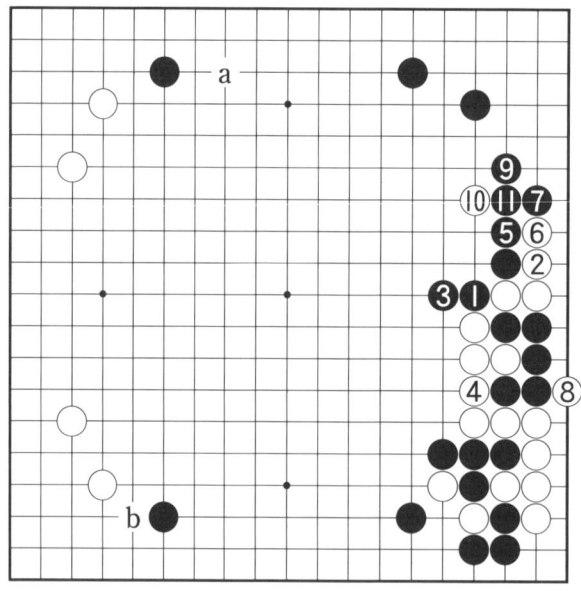

20도

20도(절대 끊음)

앞 그림 백6 때 흑1의
끊음은 절대이다. 그러
면 백2로 나간 후 11까
지의 변화가 필연인데
백은 우변 다섯점을 포
획하고 흑은 우상변이
두터워서 어느 정도 형
세가 어울렸다.

AI는 다음 백이 a나
b로 전환하면 약간 편
한 정도라고 본다.

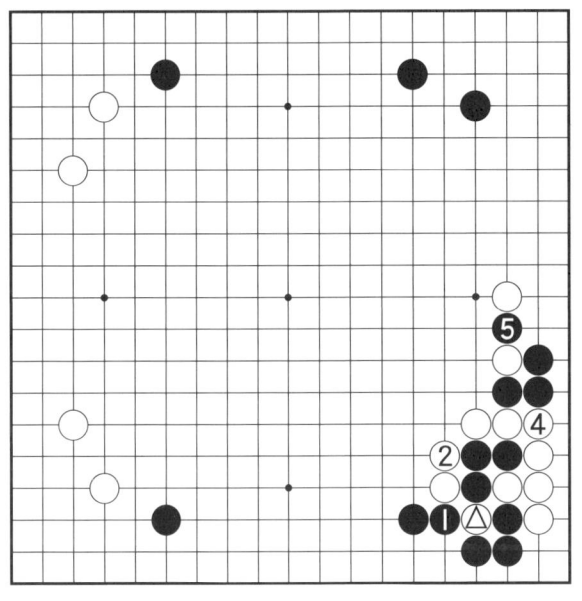

21도

21도(우변 돌파)

18도 백2 때 차라리 흑은 1로 따내고 백2, 4에 흑5로 돌파해서 싸우는 것도 우상이 흑진인 포진에서는 유력하다.

3‥**△**

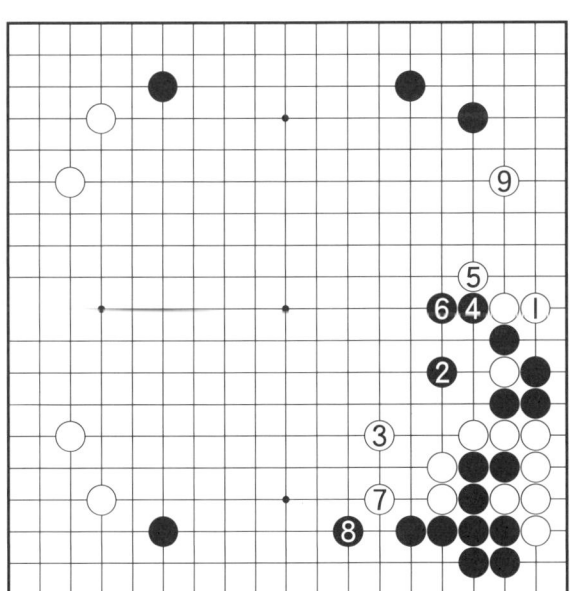

22도

22도(흑, 활발)

이다음 백1로 우변을 중시하면 이하 9까지 AI의 유력한 변화인데, 백이 양쪽을 수습했지만 모양이 엷어 흑이 활발한 흐름이나.

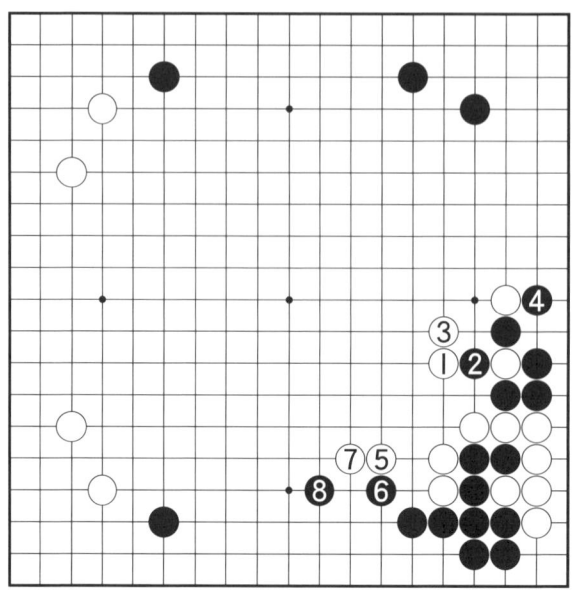

23도

23도(유연한 중앙 경영)

21도 다음 백은 1부터 중앙을 다스려 가는 것이 유연하다.

흑이 8까지 우변과 하변을 실속 차리며 방어하면 충분하며 서로 어울린 형세이다.

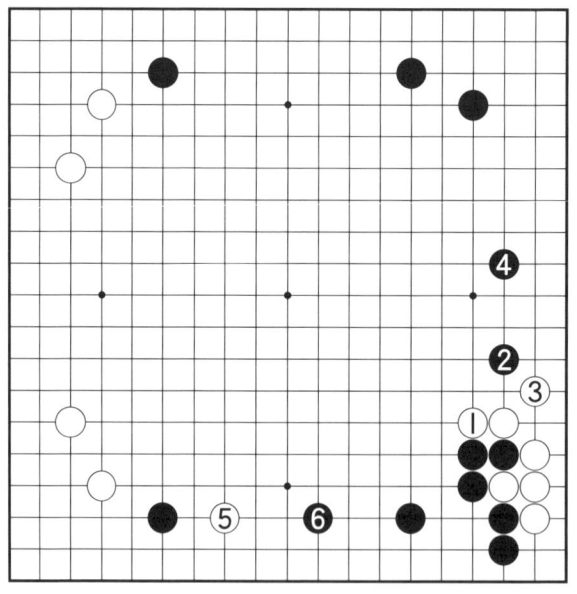

24도

24도(유연한 공격 행마)

거슬러 올라가 백1에 흑2로 다가서는 것도 유연한 공격 행마이다.

백3에 지키면 흑4로 벌리고 백5의 협공에도 흑6에 벌리면 치열하게 싸우지 않고도 무난한 흐름을 견지하며 AI의 진단은 흑이 약간 편한 정도로 본다.

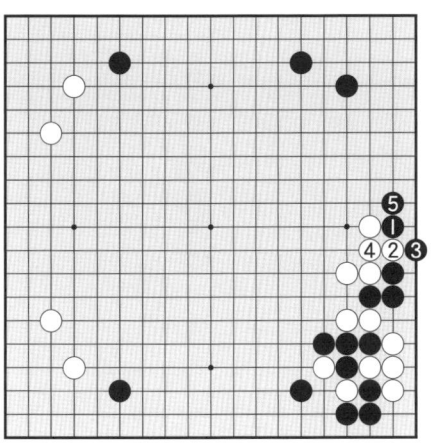

▦ 장면

이 장면에서 흑이 조금이라도 우위를 점하려면 1로 붙이고 5까지 나가 싸울 수 있다. 우상귀 굳힘이 도움이 되는 만큼 유력한 발상이지만 세련된 운영 기술이 필요하다. 핵심 변화에 대해 알아보자.

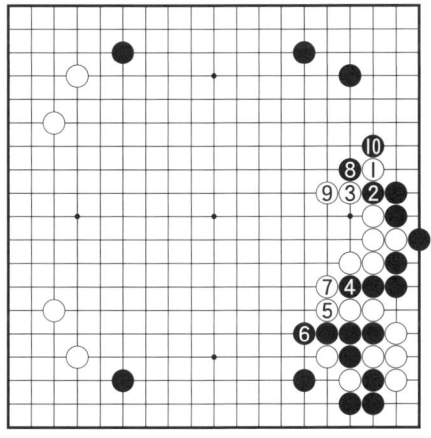

1도(봉쇄가 어렵다)

백1로 씌우고 싶지만 봉쇄가 어렵다. 흑2, 4로 나간 후 8, 10으로 한 점을 잡으면 흑이 활발한 국면이다.

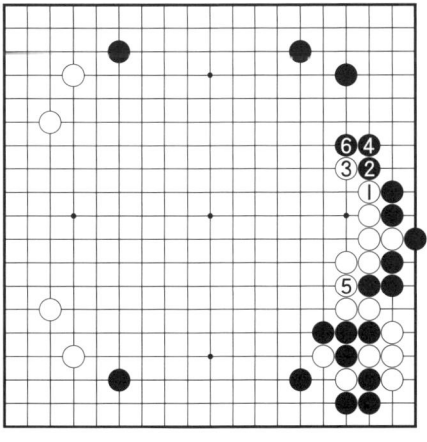

2도(흑, 귀와 연결)

백은 1, 3을 선수한 후 5로 약점을 돌보며 정리하는 정도인데 귀와 연결된 흑이 6에 밀면 약간이라도 편한 국면이다.

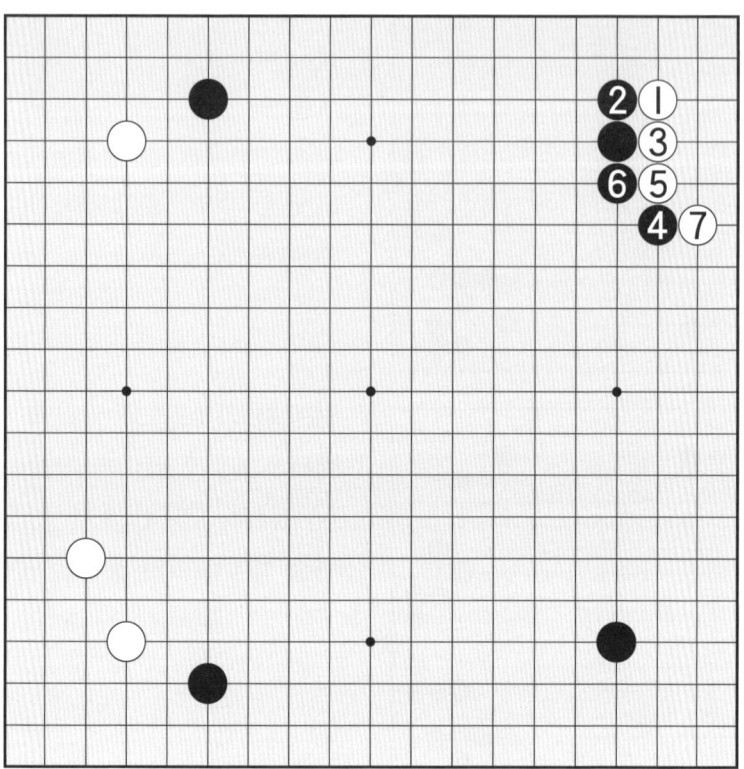

　이번에는 흑이 양쪽에서 걸칠 때 백이 한쪽을 손빼고 1로 3三에 침입한 장면이다. 흑의 입체 전략에 대응해서 백이 선제적으로 국면을 주도하려는 뜻이 있다.
　이하 7까지 실전에 많이 사용되는 무난한 수순이며 이후 포석 변화에 대해 알아본다.

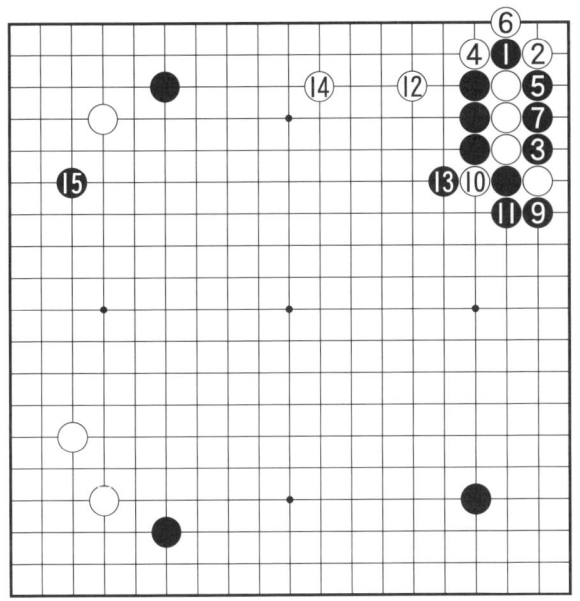

1도

8…❶

1도(흑, 두터움)

기본형과 같은 배치에
서 흑1, 3에 백4로 귀쪽
한점을 잡고 이하 흑11
때 단순히 백12로 변에
진출하면 흑13으로 축
이 성립되어 흑이 두텁
다. 다음 AI는 백14로
지키고 흑15의 양걸침
을 제시하고 있는데 흑
이 두터운 만큼 약간 활
발한 흐름이라 본다.

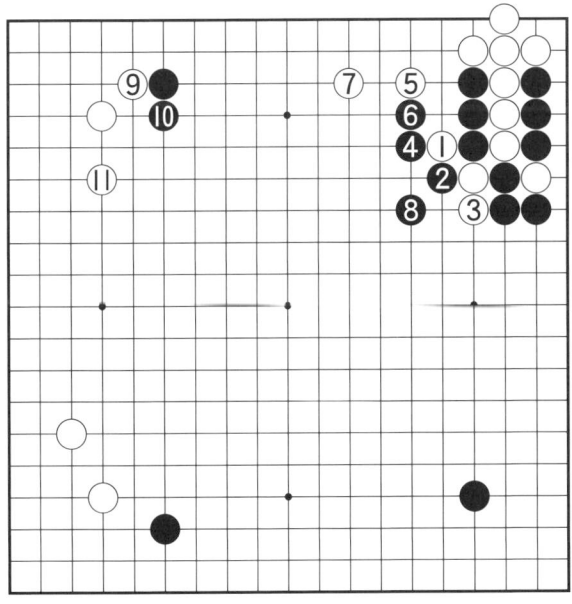

2도

2도(축을 피하는 방안)

앞 그림 흑11 때 백1의
젖힘이 축을 피하는 방
안이며 이하 8까지 보
편적인 정리 수순이다.
다음 백9, 11의 공격으
로 전환하면 서로 무난
한 형세이다.

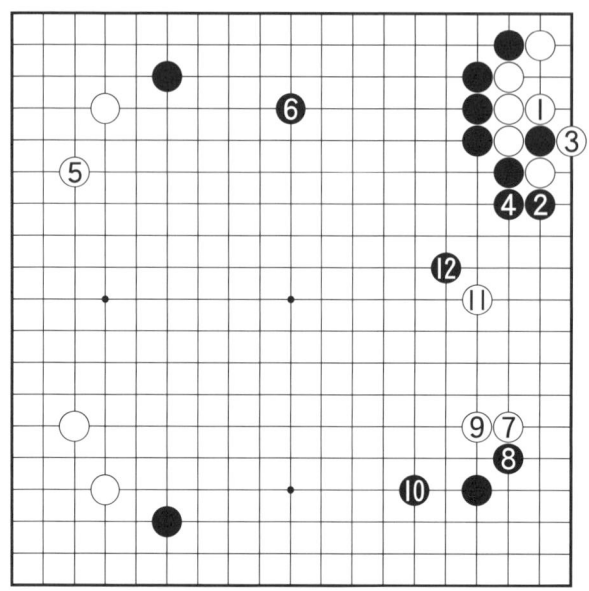

3도

3도(흑, 모양 확대)

1도 흑3 때 백1로 잡고 흑2, 4로 정리되면 간명하다.

　백5로 받은 후 11까지 무난한 변화인데 상변 모양을 토대로 흑12로 중앙을 넓히면 국면은 흑이 약간 활발하다.

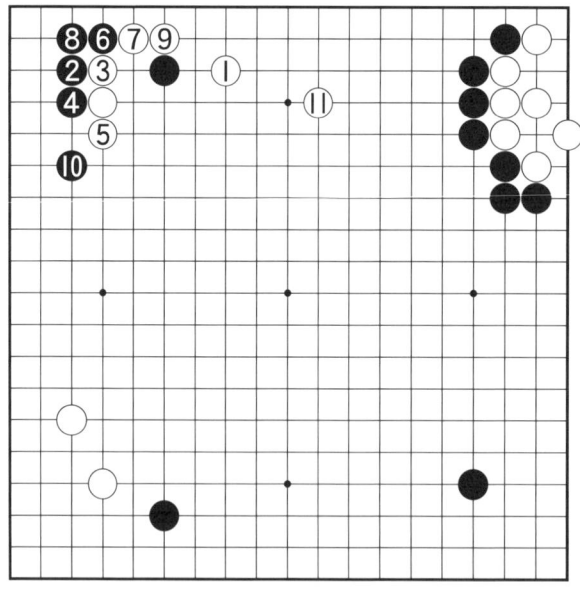

4도

4도(한칸협공에 3三침입)

앞 그림 흑4 때 백이 주도적으로 두려면 상변에서 협공을 생각해야 한다.

　백1의 한칸협공이 대표적인데, 이때 흑2의 침입이면 간명하지만 이하 11까지 되면 상변을 장악한 백이 약간 활발한 국면이다.

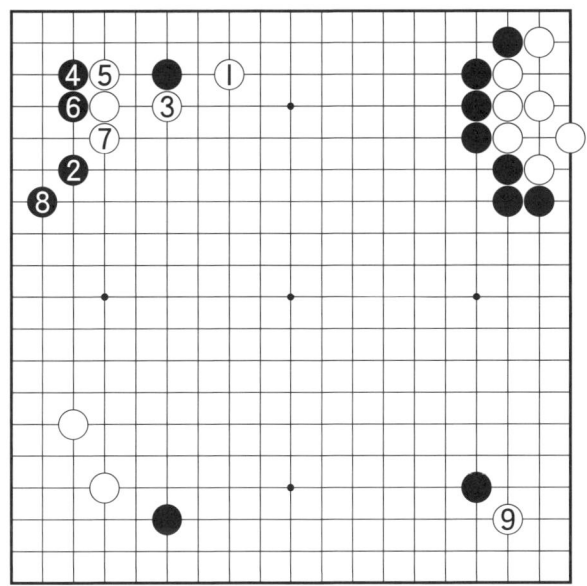

5도

5도(한칸협공에 양걸침)

백1에 흑도 능동적으로 두자면 2의 양걸침이 하나의 방안이다.

이하 8까지는 간명한 정석 변화인데 다음 백 9로 전환하면 거의 대등한 형세이다.

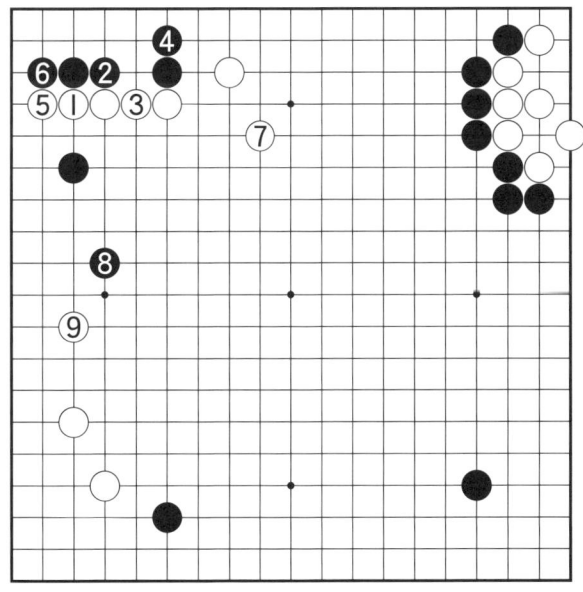

6도

6도(공격적 국면 유도)

앞 그림 흑4 때 백1쪽에서 막은 후 9까지는 AI의 유력한 변화인데 형세는 비슷하지만 백이 공격적으로 국면을 유도한다.

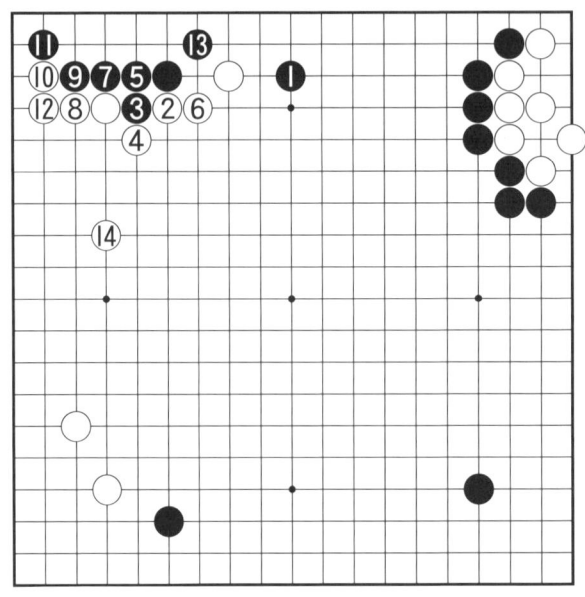

7도

7도(효율적 좌변 모양)

이 장면에서 AI는 우상 두터움을 활용한 두 가지 효과적 안도 제시한다. 우선 흑1의 협공을 겸한 벌림인데 백2로 막은 후 12까지는 상용 수순이다.

이때 흑이 바로 13에 지키면 백14로 벌려 좌변 모양이 효율적이다.

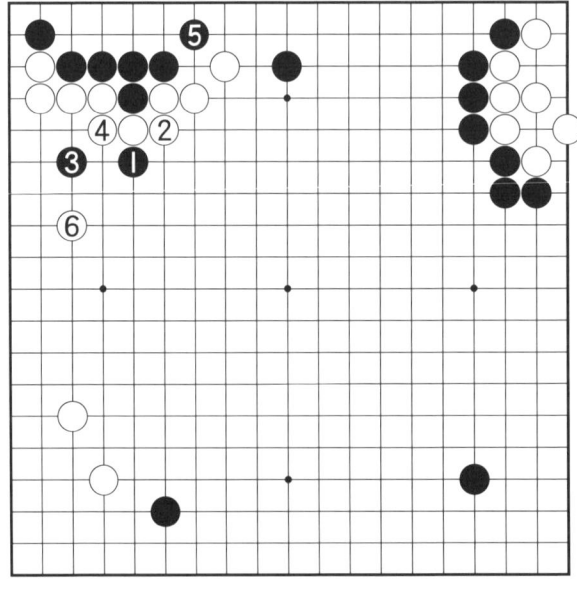

8도

8도(흑, 효율적 활용)

앞 그림 백12 다음 흑은 1, 3으로 활용한 후 5의 지킴이 효율적 수순이다. 백이 6으로 다가서는 것이 최선의 대응이지만 좌변 운영이 자유롭지 못한 만큼 흑이 약간 편한 흐름이다.

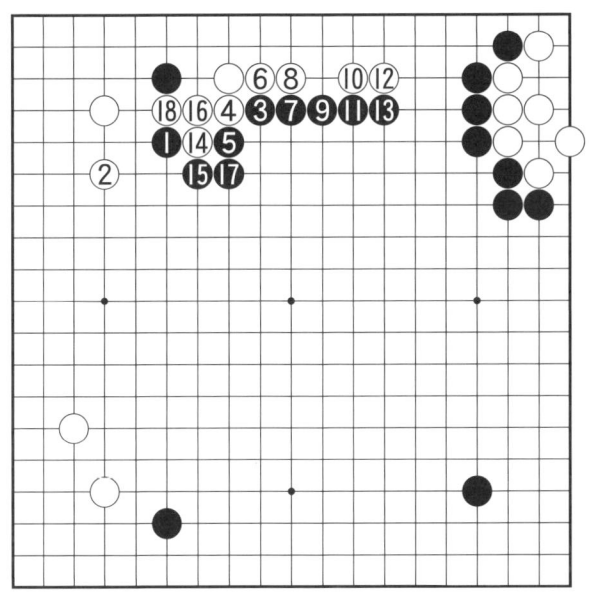

9도

이 장면에서 또 하나의 효과적 안은 흑1로 뛰어나가 싸우는 것이다.

백2에 흑3으로 씌우는 경우 백4, 6으로 밀어가면 이하 18까지는 거의 필연이다.

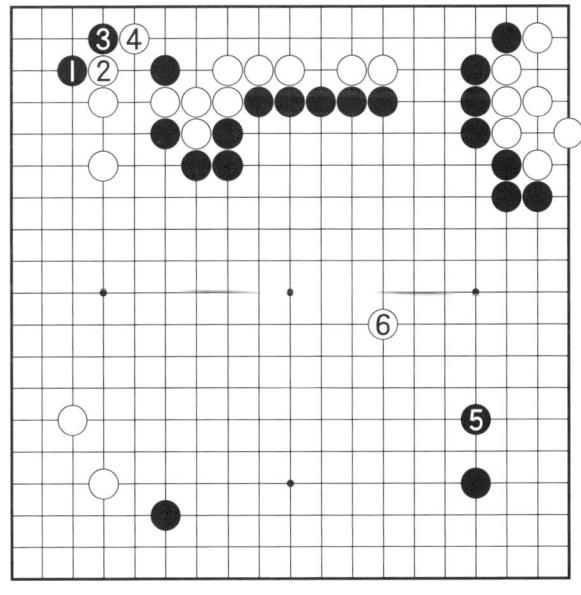

10도

10도(중앙 삭감)

이다음 흑1, 3으로 귀에 사는 맛을 남겨놓고 5로 굳히면 거대한 모양이 형성된다.

AI의 관점에서 이 진행은 백도 중앙 6 근처에서 삭감하면서 실리로 대항하면 충분하며 백이 약간 편한 정도로 본다.

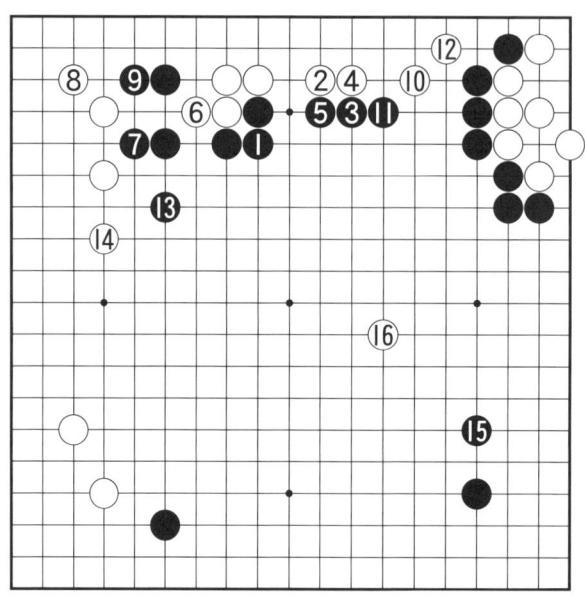

11도

11도(비슷한 맥락)

9도 백6 때 흑1의 이음
도 일책이다.

다음은 AI의 유력한
변화인데 앞 그림과 비
슷한 맥락으로 중앙 백
16의 삭감이 긴요하며
실리와 세력 대결이다.

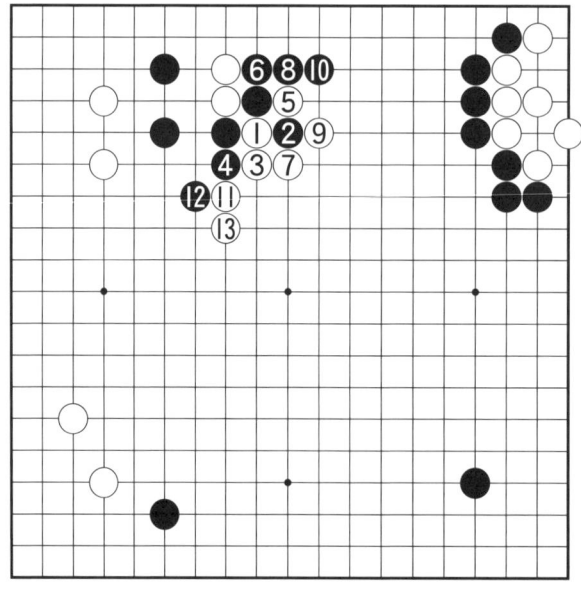

12도

12도(백, 중앙 활발)

9도 흑5 때 백1의 끊음
도 생각할 수 있다. 이
때 축이 유리한 흑이 2,
4로 몰면 백5, 7로 대응
해서 13까지 백이 두점
은 잡혔지만 중앙에서
활발한 모양이다.

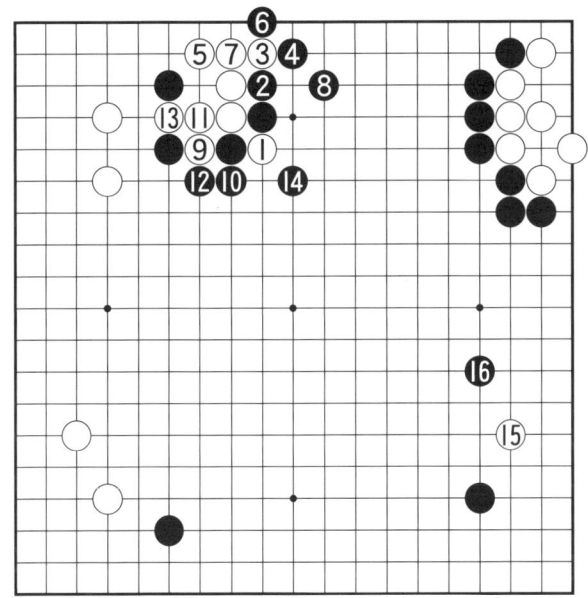

13도

13도(중앙 두터움)

백1에는 흑2로 막는 것이 효과적이다. 백이 3, 5로 호구친 후 13까지 귀와 연결하며 실속을 차렸지만 흑14로 제압해서 중앙이 두텁다.

백15로 걸치며 견제하지만 흑16으로 공격해서 이번에는 흑이 국면을 주도한다.

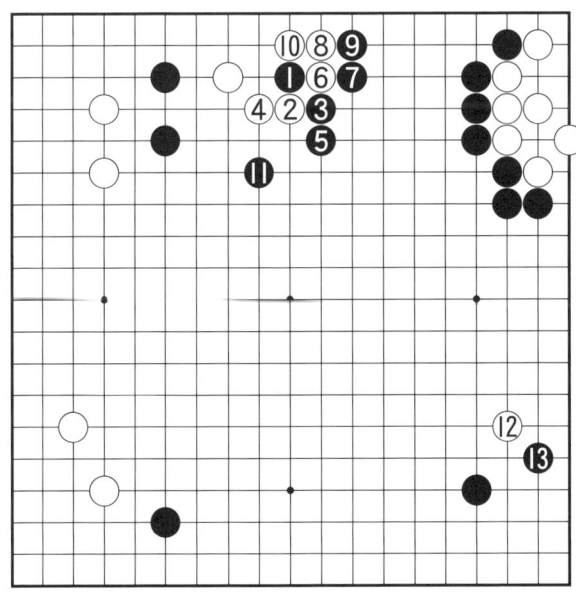

14도

14도(흑, 유력한 협공)

9도 백2 때 실리와 세력의 극단적 대결을 피하려면 흑1의 협공이 유력한 방안이다.

백2, 4가 유연한 대응이며 흑은 11까시 빈에 삶을 허용하고 중앙을 제어한다. 백12의 걸침에는 흑13으로 공격해서 국면을 주도하면 충분하며 형세는 어울렸다.

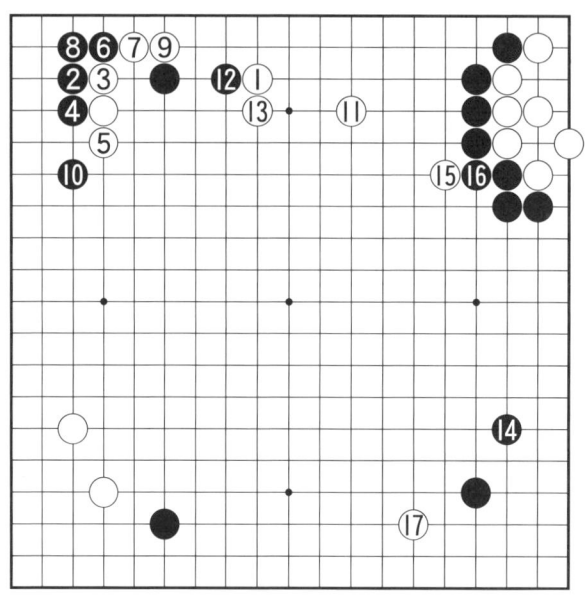

15도

15도(백, 두칸협공)

거슬러 올라가 3도 흑4 때 백1의 두칸협공에 대해서도 알아보자.

흑2의 3三침입이면 간명한데 백도 11까지 상변에 모양을 잡으면 안정적이다. 흑12는 뒷맛을 위한 활용이며 이하 17까지 형세는 어울렸다.

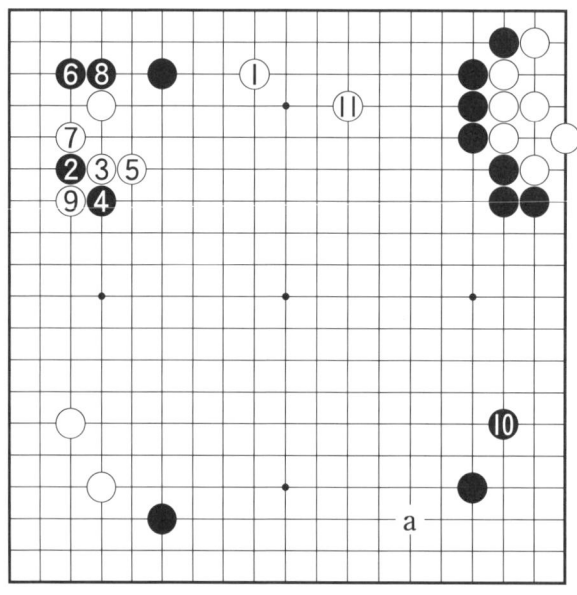

16도

16도(양걸침 이후)

백1에 흑2의 양걸침이면 백3쪽 붙임이 무난하며 이하 11까지 AI는 어울린 형세를 보여준다. 수순 중 흑10의 굳힘은 이 배치에서 a쪽 굳힘보다 가치가 높다고 본다.

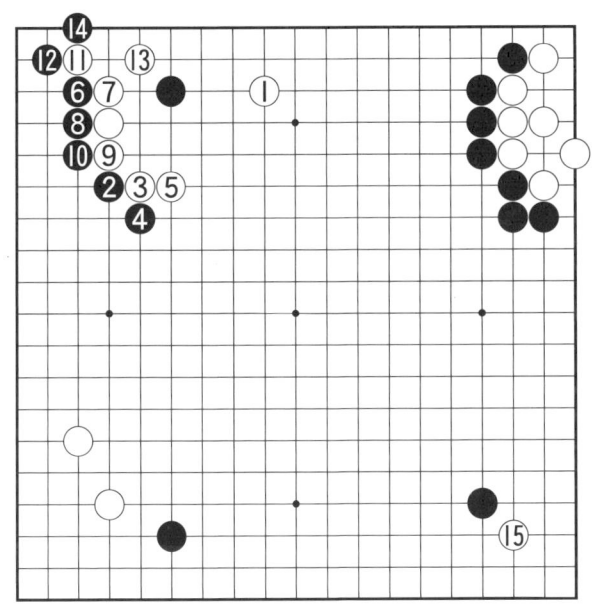

17도

17도(높은 양걸침 이후)

백1에 흑2의 높은 양걸침이면 백3으로 붙인 후 14까지 많이 두는 수순이다.

AI는 다음 백이 15의 침입으로 전환하면 충분하며 약간 편한 정도로 판단한다.

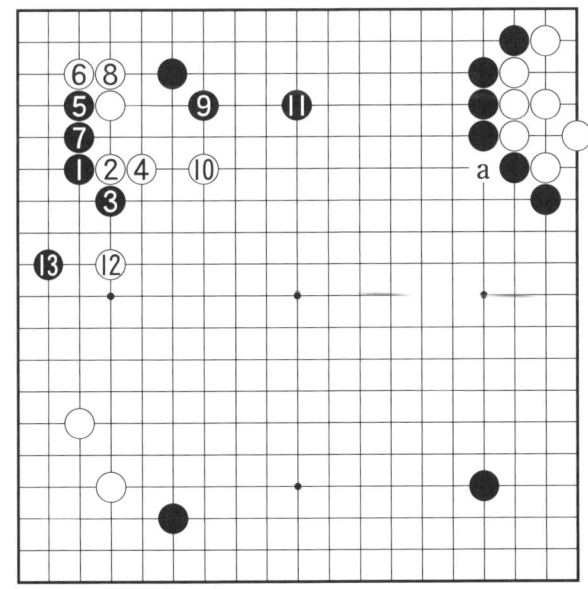

18도

18도(흑의 능동적 구상)

거슬러 올라가 3도 백3 때 흑이 받지 않고 1의 양걸침으로 전환하는 것도 능동적 구상이다.

이하 상용 수순을 거쳐 백10 때 a의 약점이 있는 흑은 상변 11의 지킴이 우선이며 백12의 협공에 흑13으로 간명하게 정리해도 약간 편한 흐름이다.

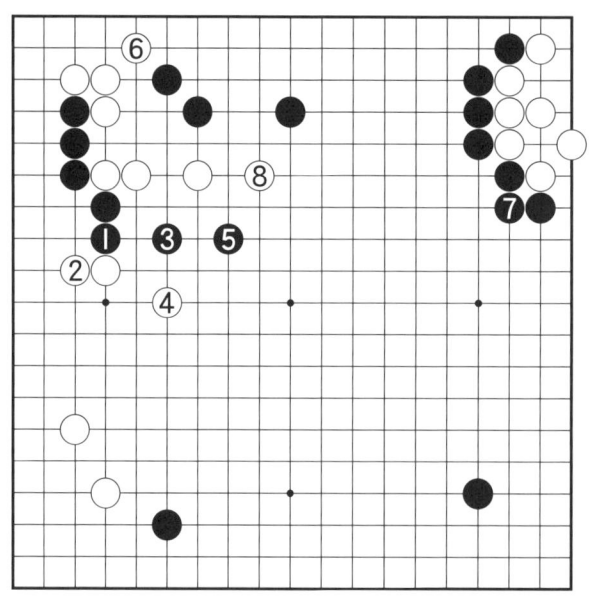

19도

19도(흑, 중앙 진출)

앞 그림 백12 때 흑이 중앙으로 나갈 때는 흑 1을 디딤돌로 해서 3, 5로 뛰는 것이 효율적이다. 이하 8까지 무난한 변화인데 이 과정에서 흑이 우변 약점도 지켜 충분하다.

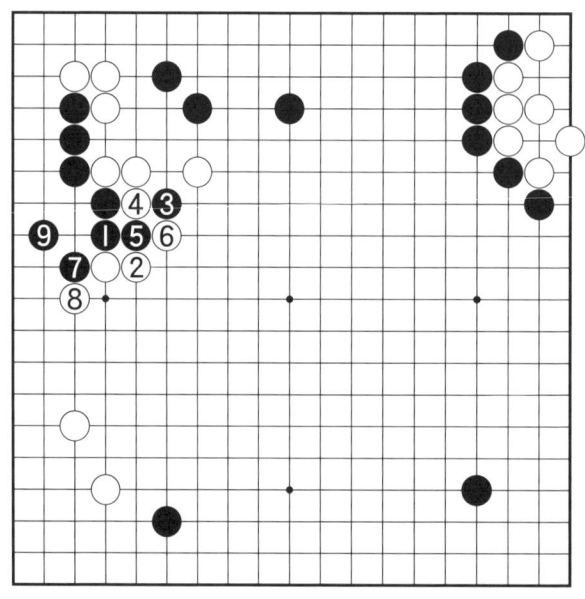

20도

20도(중앙 봉쇄)

흑1에 백이 중앙을 봉쇄하려면 위쪽 2로 늘고 흑3에 나가려 해도 끊고 버티면 이하 9까지는 필연이다.

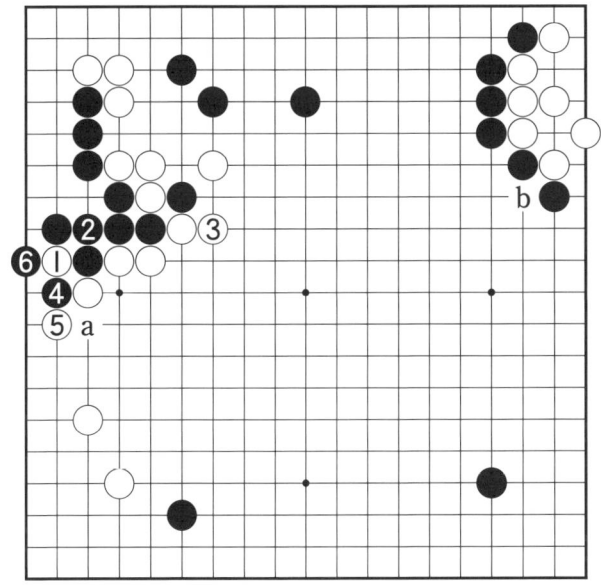

21도

21도(간명한 수순)

이다음 백1, 3으로 지킬 때 흑4, 6으로 한점을 잡아두면 간명하다.

다음 백이 a로 잇거나 b쪽으로 우변 한점을 잡는 것은 작은 실리에 불과하다.

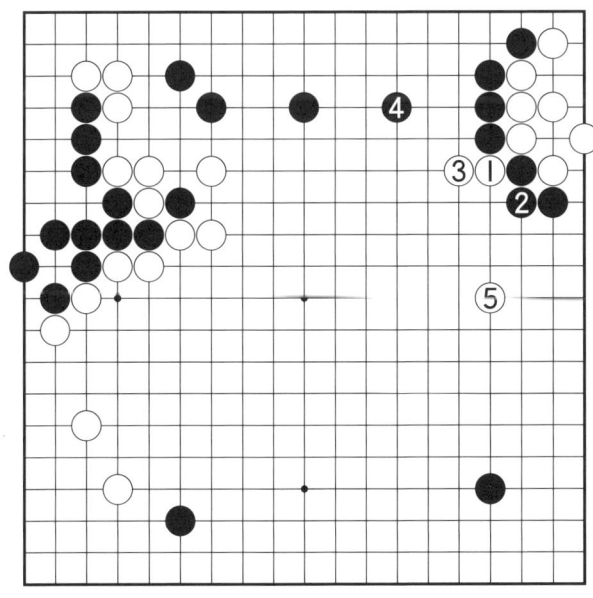

22도

22도(어려운 길)

백이 우변 약점을 공략하려면 1로 위쪽을 끊고 5까지 씌워서 싸우는 것이 효과적이다.

이 진행은 흑도 상변을 지키고 싸우는 만큼 충분하며 서로 어려운 길로 접어든다.

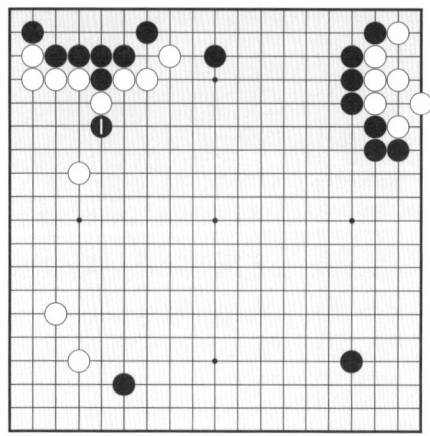

▦ 장면

이 장면(본형 7도 참조)에서 흑1로 활용을 빙자하며 도발해오면 흑이 어떻게 대응할지 생각해보자.

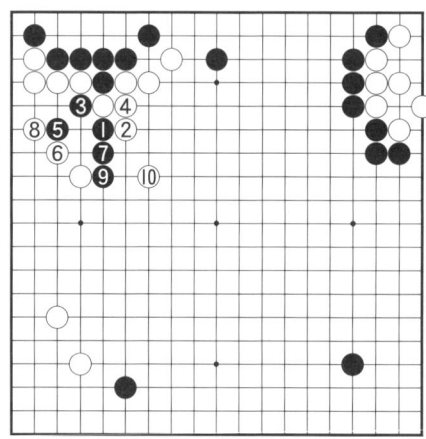

1도(중앙 호구침)

흑1로 껴붙이면 백2로 중앙에서 호구치는 것이 강수이다.

흑3, 5로 진입하면 백6의 붙임이 급소이며 8로 넘고 10으로 공격해서 백이 약간은 편한 싸움이다.

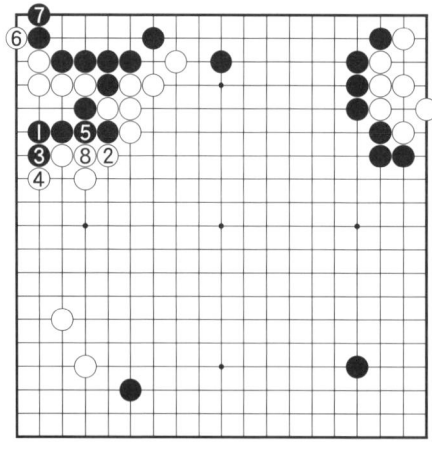

2도(수상전 백승)

앞 그림 백6 때 흑1로 들어오면 백2로 차단해서 귀와 수상전인데 이하 8까지 흑이 잡히는 결과이다.

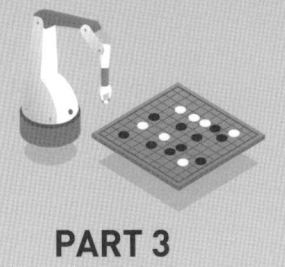

PART 3

양화점에서
소목 대응 포석

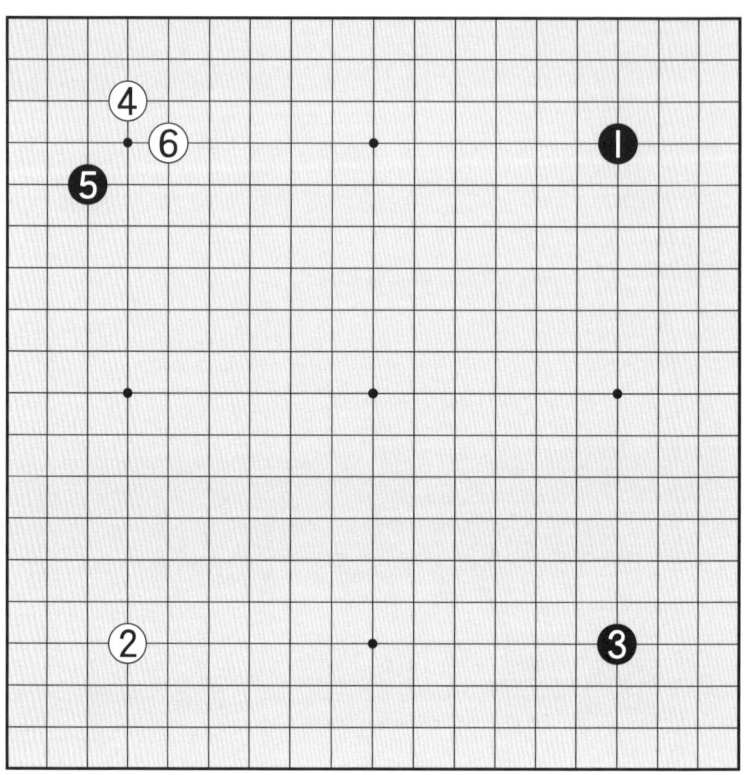

　흑1, 3의 양화점에서 백은 한쪽이 4의 소목으로 포진했
다. 흑은 소목에 걸침이 우선인데 5의 날일자걸침이면 백6
의 마늘모가 대표적 수비이다.
　이 배치에서 화점과 연동하면서 AI시대 기본적인 포석
변화에 대해 알아본다.

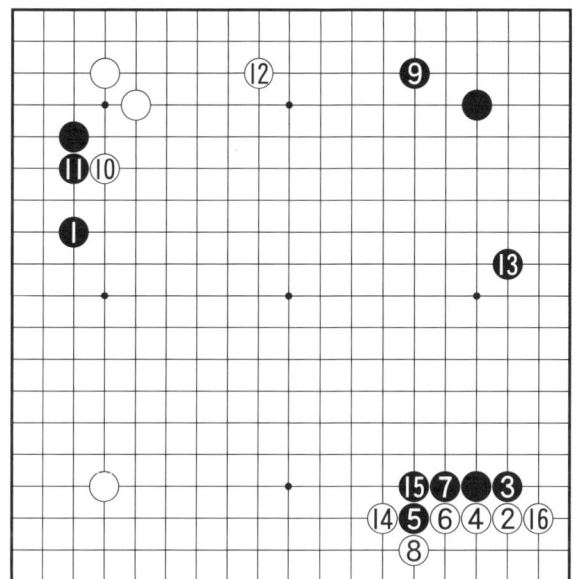

1도

1도(무난한 포석)

기본형 다음 흑1의 두 칸벌림은 가장 안정된 지킴이다. 백은 2의 3三 침입이 우선이며 이하 16까지 서로 큰 자리를 쟁취하는 무난한 포석 변화이다.

수순 중 백10, 12는 AI 특유의 효율적 행마법이며 14, 16도 귀의 견실한 보강 수법이다.

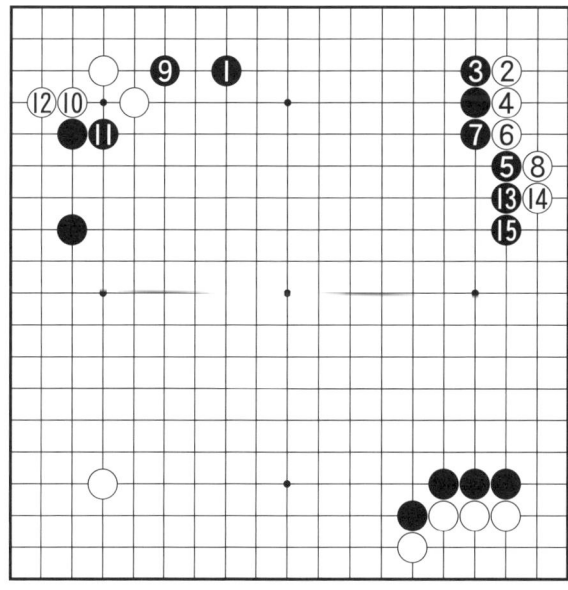

2도

2도(능동적 명당)

앞 그림 백8 때 흑이 능동적으로 두자면 상변 흑1의 다가섬이 AI가 알려주는 명당이다.

백2의 침입을 허용해도 이하 8 때 흑9로 압박하고 백10, 12로 지킬 때 흑13, 15로 늘면 진영이 입체화되어 흑이 약간 활발하다고 본다.

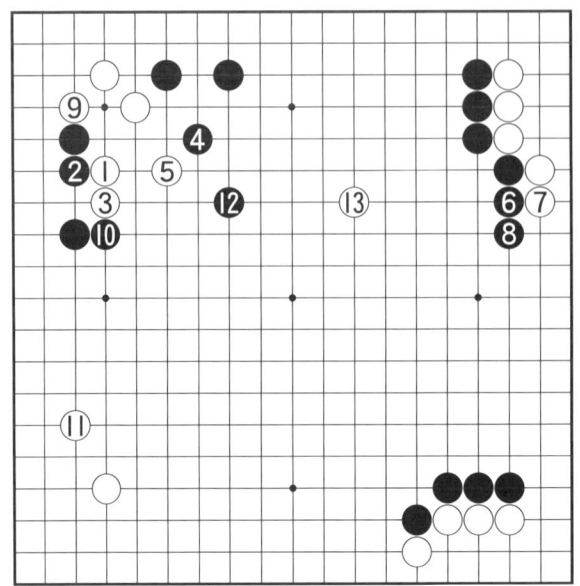

3도

3도(변의 공방)

앞 그림 흑9 때 백1, 3
으로 압박하면 흑4가 요
처이고 백5로 지킬 때
흑6, 8로 전환한다.

이하 12까지 AI의 유
력한 변화인데 변의 공
방이 볼만하다. 흑이 상
변을 넓히며 국면을 주
도하는 흐름인데 AI는
백의 다음수로 13의 삭
감을 추천한다.

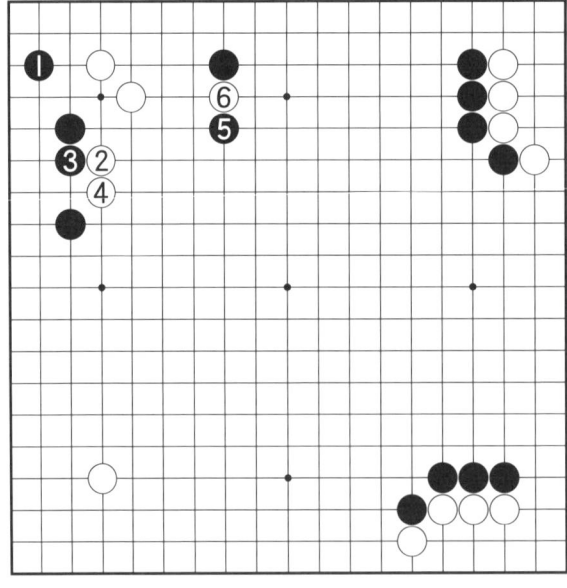

4도

4도(묘수 끼움)

2도 백8 때 흑1로 근거
부터 빼앗으면 우선 백
2, 4로 압박한다. 흑5의
뜀이 대세점인데 이때
백6의 끼움이 AI가 알
려주는 묘수이다.

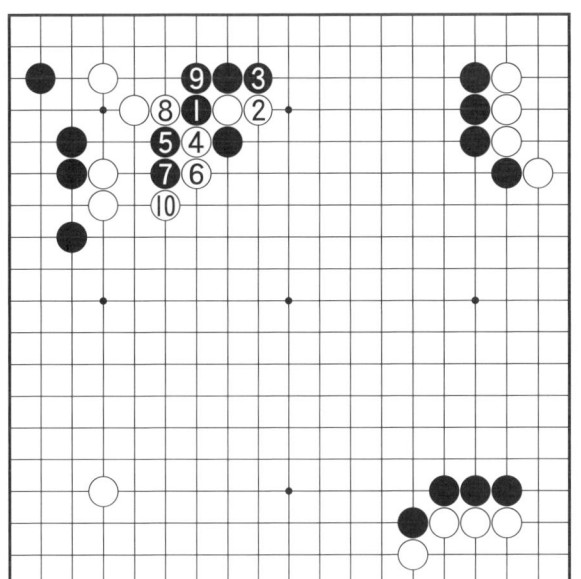

5도

5도(흑, 무모한 차단)

이다음 흑1로 차단하는 것은 무모하다. 백2로 나간 후 10까지 필연인데 우선 백은 중앙 두점을 잡아 편하다.

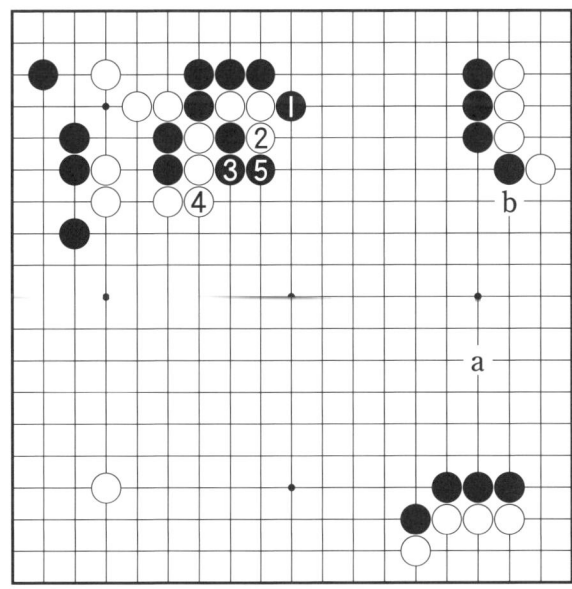

6도

6도(백, 유리)

계속해서 흑1의 두점 단수에 백2로 나가 5까지 키워 죽인 후 a로 축머리를 활용하면서 우하 흑을 추궁하면 단연 백이 유리한 흐름이다.

또는 흑5 다음 백b로 견실하게 보강해서 실리로 대응하기만 해도 백이 앞선다.

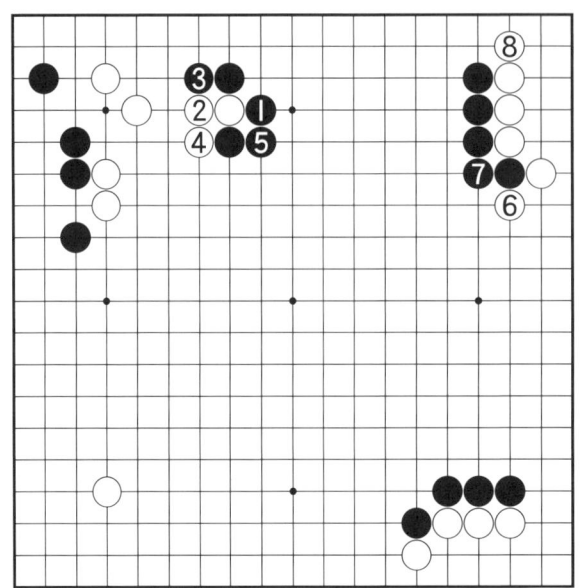

7도

7도(백, 견실)

4도 다음 흑은 1로 물러
서야 하며 8까지 무난하
게 변화해도 백이 견실
해서 편한 흐름이다.

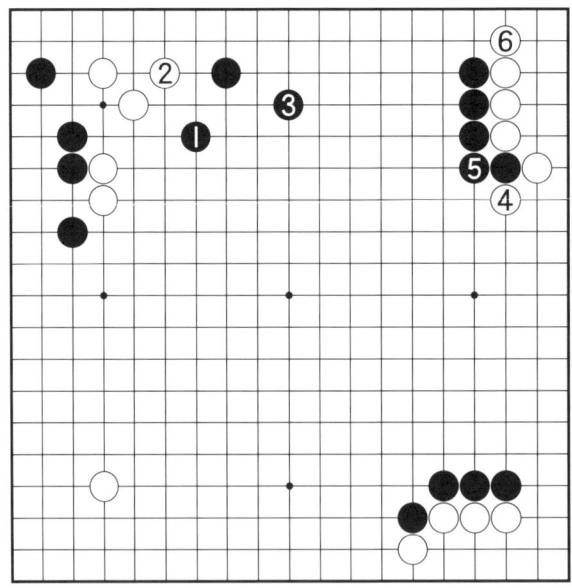

8도

8도(탄력적 호구 지킴)

4도 백4 때 흑1의 날일
자 공격도 일책이지만
백2의 호구 지킴이 발
은 늦지만 견실하면서
탄력적이다.

흑3에 지키는 정도인
데 백4, 6으로 견실하게
두기만 해도 백이 약간
편한 흐름이다.

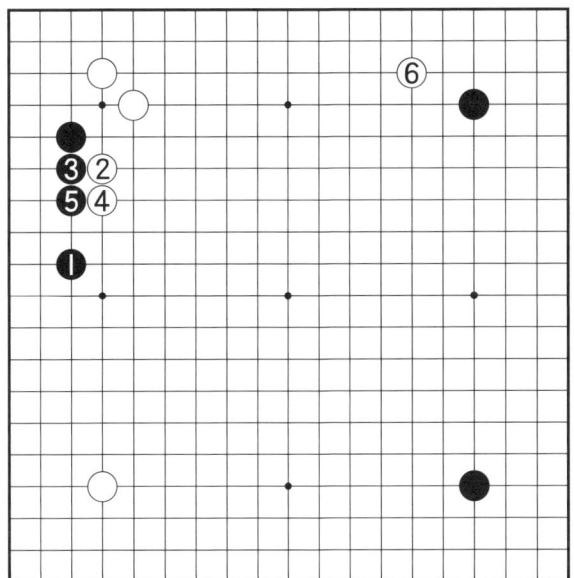

9도

9도(취향의 단계)

처음으로 돌아가서, 흑1
의 세칸벌림도 많이 두
는 지킴인데 AI의 관점
에서는 약간 엷다고 본
다. 백2, 4로 눌러간 후
6으로 걸치기만 해도 백
이 국면을 주도한다는
판단인데 그렇더라도 아
직은 취향의 단계이다.

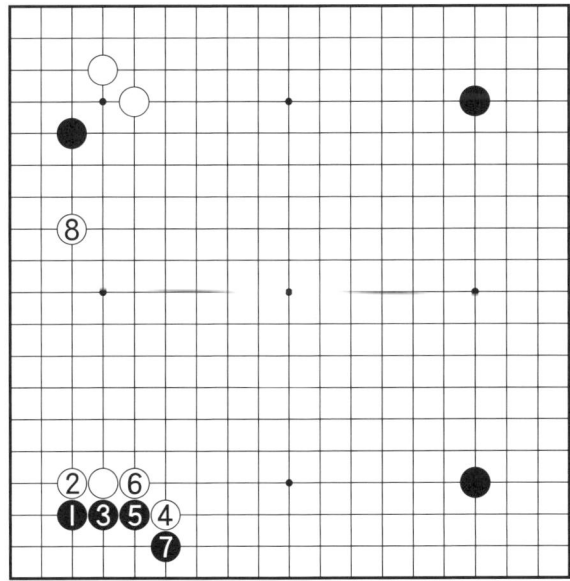

10도

10도(손빼고 3三침입)

흑이 실리를 선점하려
면 소목에 걸쳐놓기만
하고 1의 3三침입도 하
나의 방안이다.

반면에 7까지 되고나
서 백8로 협공하닌 국
면은 백이 주도한다.

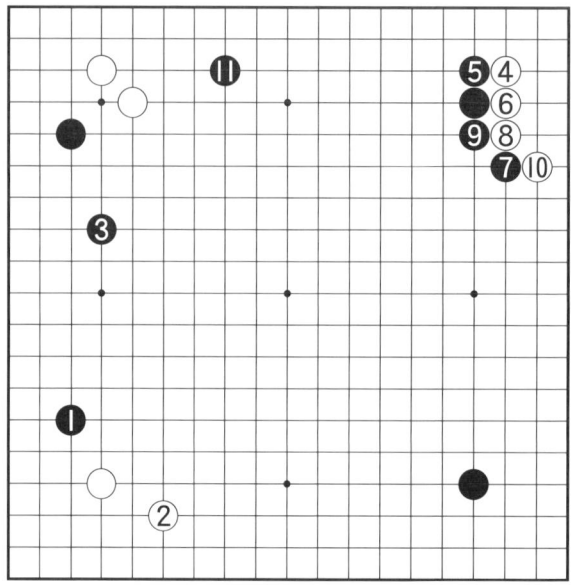

11도

11도(흑, 좌변 경영)

흑이 좌변 전체를 경영한다면 1로 걸쳐놓고 3으로 높게 벌리는 것이 효율적이다.

다음 백이 국면을 전환하는 경우 이하 11까지는 AI가 보여주는 무난한 포석 변화이다.

참고로 AI는 어떤 경우에도 11의 다가섬을 요처로 판단한다.

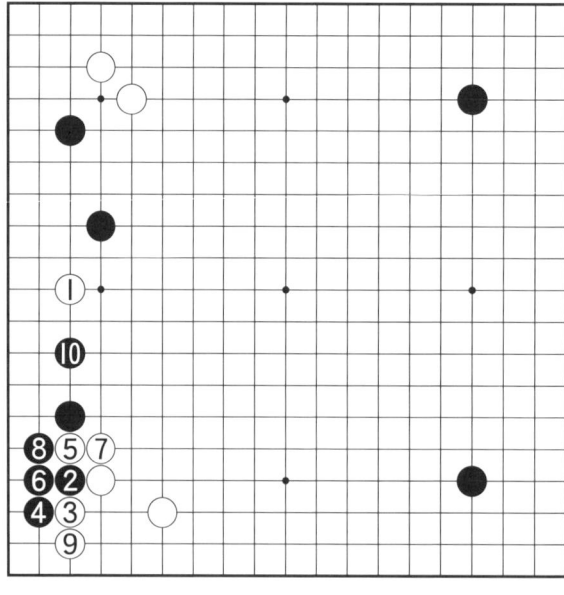

12도

12도(백, 좌변 침입)

앞 그림 흑3 때 좌변 백1로 즉각 침입하면 흑2, 4로 귀에 파고들 타이밍이다.

이하 9까지 백이 귀를 방어하면 흑은 자연스럽게 10으로 변의 공격에 나선다.

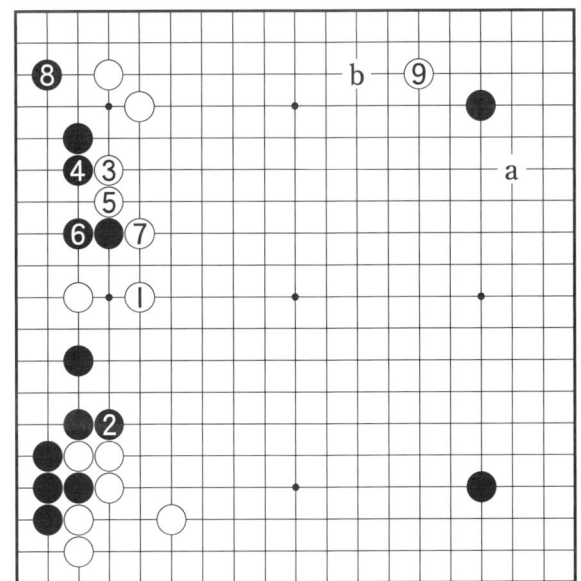

13도

13도(한칸뜀 이후)

이다음 백1의 한칸으로 나가면 일단 흑2가 요소이다. 백은 3 이하 7까지 압박한 후 9로 상변에 모양을 넓힐 수 있지만, 다음 흑이 평범하게 a로 받든 b로 주도적 협공을 하든 약간 편한 흐름이다.

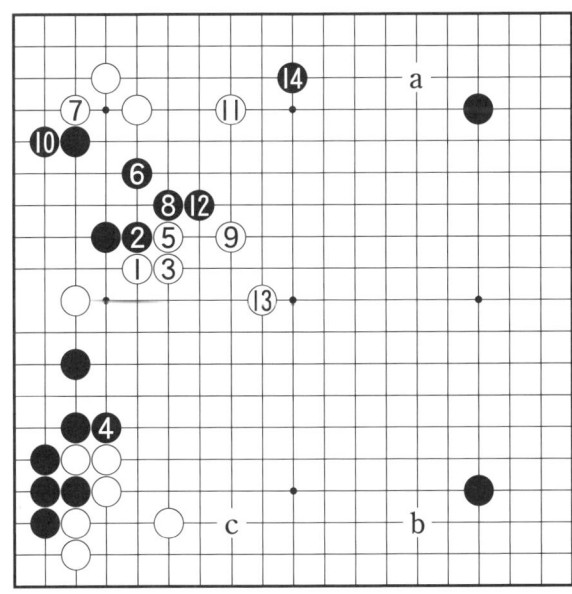

14도

14도(날일자 진출 이후)

12도 다음 백1의 날일자로 나갈 때는 흑이 끊으면 되려 위험하다. 흑2로 밀고 4의 요소를 차지하는 것이 효과적 수순이며 이하 14까지 AI의 유력한 변화이다.

흑14로는 무난한 a와 b의 굳힘이나 c쪽 압박도 일책인데 어디를 두든 흑이 약간 활발한 국면이다.

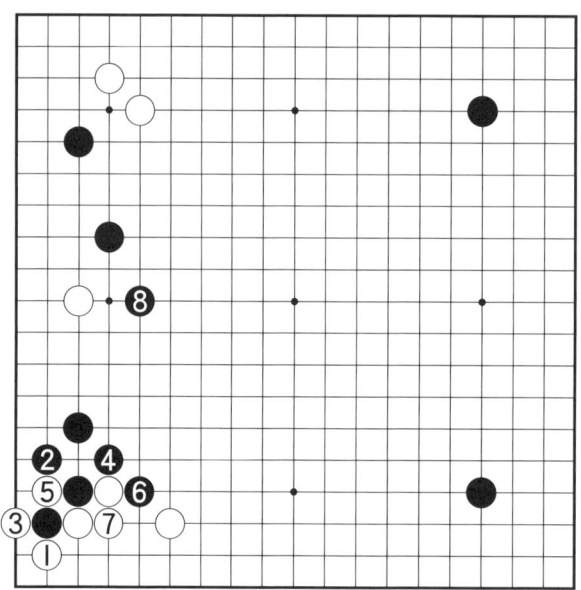

15도

15도(활용하고 씌움)

12도 흑4 때 백1의 이단젖힘도 부분적으로 많이 두는데, 이 구도에서는 흑이 2로 호구치고 6까지 활용한 후 8로 씌우면 충분한 싸움이다.

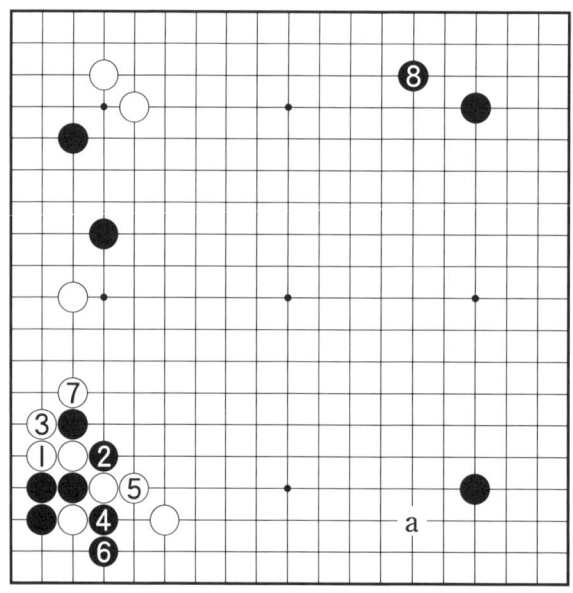

16도

16도(중앙 싸움 유도)

12도 흑6 때 백이 중앙 주도권을 원한다면 1로 뚫고 이하 7까지 변화해서 싸움을 유도한다.

냉정한 AI의 관점에서는 흑이 귀를 차지한 만큼 싸움을 피해 8이나 a의 굳힘으로 전환해도 충분하다고 본다.

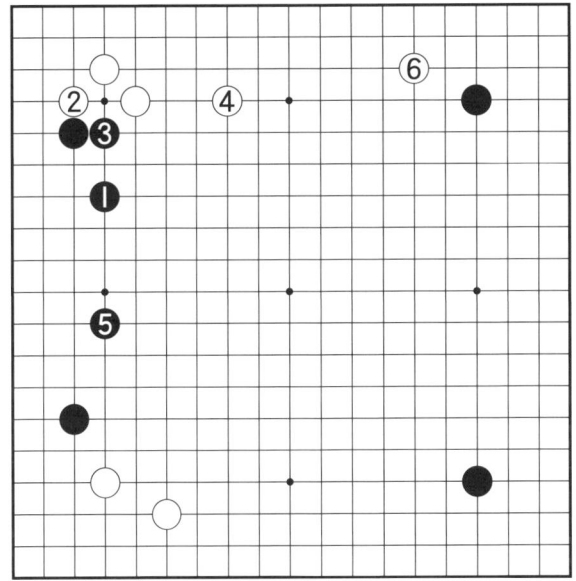

17도

17도(견실한 수비법)

거슬러 올라가 11도 백
2 때 흑1의 날일자도 견
실한 수비인데 이때 백
이 귀를 지킨다면 2, 4
가 하나의 틀이다.

다음 흑5와 백6으로
서로 진영을 넓히면 대
등한 형세이다. 백6으로
AI의 감각이라면 우상
귀나 우하귀의 3三침입
이 걸맞다.

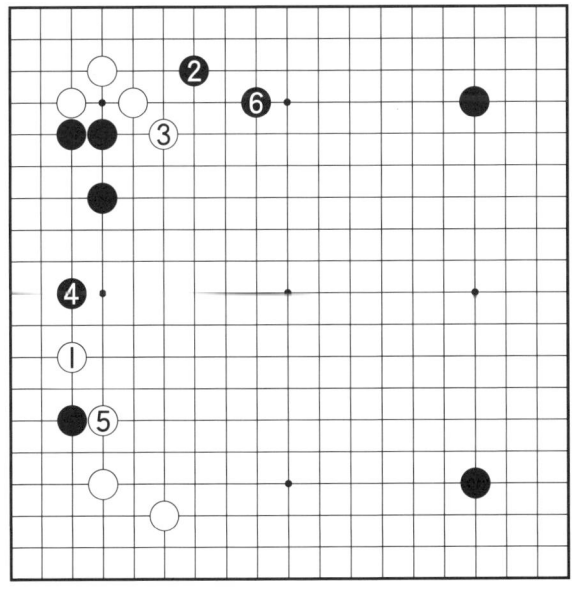

18도

18도(귀를 압박하는 요처)

앞 그림 흑3 때 백1의
협공으로 전환하면 주
도적이긴 해도 흑2가 귀
를 압박하는 요처이다.

이하 6까지는 AI의
무난한 변화인데 흑이
약간 활발하다고 본다.

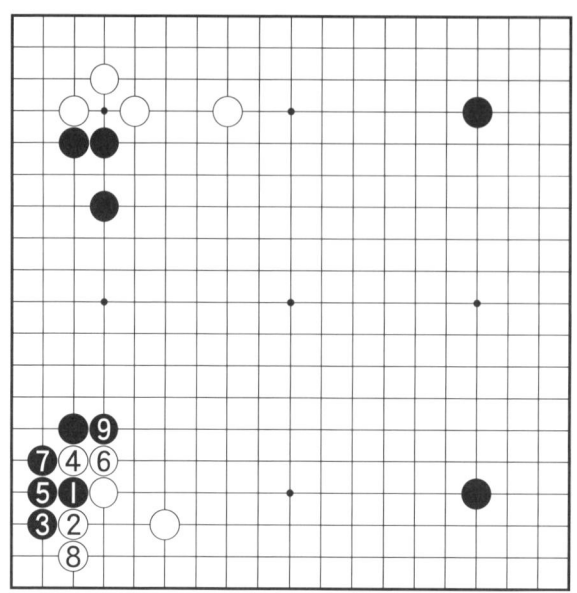

19도

19도(실전적 방안)

17도 백4 때 흑1, 3으로 귀부터 파고드는 것이 실전적 방안인데 이하 9까지 보편적인 정석 수순을 밟으면 흑이 약간 편한 국면이다.

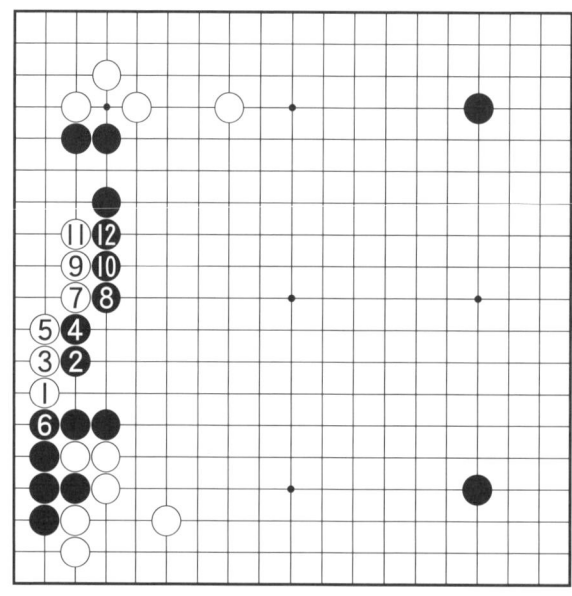

20도

20도(중앙 두터움)

이 구도에서 백1로 들여다보면 흑은 잇지 말고 2의 씌움이 효율적이다.

백3에는 흑4로 늘고 이하 12까지 살려주더라도 중앙이 두터운 흑이 충분한 국면이다.

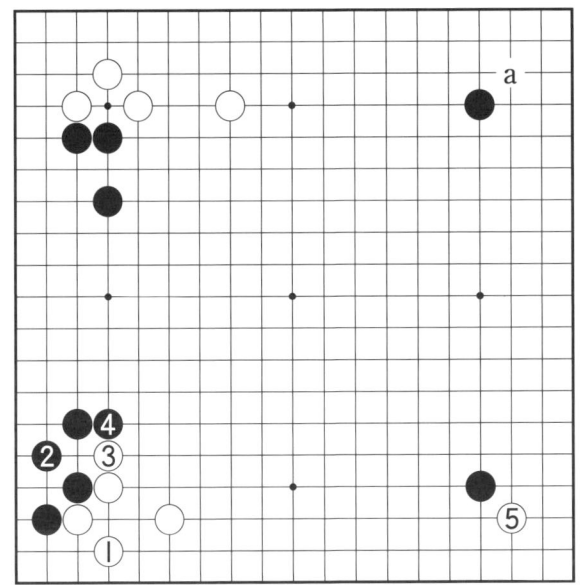

21도

21도(탄력적 호구)

19도 흑3 때 백1로 호구치고 4까지의 변화도 유력하다.

이처럼 백이 귀에 탄력을 만들어놓고 5나 a로 전환하면 AI의 관점에서 대등한 형세라고 본다.

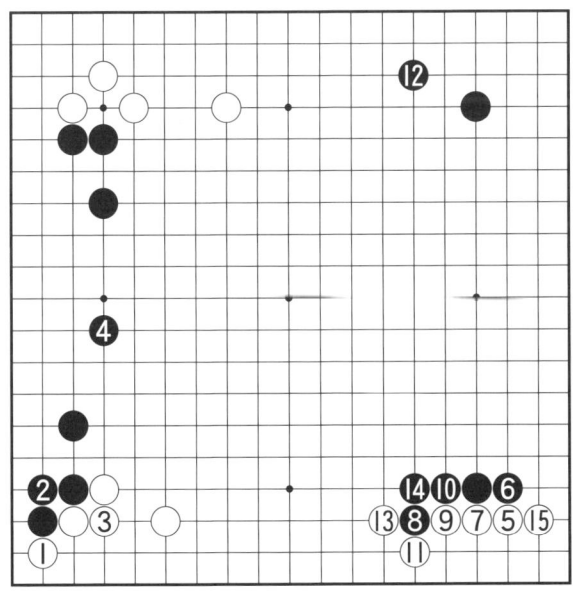

22도

22도(이단젖힘 이후)

백1의 이단젖힘도 귀를 확실히 지키는 방법이다. 그러면 흑은 2, 4로 벌리는 것이 좌변 운영에 걸맞다.

다음 백이 5로 침입한 후 15까지 진행되면 어울린 형세이다.

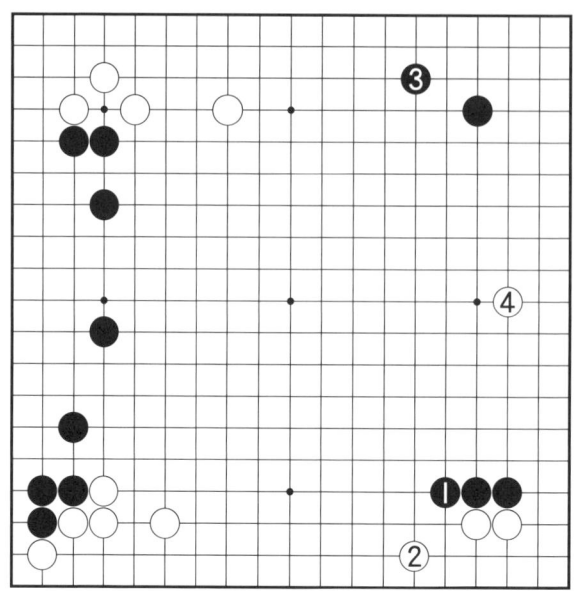

23도

앞 그림 백7 때 흑이 간
명하게 1로 늘고 3으로
굳혀도 백4로 갈라치면
서로 무난한 포석 변화
이다.

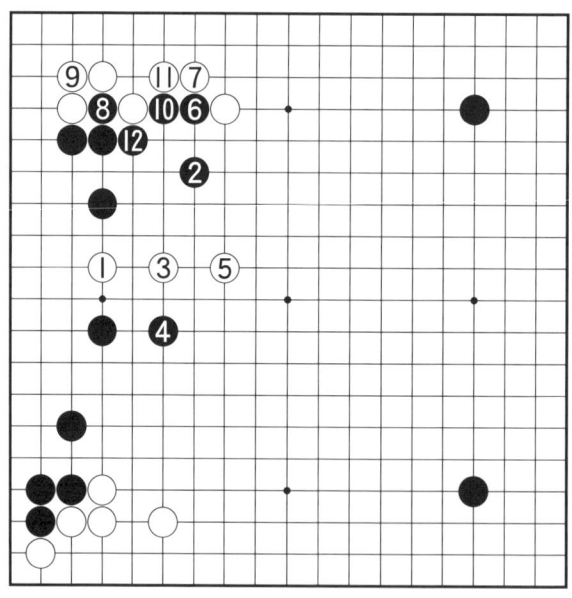

24도

24도(백, 성급한 침입)

22도 흑4 때 백1로 뛰
어드는 것은 성급하다.
흑2, 4로 점잖게 추격하
면서 12까지 단단히 보
강해놓기만 해도 흑이
유리한 형세이다.

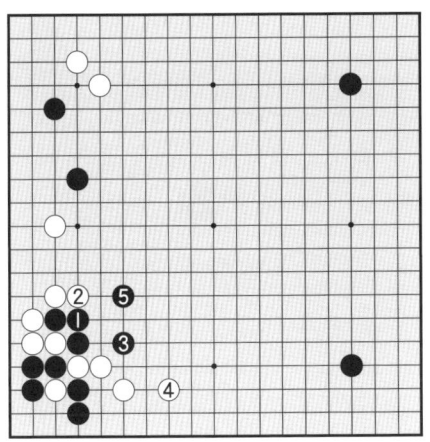

▦ 장면

이 장면(본형 16도 참조)에서 흑이 싸움에 자신 있다면 1로 잇고 버티는 것이 효과적인데, 이후 공방에 대해 생각해보자.

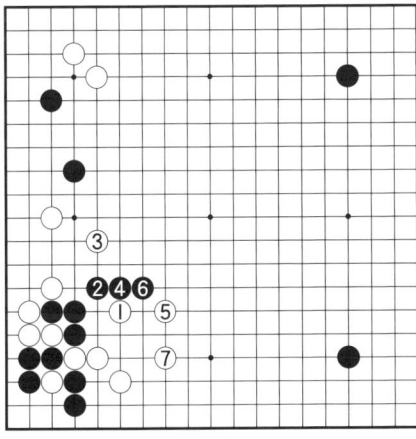

1도(유력한 전투 방법)

백1로 공격하면 흑2에 나간 후 7까지 AI의 유력한 전투 방법인데, 형세는 흑이 약간 편한 정도로 보며 아직은 서로 어렵다.

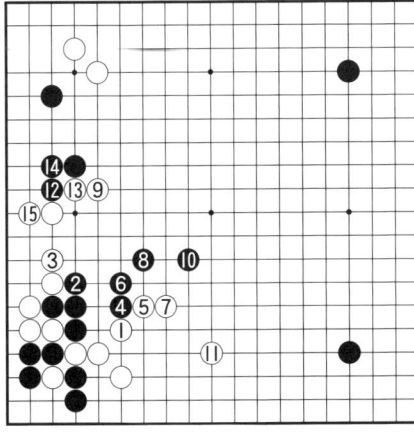

2도(탄력적 공격법)

백1의 호구도 탄력적 공격법인데 이하 15까지도 이 경우 AI가 제시하는 전투 방법이다.

아무튼 1도와 2도는 실리를 확보해놓은 흑이 약간은 편한 싸움이다.

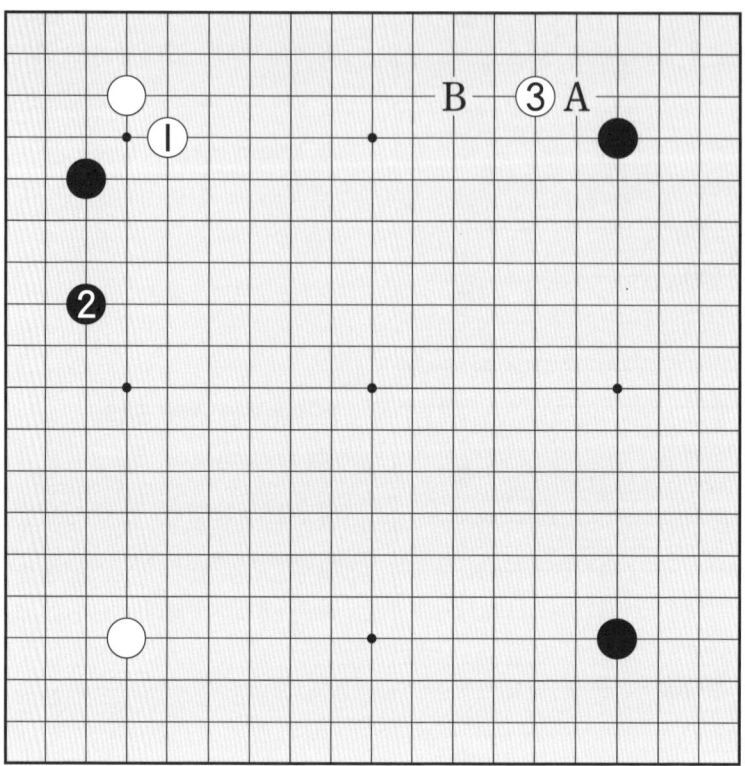

소목에서 백1의 마늘모 수비와 흑2의 두칸벌림은 모양을 갖추는 기본적 틀이다. 여기서 백이 상변 발전에 뜻을 둔다면 3의 걸침을 생각할 수 있다.

이때 흑이 주도적으로 임한다면 A의 붙임이나 B의 협공이 유력한데 이들 수법을 중심으로 AI의 특급 발상이 반영된 포석 변화에 대해 알아본다.

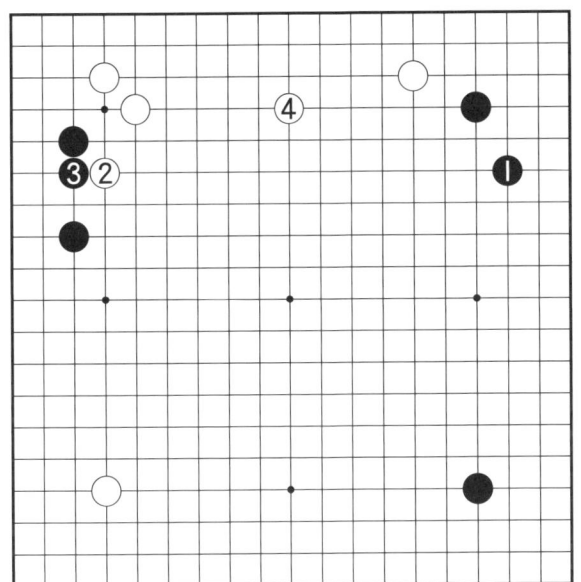

1도

1도(무난한 모양 구축)

기본형 다음 흑1로 받고 백2, 4로 상변에 모양을 갖추면 서로 무난하다.

이런 경우 AI는 특히 백2의 활용을 아낌없이 두라고 한다.

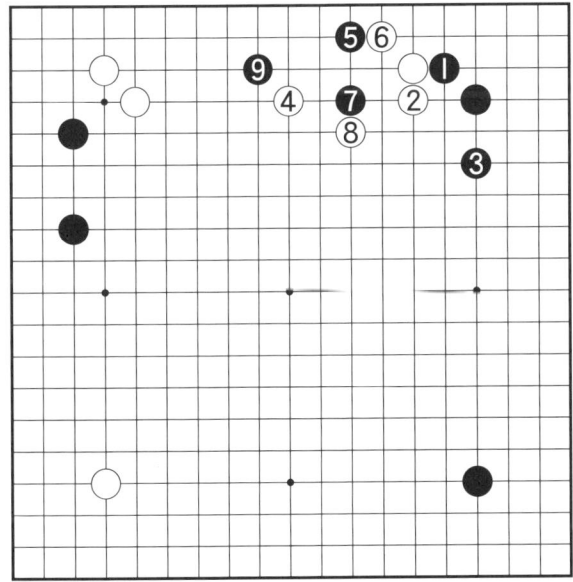

2도

2도(특급 침투 기술)

기본형 다음 흑도 주도적이라면 우선 흑1, 3의 받음을 생각할 수 있다.

백4의 벌림에 흑5의 2선 행마는 이 경우의 특급 침두 기술이다. 백6에 차단하면 흑7, 9로 변에 잠입하려는 의도가 통한다.

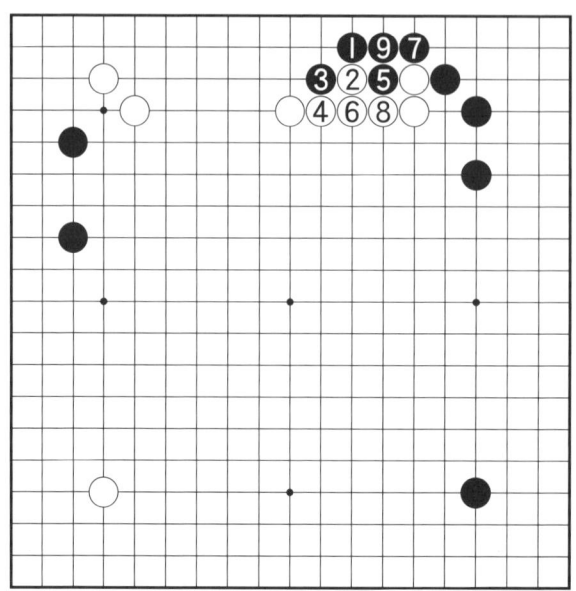

3도

3도(흑, 실리로 앞섬)

흑1의 침입 때 백2의 붙임은 위에서 눌러놓겠다는 뜻인데, 흑이 3의 젖힘을 발판으로 9까지 귀에 순조롭게 넘어가면 실리로 앞선다.

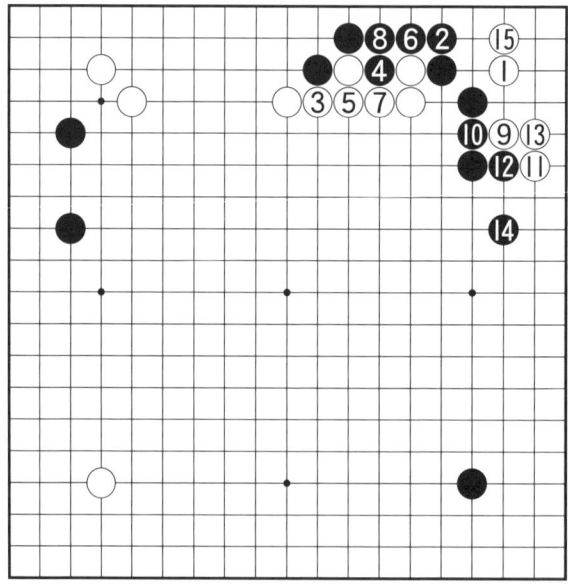

4도

4도(시의적절한 침입)

앞 그림 흑3 때 백1의 침입이 시의적절하다.

이때 흑2로 차단하면 백이 변을 8까지 정리한 후 귀는 귀대로 9 이하 15까지 살아 우세한 흐름이다.

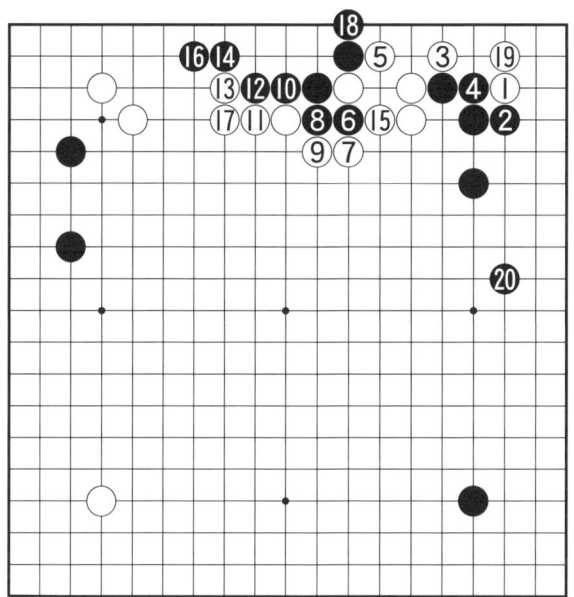

5도

5도(귀를 허용한 대가)

백1에는 흑도 2로 막고 백3에 흑4로 물러서는 것이 합당하다.

이하 20까지 AI의 유력한 변화인데 흑이 귀는 허용했지만 상변 백진에서 삶을 확보한 대가가 충분하며 형세는 어울렸다.

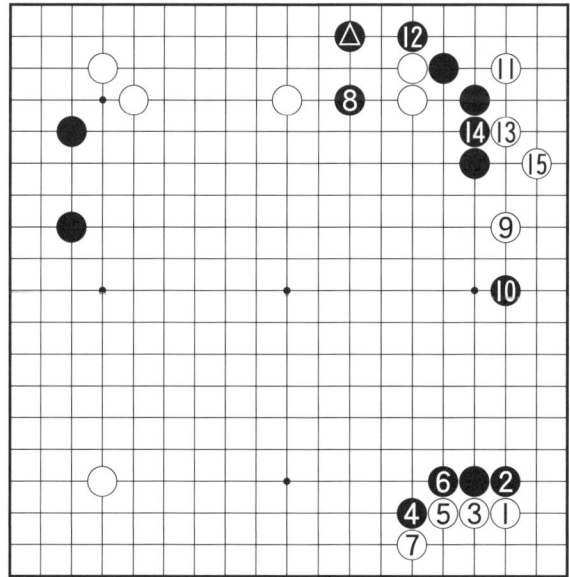

6도

6도(백, 손빼기 작전)

손빼기에 능한 AI는 흑 ▲의 침입에 상대하지 말고 백1로 전환하는 것이 현명하다고 본다.

이하 7까지 되고나서 흑8로 가르면 이번에는 백9로 우변에 다가서고 이하 15까지 귀를 공략한다. 이 진행이면 일단 실리에서 앞선 백이 약간 편한 형세이다.

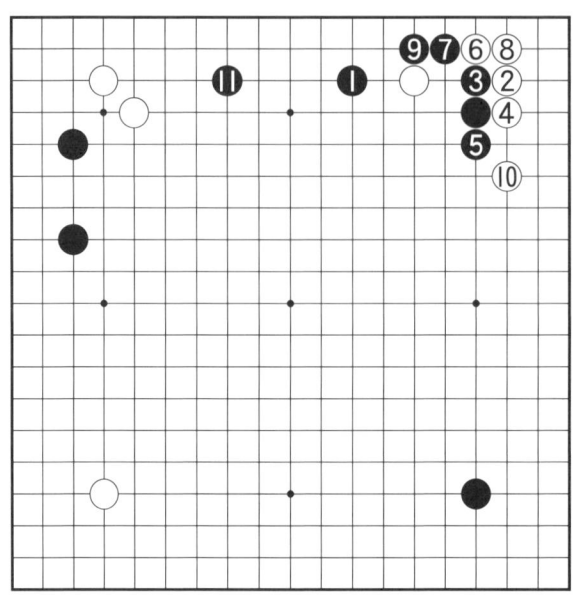

7도

7도(흑, 능동적 협공)

처음으로 돌아가서 흑1의 협공이 가장 능동적이다.

백2로 침입해서 이하 11까지 되면 흑이 상변을 주도하며 약간 활발한 형세이다.

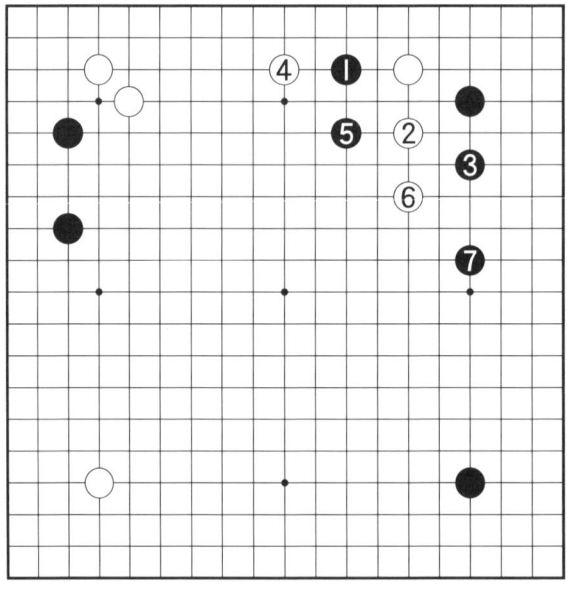

8도

8도(나간 후 되협공)

흑1에 백2로 뛰어나간 다음 4의 되협공도 일책이지만 흑이 5, 7로 우변을 키우며 싸우면 충분하다.

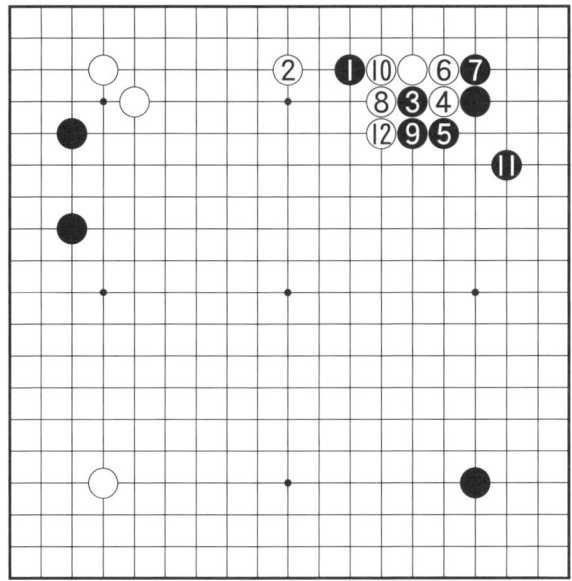

9도

9도(그냥 되협공)

흑1에 백이 나가지 않고 그냥 2의 되협공이 실전에 많이 사용하는 묘책이다. 흑3에 막으면 백은 축이 유리하므로 4의 끼움으로 임한다.

이때 흑이 5, 7로 귀를 방어하면 12까지 상변을 압도한 백이 약간 편한 형세이다.

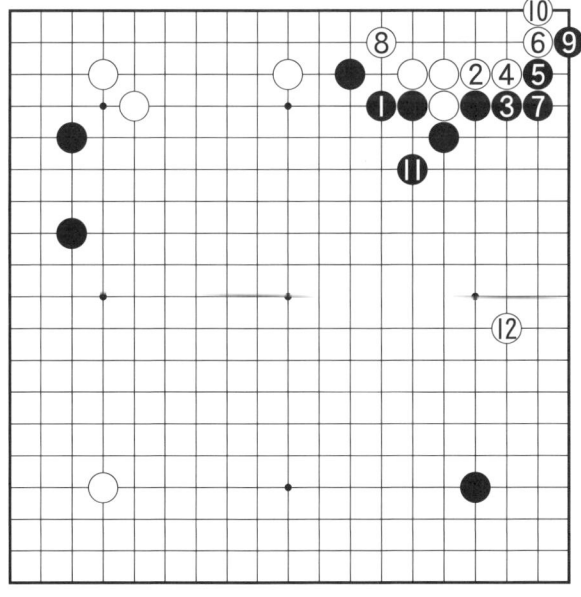

10도

10도(흑, 제자리걸음)

앞 그림 백6 때 흑1의 연결이 정수이며 이하 10까지 백이 사는 과정인데 이럴 때 흑은 바깥을 어떻게 지켜야 할까.

흑11의 지킴은 누텁지만 제자리걸음이라 백이 12로 갈라치기만 해도 충분한 형세이다.

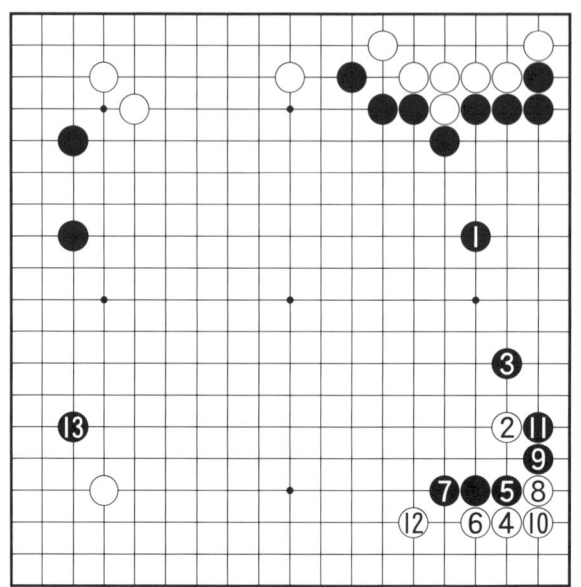

11도

11도(흑, 효율적 지킴)

흑1로 변에 벌리면서 지키는 것이 효율적이다.

백이 우변에 둔다면 2로 걸치는 정도인데 흑3에 협공한 후 13까지 되면 흑이 약간 활발한 형세이다.

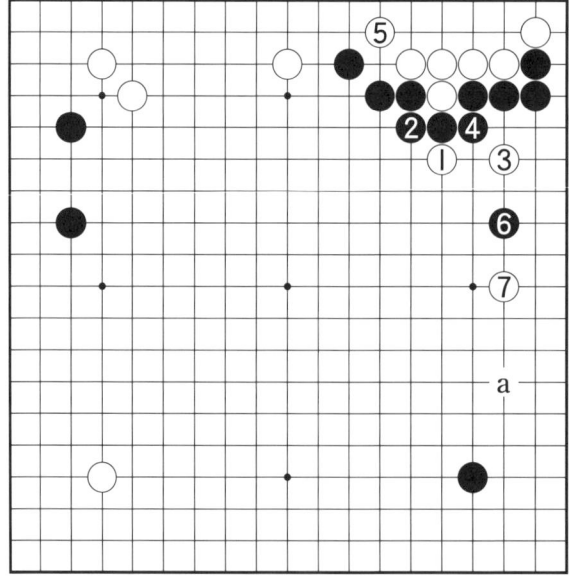

12도

12도(우변 운영에 제약)

10도 흑7 때 백1, 3의 선제 활용이 묘미가 있다. 흑이 4까지 잇고 백5로 살아두면 활용 탓에 흑이 우변 운영에 제약을 받는다.

일례로 흑6에 다가서면 백7로 a의 벌림을 보며 협공하기만 해도 흑이 우변을 다스리기가 수월하지 않다.

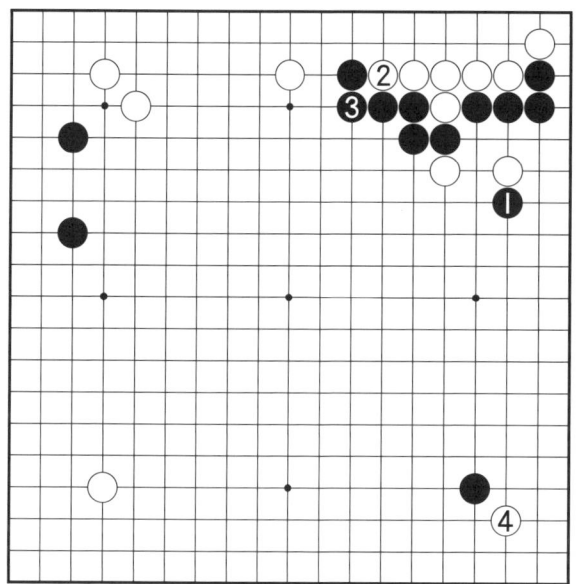

13도

13도(흑, 능동적 붙임)

앞 그림 백3 때 흑도 능률적으로 둔다면 1의 붙임이 일책이다.

백2의 헤딩은 선수로 살기 위함이며 흑3에 이을 때 백4로 전환하면 형세가 어울렸다.

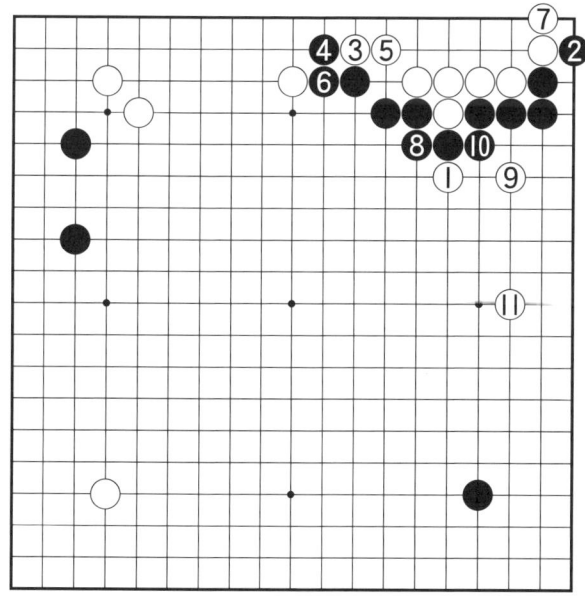

14도

14도(백, 활발)

백1로 활용할 때 흑2로 귀부터 젖히면 백3의 붙임이 효율적인데 7까지 살고 나서 이제 흑이 방어할 차례이다.

이때 흑8, 10으로 모두 잇는 것은 중복이며 백11로 벌리는 정도로 백이 활발한 형세이다.

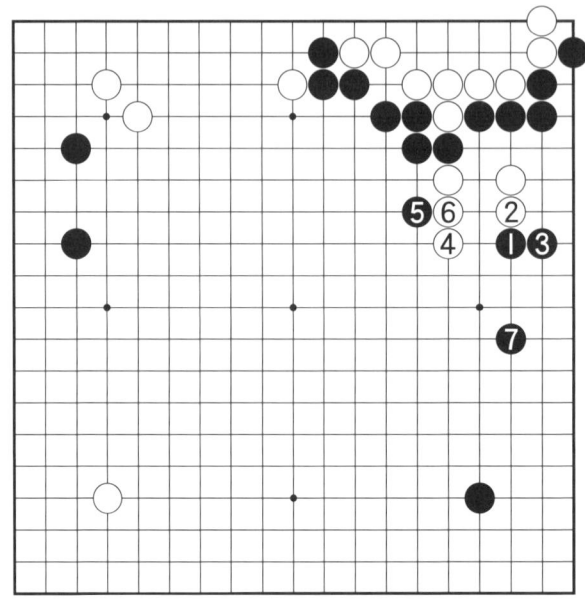

15도

15도(어려운 싸움)

앞 그림 백9 때 한쪽이라도 흑1로 변에 다가서는 것이 능률적이다.

이하 7까지 흑이 잇지 않고 버티면 백이 약간 활발한 정도로 서로 어려운 싸움이다.

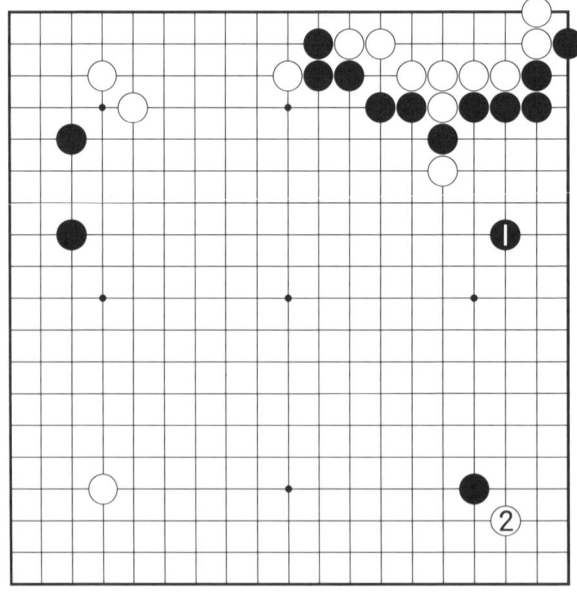

16도

16도(흑의 묘책)

14도 백7 때 흑은 상변에 기득권이 있으므로 처음부터 잇지 않고 1의 벌림도 묘책이다.

백도 당장 싸우지 않고 맛만 남기는 것이 현명하며 2로 전환하면 거의 대등한 형세이다.

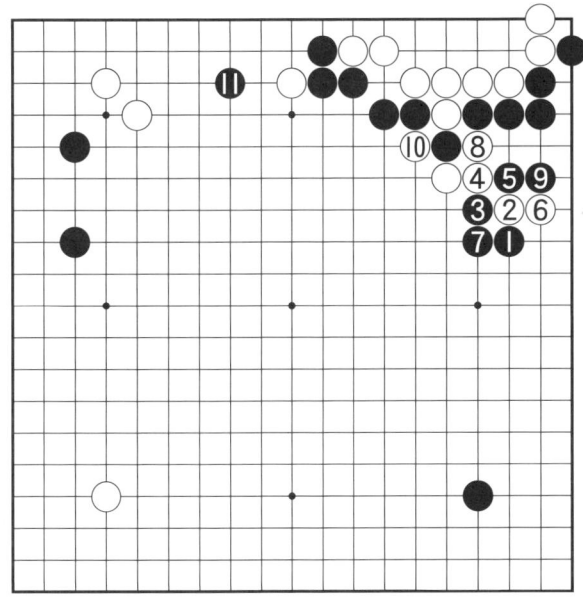

17도

17도(백의 도발)

흑1에 당장 백2로 붙이며 도발하면 흑3, 5로 단수치고 7로 침착하게 잇는다.

백8, 10으로 한점을 따내며 관통해도 우변 두점을 잡고 상변도 11로 제어한 흑이 약간 활발한 형세이다.

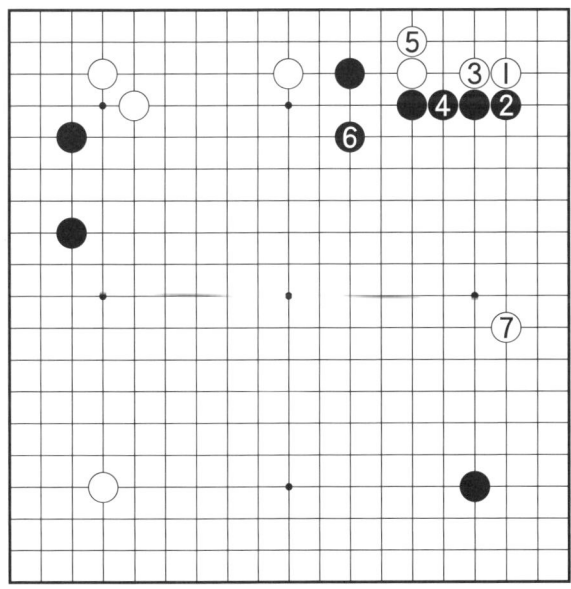

18도

18도(3三침입 이후)

거슬러 올라가 9도 흑3 때 백1의 3三침입도 간명하며 유력하다.

흑2로 넓은 쪽에서 막는 경우에 6까지 지키면 백이 7로 갈라치는 정도로 충분하다.

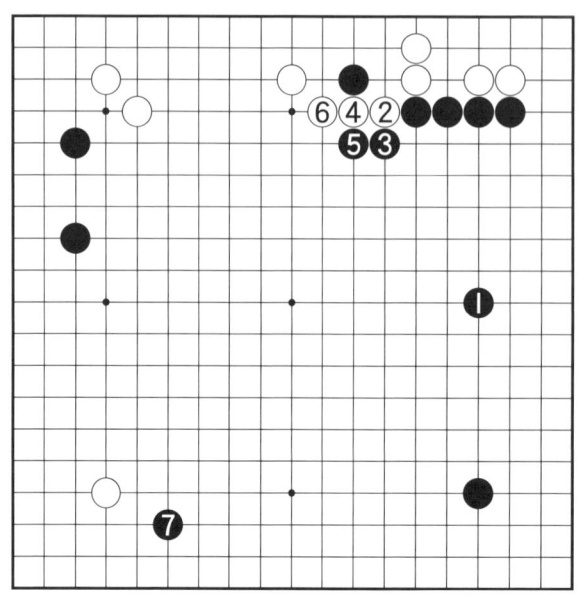

19도

19도(흑, 미흡)

앞 그림 백5 때 흑1로 모양을 펼치면 백은 어떻게 대응할까.

백2로 약점을 직접 노리는 경우 흑3, 5로 물러선 후 7로 전환하는 것은 백의 실리가 커서 흑이 미흡하다.

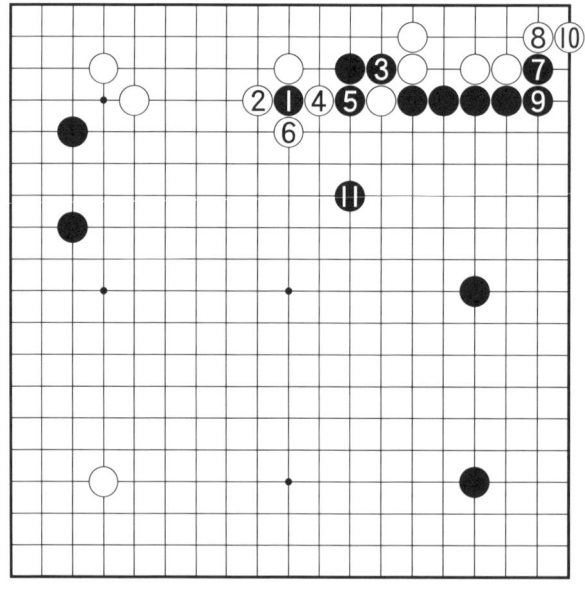

20도

20도(기세의 싸움)

앞 그림 백2 때 흑1로 붙이며 맞서 싸우는 것이 기세이다. 백2에 흑3으로 끊은 후 11까지 AI의 유력한 변화인데 흑이 한점을 희생했지만 우변이 넓은 만큼 충분한 형세이다.

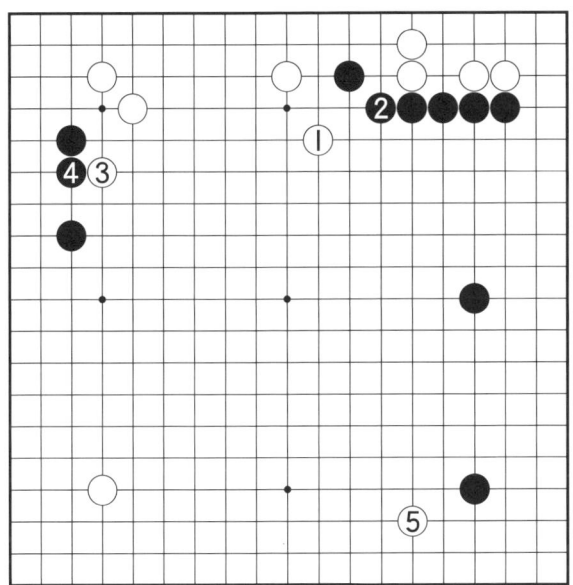

21도

21도(백, 이음 유도)

백은 직접 약점을 끊을 것이 아니라 1로 흑2의 이음을 유도한 후 백3을 활용해 상변을 최대한 키워놓고 5로 전환하는 것이 유력하다. AI의 형세로는 거의 대등하다고 본다.

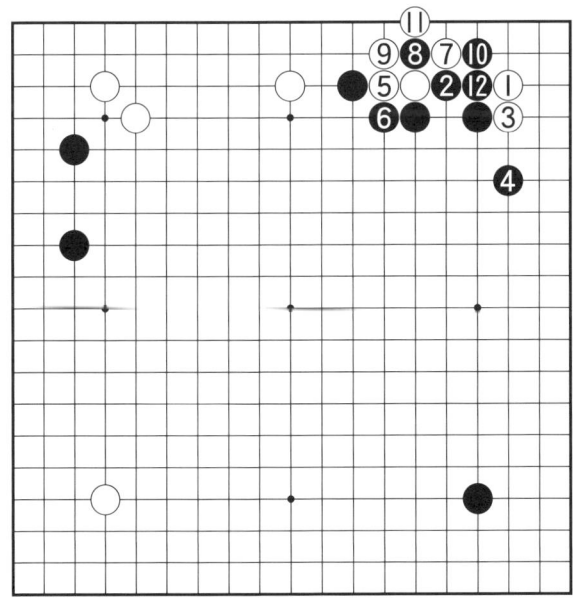

22도

22도(치열한 방안)

거슬러 올라가 백1의 침입에 흑2로 막는 경우 백3 다음 5, 7로 상변 한 점을 움직여 싸우는 것이 치열한 방안이다.

흑도 기세로는 8로 끊은 후 12까지의 차단은 당연하다.

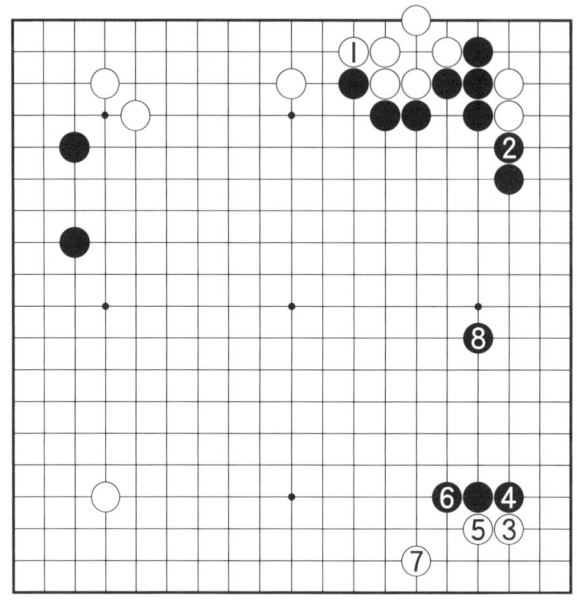

23도

23도(백, 위축된 모습)

이때 백1로 건너고 흑2로 제압하면 귀쪽 실리에 비해 백이 위축된 모습이다.

이어서 백3에 침입한 후 8까지 AI의 유력한 변화인데 우변의 발전성이 높은 흑이 활발한 국면이라 본다.

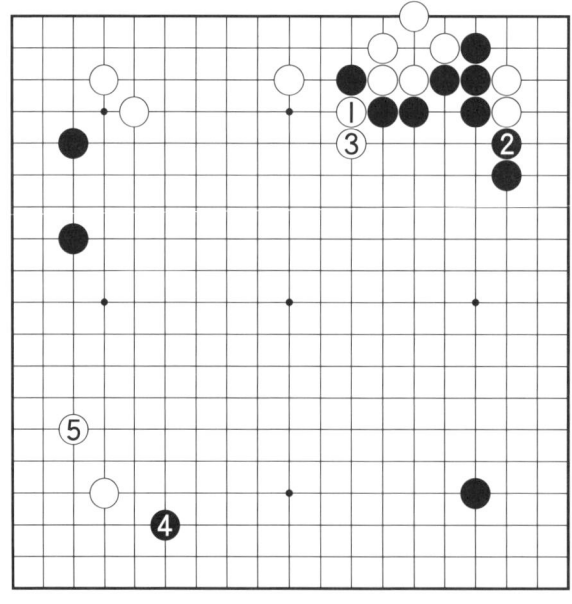

24도

24도(백, 힘찬 모양)

22도 다음 백도 1의 끊음이 기세이다.

이때 흑2로 참고 백3에 흑4로 전환하면 백5로 받더라도 이번에는 상변 모양이 힘찬 백이 활발한 형세이다.

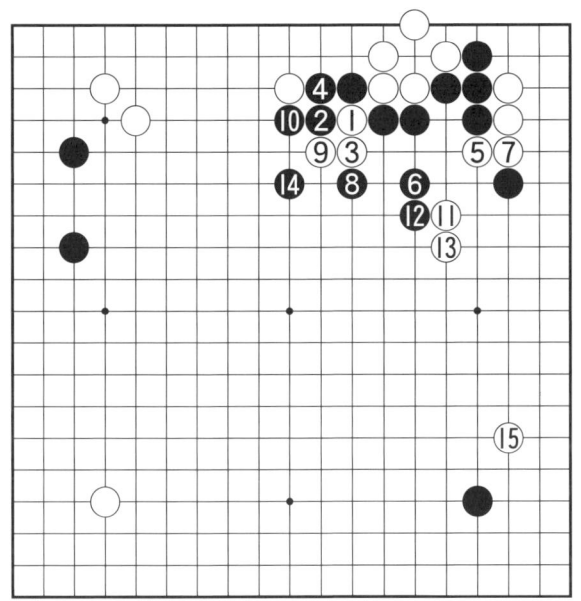

25도

25도(기세의 싸움)

백1에 흑도 2, 4로 나와 싸우는 것이 기세이다.

이하 15까지는 AI 변화도의 일례인데 우변 백 모양이 커지고 있지만 흑도 중앙 석점을 제압했고 상변 백도 죽음 직전이라 거의 대등한 형세라고 본다.

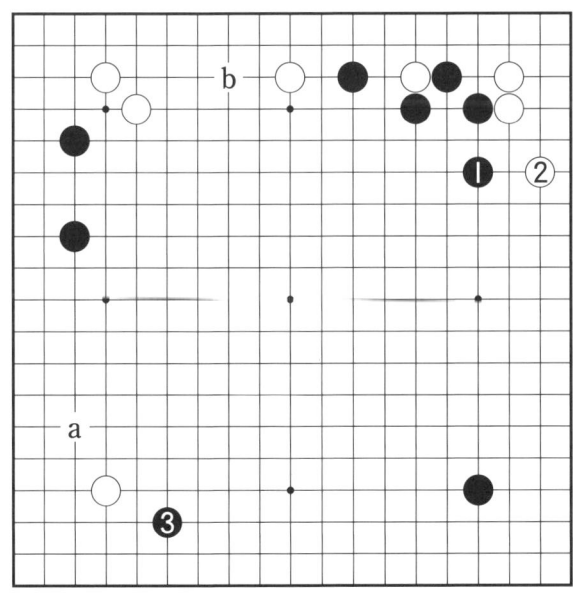

26도

26도(무난한 진행)

22도 백3 때 흑이 어려운 싸움을 피하자면 1로 가볍게 처리하고 3이나 a로 전환하는 것도 무난한 진행이다.

흑3은 b로 침투해서 전장을 옮겨 싸우는 것도 일책이다.

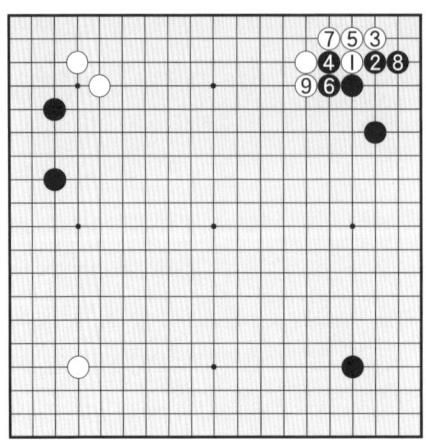

▦ 장면

이 장면에서 백1, 3으로 파고들면 9까지 AI시대의 대표 정석인데 이처럼 귀부터 정리해서 풀어가는 것도 일책이다.

이때 흑은 상변에서 어떻게 대항할지 생각해보자.

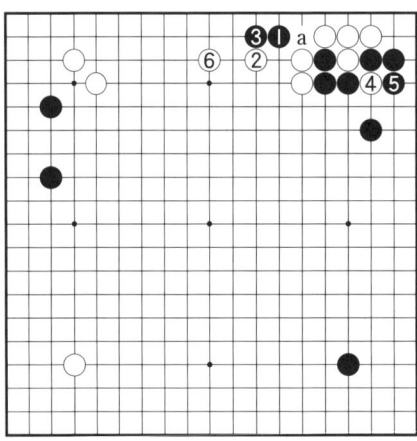

1도(흑, 막막한 활용)

흑1로 들여다보면 이하 6까지 상용 수순인데 이런 배치에서는 흑이 갇힌 돌을 활용할 길이 막막하다. 그렇다고 흑a로 넉점을 끊어잡는 것은 소탐대실이다.

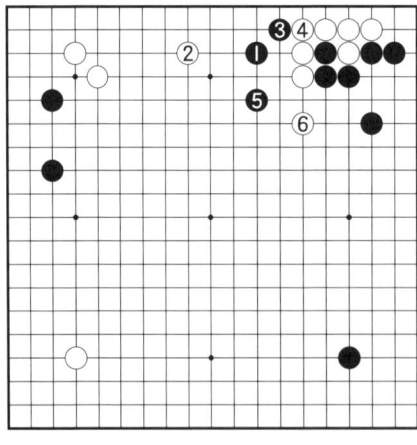

2도(유연한 다가섬)

상변 백이 강한 이런 배치에서는 흑1로 침입하며 다가서는 것이 유연한 수법이다.

이하 6까지 AI의 유력한 변화인데 서로 동행하며 어려운 싸움이다.

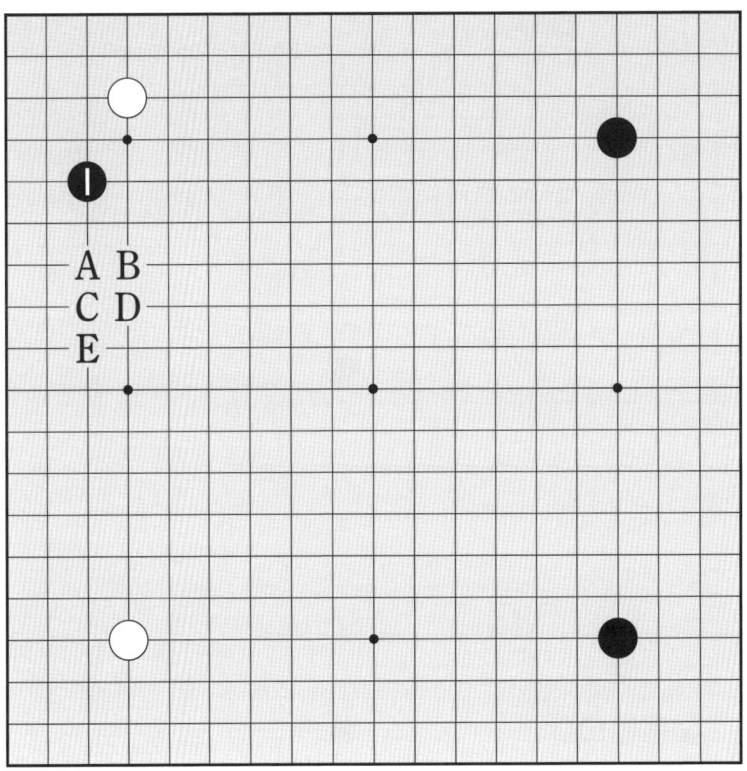

　이번 주제는 흑1의 소목 날일자걸침에서 백이 협공하는 경우이다. 보통 백은 공격 차원에서 A~E의 5가지 협공을 사용하는데 각각 미묘한 차이가 있어 풀어가는 방법도 달라진다. 협공에서는 부분 전투가 치열하므로 수많은 갈래가 나오겠지만 여기서는 난해한 전투를 피하고 AI의 포석 관점에서 가장 무난하면서 실전적인 핵심 변화들만 알아본다.

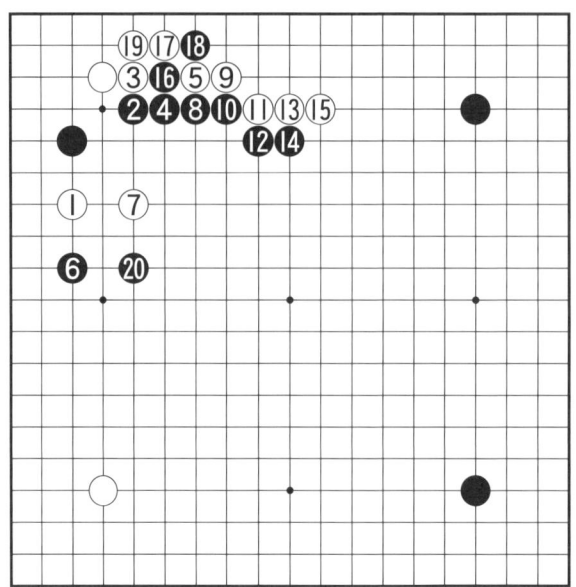

1도

1도(한칸협공 이후)

먼저 백1의 한칸협공에서 출발해본다. 흑2의 날일자씌움은 대부분의 협공에서도 효과적인데 백3, 5로 받으면 흑6의 공격이 위협적이다.

이때 백7로 나가면 흑8로 밀어 이하 18까지 활용해놓고 20으로 추격해서 흑이 국면을 주도한다.

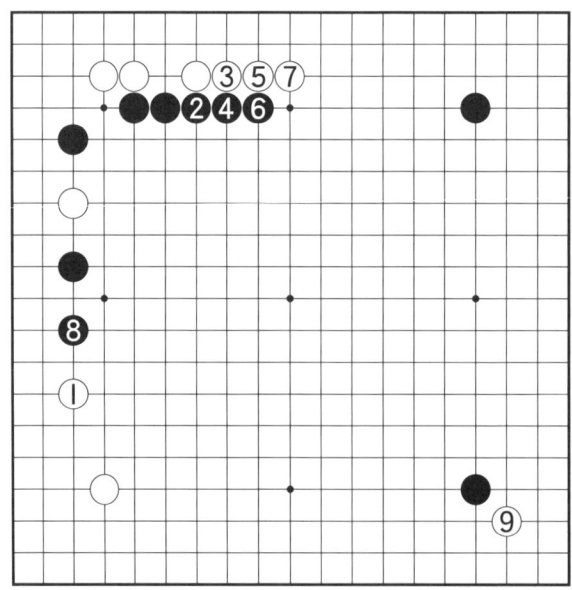

2도

2도(백, 무난한 견제)

앞 그림 흑6 때 백도 맞대응하지 않고 1로 굳히면서 좌변을 견제하면 무난하다.

흑이 2로 밀면서 8까지 모양을 넓혀도 백이 다 받아주고 9로 전환하면 거의 대등한 국면이다.

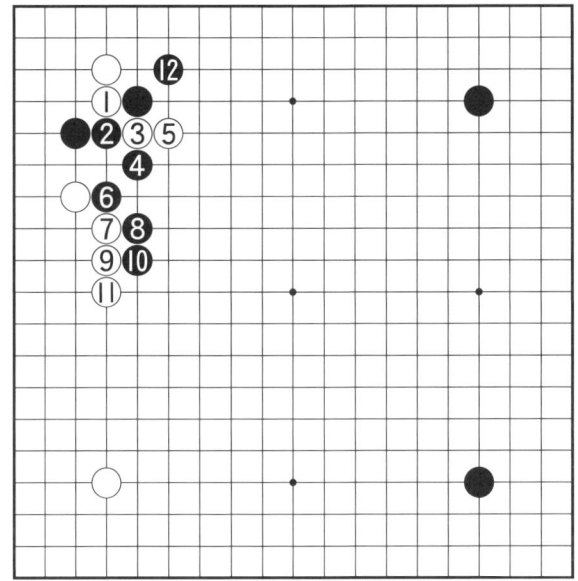

3도

3도(백, 불리)

1도 흑2 때 백이 주도적으로 두려면 1, 3으로 나와끊는다.

흑4, 6에 백7로 젖히는 것이 예전에는 가능했지만 흑8, 10 다음 12의 마늘모 행마가 효과적 대응법으로 개발되면서 백이 불리한 진행이다.

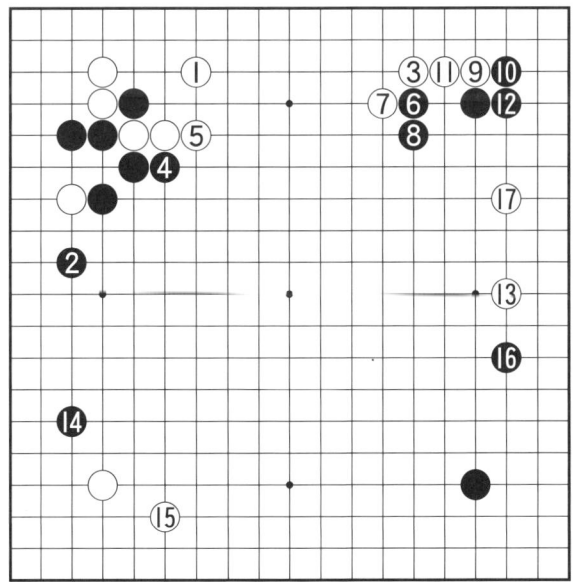

4도

4도(무난한 지킴)

앞 그림 흑6 때 백1과 흑2로 각각 지키면 무난하다.

백3에 걸친 후 17까지는 AI의 유력한 변화인데 거의 대등한 형세이다.

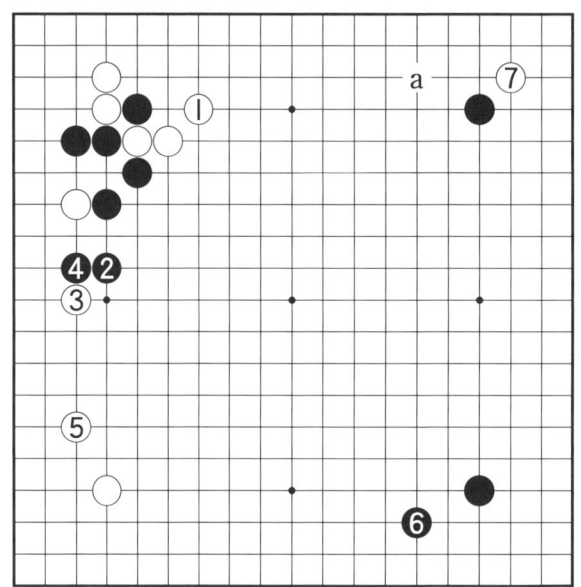

5도

5도(중앙 지향의 지킴)

앞 그림 흑4로 밀리기
싫다면 백1의 마늘모 지
킴도 일책이다.

흑2의 한칸도 중앙을
지향한 보강인데 백3에
활용해놓고 7(또는 a)
까지 진행되면 무난하
며 어울린 형세이다.

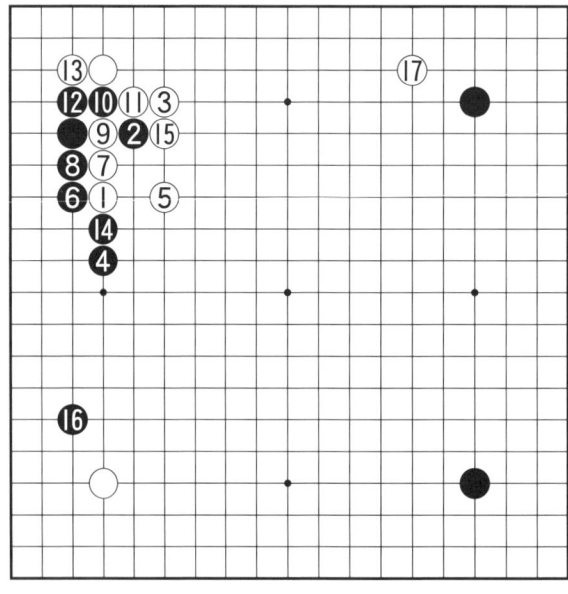

6도

6도(한칸높은협공에서)

백1의 한칸높은협공에
서는 흑이 변쪽 날일자
씌움을 함부로 결행하
면 백이 나와끊을 때 풀
어가기 어렵다.

일단 흑2의 한칸 나
감이 무난한데 이하 15
까지는 예전부터 알려
졌던 정석이다. 다음 흑
16과 백17로 각각 진영
을 넓히면 어울린 형세
이다.

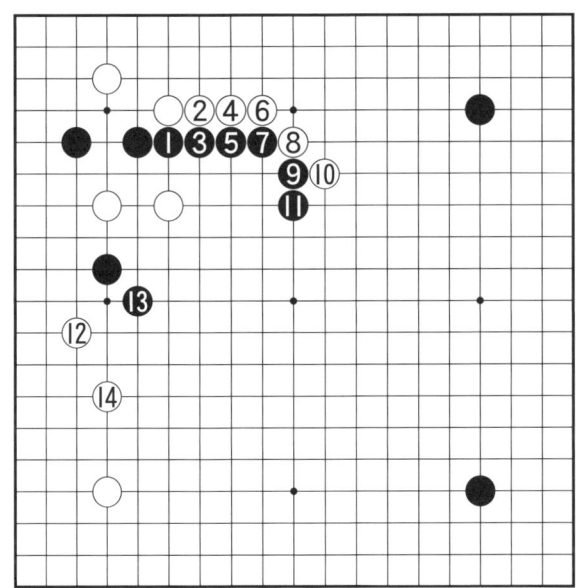

7도

7도(밀어가는 변화)

앞 그림 백5 때 흑1로 밀어가는 것도 상변 실리는 허용하지만 유력한 방안이다.

이하 14까지 AI의 변화도인데 어울린 형세라고 본다.

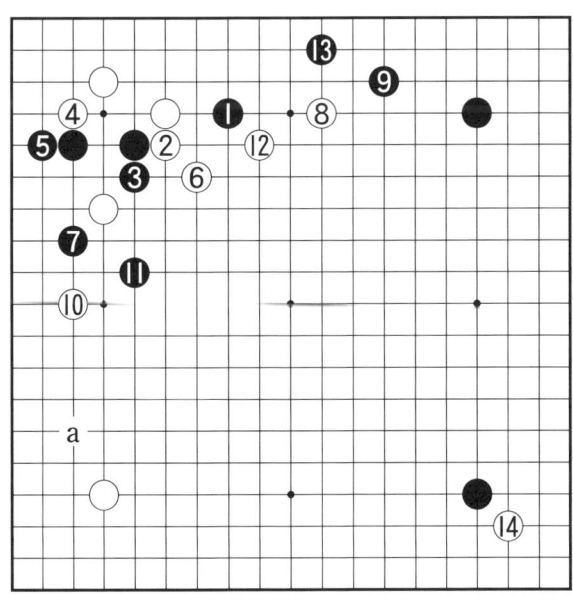

8도

8도(흑, 상변 다가섬)

6도 백3 때 상변에서 흑1의 다가섬도 풀어가는 방안 중 하나이다. 이하 14까지 AI의 변화도인데 어울린 형세이다.

백이 좌변을 중시하면 14 대신 a의 굳힘도 가능한 선택이다.

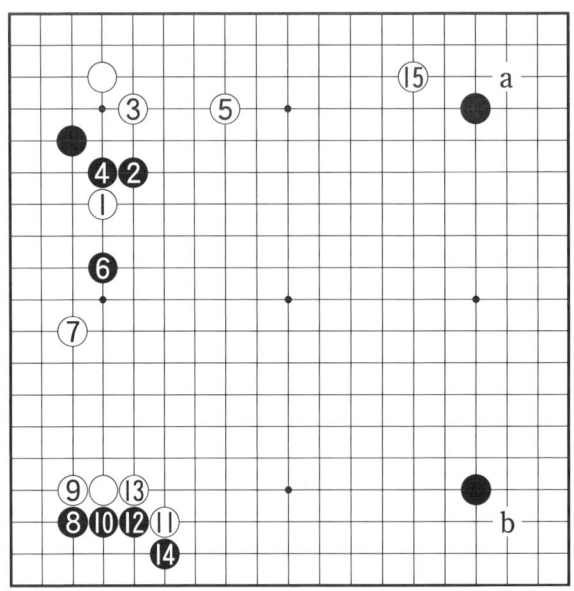

9도

9도(날일자 진출 이후)

백1에 중앙 쪽 흑2의 날일자 진출도 일책인데 다음 6까지는 서로 수비의 틀이다. 백7에 다가서면 흑8 이하 14까지 귀를 파는 것이 실전적이다. 백도 15로 상변을 넓히면 형세는 어울렸다. AI라면 백15로 a나 b의 침입이 더욱 실전적이라 본다.

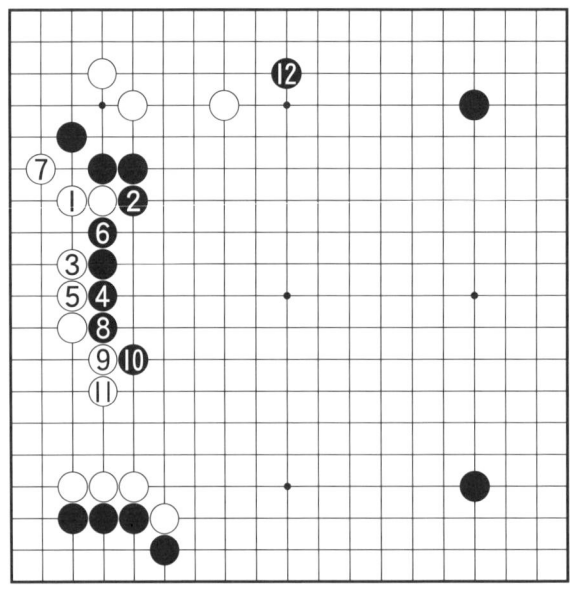

10도

10도(흑진 공략)

앞 그림 흑14 때 백1로 흑진을 공략하면 어떨까. 흑2로 본진을 살리면 백3에 넘은 후 11까지 필연이다.

다음 흑은 화점을 굳혀도 되고 12의 다가섬도 AI가 알려주는 요처인데 형세는 대등하다.

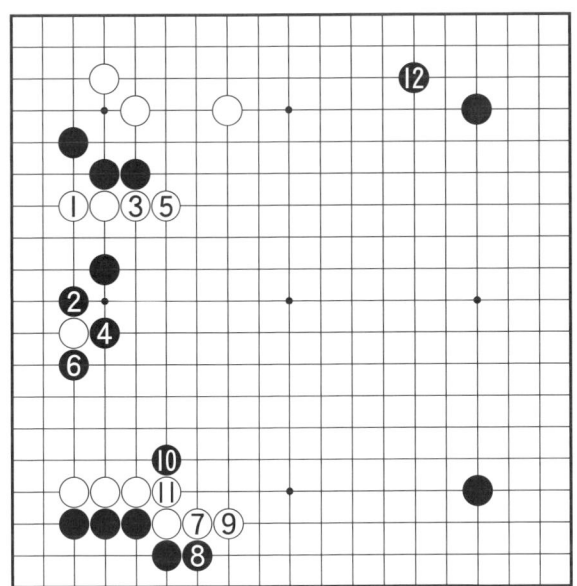

11도

11도(바꿔치기)
백1에 흑2로 차단한 후 6까지도 AI가 알려주는 바꿔치기인데 이하 12까지 어울린 형세라고 본다.

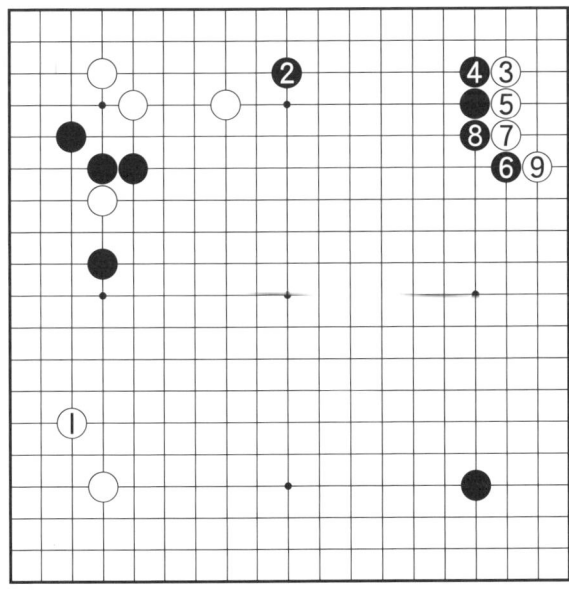

12도

12도(백, 안정적 굳힘)
9도 흑6 때 백1의 굳힘이면 안정적이다.

흑2로 다가서면 백3으로 침입해서 9까지 형세는 어울렸지만 AI는 양쪽 귀의 실리를 확보한 백이 약간 편한 정도라고 본다.

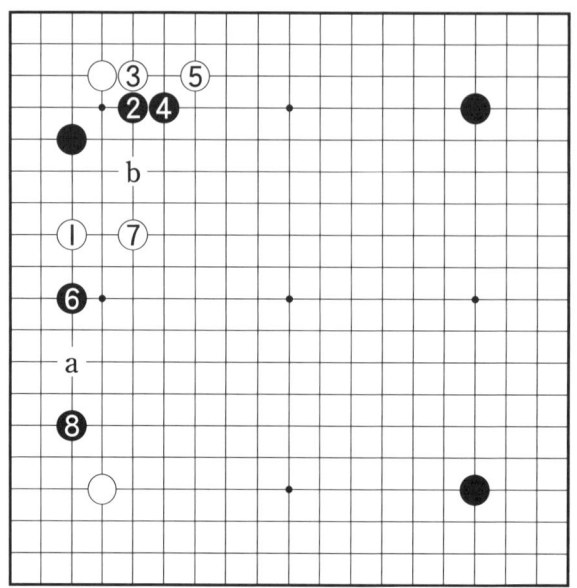

13도

13도(두칸협공에서)

이번에는 백1의 두칸협
공인데 흑2에 백이 나
와끊으면 복잡한 변화
를 피할 수 없다. 무난
하게 두자면 백3, 5로
받고 흑6의 공격에 방
향을 정해야 한다.

이때 적극적으로 두
자면 백7로 움직인 다
음 흑8에 백이 a나 b로
싸울 수 있다.

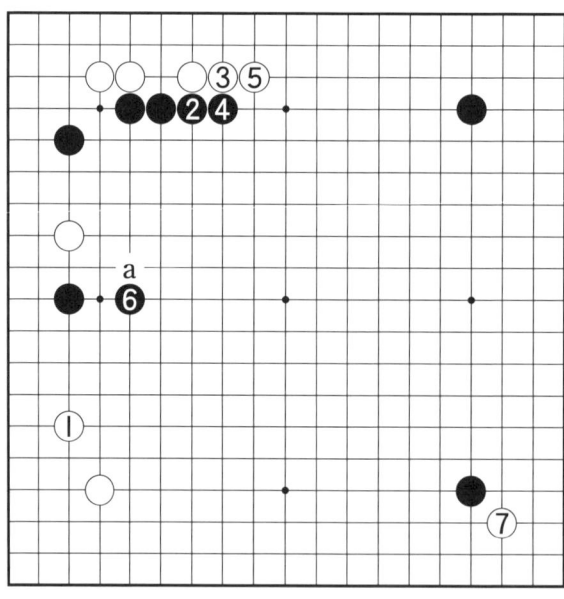

14도

14도(급전 피하는 굳힘)

앞 그림 흑6 때 백1의
굳힘이면 급박한 싸움
을 피할 수 있다.

이때 AI는 흑 2, 4로
벽을 만들어 6이나 a로
한점을 제압하고 백7로
전환하면 대등한 형세
라고 본다.

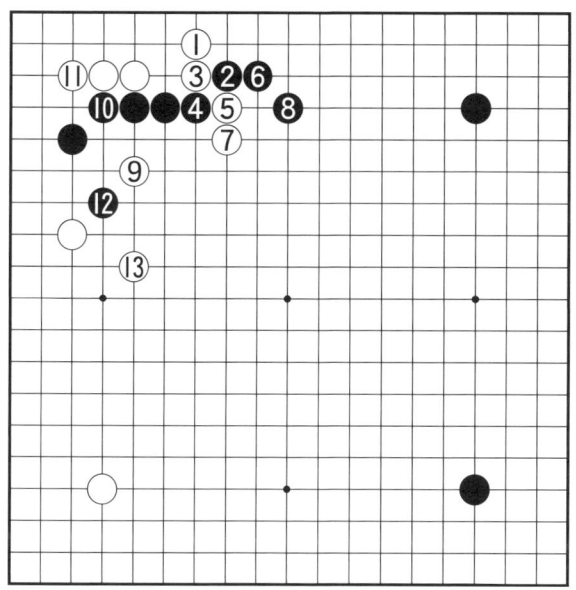

15도

15도(어려운 싸움)

13도 흑4 때 백1의 날 일자 행마도 안정된 수 비이다.

　이때 흑2로 압박하면 백3, 5로 끊고 싸울 수 있다. 이하 백9가 모양 의 급소이며 13까지 백 이 국면을 주도하지만 서로 어려운 싸움이다.

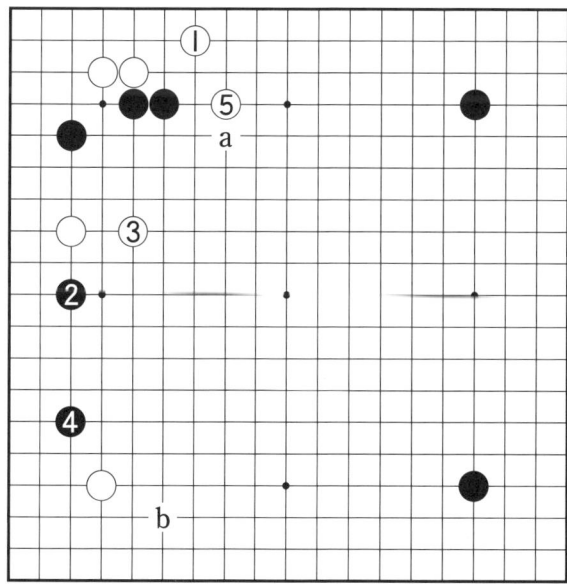

16도

16도(흑진 압박하는 리듬)

백1에 흑2로 협공하면 백3에 뛰고 흑4에 백5 로 좌상 흑진을 압박하 는 리듬이 자연스럽다.

　다음 흑은 a로 붙여 싸우거나 b의 양걸침으 로 전환하는 것이 AI가 바라보는 감각이다.

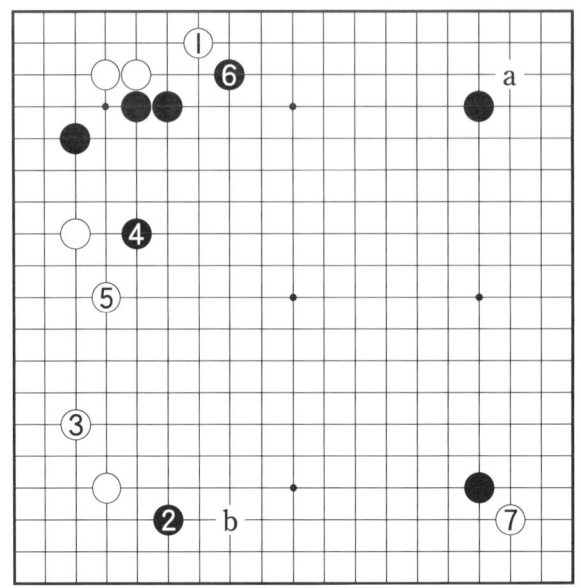

17도

17도(넓은 안목의 구상)

백1에 흑2, 4로 백진을 좌변에 묶어놓고 6의 상변 압박도 넓은 안목의 구상이다.

백은 7(또는 a)의 침입이나 b의 협공이 보통이며 이래도 형세는 어울렸다.

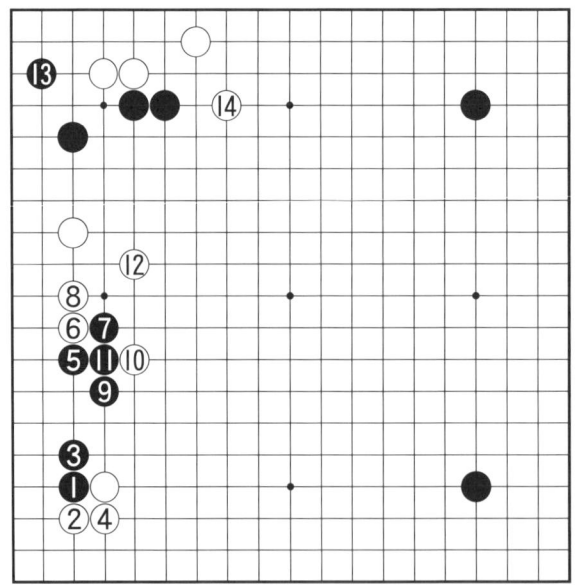

18도

18도(실전적 변화)

이 장면에서 흑1로 화점에 붙임도 유력한 발상이며 이하 14까지 AI의 실전적 변화이다.

서로 5까지 모양을 잡을 때 백6으로 치받으며 12까지 정리해가는 과정이 자못 흥미롭다. 이래도 대등한 형세이다.

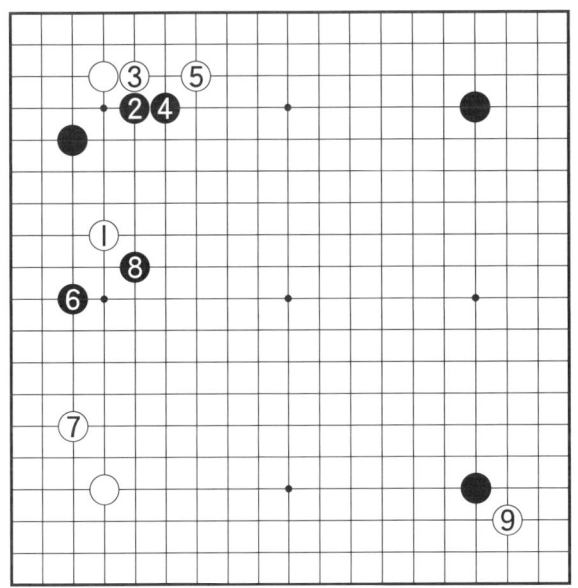

19도

19도(두칸높은협공에서)

백1의 두칸높은협공인 경우에도 흑2, 4로 활용하고 6의 공격이 보편적이다.

다음 백이 무난하게 두자면 7로 굳힌 후 흑8의 씌움에도 받지 않고 백9로 전환해서 형세는 대등하다.

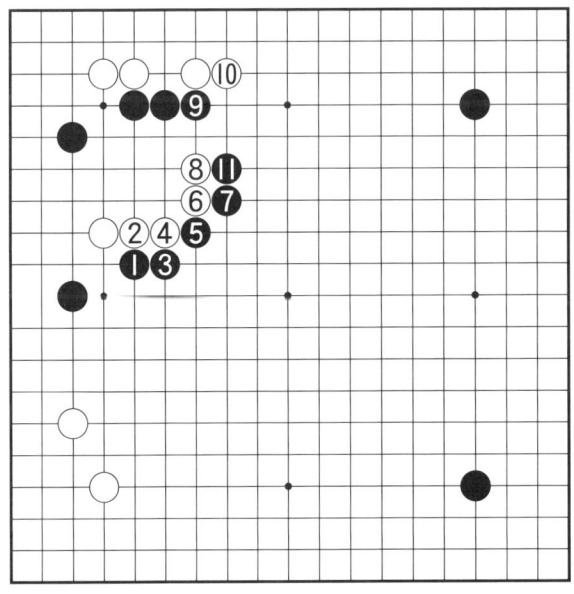

20도

20도(백의 부담)

흑1로 씌울 때 백2로 곧장 나가면 흑이 11까지 압박하는 흐름이 자연스럽다.

이 싸움은 서로 어렵시만 갇힌 백이 일단 부담스럽다.

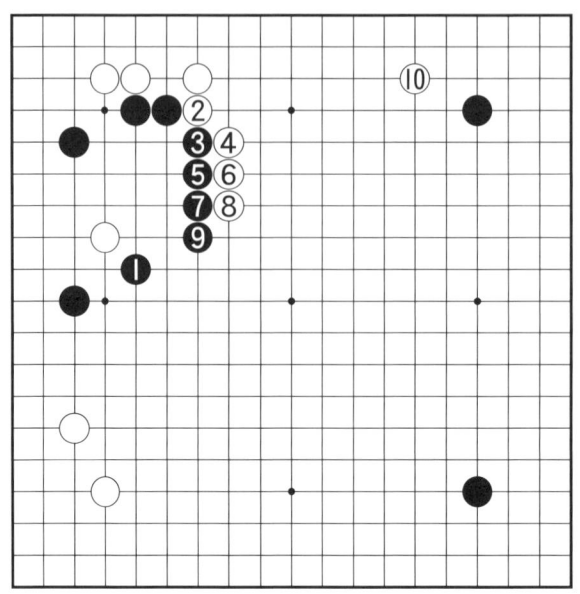

21도

21도(현명한 구상)

흑1에 백이 받는다면 2
쪽으로 밀어올려 9까지
활용한 후 10으로 상변
을 넓히는 것이 현명한
구상이다. 이 진행이면
AI는 대등한 형세라고
본다.

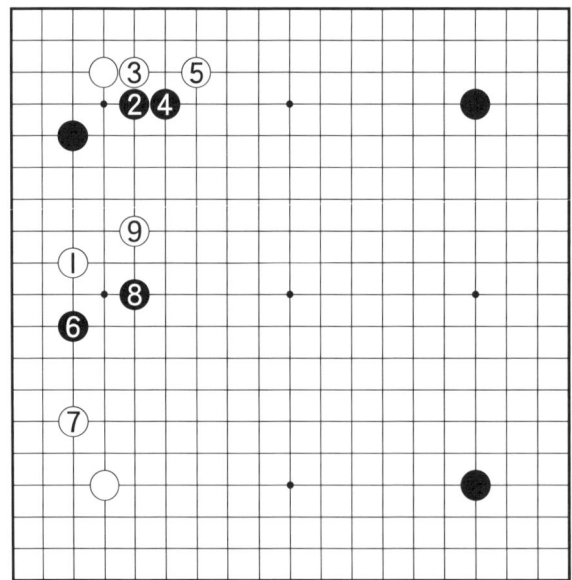

22도

22도(세칸협공에서)

마지막으로 백1의 세칸
협공에 대해 알아보자.
  역시 흑2, 4로 눌러
가기는 유효하며 흑6의
협공은 공격으로 보기
에는 거리가 멀지만 시
도는 가능하다. 백은 7
로 굳힌 후 흑8의 압박
에 백9로 버틸 수 있다.

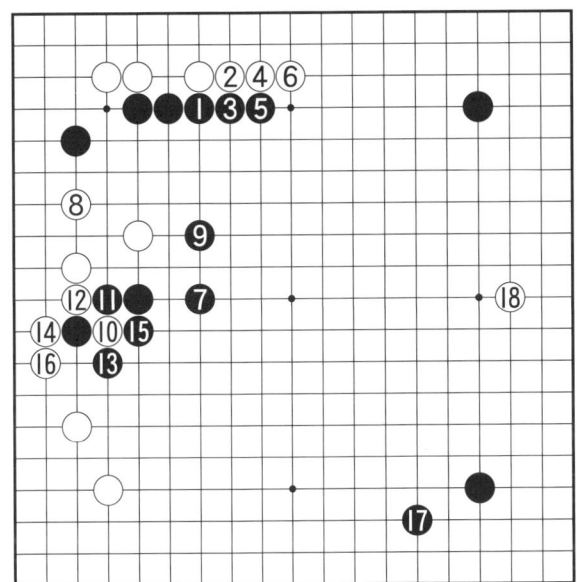

23도

23도(현명한 대응)

이다음 흑1 이하 5로 밀어붙이며 7로 압박하면 백8로 근거부터 마련하는 것이 현명한 대응이다. 이하 좌변에서 타협해가며 18까지는 AI의 유력한 변화인데 흑이 두터운 대신 백은 실리를 알차게 확보해서 대등한 형세이다.

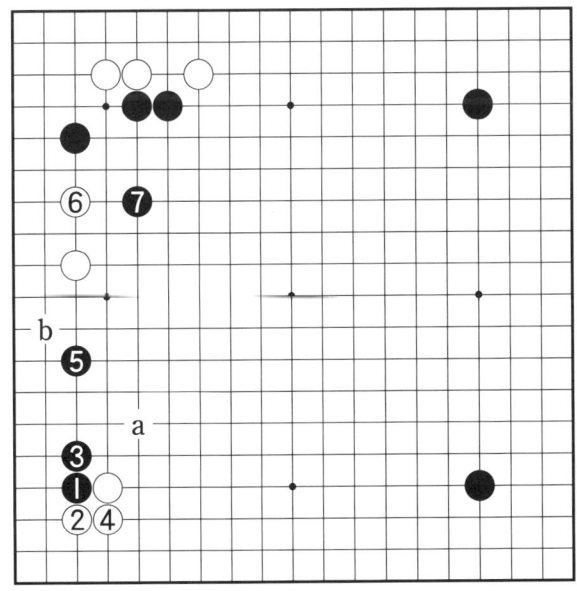

24도

24도(특급 감각)

22도 백5 때 흑1로 화점에 붙임은 AI의 특급 감각이다.

백2, 4로 받으면 흑5로 안정하면서 백6에 흑7로 주노권을 유시한다. 다음 백은 a나 b가 요처이며 어울린 형세이다.

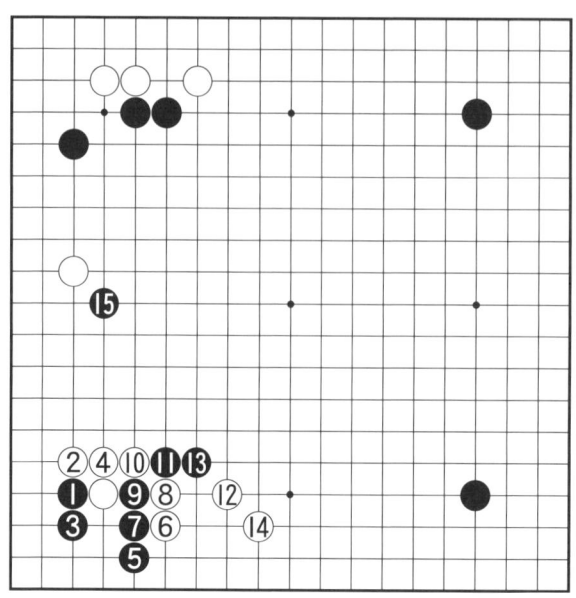

25도

25도(변쪽에서 받는 경우)
흑1에 백2로 변쪽에서
받으면 흑3, 5로 안정하
면서 백6의 압박에는 흑
7 이하 11로 끊고 싸울
수 있다.
　이하 15까지 AI의 변
화도인데 흑이 유연한
행마로 싸움을 주도하
고 있다.

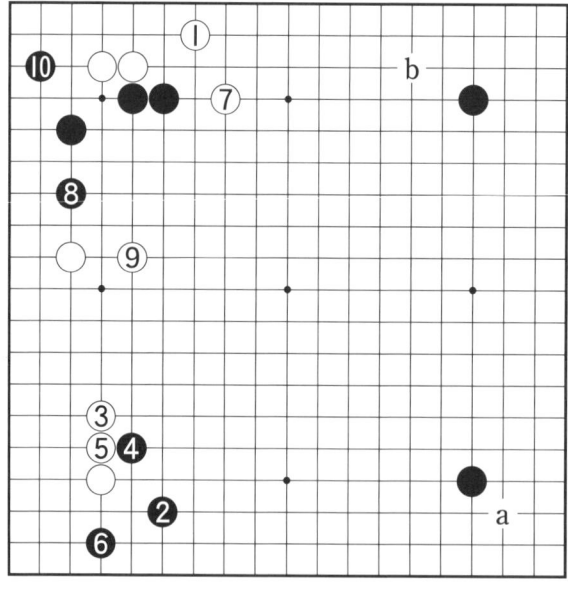

26도

26도(날일자 수비)
22도 흑4 때 백1의 날일
자 수비도 일책이다.
　이번에는 흑2로 하변
에서 걸친 후 10까지 무
난한 변화인데 수순 중
흑4, 6은 AI 특유의 활
용수법이다. 다음 백이
a나 b로 전환하면 대등
한 형세이다.

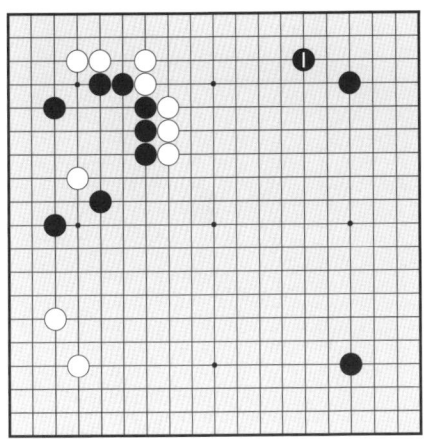

▦ 장면

좌변 모양의 정리 과정에서 백이 밀어갈 때 흑이 받지 않고 1의 굳힘으로 전환하면 백의 효과적인 반격은 무엇인지 생각해보자.

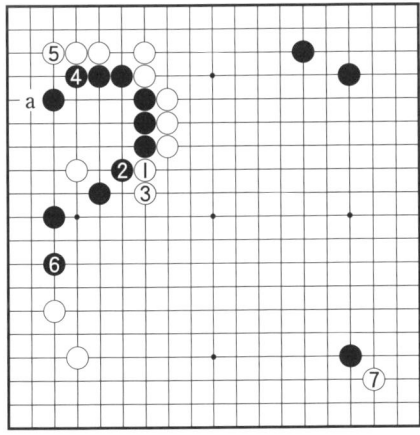

1도(두터운 활용)

백1, 3이 두터운 활용이며 흑은 4, 6으로 보강하는 정도이니 좌변에서 많이 당한다.

백a의 끝내기 맛도 남기면서 유유히 7로 전환하면 백이 약간이라도 편한 국면이다.

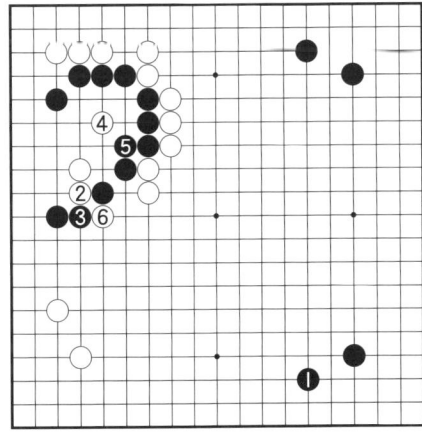

2도(백의 교란)

앞 그림 흑6으로 보강하지 않으면 어떨까. 가령 이 그림 흑1로 전환하면 백이 흑진 안에서 2, 4로 교란하고 6으로 끊어 흑도 대응하기 쉽지 않다. 수습이 되더라도 손실이 발생할 공산이 크므로 앞 그림처럼 흑도 보강하는 것이 원칙이다.

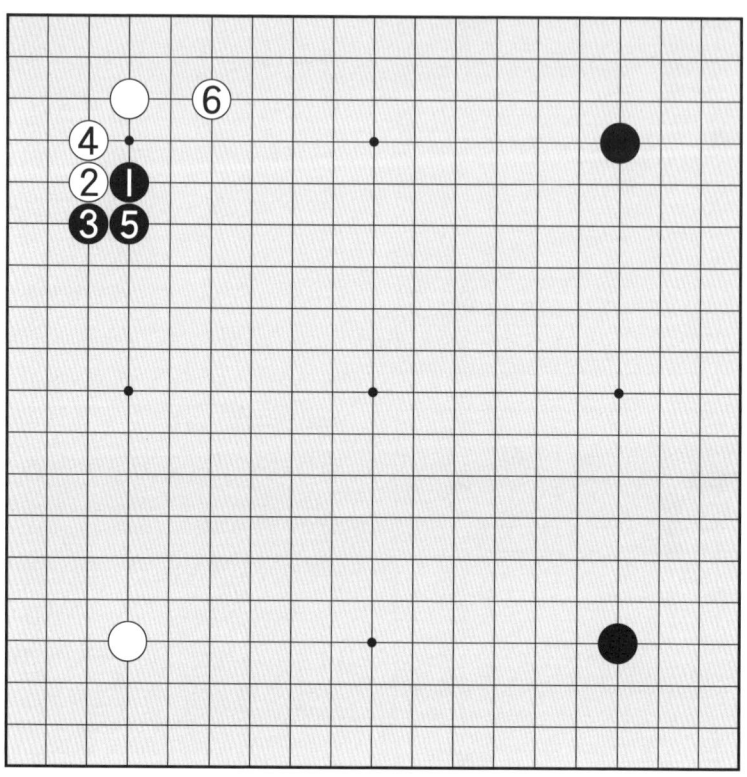

　흑1의 소목 한칸걸침에는 백2, 4로 귀의 실리를 확보하는 것이 효과적 수비이다. 이때 흑5로 꽉 잇는 것이 가장 견실하며 백6의 한칸도 기본적 지킴인데, AI의 관점에서 이후의 포석 변화에 대해 알아본다.

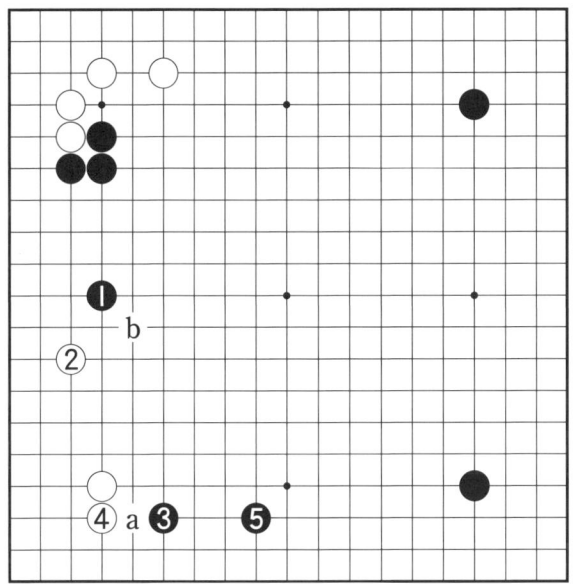

1도

1도(예전 포석)

기본형 다음 예전에는 단순히 흑1로 벌리고 백2로 다가오면 흑3, 5로 하변에 모양을 잡는 포석도 성행했는데 이 진행이면 AI도 거의 대등한 형세라고 평한다. 실은 흑1이 발이 늦다고 지적하면서 이후 백4는 a나 b로 두거나 우상귀 또는 우하귀 3三침입으로 전환해도 백이 약간 활발하다고 본다.

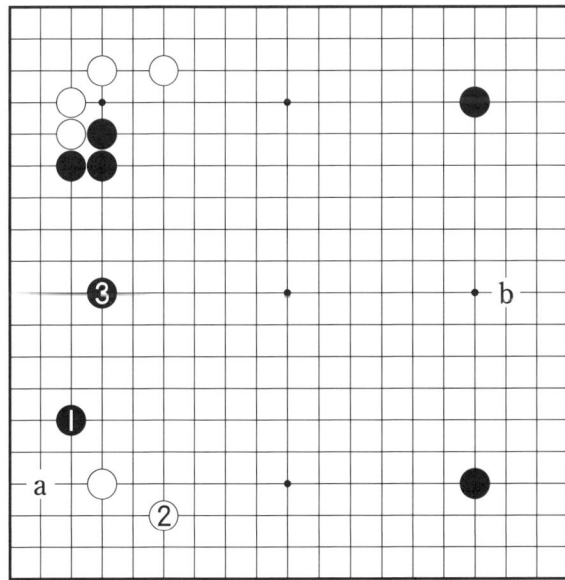

2도

2도(진화된 포석)

먼저 흑1로 걸친 후 3으로 변에 모양을 구축하는 것이 진화된 포석이지만 그래도 AI는 2% 부족하다고 본다.

이때 백노a나b로 두면 발이 늦고, 백이 국면을 주도하려면 화점에 걸치거나 3三에 침입하는 것이 효과적이라고 본다.

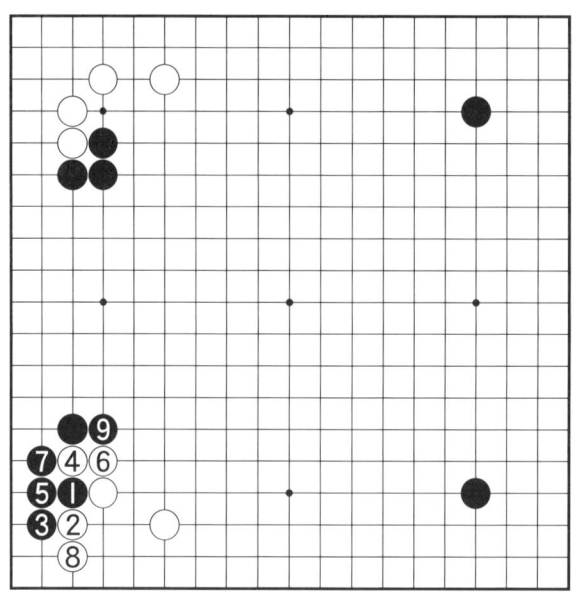

3도

3도(상형)

앞 그림 백2 때 흑1, 3
으로 귀쪽을 파고드는
것이 AI의 실전적 감각
이며 이하 9까지는 상
형이다.

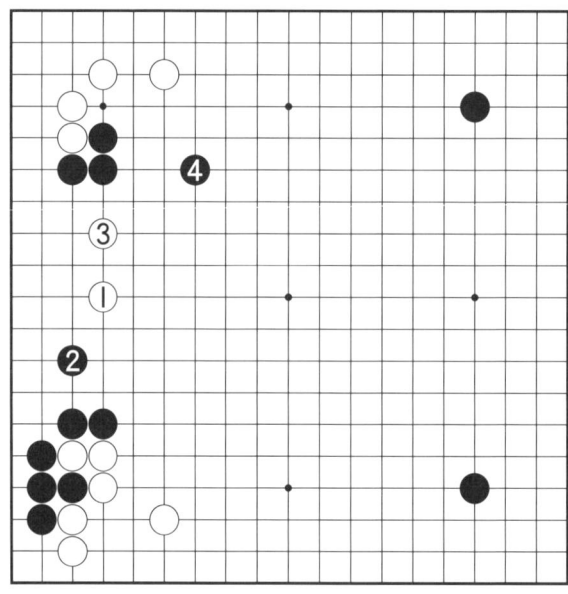

4도

4도(백, 미지근한 발상)

이다음 백이 좌변 흑 모
양을 견제하는 것이 우
선인데 단순히 백1에 갈
라치는 것은 미지근한
발상이다.

　흑2로 다가서고 백3
에 흑4로 진출하며 은
근히 좌변 백을 노리기
만 해도 흑이 약간 편한
진행이다.

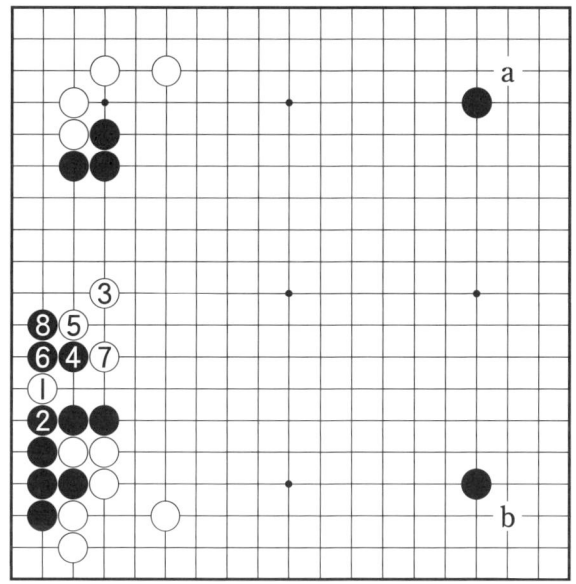

5도

5도(흑이 잇는 경우)

3도 다음 백1로 들여다 보는 것이 국면을 풀어 가는 하나의 방안이다.

이때 흑2로 이으면 이제 백3으로 갈라쳐도 충분하다. 흑4에 백5, 7의 활용이 제격인데 흑 8 다음 계속 싸움을 확산하면 백도 장담할 수 없으므로 이 정도로 마무리하고 a나 b로 전환하면 백이 약간 활발한 진행이다.

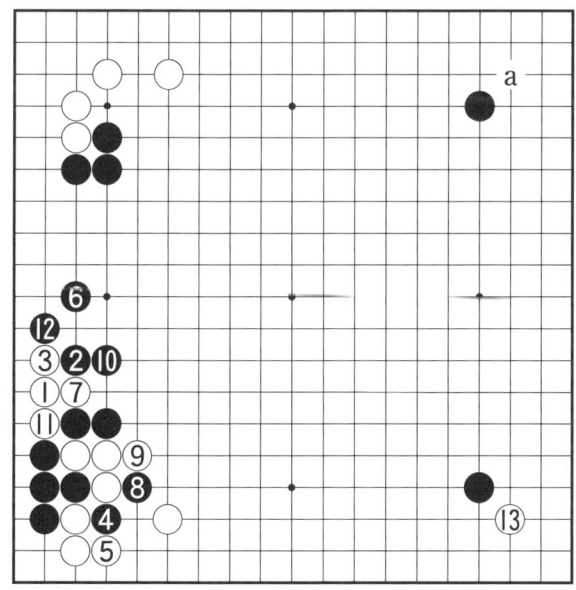

6도

6도(대국적 발상)

백1에는 흑2로 씌운 후 10까지 상용 수순으로 기억해둔다. 다음 백은 11로 끊어놓고 흑12에 백13이나 a로 전환하는 것이 대국적 발상이며 대등한 형세이다.

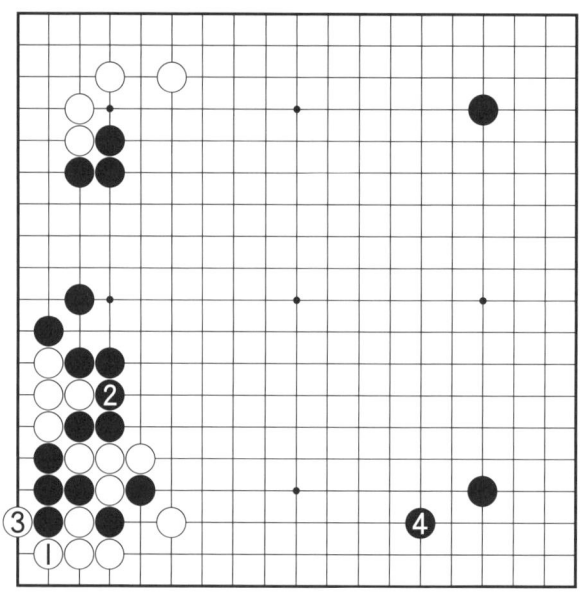

7도

7도(백, 실리에 집착)

앞 그림 흑12 때 백1, 3
으로 귀의 넉점을 잡는
것은 실리에 집착한 행
동이다.

귀쪽은 끝내기로 따
지면 후수 18집인데 AI
는 흑4의 굳힘이 이보
다 크며 흑이 우세한 진
행으로 본다.

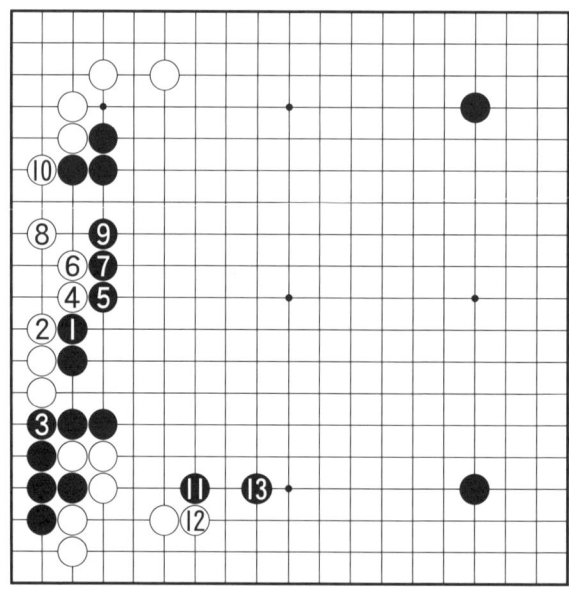

8도

8도(흑의 두터움 활용)

6도 백3 때 좌변 배석에
서는 흑1, 3으로 잇고
싸울 수도 있다.

백4 이하 10까지는
타협 수순인데 흑이 좌
변 실리를 내줬으나 11,
13으로 두터움을 활용
해가면 충분하다.

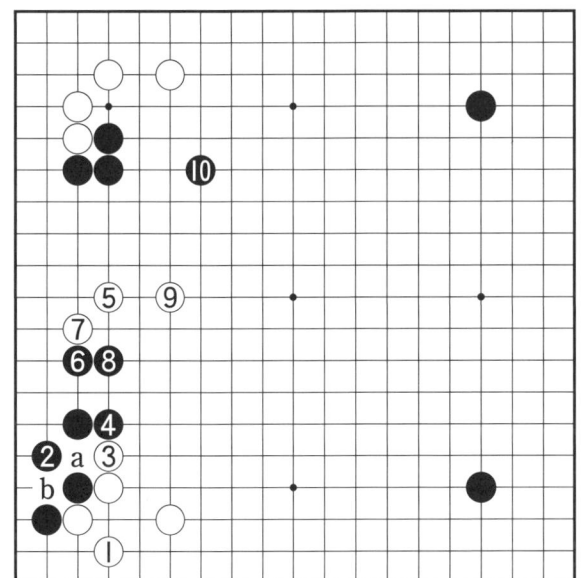

9도

9도(백, 유력한 방안)

거슬러 올라가 3도 흑3 때 백1로 호구쳐 탄력을 주고 흑2, 4에 백5로 갈라치는 방안도 유력하다.

가령 흑6으로 다가선 후 10까지 되었을 때 백a와 흑b를 교환하지 않은 만큼 백이 약간 편하다는 생각이다.

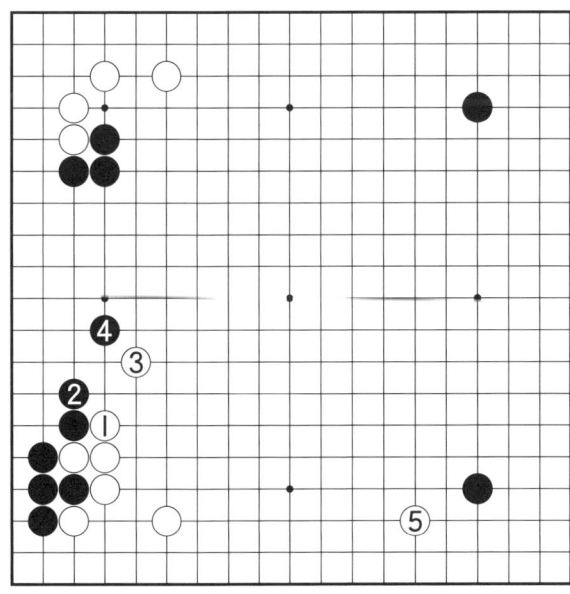

10도

10도(백의 일책)

3도 흑7 때 백1, 3으로 중앙을 향하고 흑4로 받으면 백5로 하변을 넓히는 방법도 일책인데 형세는 어울렸다.

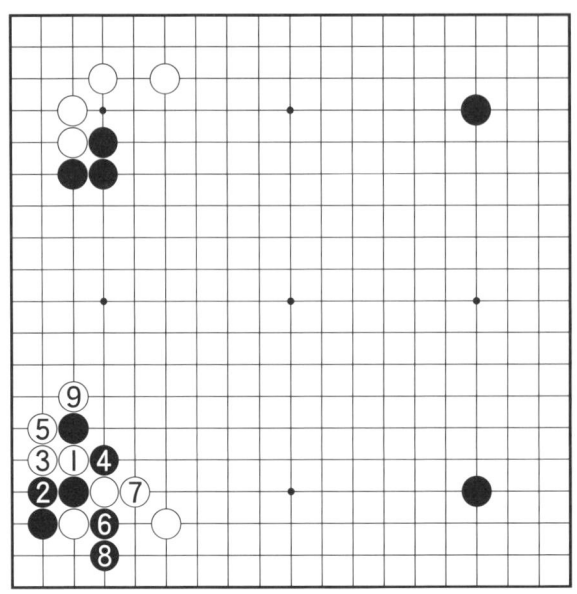

11도

11도(관통하는 경우)

흑이 귀에 파고들 때 백 1, 3으로 관통하는 경우의 포석 변화에 대해서도 알아보자.

　일단 흑4로 끊은 후 9까지는 필연이다.

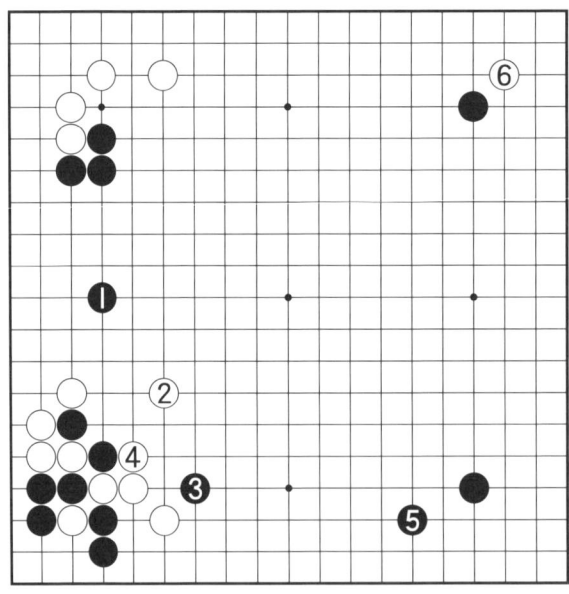

12도

12도(백, 두터운 보강)

이다음 흑이 1로 벌리면 무난한데 AI의 눈에 일순위는 아니다.

　백2로 두텁게 보강한 후 6까지 되면 백이 약간은 편하다고 본다.

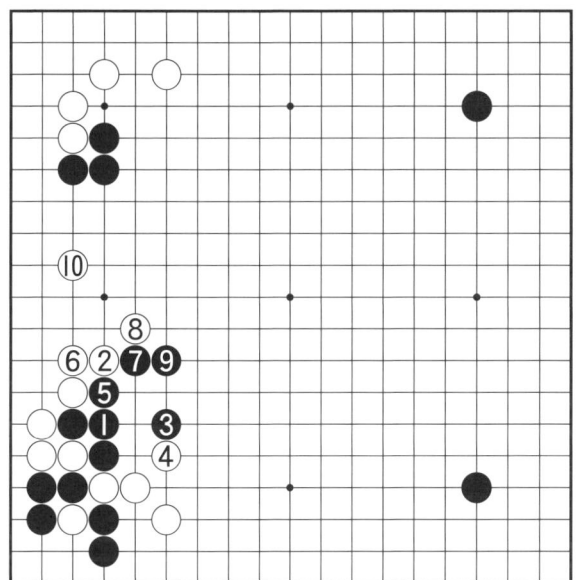

13도

13도(기세의 싸움)

11도 다음 기세로는 흑 1로 잇고 싸운다. 백2의 마늘모는 4의 급소를 두기 위한 행마이며 9까지 보편적인 수순이다. 다음 백10의 벌림은 공격도 겸하는 요처이다.

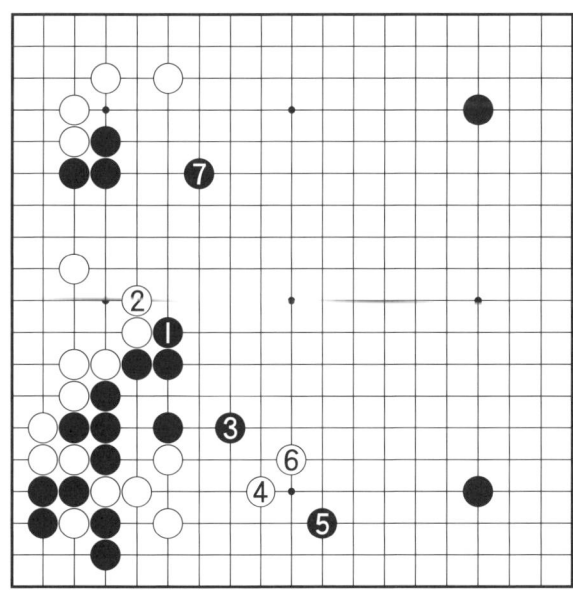

14도

14도(어려운 싸움)

이다음 흑1로 밀고 나서 7까지 AI의 유력한 변화인데 백이 약간 편한 정도로 보며 서로 어려운 싸움이다.

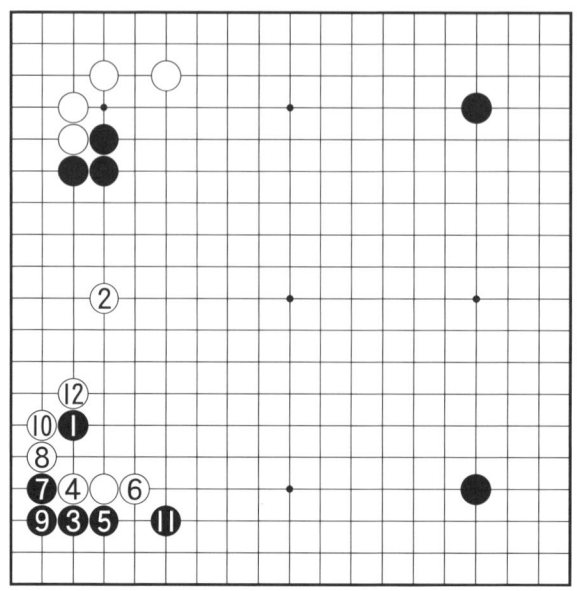

15도

15도(흑, 불리)

처음으로 돌아가서 흑1
의 걸침에 백2의 협공
도 유력한 선택이다.

이때 흑3에 침입하면
이하 12까지 AI의 대표
정석이지만 좌변 백진
이 공격도 겸하는 자세
가 되어 흑이 불리한 진
행이다.

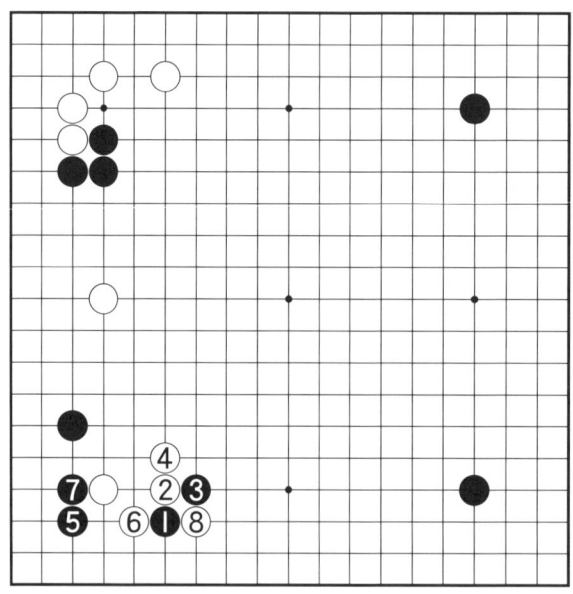

16도

16도(능동적 양걸침)

앞 그림 백2 때 흑1의
양걸침이 능동적인데
백2로 붙인 후 8까지 타
협하면 백이 약간 편한
정도이다.

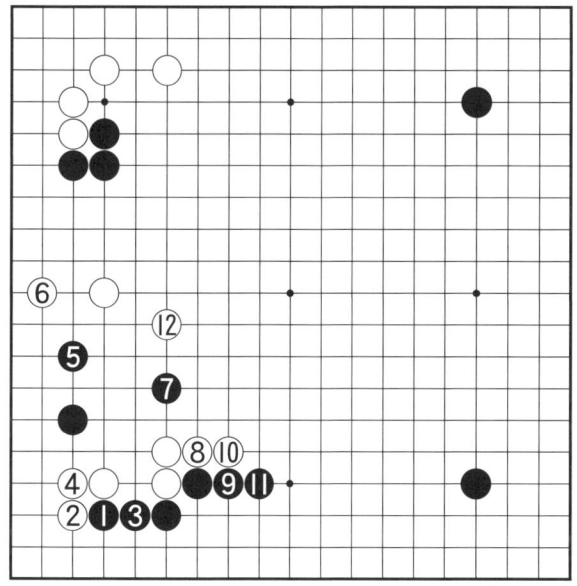

17도

17도(치열한 변화)

앞 그림 백4 때 흑1의 붙임도 생각할 수 있다.

이하 12까지 AI의 치열한 변화인데 백이 하변에 실리는 허용했지만 좌변에 맹공을 가해서 국면의 주도권은 백이 쥐고 있다.

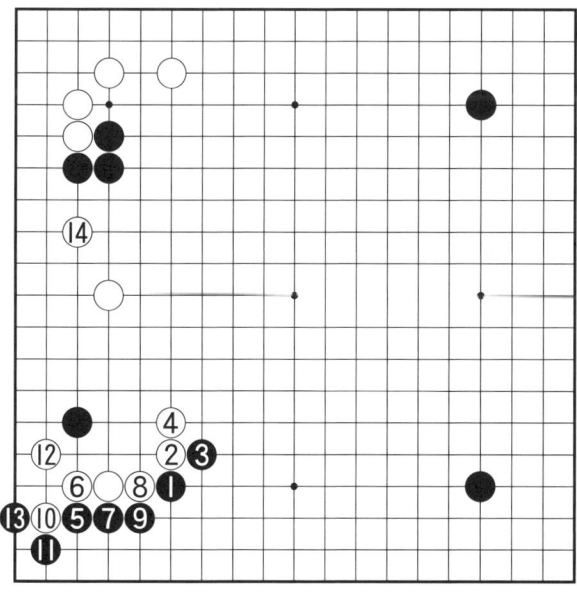

18도

18도(높은 양걸침에서)

흑1로 높은 양걸침의 경우 백2, 4로 붙여 늘고 나서 13까지 많이 애용되는 수순인데, 이 배석에서는 백14가 공격도 겸하는 요처가 되어 백이 호조이다.

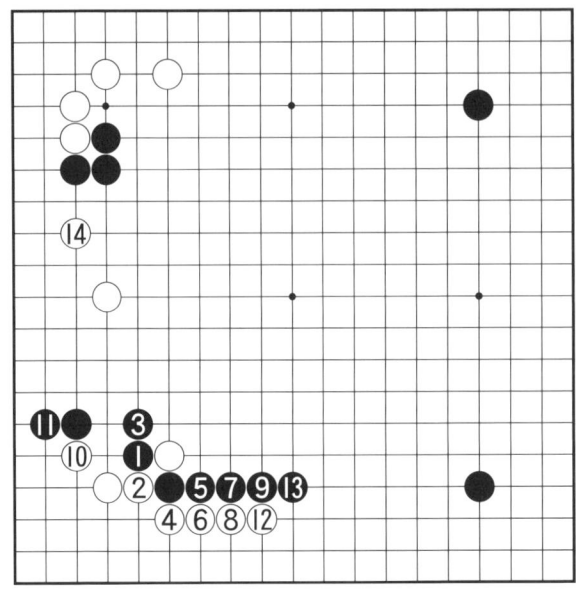

19도

19도(흑의 반발)

앞 그림 백2 때 흑1, 3
의 반발도 생각할 수 있
다. 백4로 아래에서 단
수친 후 12까지 선수해
놓고 14로 전환하면 충
분하며 백이 약간 편한
정도이다.

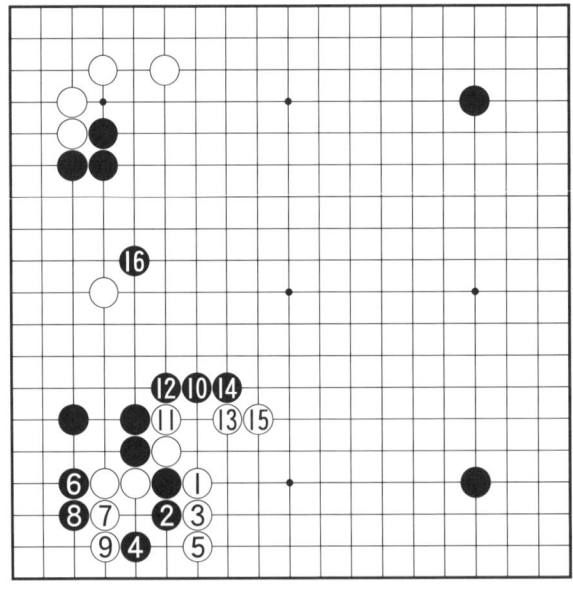

20도

20도(흑의 활용과 공격)

앞 그림 흑3 때 백1로
위에서 몰아가면 흑2, 4
로 키우고 나서 6, 8로
활용하고 중앙도 14까
지 활용한 다음 16으로
공격해서 흑이 국면을
주도한다.

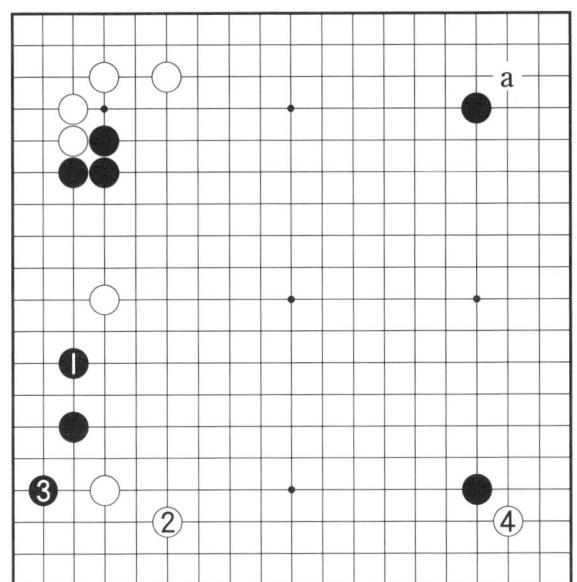

21도

21도(흑, 간명한 벌림)

15도 백2 때 흑1의 한 칸벌림도 간명하다. 백2로 받으면 흑3의 달림이 안정적이다.

백도 4나 a로 전환하면 충분한 진행이다.

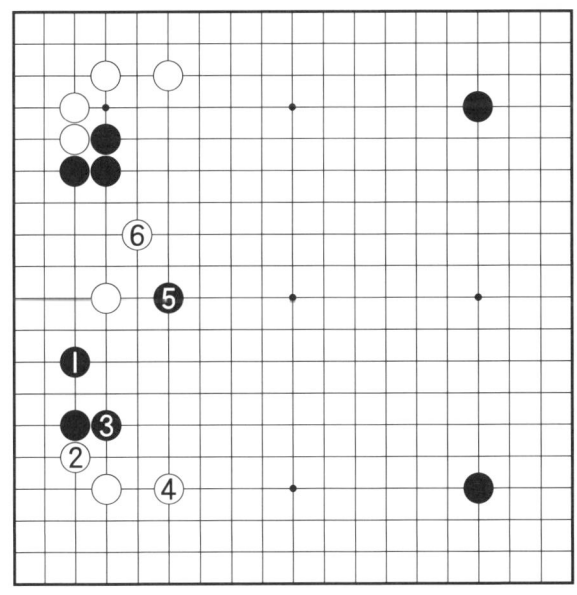

22도

22도(어려운 싸움)

흑1에 백2, 4로 강하게 받으면 흑5의 공격으로 대응한다.

백도 6으로 나가며 싸울 수 있으므로 서로 어려운 바둑이다.

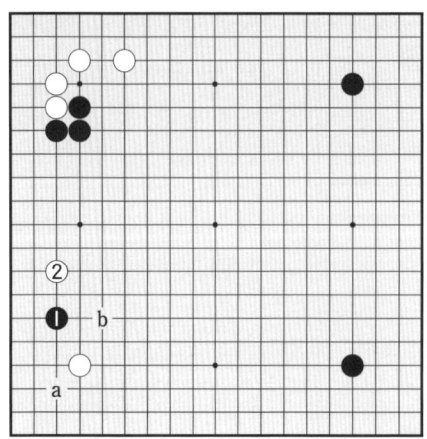

▦ 장면

이 장면에서 흑1의 걸침에 백2의 한 칸협공이면 흑이 어떻게 대응해야 좋을지 a의 침입과 b의 뜀을 놓고 생각해보자.

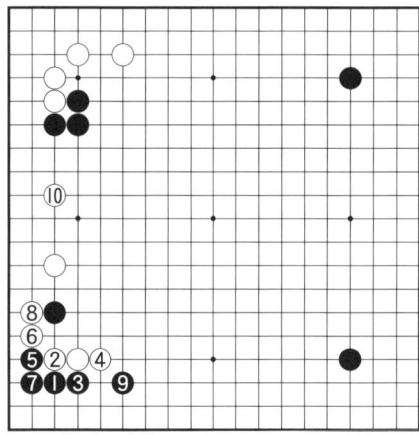

1도(백의 명당)

흑1의 3三침입이면 백2로 막고 9까지 일단락된 후 백10의 벌림이 공격도 겸하는 명당이다.

　물론 AI의 진단도 백이 활발한 진행으로 본다.

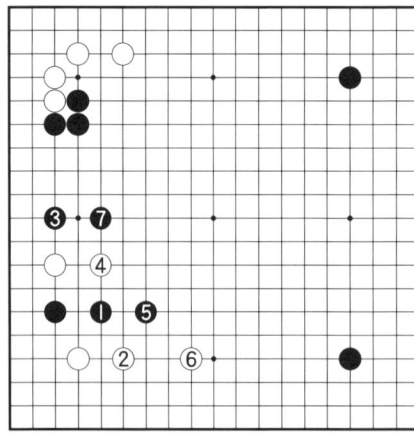

2도(흑, 주도적 구상)

흑1로 나간 후 3의 협공이 주도적인 구상이다.

　이하 7까지 AI의 보편적인 변화인데 서로 어려운 싸움으로 본다.

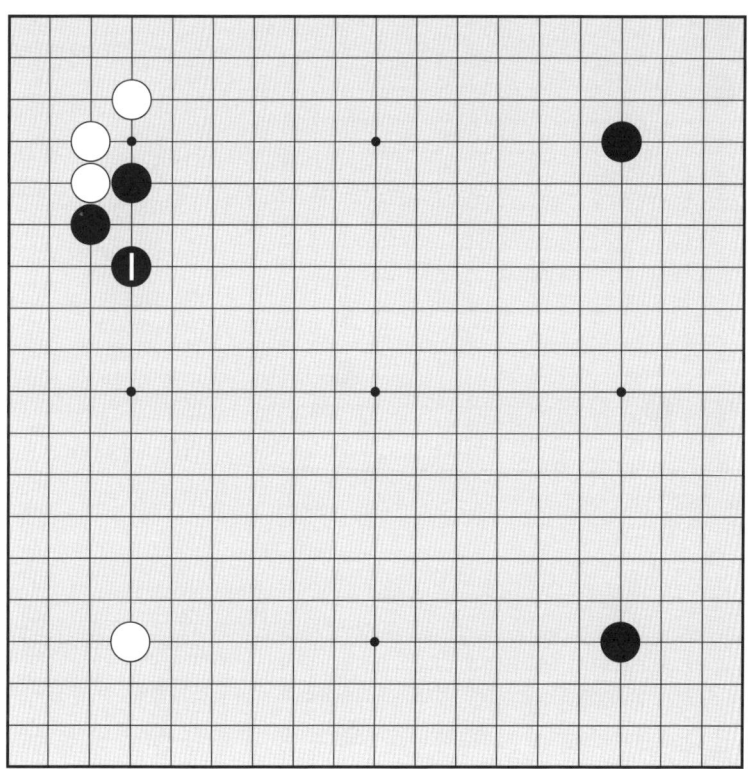

　이번에는 흑1의 호구로 잇는 경우인데 좋게 보면 탄력적
이라 그동안 많이 애용했지만 AI의 관점에서는 엷다고 판
단한다.

　사실 관점의 차이가 미묘해서 전국을 바라보는 안목이
더욱 중요한데 AI의 주안점을 토대로 이후 포석 변화에 대
해 알아본다.

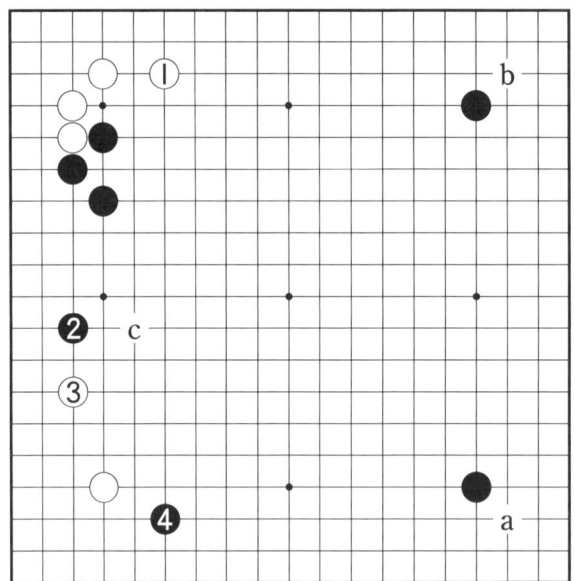

1도

1도(초창기 진행에서)

기본형 다음 백1로 받으면 흑2로 벌리고 백3으로 다가서는 것이 초창기에 많이 두던 진행이다.

AI는 이 수순 중 흑2 때 백이 a나 b로 전환해서 좋다고 본다. 백3 때 흑도 c로 지키면 발이 늦고 4의 걸침이 요처라고 평한다.

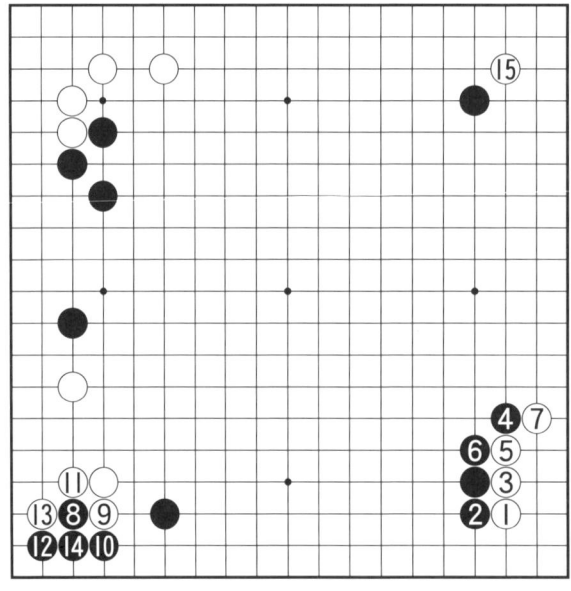

2도

2도(일순위 3三침입)

이다음 백1의 큰 자리로 전환해서 7까지 되면 흑8의 3三침입도 요소이다. 백이 14까지 간명하게 처리한 후 15로 전환하면 거의 대등한 형세인데 서로 3三침입이 일순위 자리임을 알 수 있다.

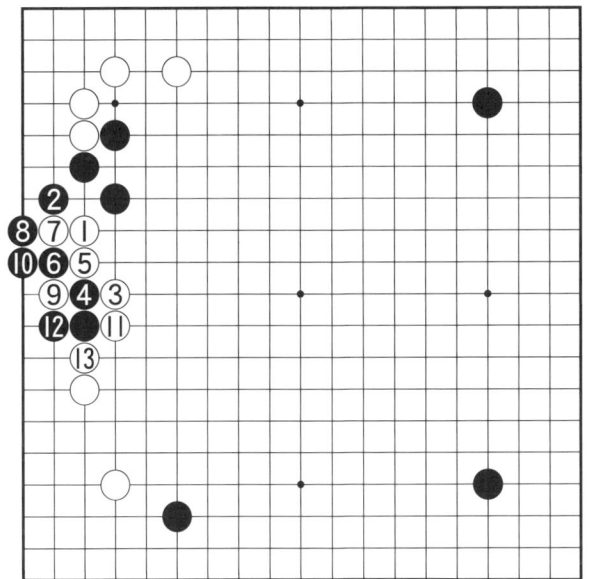

3도

3도(흑, 빈약)

1도 다음 백1로 침투하면 어떨까.

이때 흑2로 차단한 후 13까지 연결에 초점을 두면 흑 모양이 빈약해서 AI는 백이 단연 우세하다고 본다.

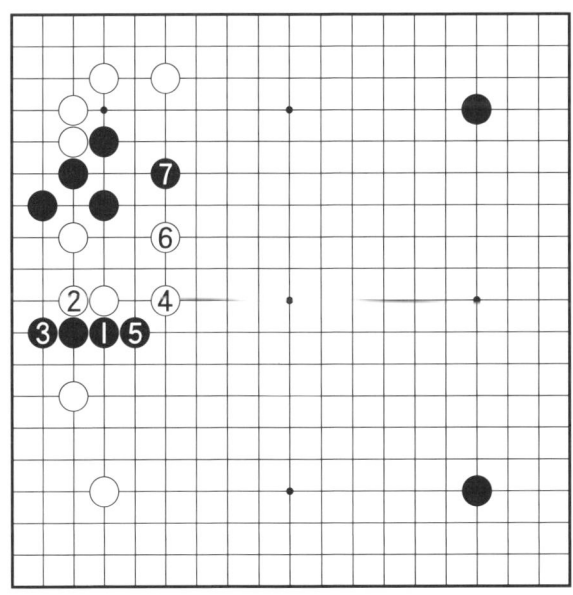

4도

4도(당당한 싸움)

보통 모양이 눌리면 불리한 법이다.

앞 그림 백3 때 흑1로 나가서 이하 7까지 당당히 싸우면 흑도 충분하다고 본다.

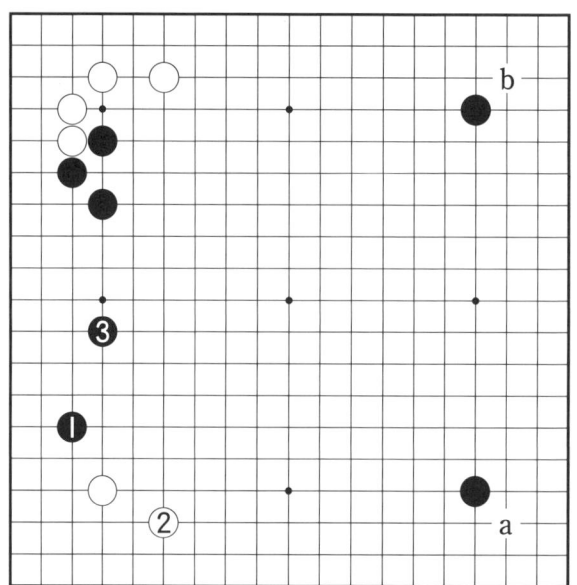

5도

5도(진화된 발상)

좌변에서 흑은 단순히 벌리기보다 1, 3으로 모양을 구축하는 것이 진화된 발상이다.

다음 백이 a나 b로 전환하면 거의 대등한 형세이다.

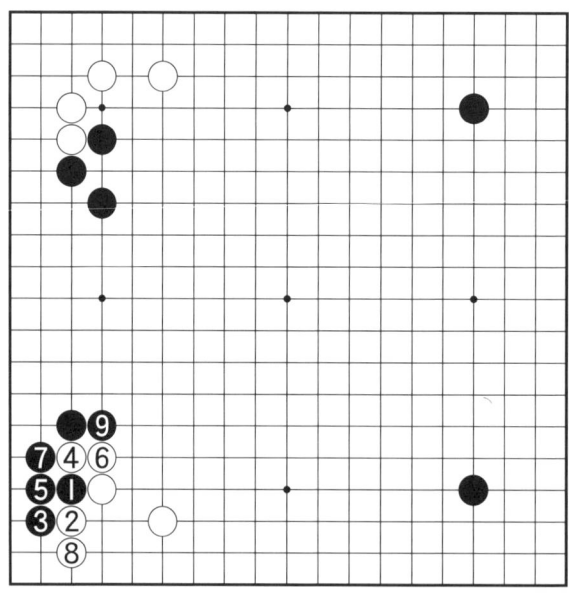

6도

6도(일순위 파고들기)

앞 그림 백2 때 AI의 감각은 흑1, 3으로 귀에 파고드는 것이 일순위이다.

이하 9까지 보편적 수순인데 이 진행이라면 좌상 호구이음이 도움이 되며 흑이 약간 활발하다고 본다.

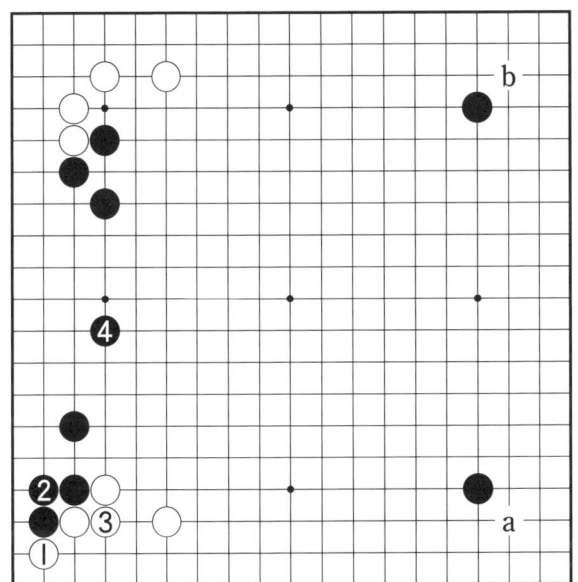

7도

7도(귀의 정리 방안)

앞 그림 흑3 때 백1의 이단젖힘도 귀를 정리하는 방안인데 흑은 2, 4로 모양을 구축한다.

다음 백이 a나 b로 전환하면 서로 무난한 변화이며 흑이 약간 편한 정도이다.

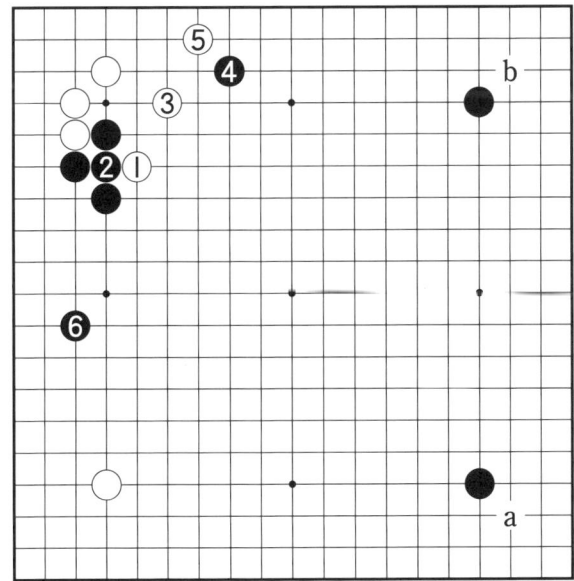

8도

8도(백, 효율적 활용)

처음으로 돌아가 좌상귀 정석에서 백은 그냥 받기보다 1을 활용하고 3의 날일자로 받는 것이 효율적이다.

흑도 4로 다가선 후 6의 벌림이 능동적 대응법이며 다음 백이 a나 b로 전환하면 약간 편한 정도로 무난한 변화이다.

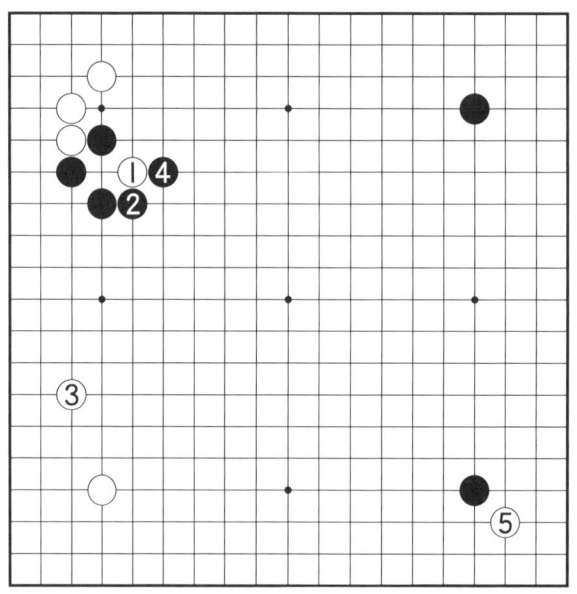

9도

9도(백, 효과적 굳힘)

백1에 흑이 잇지 않고 2
로 받으면 백3으로 굳
히며 좌변을 견제하는
것이 효과적이다.

흑4로 보강해서 두텁
지만 백5의 침입으로 전
환하면 백이 약간 활발
한 진행이다.

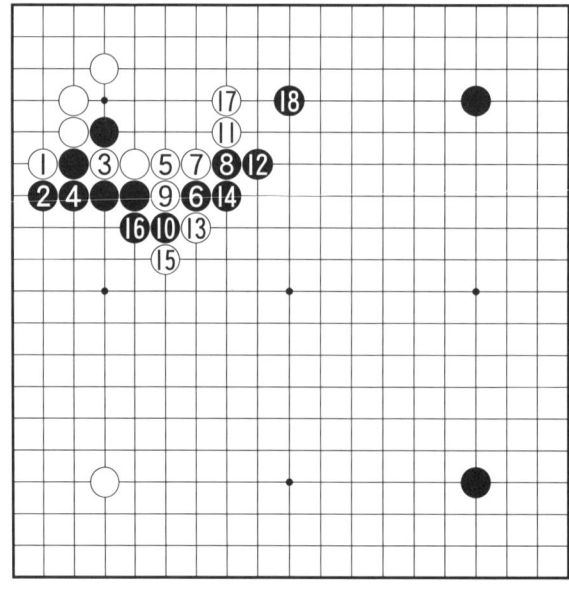

10도

10도(어려운 길)

앞 그림 흑2 때 백1로
젖히고 흑2로 막으면 어
려운 길로 접어든다.

백3에 끊은 후 18까
지 그동안 알려진 정석
수순인데 이 결과를 AI
에게 물어보면 뭐라고
답할까.

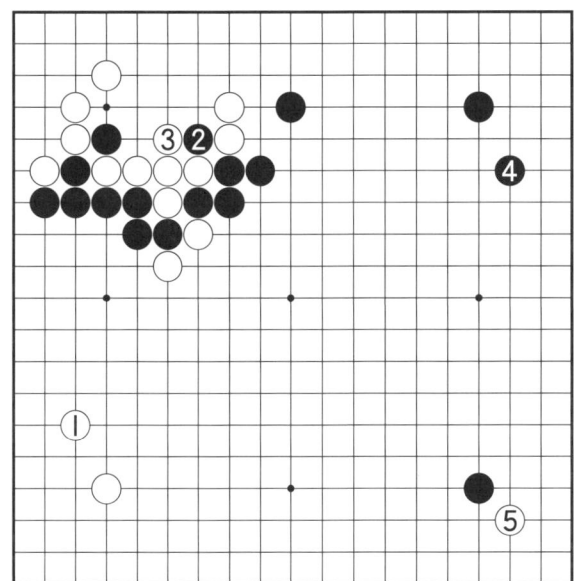

11도

11도(큰 자리 경합)

이다음 AI의 간명한 변화를 제시하면 우선 백 1의 굳힘이 좌변도 견제하는 큰 자리이다.

흑도 2를 활용해놓고 나서 4의 굳힘이 크며 이때 백이 5로 침입하면 약간 편한 정도로 비슷한 형세이다.

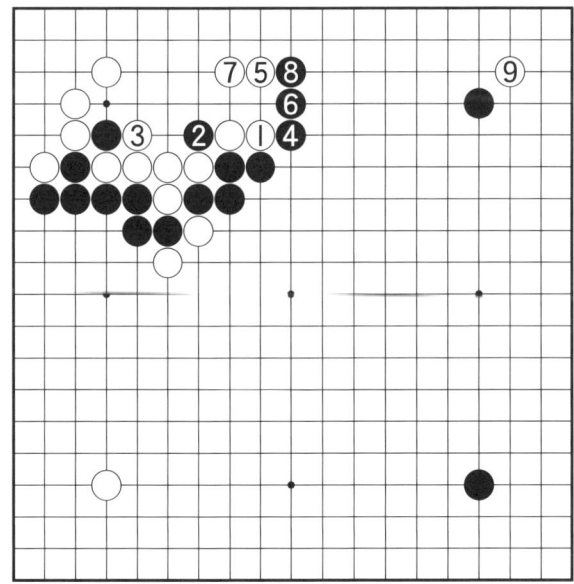

12도

12도(백, 견실한 정리)

실은 10도 흑16 때 백1로 강하게 밀고 이하 7까지 견실하게 정리하는 것이 실속이 있다고 한다.

흑8로 막을 때 백9의 침입으로 흑진을 삭감하면 백이 활발한 국면이다.

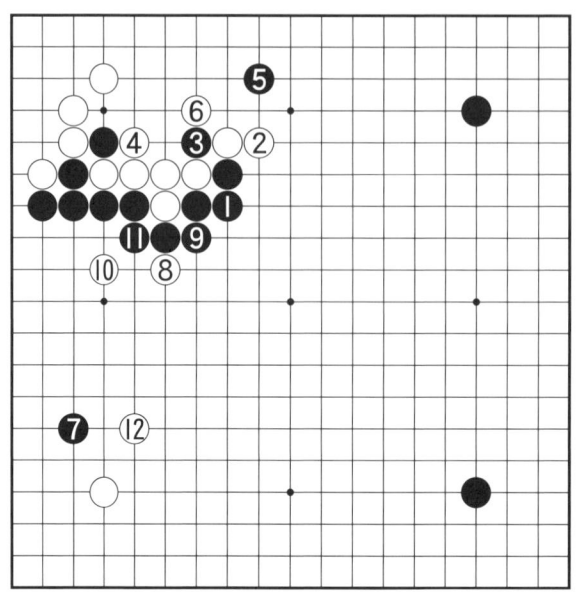

13도

13도(일품 순발력)

10도 백11 때 흑도 1의 이음이 정수라고 한다. 백2에 흑3, 5로 활용해 놓고 7로 걸치는 순발력이 일품이다.

백도 8, 10으로 활용하면서 12로 상황에 맞게 좌변을 제어하면 대등한 형세이다.

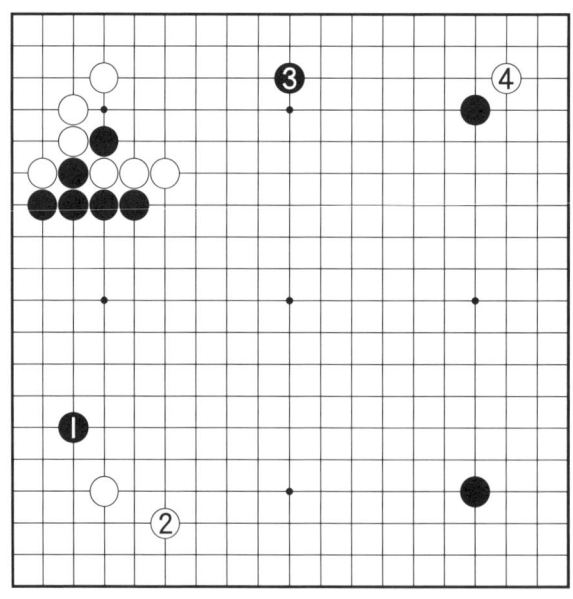

14도

14도(흑, 유연한 발상)

10도 백5 때 흑1로 걸친 다음 3으로 벌리는 것도 모양을 결정짓자는 고정관념에서 벗어난 유연한 발상이다.

백4로 침입하면 거의 대등한 형세이다.

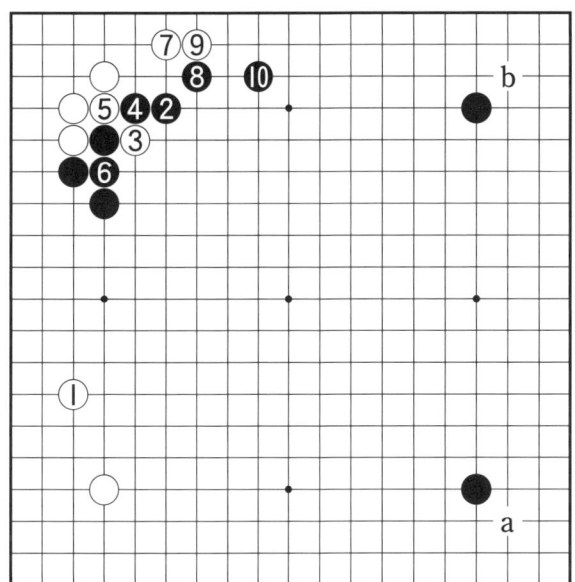

15도

15도(처음부터 굳힘)

호구이음에 대해 AI의 감각은 처음부터 백1의 굳힘도 효율적 방안이다. 흑2로 씌우면 백3으로 약점을 만들어놓고 이하 10까지 된 다음 백이 a나 b로 큰 자리에 전환해서 약간 활발한 형세라고 본다.

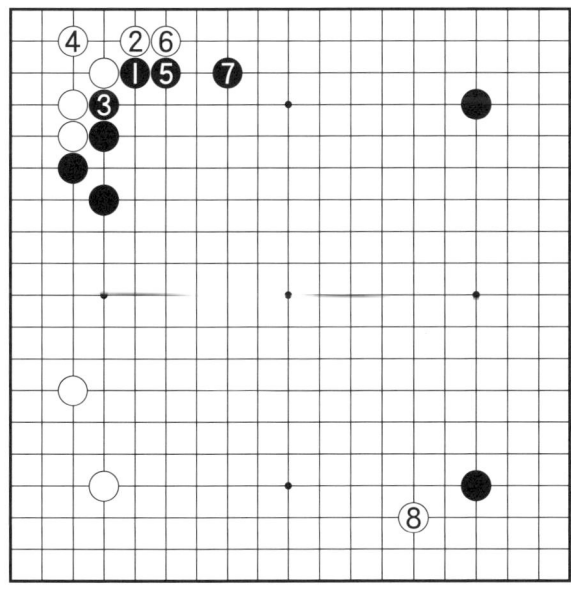

16도

16도(강하게 붙일 때)

흑1로 강하게 붙이면 백2로 젖힌 후 7까지 낮은 자세로 정리해도 다음 8의 걸침이나 귀의 3三에 침입하면 역시 백이 다소 활발하다.

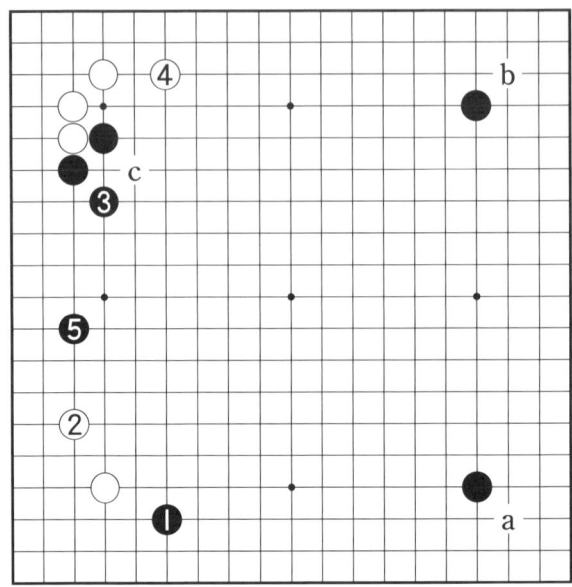

17도

17도(예전 발상)

애초 하변에서 흑1로 걸친 후 3, 5의 벌림도 예전 발상이다. 국면을 입체화해서 능동적으로 운영하겠다는 뜻인데 이 진행대로 이어져서 다음 백이 a나 b로 침입하면 대등한 형세이다. 그러나 수순 중 백4는 c쪽 활용으로 백이 국면을 주도할 여지가 있다.

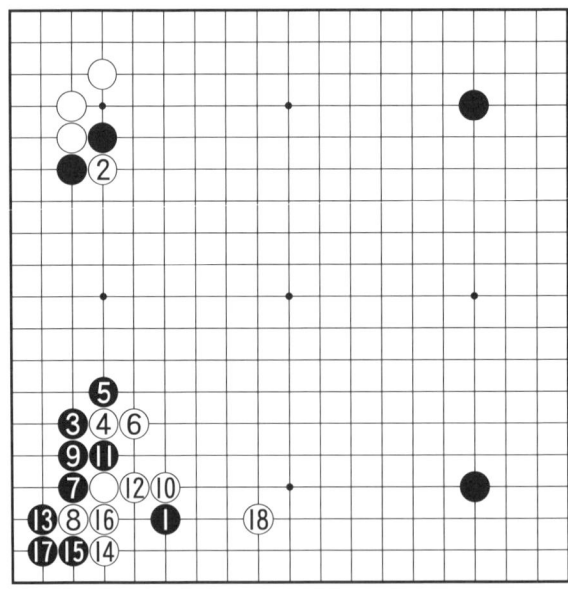

18도

18도(백, 유력한 끊음)

흑1에 받지 않고 백2의 끊음도 유력하다.

흑3에 양걸침하면 백4로 붙인 후 18까지도 무난한 정석 수순인데 이 결과를 놓고 AI는 백이 약간 편한 정도라고 본다.

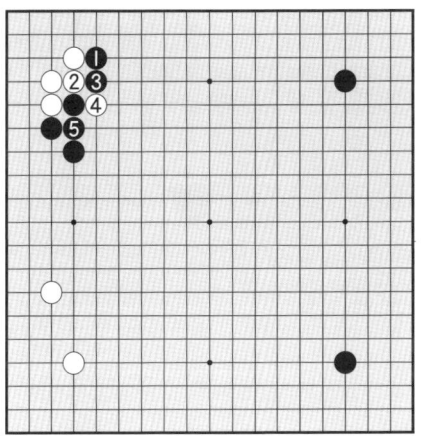

▦ 장면

이 장면에서 흑1로 붙일 때 백2, 4로 나와 끊어 도발하면 흑5로 잇고 나서 서로 어떻게 싸우는 것이 효과적인지 생각해보자.

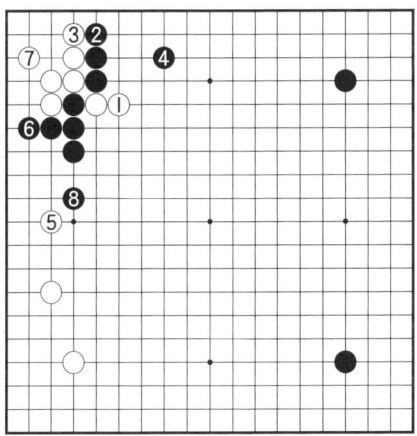

1도(흑, 활발한 싸움)

백1로 늘면 이하 8까지 AI가 제시하는 변화이다.

이 과정에서 흑2와 더불어 6이 귀에 선수로 작용해서 흑이 분단은 되었지만 좌변이 견실한 만큼 활발한 싸움이다.

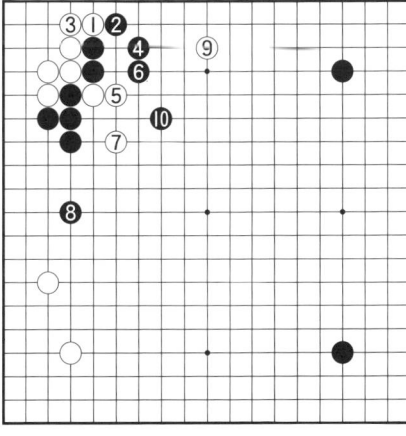

2도(치열한 전투법)

백1, 3의 젖혀이음이 우선이다. 이하 10까지 AI가 제시하는 치열한 전투법인데 흑이 약간은 활발하다고 본다. 애초 장면에서 백의 도발은 효력이 약하다고 본다.

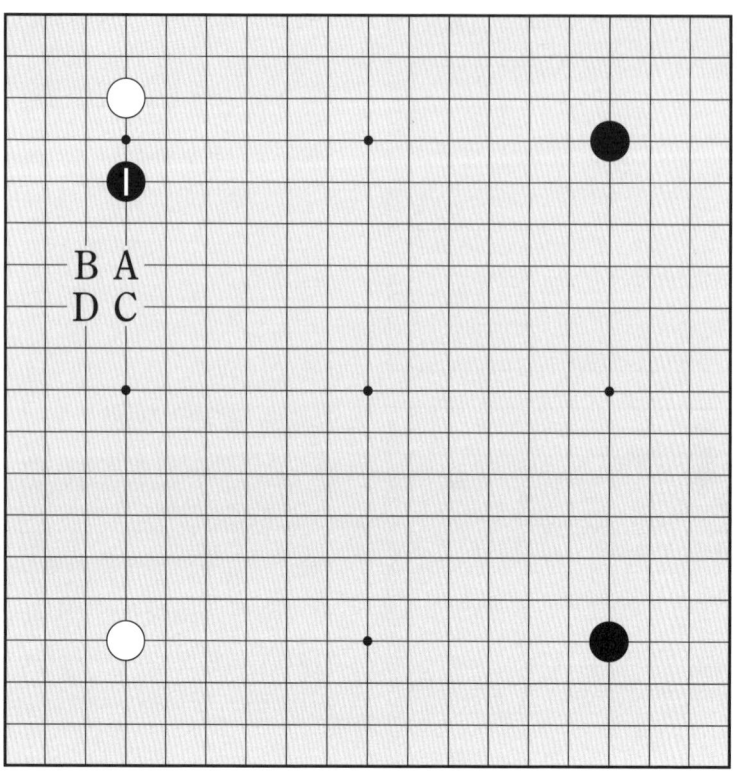

　　소목 대응 포석의 마지막 주제는 흑1의 한칸걸침에서 협공 이후의 변화이다. A~D의 네 가지 협공이 대표적인데 AI의 시각에서 핵심적이고 진화된 포석 변화에 대해 알아본다. 특히 D의 두칸낮은협공은 그동안 보지 못했던 수법인데 AI의 자유로운 발상을 엿볼 수 있다.

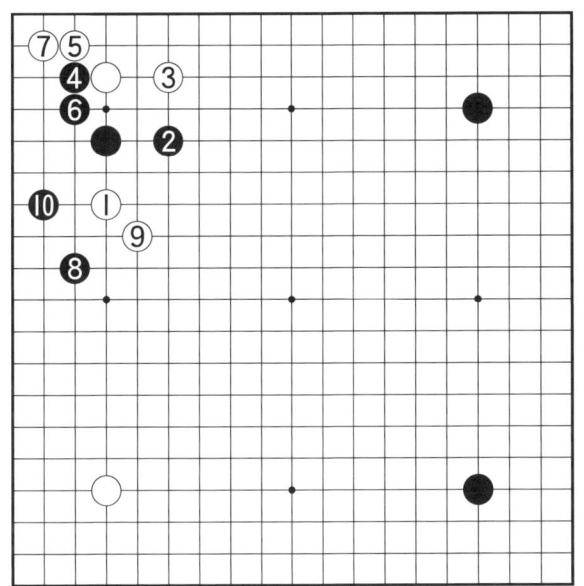

1도

1도(한칸협공에서)

먼저 백1의 한칸협공에
대해 알아보자.

흑2로 뛰면 이하 10
까지 AI의 보편적인 수
순으로 기억해둔다.

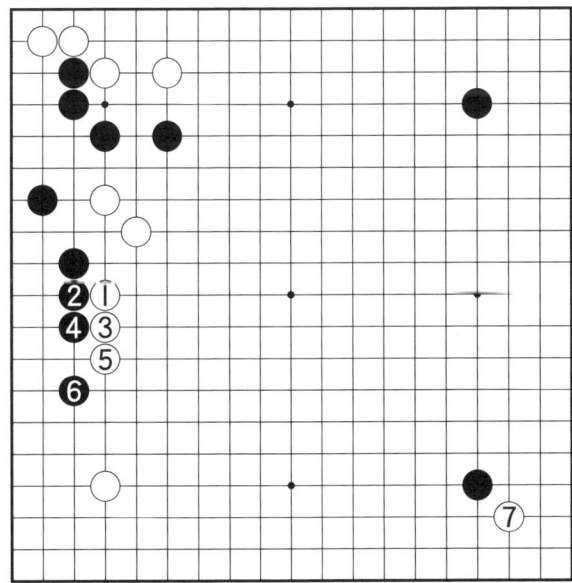

2도

2도(백, 눌러놓고 전환)

이다음 AI의 감각은 백
1 이하 5까지 눌러놓고
7로 전환하면 거의 대
등한 국면이라고 본다.

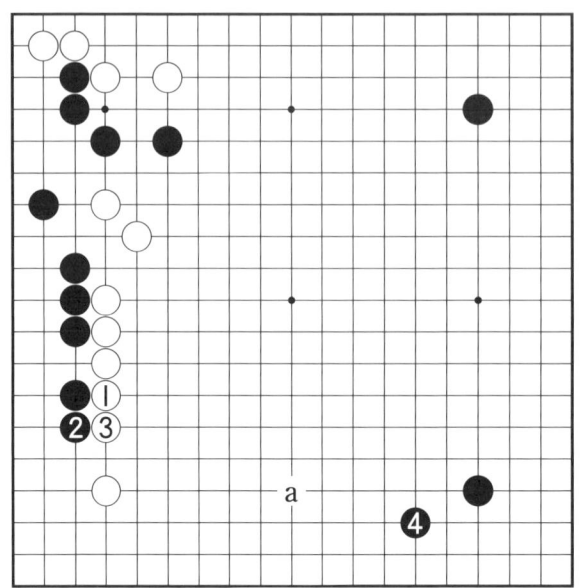

3도

3도(흑, 만족)

앞 그림 흑6 때 백1, 3
으로 틀어막으면 두텁
지만 발이 늦다.

흑이 4의 굳힘이나 a
의 벌림으로 세력을 견
제하면 만족이다.

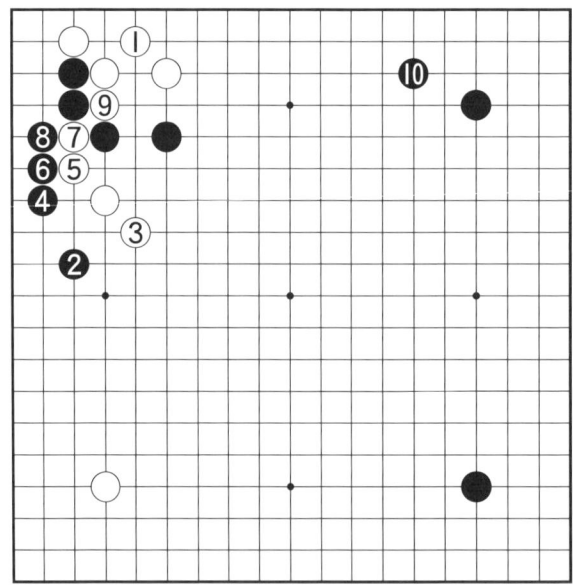

4도

4도(백, 양호구 지킴)

1도 흑6 때 백1의 양호
구로 단단하게 지키면
흑2, 4에 백5 이하 9로
끊을 수 있다.

다만 이렇게 진행되
어도 흑10으로 굳히면
실리에서 앞서며 싸우
는 맛도 남긴 흑이 편하
다고 본다.

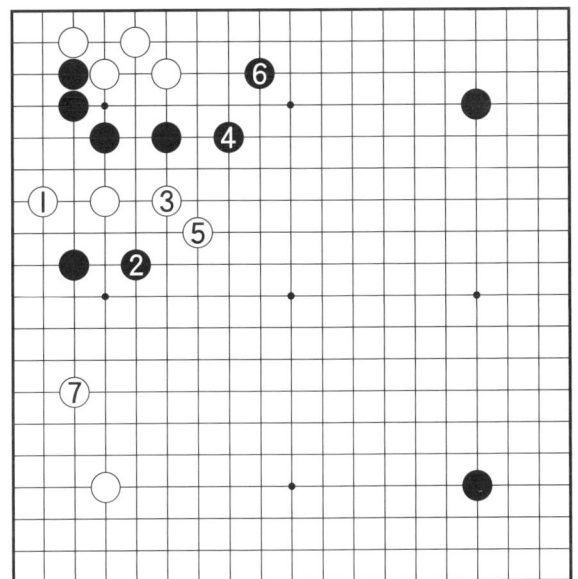

5도

5도(차단하며 싸움)

앞 그림 흑2 때 백도 1
로 차단하며 싸울 수 있
다. 이하 7까지 유력한
변화인데 서로 예측불
허이다.

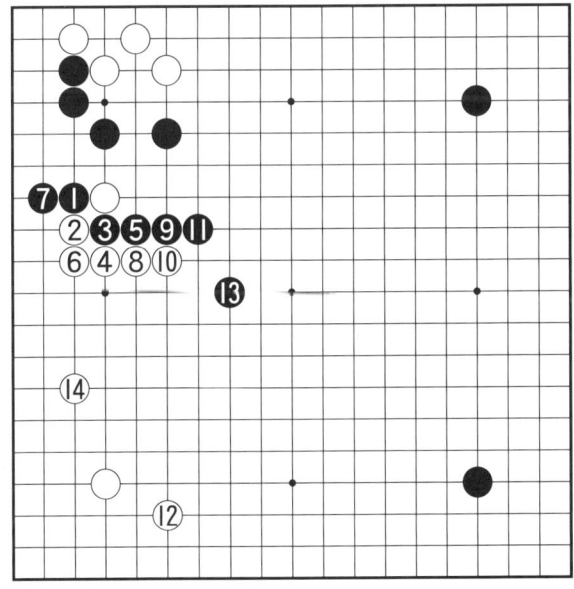

6도

6도(흑의 일책)

이 모양에서는 흑1, 3의
맞끊음도 일책이다. 이
하 14까지는 AI의 유력
한 변화인데 흑이 약간
편한 정도라고 본다.

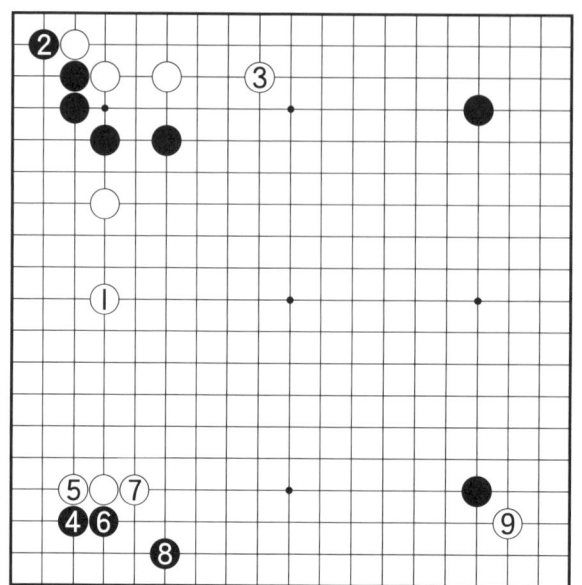

7도

7도(백, 변에 벌림)

1도 흑6 때 백이 귀에서 받지 않고 1의 벌림도 하나의 방안이다.

흑2에 백3으로 안정한 후 9까지 AI의 보편적인 진행이 되면 거의 대등한 국면이다.

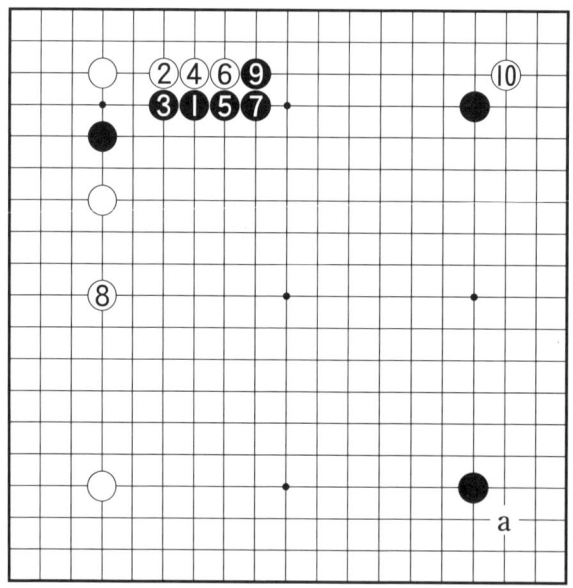

8도

8도(흑, 눈목자씌움)

거슬러 올라가 흑1의 눈목자씌움에는 백2의 한 칸 행마가 간명하다.

흑3에 백4, 6으로 밀어놓고 8로 벌리면 무난하다. 흑9의 막음이 두텁지만 다음 백이 10이나 a로 전환하면 거의 대등한 형세이다.

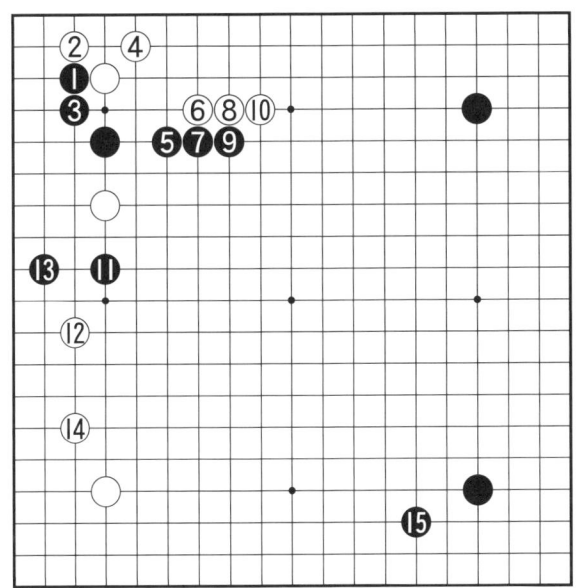

9도

9도(처음부터 귀에 붙임)

정작 AI는 처음부터 흑 1의 귀쪽 붙임도 유력하다고 본다.

백2, 4에 흑5 이하 9까지 밀어놓고 11의 협공이면 충분하다는 것인데 이어지는 15까지의 진행이면 흑이 약간 편하다고 판단한다.

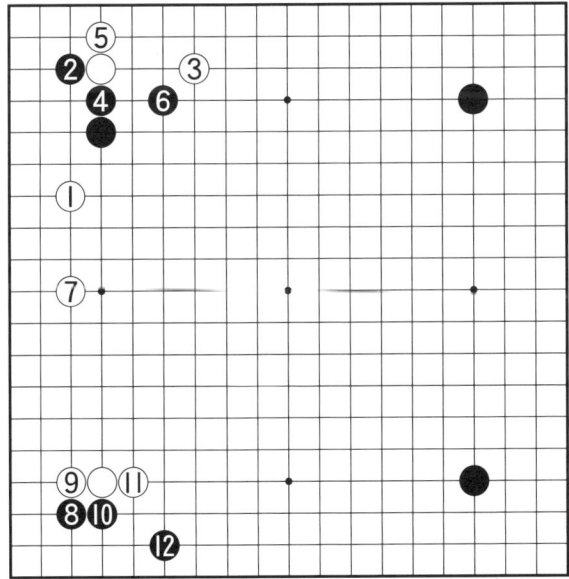

10도

10도(한칸낮은협공에서)

이번에는 백1의 한칸낮은협공에 대해 알아보자. 일단 AI는 흑2의 귀쪽 붙임이 가장 효과적이라고 본다.

다음 백3, 5가 많이 두던 수법이지만 흑6이 모양의 급소여서 백이 엷다. 이하 12까지 무난하게 진행되면 흑이 편하다고 본다.

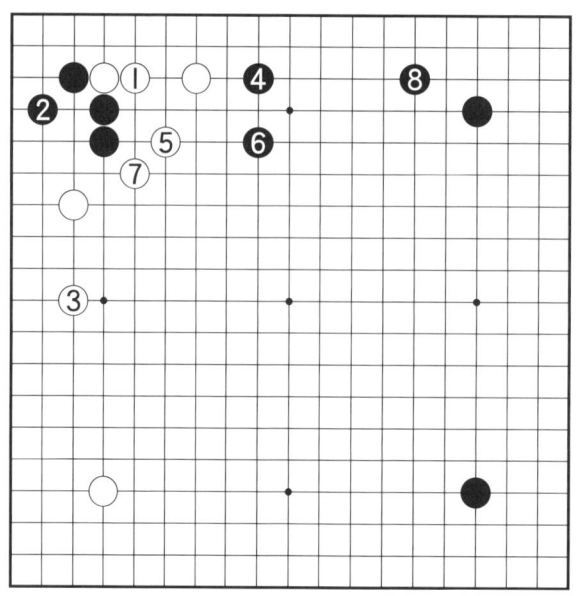

11도

11도(흑, 상변 구축)

앞 그림 흑4 때 백1로
늘면 단단하지만 모양
의 능률이 떨어진다.

흑2로 견실하게 안정
한 후 백3에 흑4, 6으로
압박한 후 8로 굳히면
상변 모양이 구축된 흑
이 편한 형세이다.

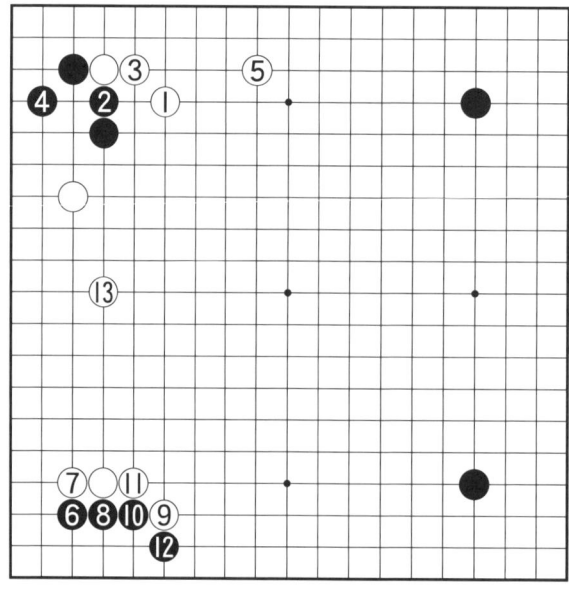

12도

12도(무난한 변화)

10도 흑2 때 백1의 날
일자가 두칸보다는 효
율적 행마이며 흑2, 4에
백도 5로 상변에 모양
을 잡을 수 있다.

다음 흑6으로 전환해
서 이하 13까지 무난한
변화인데 흑이 약간 편
한 정도이다.

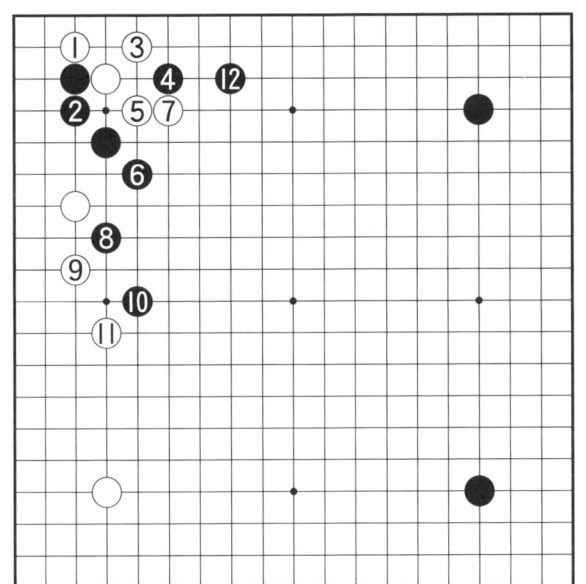

13도

13도(백, 안정적 호구)

애초 백1, 3의 호구가 가장 안정적이다.

이하 12까지 AI의 유력한 변화인데 흑이 약간 편한 정도라고 본다.

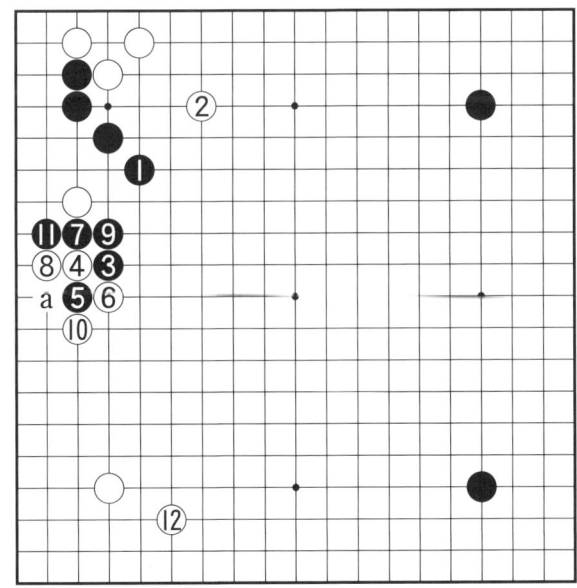

14도

14도(흑의 일책)

앞 그림 백3 때 흑1의 마늘모도 힘을 비축한 행마이다. 백2로 지키면 흑3의 씌움도 일책이며 이하 12까지 AI의 무난한 변화인데 흑이 약산 편한 정도이다.

수순 중 백이 a로 잡지 않고 12로 굳힌 것이 대세적 안목이다.

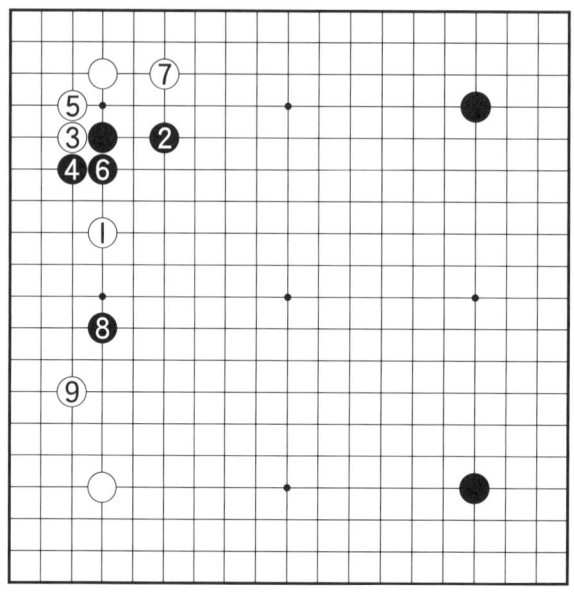

15도

15도(두칸높은협공에서)

이번에는 백1의 두칸높은협공에 대해 알아보자. 우선 흑2의 뜀은 AI 시각에서 안중에도 없다. 백3으로 붙여 7까지 귀를 한껏 차지하고 흑8의 협공에도 백9로 실속을 차리며 견제하면 백이 만족이라고 본다.

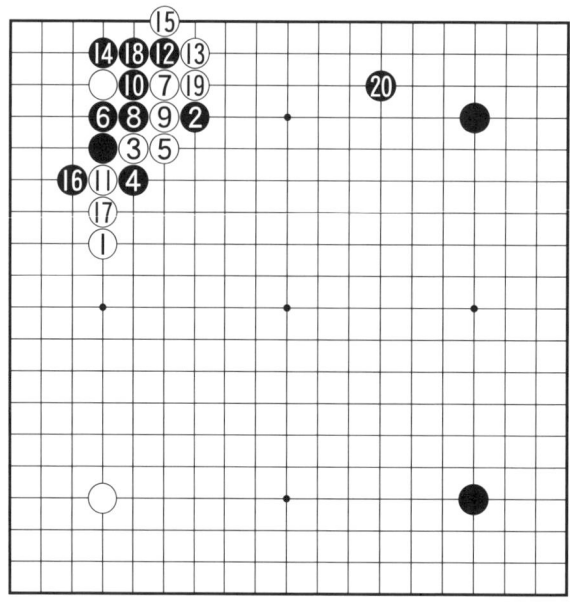

16도

16도(흑, 우세)

백1에 흑2의 눈목자씌움은 상용 수법인데 백3, 5로 붙여 나가면 흑6 이하 18까지 귀의 실리를 차지한 후 20으로 백 세력을 견제해서 흑이 우세하다는 것이 AI의 관점이다.

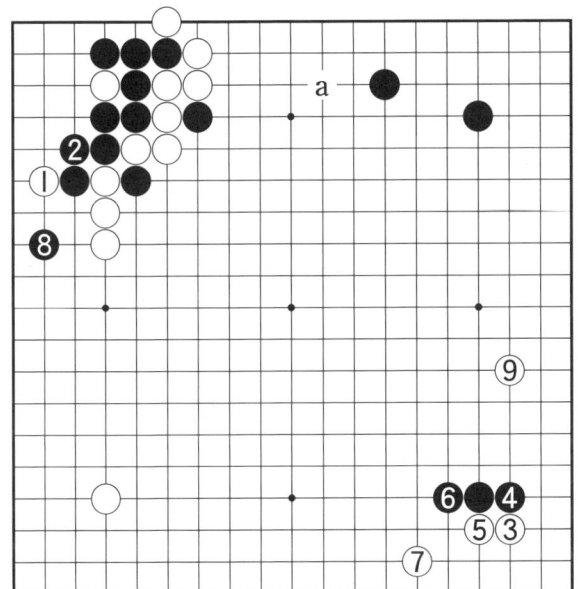

17도

17도(유력한 변화)

이 다음 백1의 붙임이 맥점이며 흑2로 물러선 후 9까지 유력한 변화인데 흑이 계속 앞서는 형세이다.

　수순 중 흑8의 달림은 실리와 더불어 좌변 진출을 엿보는 요소이며 백9는 달리 a의 벌림도 모양을 넓히는 요처이다.

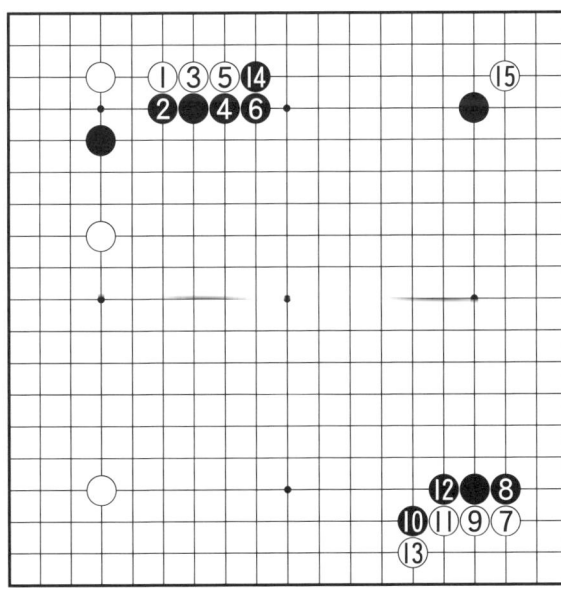

18도

18도(백, 무난한 대응)

16도 흑2 때 백1의 한 칸이면 무난한 대응이다. 흑2에는 백3, 5로 밀어놓고 7로 전환한 후 15까지 AI의 유력한 변화인데 대등한 형세라고 본다.

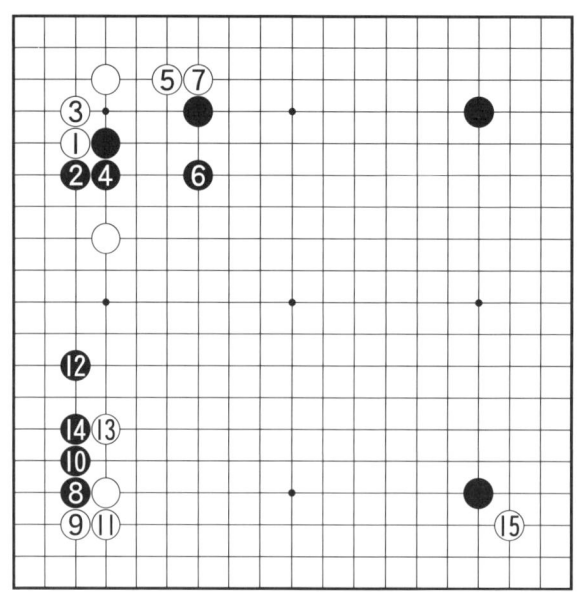

19도

19도(백, 유력한 발상)

백1, 3으로 귀를 최대한 지키고 나서 5의 한칸 도 AI의 유력한 발상이 다. 백7 때 흑8의 붙임 은 세련된 수법이며 이 하 15까지 거의 대등한 형세라고 본다.

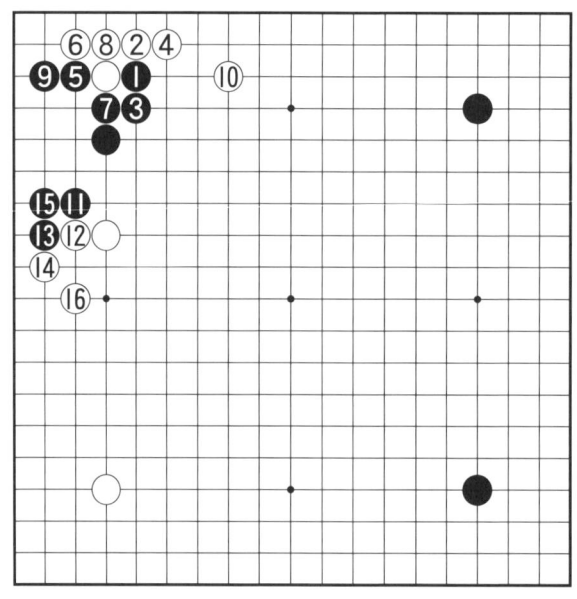

20도

20도(흑, 변쪽 붙임)

되돌아가서 흑1의 변쪽 붙임이면 백2로 젖힌 후 10까지 상용 수순이다. 다음 흑이 11 이하 15 까지 안정하면 백이 16 으로 좌변에 모양을 갖 춰 약간 편한 정도이다.

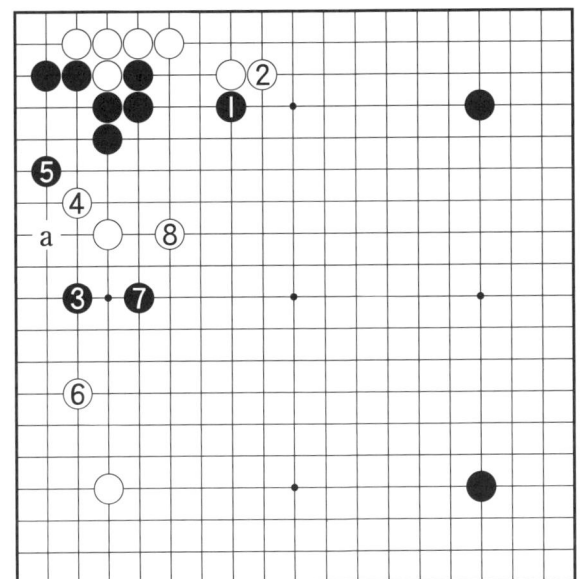

21도

21도(치열한 싸움)

이 상황에서 흑이 치열
하게 둔다면 1로 활용
해놓고 3의 협공이 능
동적 방법이다.

　백4에 흑5는 근거의
요소이며 a로 넘는 맛도
겸한다. 다음 백6, 8로
동행하면 서로 어려운
싸움이다.

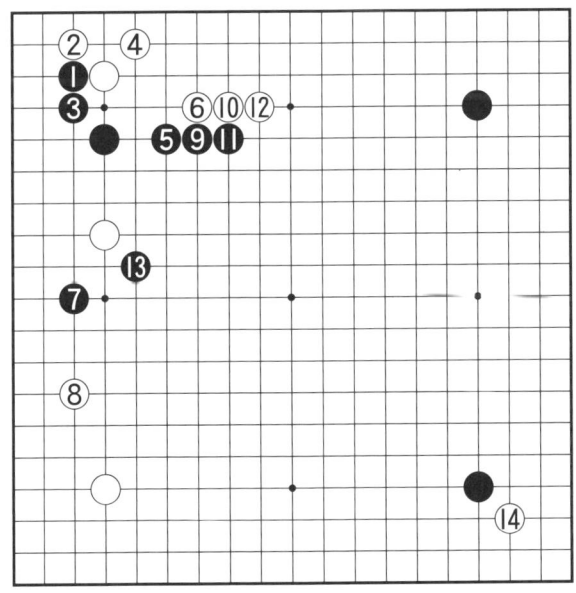

22도

22도(일순위 귀쪽 붙임)

처음부터 흑1의 귀쪽 붙
임이 AI의 일순위 추천
수이다.

　백2, 4로 받은 후 14
까지 무난한 변화인데
흑이 약간 편한 정도라
고 본다.

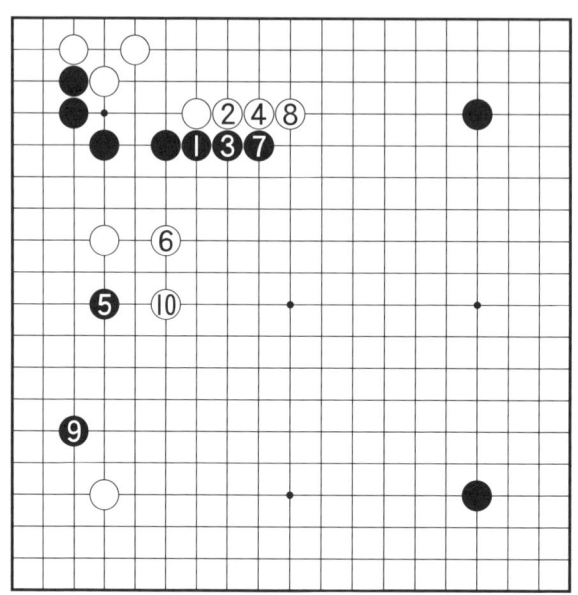

23도

23도(먼저 밀고 협공)

앞 그림 백6 때 이번에
는 흑1, 3으로 먼저 밀
고 5로 높게 협공했다.
다음 백6으로 뛰고 이
하 10까지 싸워나가도
서로 어울렸다고 본다.

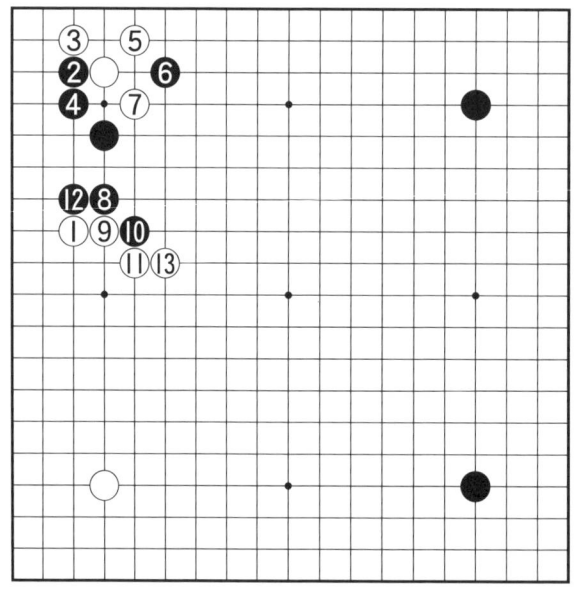

24도

24도(두칸낮은협공에서)

마지막으로 백1의 두칸
낮은협공은 생소하지만
AI가 개발한 실전적 수
법이다.

　흑2, 4로 귀를 먼저
처리하고 나서 이하 13
까지는 서로 모양을 갖
추는 정리법이다.

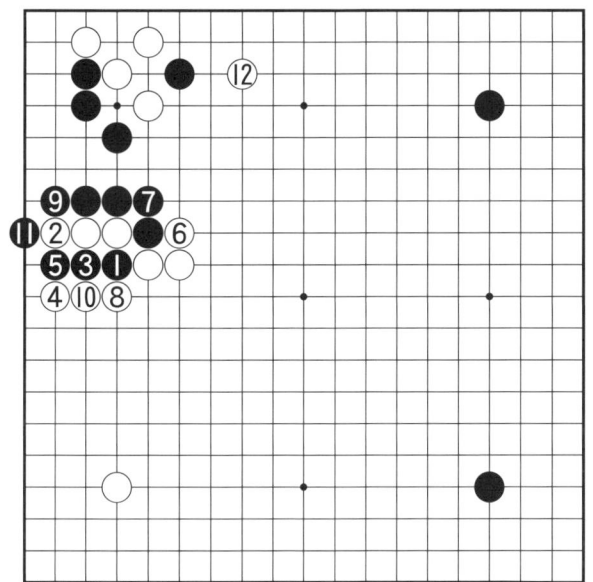

25도

25도(흑, 실리에 집착)

이때 흑1로 끊고 나서 이하 11까지 석점을 잡는 것은 실리에 집착한 좁은 발상이다.

그동안 백이 외곽을 기분 좋게 조였고 12로 지켜두기만 해도 백이 충분한 진행이다.

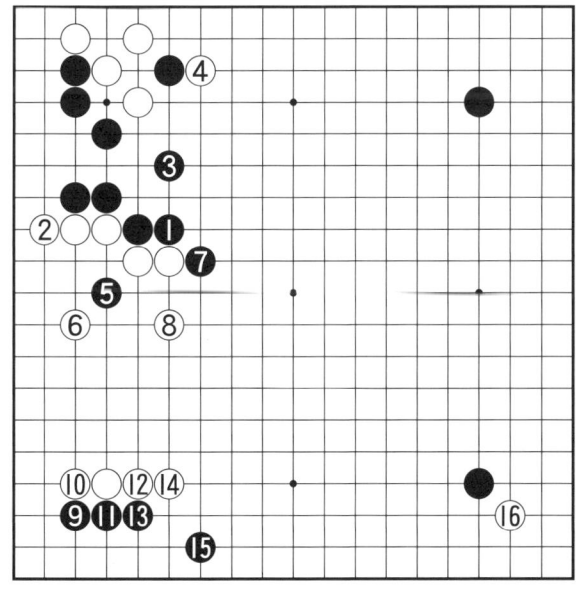

26도

26도(무난한 변화)

24도 다음 서로 흑1과 백2로 보강하는 것이 순리이다. 흑3으로 모양을 갖추면 백4의 붙임이 확실한 수비이다.

흑5를 활용해서 7의 선수를 얻은 다음 9로 침입하는 과정이 부드럽다. 이하 16까지 AI의 무난한 변화인데 거의 대등한 형세라고 본다.

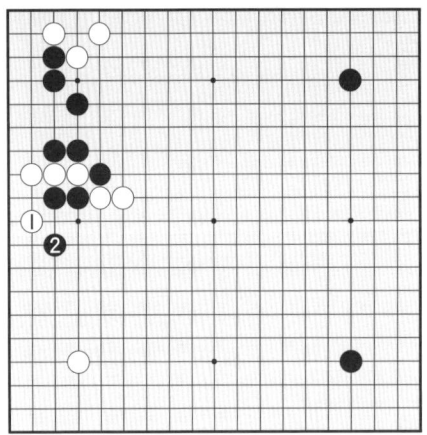

⊞ 장면

이 장면(본형 25도 참조)에서 백1로
뛸 때 흑이 조임을 피해 2로 씌우면
백이 어떻게 대응할지 생각해보자.

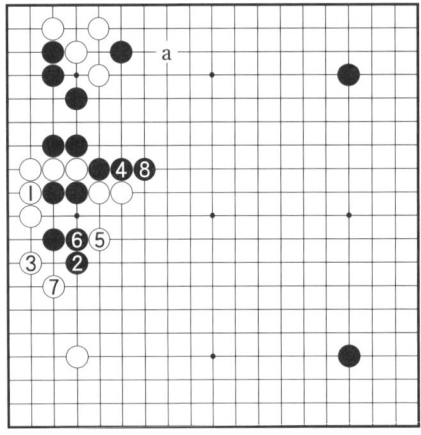

1도(흑, 활발)

백1로 물러선 후 3으로 뛰면 일단
흑4의 보강이 우선이다.

　백5, 7로 귀와 연결하며 공격도
가할 수 있지만 흑8이 힘을 비축하
는 요소로 a쪽 귀의 공격도 남아있
고 좌변 흑도 죽을 돌이 아니어서 흑
이 활발한 국면이다.

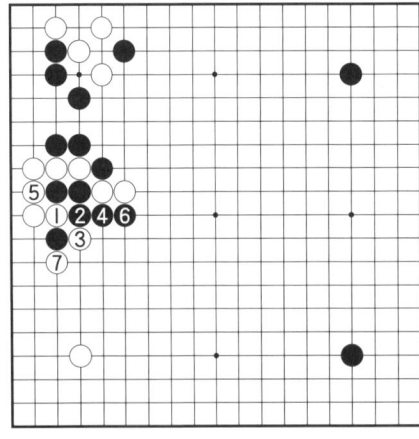

2도(백, 활발)

백1, 3으로 나와끊는 것이 상대 의도
를 무력화시키는 효과적 대응이다.

　이하 7까지 흑 한점을 잡으며 좌
변을 제압하면 이번에는 백이 활발
한 국면이다.

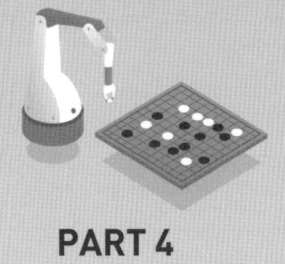

PART 4

AI시대
삼연성 포석

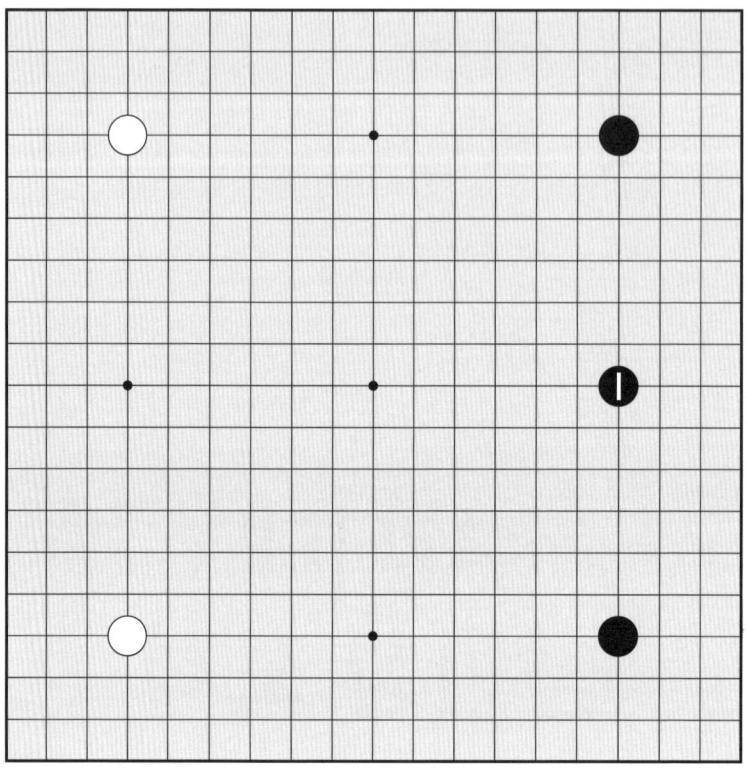

   양화점에서 흑1로 변의 중앙에 벌리면 삼연성 포석인데
세력 확장에 뜻을 둔다면 효과적 발상이다. 정작 AI는 귀를
최우선 순위에 두기 때문에 삼연성 포석을 권하지 않는다.
다만 실전에서는 이후 진행에 따라 우열이 정해지므로 여러
상황에서 AI 시각을 토대로 세력 운영과 대응법에 초점을
둔다. 출발은 기본적 상황에서의 포석 변화부터 알아본다.

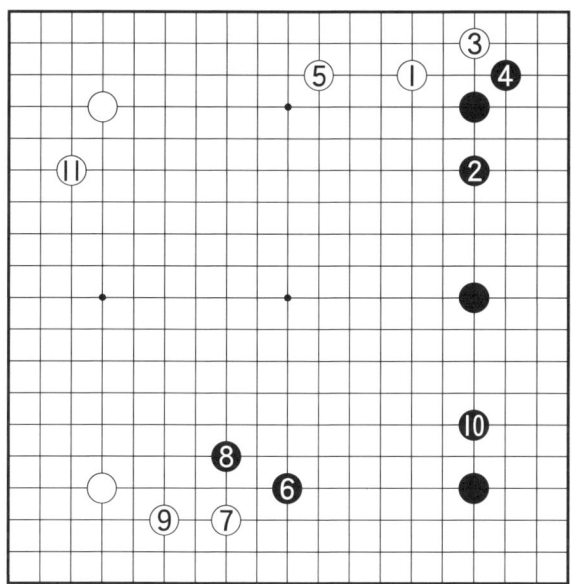

1도

1도(예전 포석의 평가)

백1의 걸침에는 흑2의 한칸받음이 보통이며 이하 11까지는 예전에 유행했던 변화였다.

이 결과를 놓고 AI의 시각은 흑이 폭은 넓지만 편중된 반면 곳곳의 요소를 점거하며 실속을 차린 백이 활발한 진행이라고 본다.

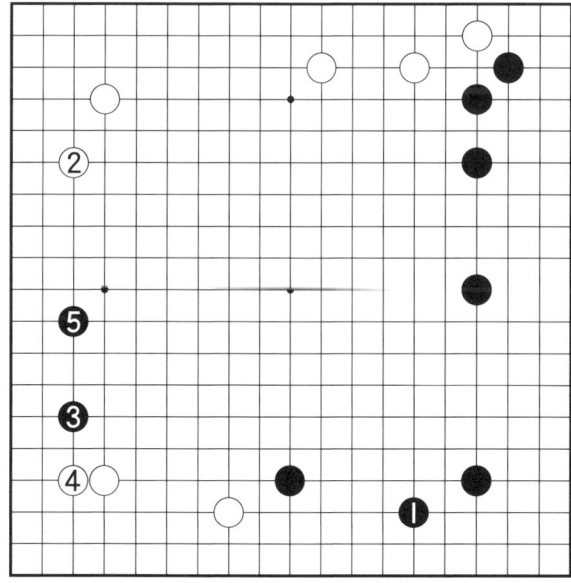

2도

2도(불변의 공식)

앞 그림 백7 때 AI의 진단은 흑1로 차분히 굳힌 다음 백2에 흑3, 5로 좌변에 벌리면 거의 대등한 국면이라고 본다.

무엇보다 바둑은 귀 → 변 → 중앙 순이라는 불변의 공식을 일깨우는 듯하다.

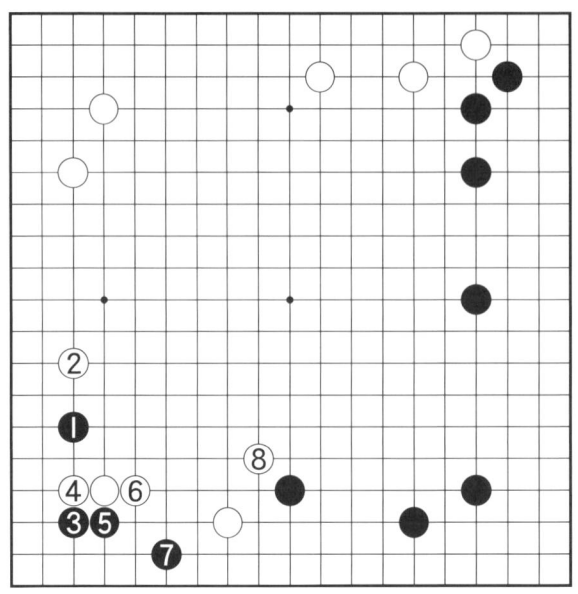

3도

3도(백, 효과적 협공)

흑1에 걸칠 때 백도 2로
협공하는 것이 효과적
이다. 흑3의 침입 후 8
까지 AI의 변화도인데
백이 귀의 실리는 허용
해도 좌변을 주도적으
로 경영하면 약간 활발
하다고 본다.

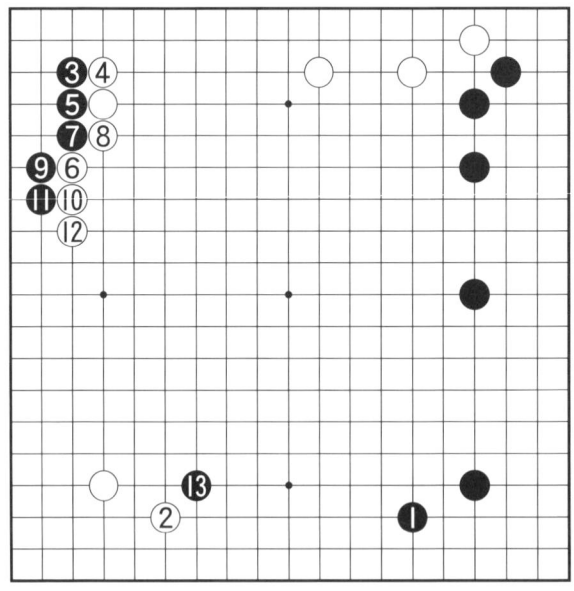

4도

4도(흑, 안정적 굳힘)

거슬러 올라가 1도 백5
때 귀를 중시하는 AI는
흑1의 굳힘부터 두는 것
이 안정적이라 본다.

이하 13까지 유력한
변화인데 거의 대등한
국면이다.

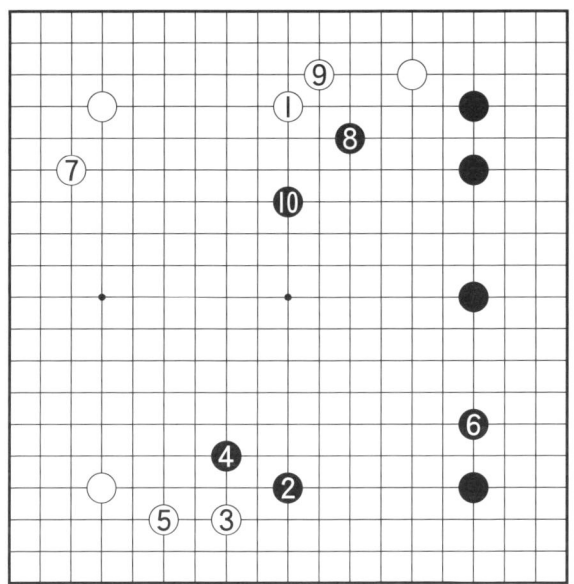

5도

5도(유행했던 포석)

1도 흑2 때 백1로 벌린 후 7까지 되고나서 흑8, 10의 밭전자로 영역을 넓히는 포석 변화도 한때 유행했다.

이 진행에 대한 AI의 진단도 알아보자.

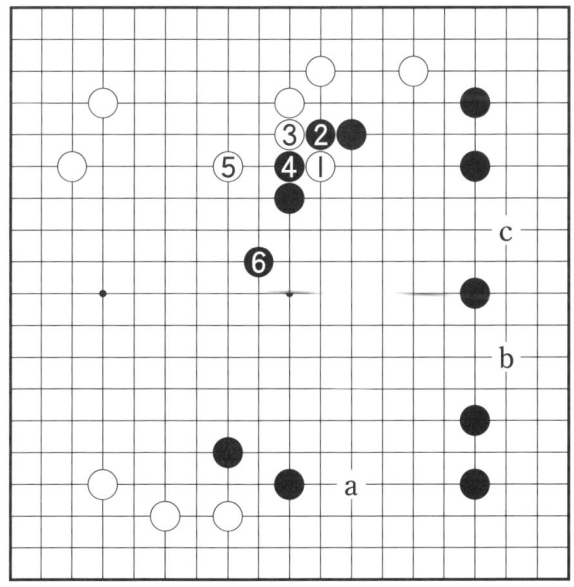

6도

6도(백, 우세)

밭전자 행마의 효력은 백1로 가운데를 가르면 흑2, 4로 끊긴다는 것인데 AI는 백이 이렇게 둬도 다음 5로 상변을 키우면 충분하다는 진단이다. 흑6에 넓혀도 백이 a~c 어디든 뛰어들어 타개하면 우세하다고 본다.

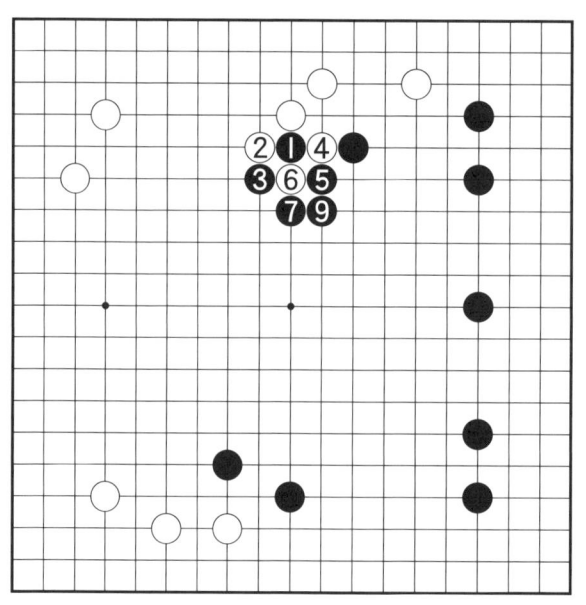

7도

7도(흑이 망한 수준)

5도 백9 때 흑1, 3으로 젖힌 후 9까지 중앙을 틀어막는 것도 확실한 세력 구축법으로 알려졌지만, AI 시각에서는 상변 백 모양이 상당해서 흑이 거의 망한 수준으로 본다.

⑧…❶

8도(맛을 남기며 삭감)

이다음 백1, 3으로 한점을 잡고 5로 침투해서 안에서 사는 맛을 남긴 후 7로 삭감하는 정도로 백이 크게 우세한 형세이다.

8도

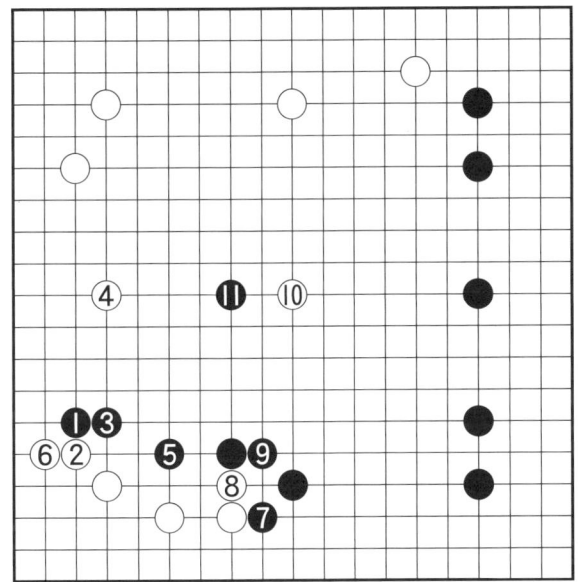

9도

9도(유력한 걸침)

5도 백7까지 된 상황에서 AI의 눈에 가장 큰 자리는 어디일까.

좌변 흑1의 걸침이 유력하며 이하 11까지 이어지는 변화인데 백이 활발하기는 해도 이제부터 변수가 많아 갈 길이 멀다.

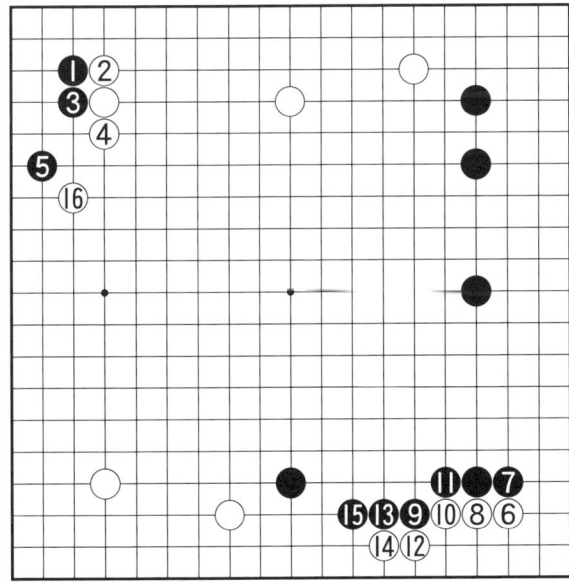

10도

10도(서로 3三침입)

거슬러 올라가 5도 백3 때 흑1의 침입이 AI시대에 걸맞다.

백도 2, 4로 간명하게 처리한 후 6으로 침입해서 낮상구를 친다. 이하 16까지 되면 백이 약간 활발한 정도이다.

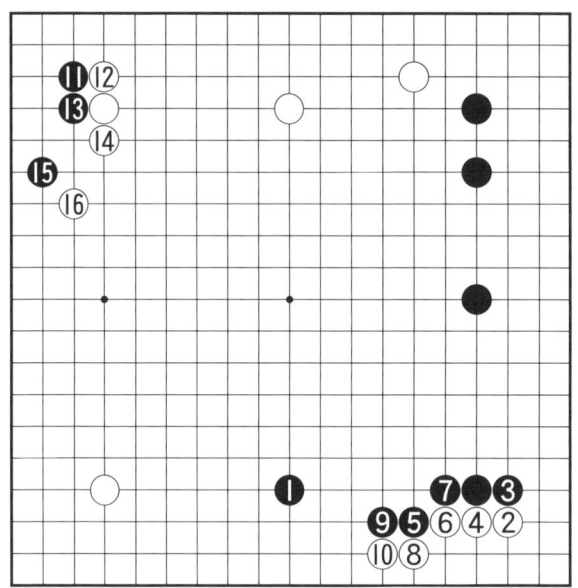

11도

11도(벌릴 때 침입)

흑1로 벌릴 때 AI의 눈에는 곧장 백2의 침입이 효과적이다.

이하 백10 때 흑11로 침입하면 이번에는 백이 16까지 세력을 쌓아 활발한 형세라고 본다.

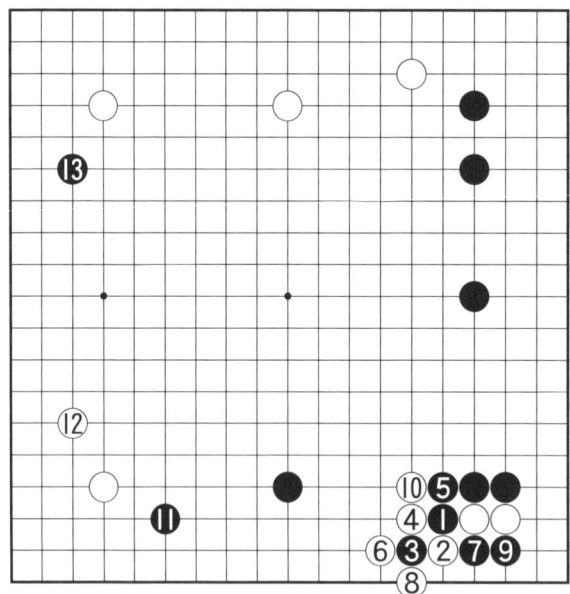

12도

12도(흑, 실리로 전환)

앞 그림 백4 때 일단 흑도 1로 젖힌 후 9까지 귀를 차지해 실리로 전환하는 것이 효율적이다. 백10이 요소인데 흑11, 13의 큰 자리로 향하는 것이 AI가 권하는 변화이며 형세는 백이 약간 활발한 정도로 본다.

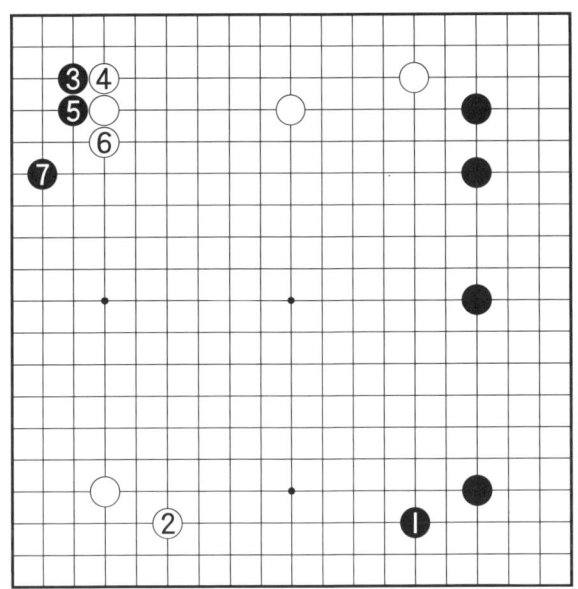

13도

13도(흑, 안정적 굳힘)

흑도 3三침입을 방어하려면 벌림보다 1의 굳힘이 안정적이다.

백2로 굳히면 흑3으로 침입해서 이하 7까지 균형이 잡힌 형세이며 백이 약간 편한 정도이다.

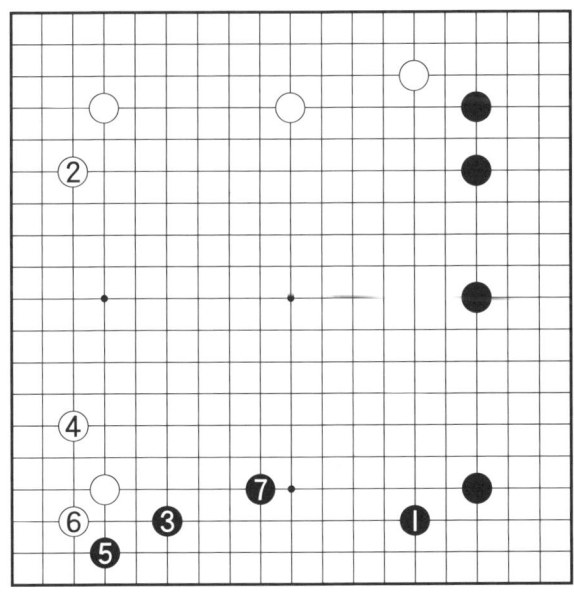

14도

14도(입체적 모양 확장)

흑1에 백2쪽 굳힘인 경우에는 흑이 3 이하 7까지 하변에 모양을 확장하는 것이 입체적이며 형세는 어울렸다.

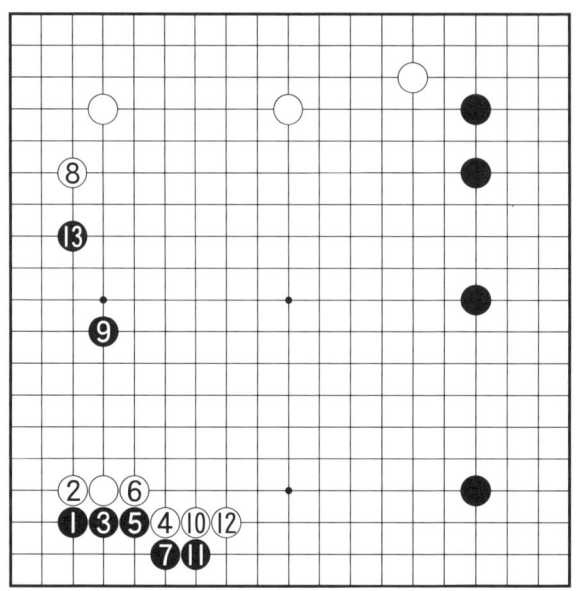

15도

15도(일순위 침입)

이 상황에서 AI라면 흑이 굳힘보다 1의 침입부터 두는 것이 일순위 선택이다.

이하 13까지 진행되면 거의 대등한 국면이라고 본다.

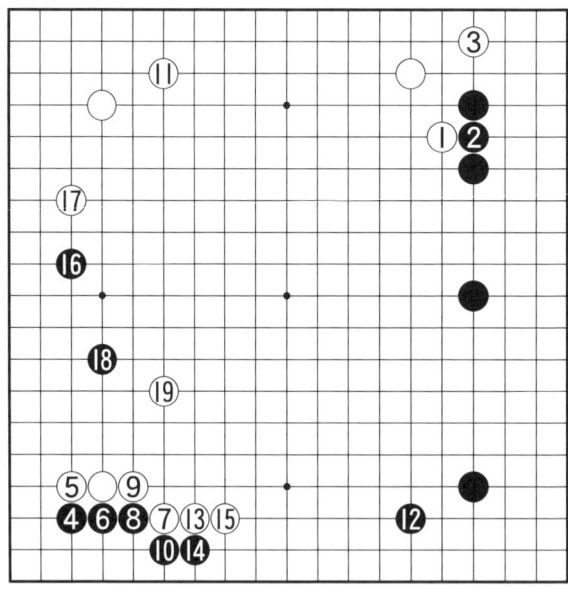

16도

16도(전용 활용달림)

되돌아가서 백1, 3은 AI의 전용 활용달림이다. 흑4로 전환한 후 19까지 유력한 변화인데 상변 일대가 강한 백이 약간 편한 정도이다.

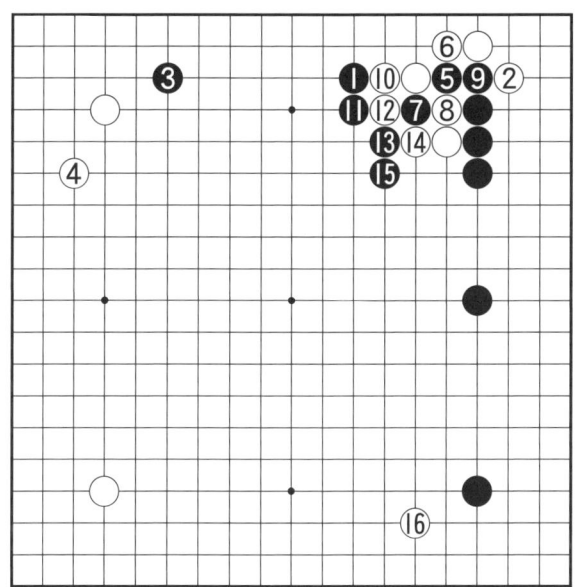

17도

17도(엷은 봉쇄)

앞 그림 백3 때 흑이 상변을 도모하고 싶다면 1, 3을 선수한 후 15까지 봉쇄하는 수법이 있다. 다만 엷은 맛이 남았기 때문에 백이 16으로 걸치기만 해도 앞선 국면이다.

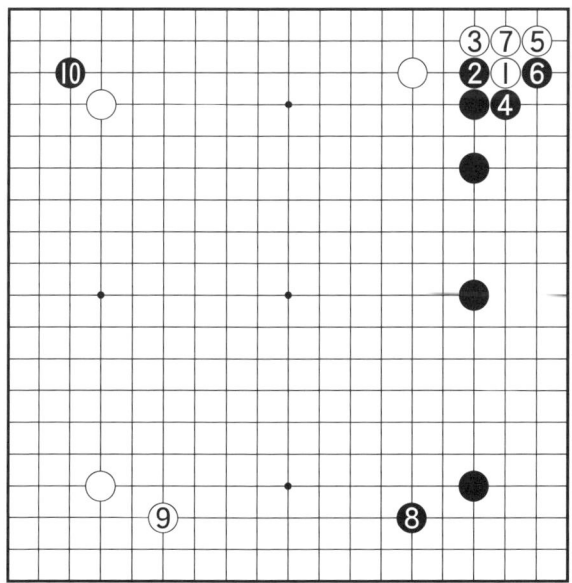

18도

18도(흑, 간명한 처리)

1도 흑2 때 백1의 3三 침입도 생각할 수 있다.

흑이 간명하게 처리하자면 2, 4로 뒤에서 막아 7까지 넘겨준 후 흑8의 굳힘으로 세력을 살린다. 백9에 흑10으로 전환하면 거의 어울린 형세이며 백이 약간 편한 정도이다.

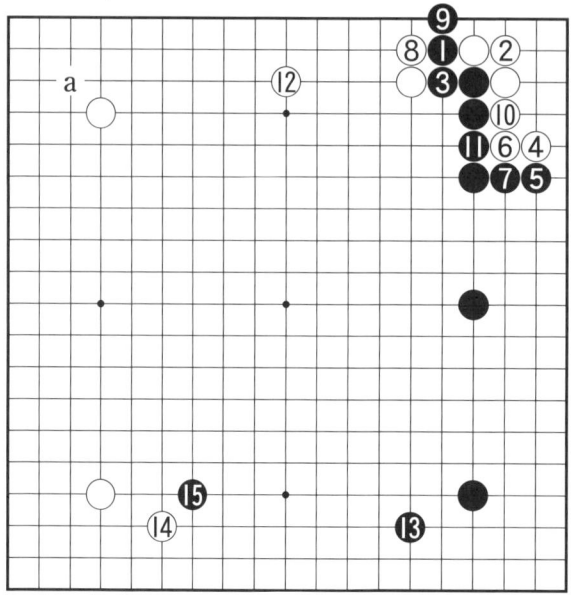

19도

19도(보편적인 진행)

앞 그림 백3 때 흑1로 차단하면 이하 12까지 AI가 제시하는 보편적인 진행이다. 다음 흑이 13으로 굳힌 후 세력을 더욱 확장하려면 15의 어깨짚음이 효과적이다.

AI 시각에서는 흑15 대신 a의 침입이 우선이라 보며 어디에 두든 백이 약간 편한 정도이다.

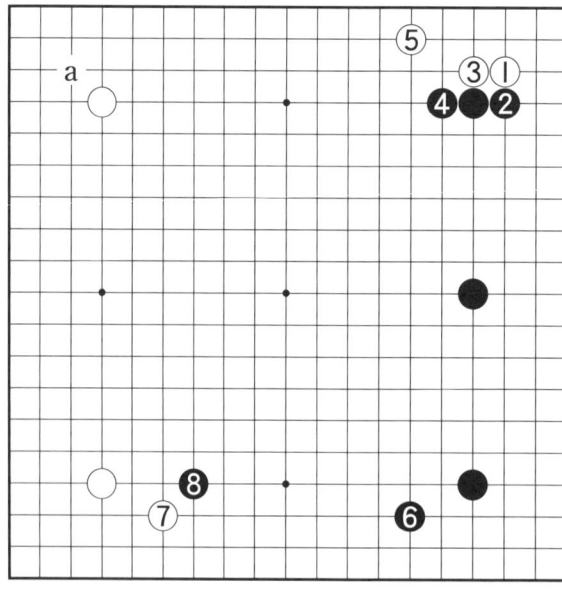

20도

20도(처음부터 3三침입)

삼연성 포석에서도 AI 감각이라면 처음부터 백1의 3三침입을 마다하지 않는다.

이하 5까지면 간명하며 다음 흑이 세력을 살린다면 6, 8로 확장한다. 물론 흑8은 a의 침입도 실전적이며 어디에 두든 백이 약간 편한 정도이다.

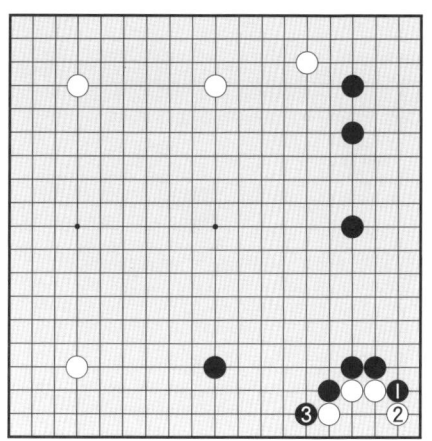

▦ 장면

우하귀가 초점인데 흑1로 먼저 젖힌 후 3으로 이단젖힌 장면이다.

흑이 노림을 품고 기교를 부린 모습인데 백의 효과적인 대응은 무엇인지 생각해보자.

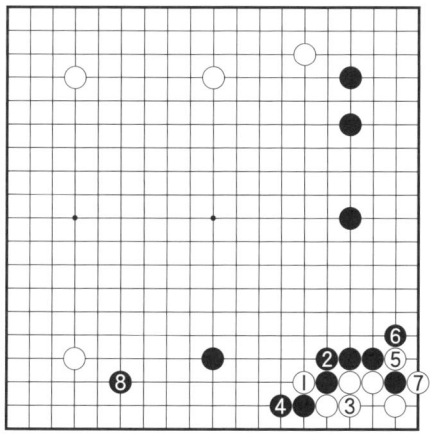

1도(흑의 의도)

백1로 끊으면 흑의 의도대로 흘러간다. 흑2 다음 백이 변의 한점을 잡든지 귀로 잇든지 좋은 결과는 없다.

그래도 백3에 잇는 것이 차선인데 흑은 축이 불리하지만 4로 늘고 백5, 7에 흑8로 걸치면 흑이 약간 편한 국면이다.

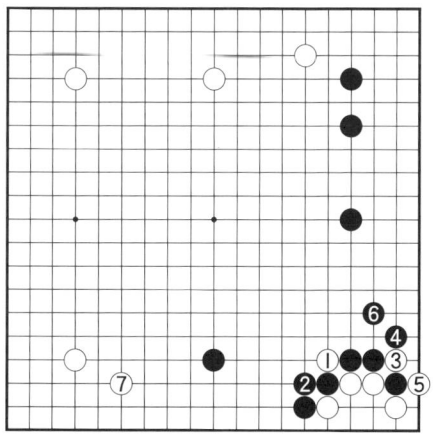

2도(백, 효과적 응징법)

백1로 위에서 끊어 단점을 만들어놓고 3, 5로 잡는 것이 상대를 응징하는 효과적 수순이다.

흑6에 지킬 때 백7로 굳혀 흑세의 발전을 제한하면 백이 우세한 국면이다.

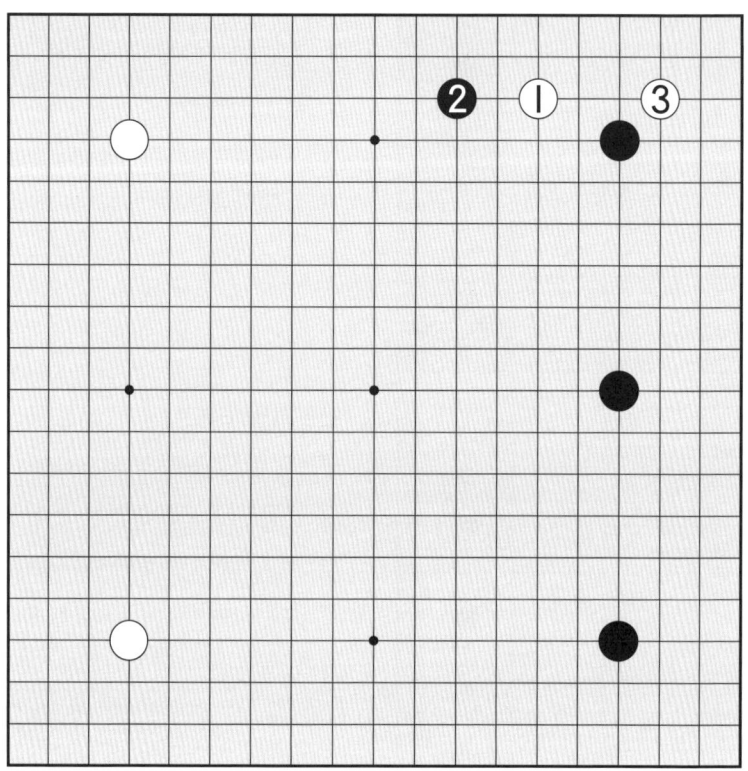

삼연성 포석에서 백1의 걸침에 흑2의 한칸협공은 효과적인 공격으로 그동안 애용했던 수법이다. 이때 백3의 3三침입은 가장 보편적인 대응인데 이후의 포석 변화에 대해 알아본다.

더불어 그동안 상식으로 알고 있던 변화들이 AI의 진단으로 달라진 점도 주목해야 한다.

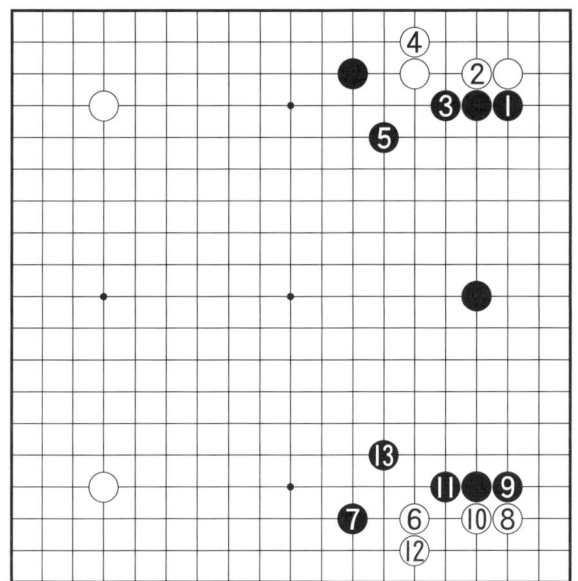

1도

1도(백의 엷은 자세)

기본형 다음 흑1, 3에 백 4의 차렷 지킴은 한때 많이 사용했지만 AI 시 각에서는 엷다고 본다.

흑5로 모양을 갖추고 우하귀도 마찬가지로 백6 이하 13까지 진행 되면 흑도 두터움으로 충분히 백 실리에 대항 할 수 있다.

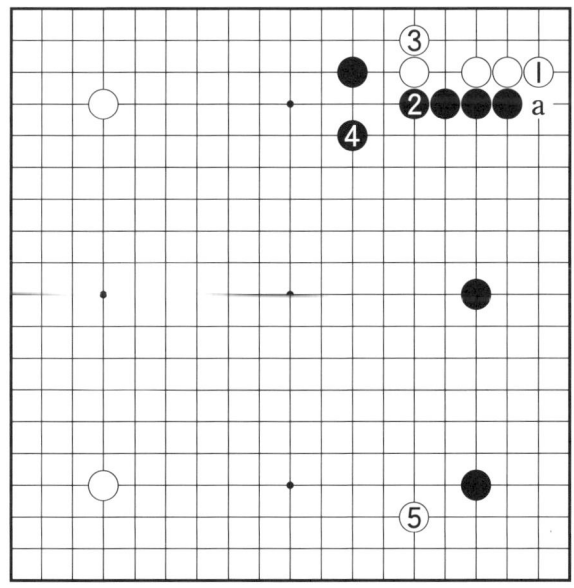

2도

2도(느슨한 방어)

앞 그림 흑3 때 귀쪽 백 1의 뻗음이 무난한데 흑 2에 백3의 차렷 자세면 역시 느슨하다고 본다. 이때 흑도 4나 a는 모양 을 지키는 방안이시만 발이 늦어 백이 5로 걸 치기만 해도 편하다는 것이 AI의 진단이다.

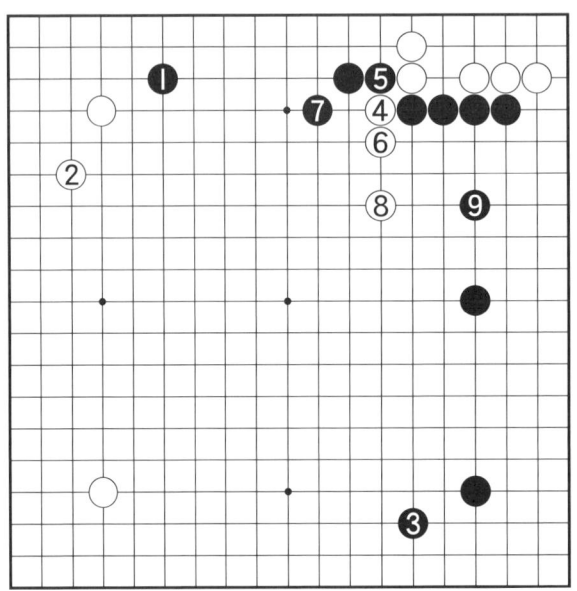

3도

3도(흑, 능동적 감각)

앞 그림 백3 때 흑1, 3
으로 모양의 폭부터 넓
히는 것이 AI의 능동적
감각이다.

백4로 약점을 위협하
면 흑은 5로 끊은 후 9
까지 대등하게 싸울 수
있다.

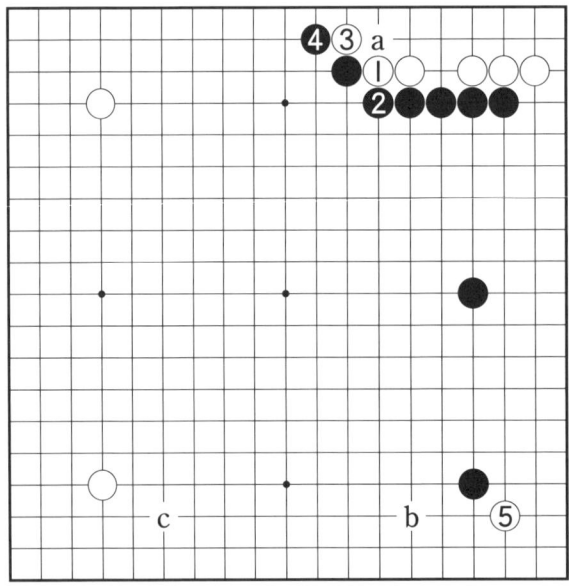

4도

4도(상식을 깨는 행마)

2도 흑2 때 백1, 3으로
막나가는 것이 그동안
의 상식을 깨는 행마이
다. 흑4의 이단젖힘이
강력하지만 이때 백이 a
로 잇지 않고 5로 전환
하면 앞선 국면임을 AI
가 선언한다.

백5는 b나 c 자리도
비슷한 가치이다.

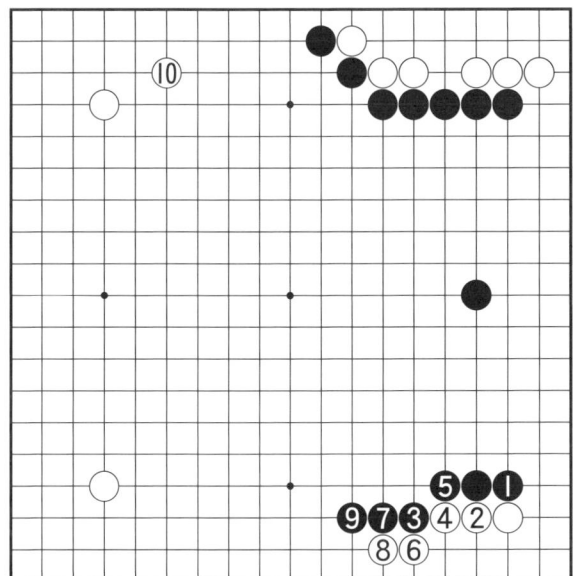

5도

5도(백, 활발)

이다음 흑이 세력을 넓히자면 1로 막은 후 9까지가 보편적인데 백은 10으로 굳히며 실리로 대응하기만 해도 활발한 진행이다.

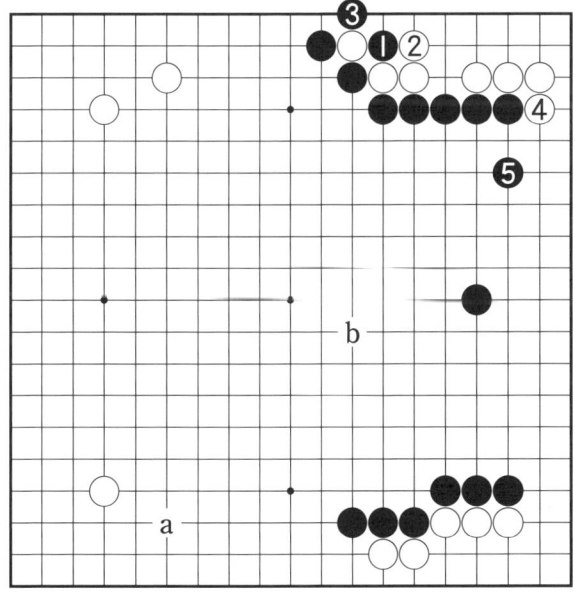

6도

6도(중요한 수순)

계속해서 흑1, 3으로 한점을 잡으면 백4의 꼬부림을 활용하는 것이 중요한 수순이다. 흑5에 백은 a로 굳혀도 좋고 우변 누터움이 염려뇌면 b 근처에서 삭감해도 순탄한 형세이다.

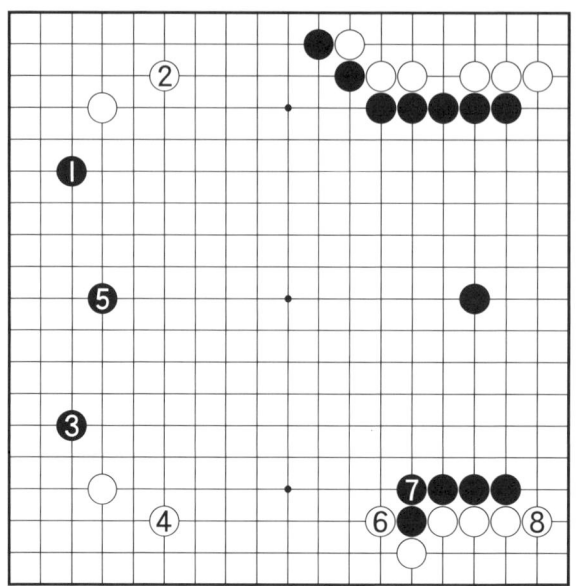

7도

7도(백, 편한 형세)

거슬러 올라가 5도 백6
때 흑이 국면을 전환해
서 1 이하 5로 좌변을
개척하면 백은 6, 8로
견실하게 두기만 해도
편한 형세이다.

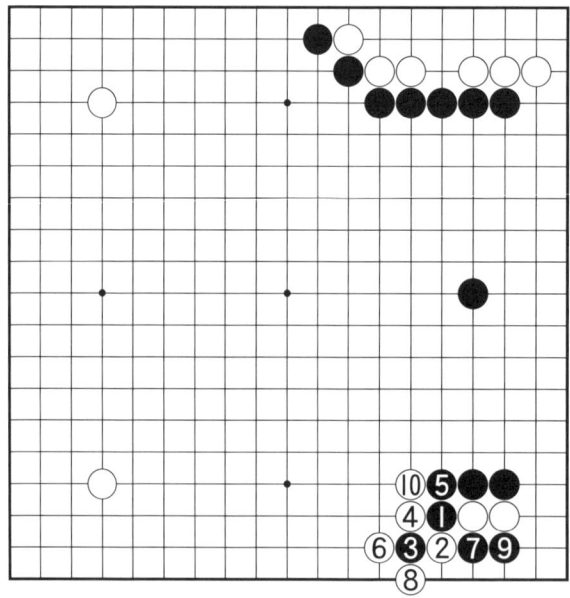

8도

8도(흑, 불리)

5도 백2 때 흑1, 3으로
이단 젖혀 9까지 귀의
두점을 잡는 것도 정석
이지만 이 배석에서는
백10으로 밀어올리기만
해도 흑은 세력이 제한
되어 불리한 진행이다.

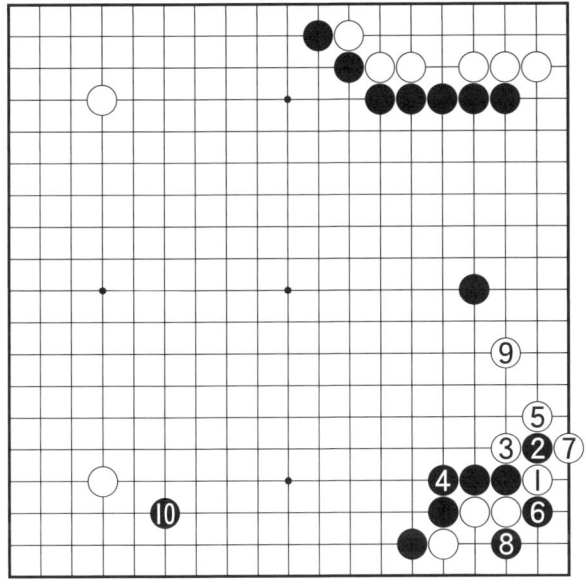

9도

9도(형세 돌변)

앞 그림 흑3 때 백1, 3
으로 반대쪽에서 끊으
면 9까지 우변 세력 안
으로 침범할 수 있지만
찻잔의 태풍에 불과하
다. 갑자기 형세는 돌변
해서 흑10으로 간명하
게 걸치기만 해도 흑이
우세한 흐름이다.

　나의 길을 걸으면서
은근히 세력을 견제해
야 효과가 극대화된다.

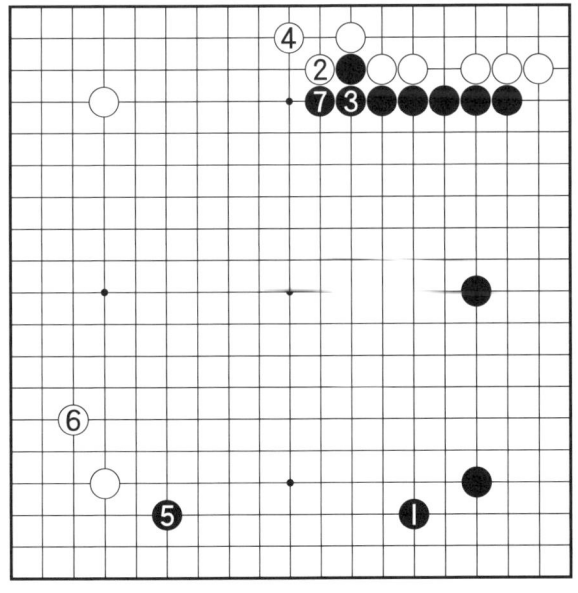

10도

10도(일관된 세력작전)

거슬러 올라가 4도 백3
때 흑이 우변 모양을 살
리자면 1의 굳힘도 일
책이다.

　백2, 4로 상변에 진
출하면 흑노 5, 7로 폭
을 넓히며 일관된 세력
작전을 구사할 수 있다.

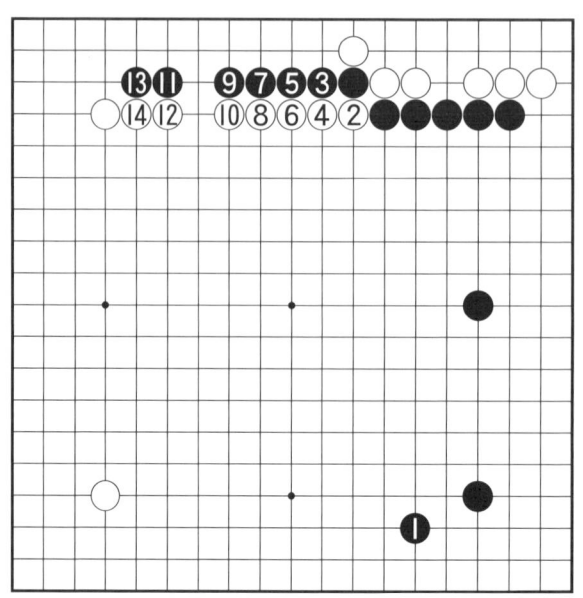

11도

11도(백, 효과적 끊음)

흑이 상변을 받지 않고 1로 전환하면 백2쪽을 끊고 4로 몰아가는 것이 효과적이다.

흑5로 나가서 이하 14까지 틀어막히면 백이 활발하다는 것이 AI의 진단이다.

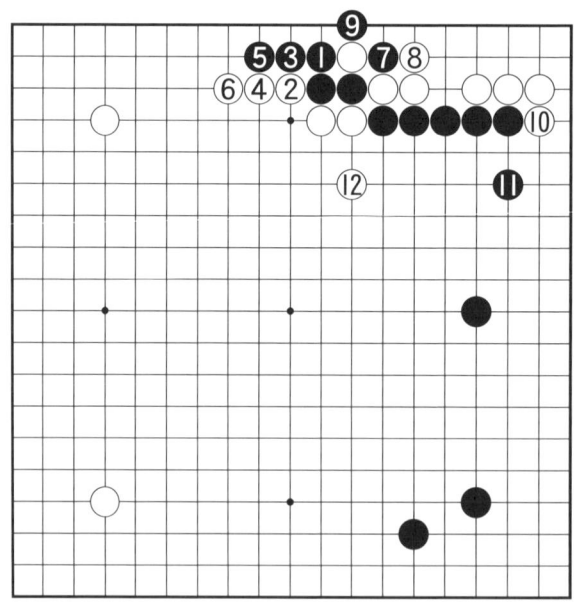

12도

12도(흑, 현명한 삶)

앞 그림 백4 때 흑은 1로 꼬부린 후 9까지 살아두는 것이 현명하다.

다음 백이 10을 선수하고 12로 중앙 대세점을 두면 약간 활발한 정도이다.

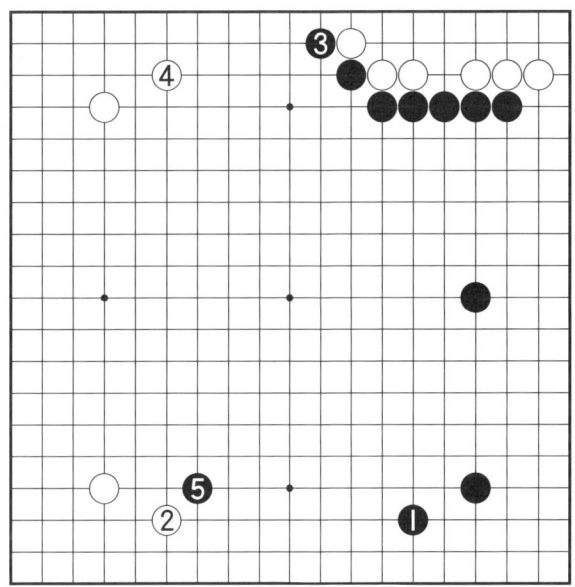

13도

13도(각자의 길)

흑1에 백2의 굳힘도 마
주보는 큰 곳인데 이제
흑3의 젖힘도 강력하다.

　다음 백4로 굳히고 흑
5로 넓히면 각자의 길을
가는 진행인데 백이 약
간 편한 형세이다.

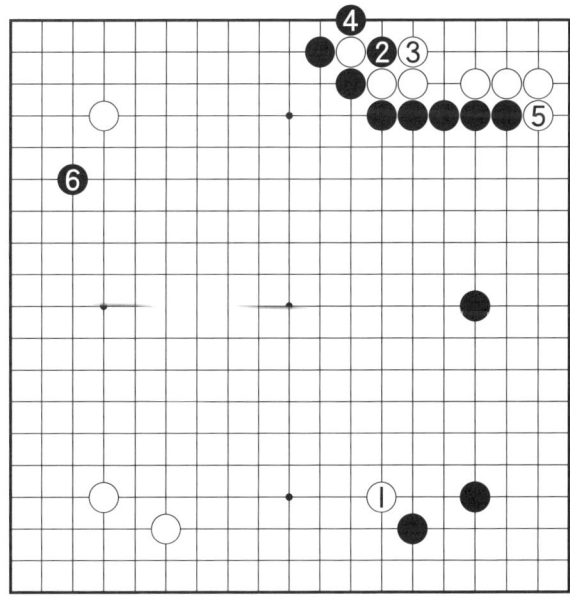

14도

14도(흑세 견제)

앞 그림 흑3 때 백이 먼
저 1로 흑세를 견제할
수도 있다.

　흑은 2, 4로 한점을
잡고 나서 백5에 흑6으
로 전환하는 것이 AI의
능동적 발상인데 형세
는 역시 백이 약간 편하
다고 본다.

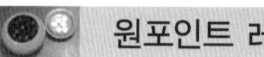
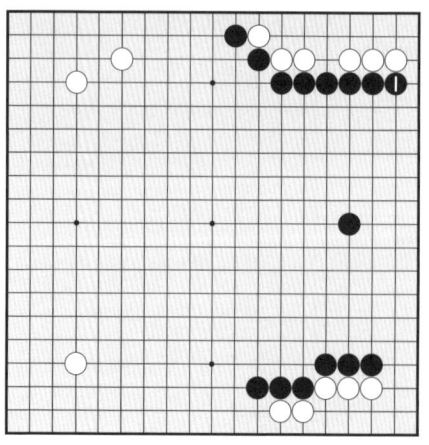

⬚ 장면

이 장면(본형 5도 참조)에서 흑1로
우변 뒷문을 틀어막으면 다음 백이
어떻게 운영하면 좋을지 생각해보
자. 포석의 길에 큰 자리와 급한 자
리가 있다면 급한 자리가 우선임을
잊지 말아야 한다.

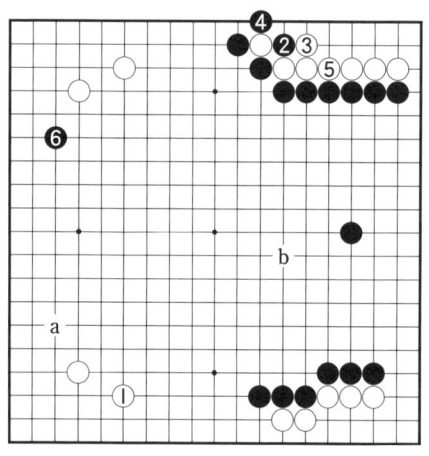

1도(귀에 선수활용)

일단 우상귀가 초점인데 백1의 군힘
으로 큰 자리에 전향하면 흑2, 4의
한점 따냄이 귀에 선수활용이 된다.
　그리고 나서 흑6(또는 a)으로 걸
치거나 b쪽으로 모양을 확장하면 흑
이 약간 활발한 국면이다.

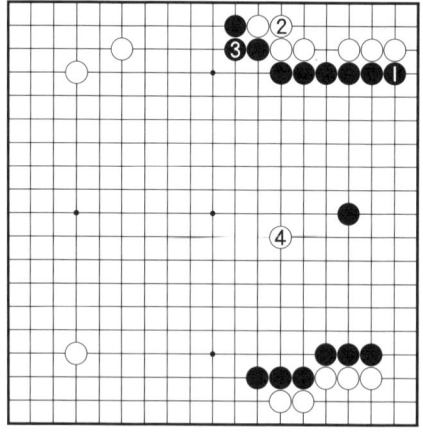

2도(시급한 삶)

흑1로 뒷문을 막으면 백2로 잇고 살
아두는 것이 시급하다. 흑3에 백4 부
근에서 우변 세력을 삭감하면 백이
활발한 국면이다.

한칸협공에서 올라서는 변화

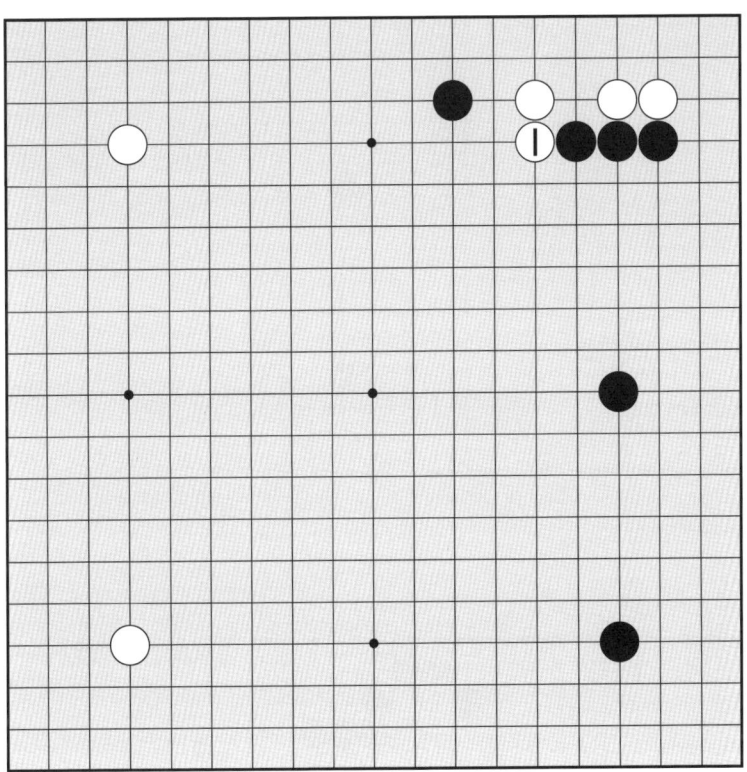

　이번에는 한칸협공─3三침입에서 백1로 올라서는 변화
에 대해 집중 검토해본다.
　중앙에 흠집을 만들어놓고 두겠다는 뜻인데 상황에 따라
나가서 싸우는 진행도 일어날 수 있다. 이후 공방에서 특히
고정관념을 벗어난 효율적 운영법에 초점을 둔다.

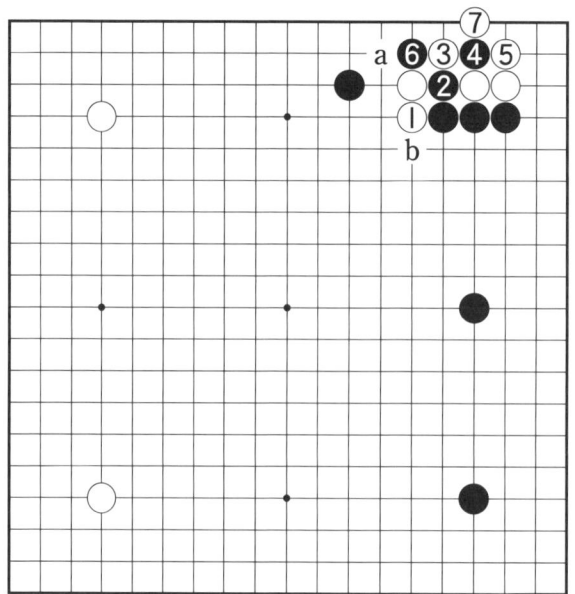

1도

1도(필연)

백1로 올라서면 흑2, 4
로 나가끊은 후 7까지
는 필연으로 기억해둔
다. 다음 흑은 a와 b의
선택을 놓고 시험대에
오른다.

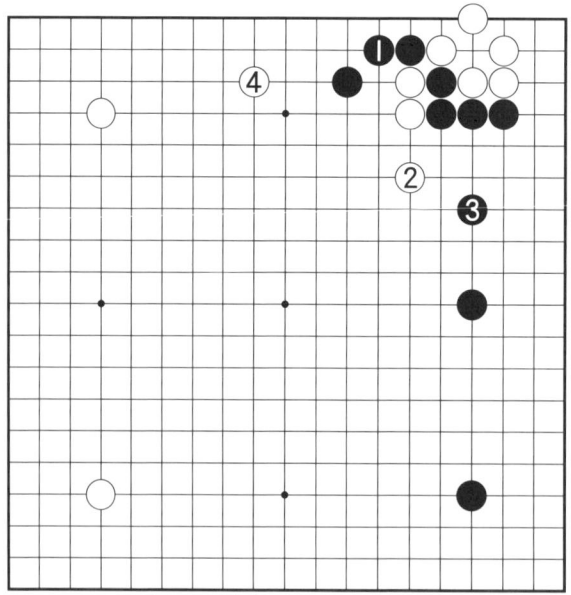

2도

2도(백, 활발)

이다음 흑1로 늘어 뿌
리부터 차단하면 어떨
까. 일단 백2로 뛰고 나
서 흑3에 지킬 때 상변
에서 백이 4로 공격하
기만 해도 활발하다는
것이 AI의 진단이다.

이 진행은 세력을 지
향하는 삼연성 취지에
도 맞지 않는다.

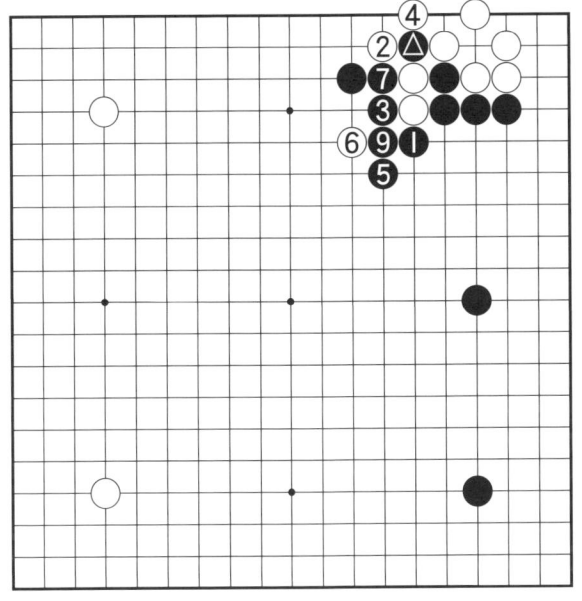

3도

3도(알려진 정석에서)

1도 다음 흑1의 젖힘이 보통이며 이하 9까지 많이 알려진 정석이다.

수순 중 백6의 활용에 흑도 반발이 있지만 기왕 받는다면 7의 단수 후 9의 이음이 확실하다는 것이 AI의 견해이며 일단 실리와 세력 대결로 균형이 잡혔다.

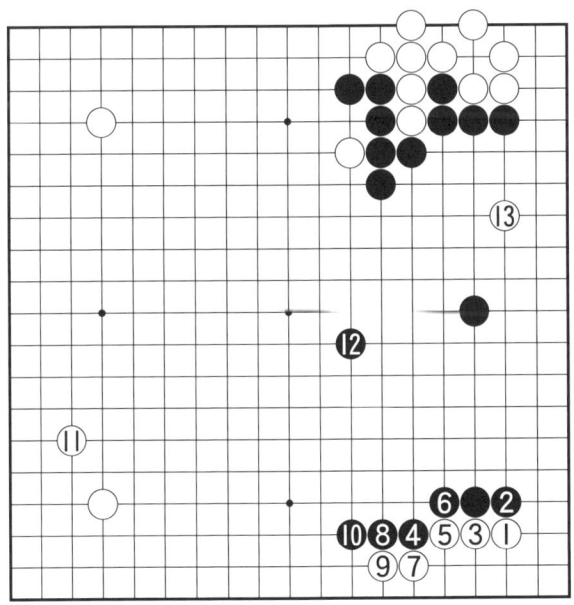

4도

4도(효과적 침입)

이다음 백1로 전환하는 것이 AI의 일순위 감각이며 흑도 세력을 살리자면 2로 막은 후 10까지 모양을 확장한다.

우변 세력이 크지만 흑진에는 묘한 약점이 남아있다. 우선 백11의 굳힘이 침착하다. 흑12로 모양을 확장하면 이때 백13의 침입이 흑진의 약점을 추궁하는 세력삭감 방안이다.

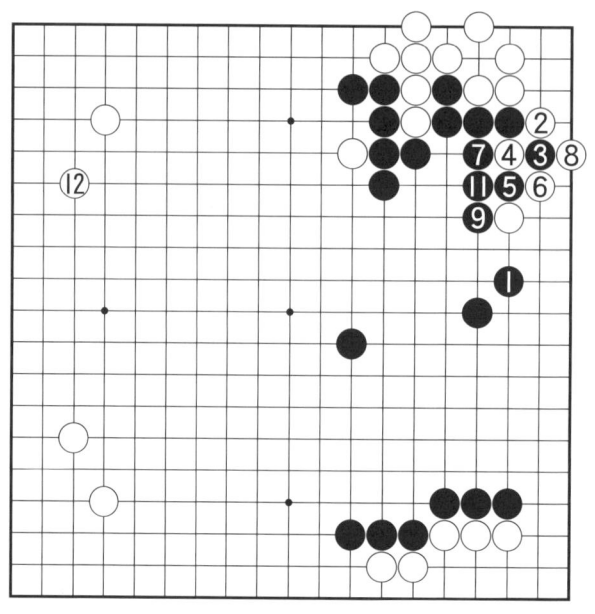

5도(우변 파괴)

이 다음 흑1로 근거를 차단하면 백2, 4로 끊는 것이 교묘한 맥이다. 이어 흑5에 백6, 8로 넘으며 11까지 필연이다.

　흑 세력이 깊었지만 우변 한쪽이 파괴된 만큼 백12의 굳힘으로 전환하면 백이 실리로 활발한 국면이다.

5도　　　　　　　　　　⑩‥④

6도(안에서 삶)

백1에 흑2로 귀의 건넘을 방어하면 백3의 붙임으로 타개가 어렵지 않다.

　흑4로 안쪽에서 추궁하면 백5로 젖힌 후 11까지 안에서 살기만 해도 충분하다.

6도

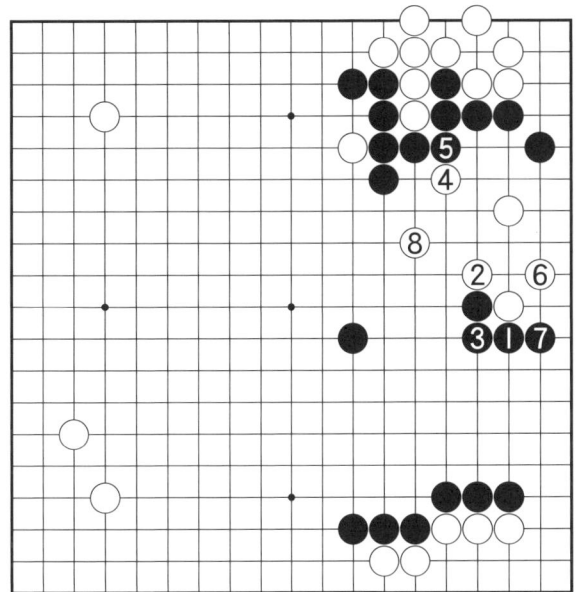

7도

7도(잡기 어렵다)

앞 그림 백3 때 흑1로 바깥에서 추궁하면 백2로 젖힌 후 8까지 근거를 갖추고 나가 흑이 잡기 어려운 만큼 백이 우세한 진행이다.

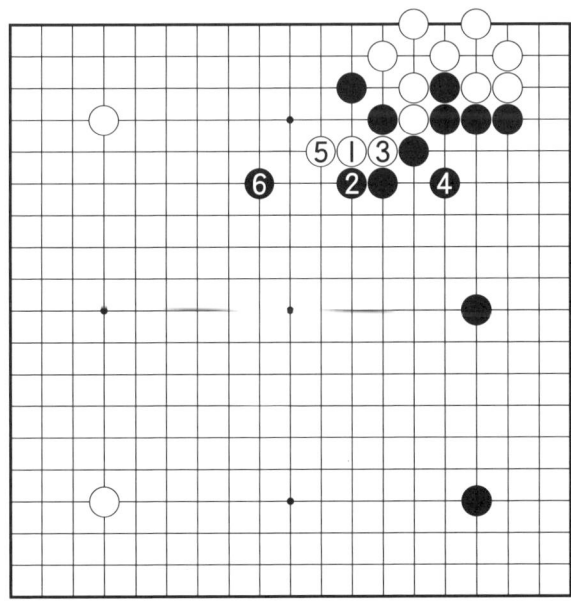

8도

8도(흑, 능동적 반발)

거슬러 올라가 백1로 활용할 때 흑2의 반발도 능동적 방안이다.

　이때 백이 큰 자리로 전환하면 무난한데 그렇지 않고 3에 끊을 때가 문제이다. 흑4로 받아주면 백5로 나가 목적 달성인데 흑도 이렇게 된 이상 6의 씌움으로 세력을 살리면 어느 정도 균형을 잡을 수 있다.

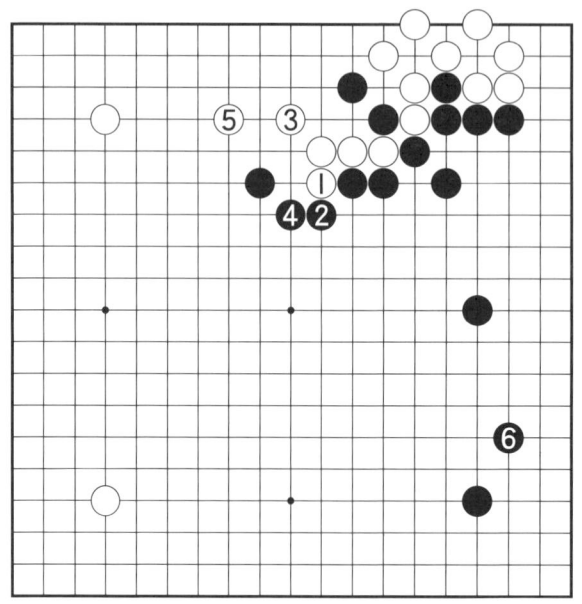

9도

9도(백, 무난한 실리)

이다음 백1, 3으로 참고 흑4에 백5로 상변을 실리로 다스리면 무난하다. AI는 흑의 다음수로 6의 굳힘을 추천하며 형세는 백이 약간 편하다고 본다.

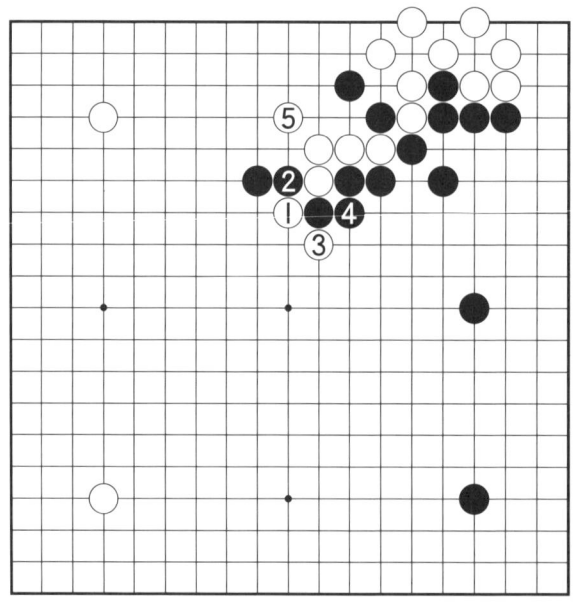

10도

10도(중앙 싸움)

앞 그림 흑2 때 백이 강하게 두자면 1로 젖힌 후 5까지 중앙을 끊고 버틸 수 있다.

　서로 어렵지만 냉정한 AI는 실리를 확보하면서 싸우는 백이 편하다고 본다.

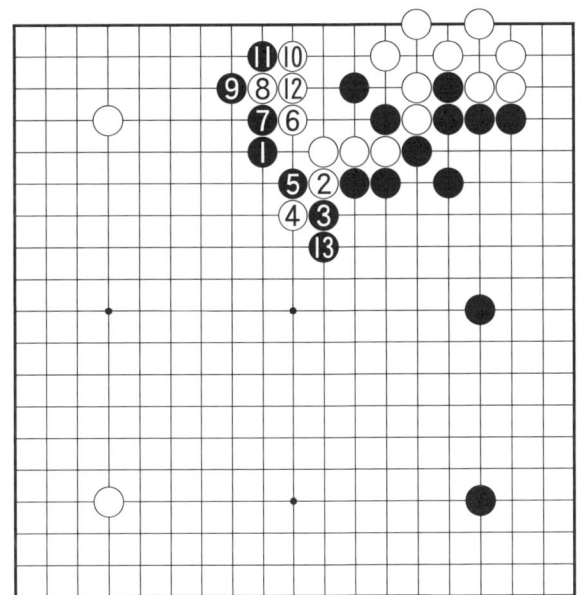

11도

11도(중앙 싸움 유도)

어차피 흑이 중앙 싸움을 유도한다면 1로 상변에 더 접근해서 5까지 끊은 다음 이하 13까지 변을 제어해놓고 싸우는 변화도 있다.

일단 실리를 확보한 백이 편하지만 이후의 국면은 서로 어렵다.

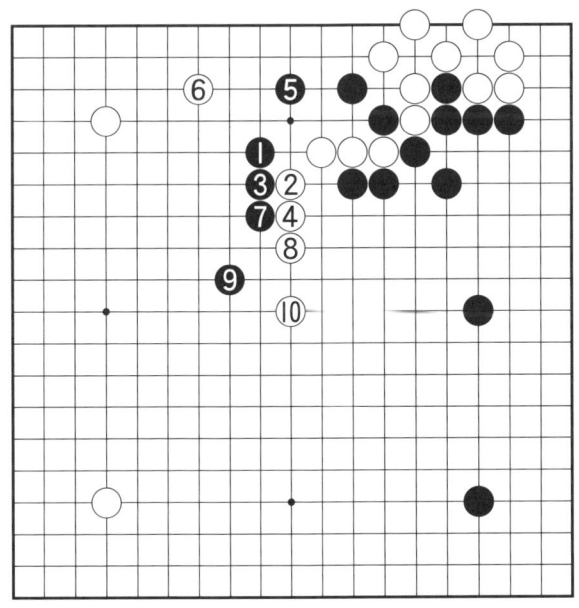

12도

12도(뿌리부터 차단)

흑1에 백2로 나가면 흑 3, 5로 뿌리부터 차단한 후 10까지 AI의 유력한 변화인데 백이 약간 활발하지만 서로 추격하며 어려운 싸움이다.

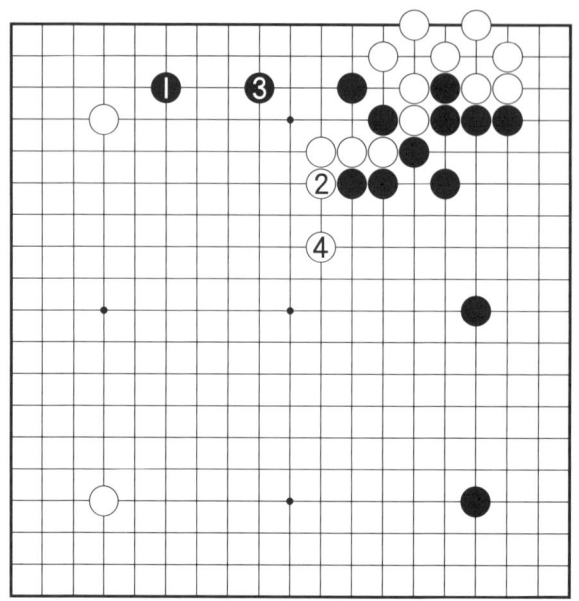

13도

13도(우변 세력 약화)

8도 백5 때 흑1로 직접 상변을 견제하면 백2, 4로 중앙에 나가기만 해도 우변 흑 세력이 약화되어 백이 활발하다고 본다.

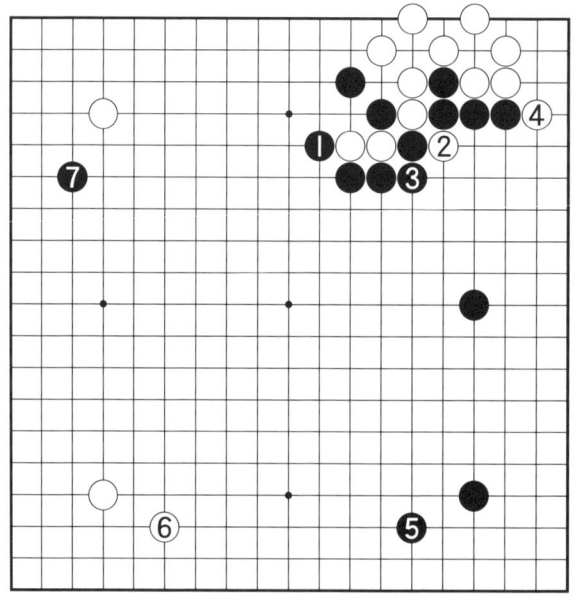

14도

14도(문제해결)

실은 8도 백3 때 흑1로 두점을 잡으면 모든 문제가 해결된다고 AI가 알려준다.

백2, 4로 우변 한쪽이 다치지만 흑이 두터움을 기반으로 해서 5, 7로 굳히고 걸치며 큰 자리로 향하면 활발한 국면이다.

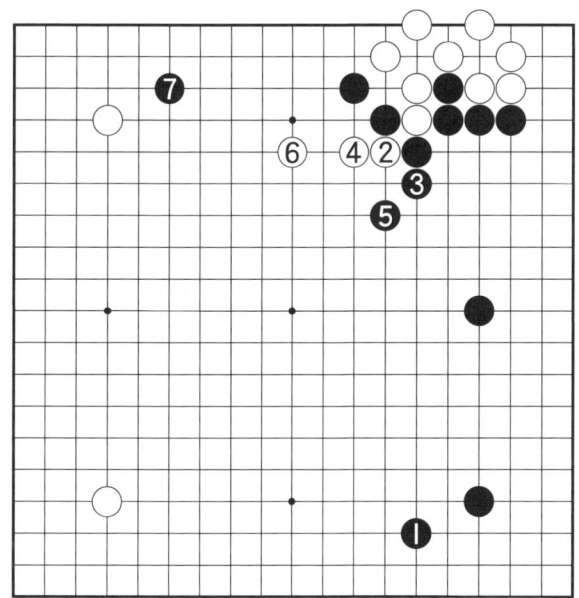

15도

15도(자유로운 발상)

거슬러 올라가 3도 백4
때 흑1의 굳힘도 AI의
자유로운 발상이다. 백2
로 끊을 때 흑3, 5로 정
돈한 후 백6에 흑7로 상
변을 견제하면 백이 약
간 편한 정도이다.

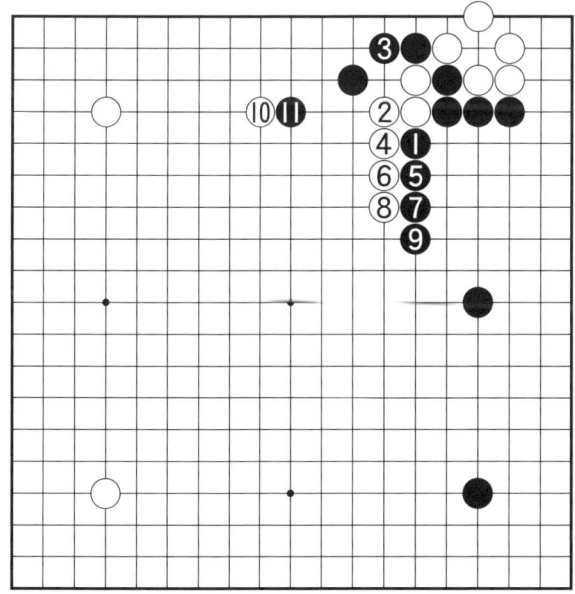

16도

16도(멀리서 씌울 때)

애초 흑1로 젖힐 때 굳
이 백이 중앙에 나가고
싶다면 2로 꼬부린 후 9
까지 밀어놓고 싸우는
변화도 있다.

　다음은 서로 어려운
데 백10으로 멀리서 씌
우면 흑도 11로 강하게
붙이며 싸울 수 있다.

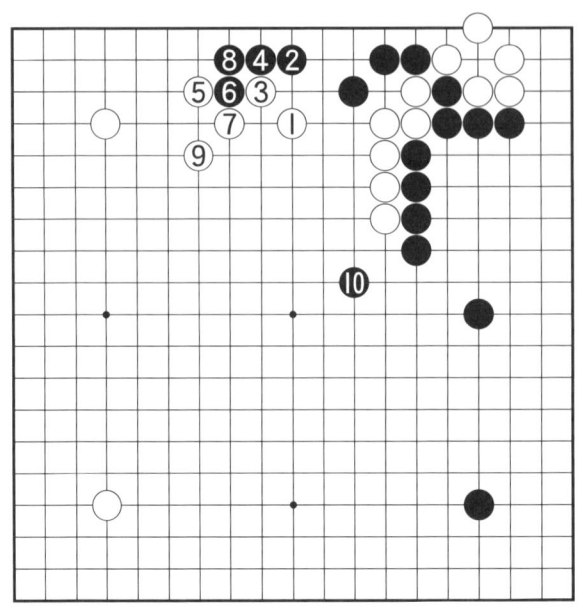

17도

17도(가까이서 씌울 때)

앞 그림 흑9 때 백1로 가까이서 씌우면 흑2의 달림이 간명하다.

이하 10까지는 AI의 무난한 변화인데 흑이 약간 편한 정도이다.

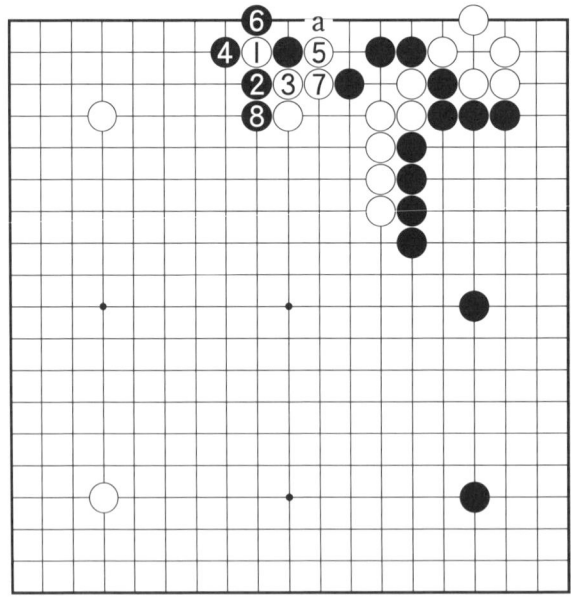

18도

18도(바꿔치기)

앞 그림 흑2 때 백1로 강하게 차단하면 흑2, 4로 한점을 잡으며 7까지 바꿔치기를 감행한다. 흑 석점이 잘렸지만 8로 밀어올리는 자세가 힘차고 a의 맛도 남아 역시 흑이 약간 편하다고 본다.

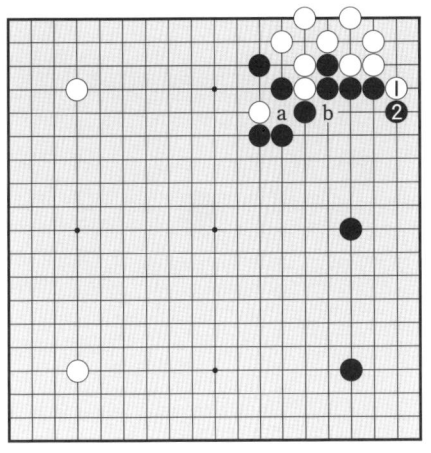

장면

이 장면에서 백1의 젖힘은 노림을 품은 교란 수단이다.

　흑2 다음 백이 a와 b로 끊을 때 AI의 시각에서 적절한 변화에 대해 알아보자.

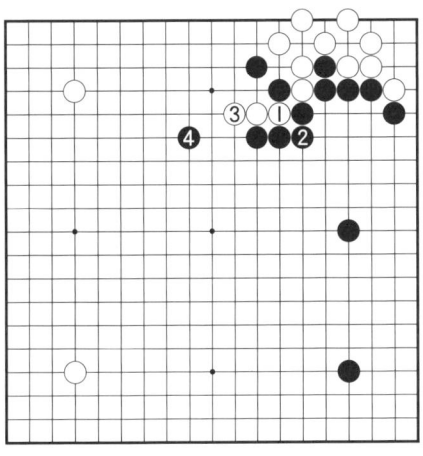

1도(상변에서 끊는 경우)

백1로 상변에서 끊는 경우 흑이 두 점을 잡으면 우변 넉점이 꼼짝없이 잡혀 흑이 크게 당한다.

　흑은 2로 잇고 나서 백3에 흑4로 씌우는 정도로 충분하며 AI의 진단은 거의 어울린 형세라고 본다.

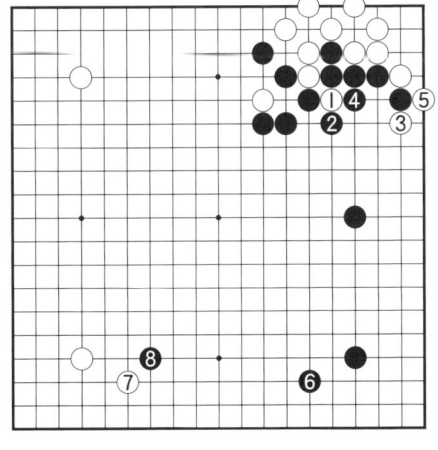

2도(우변에서 끊는 경우)

백1로 우변에서 끊는 경우 흑2로 잡을 때 백3의 껴붙임이 교묘하다.

　흑은 4로 따내는 것이 견실하고 백5로 넘을 때 흑6, 8로 큰 자리를 향해 모양을 넓히면 AI의 진단은 흑이 약간 편한 정도라고 본다.

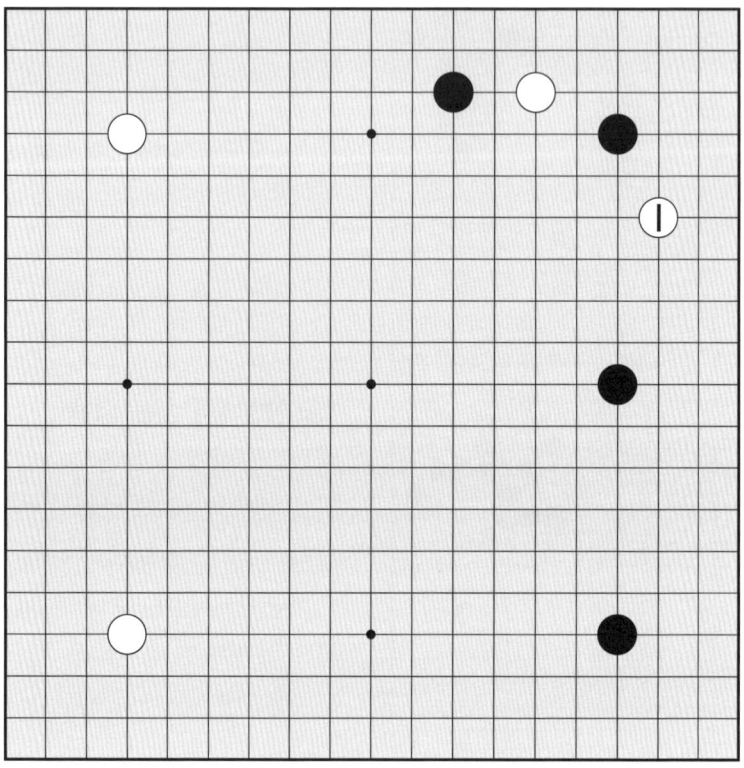

이번 주제는 한칸협공 때 백1의 양걸침인데 세력을 교란
해서 국면을 주도하려는 능동적 발상이다. 이러면 흑도 세
력만을 고집할 것이 아니라 대국적인 관점에서 국면을 이끌
어가야 한다.

양걸침에도 높낮이가 있는데 먼저 백1의 낮은 양걸침 이
후의 포석 변화에 대해 알아본다.

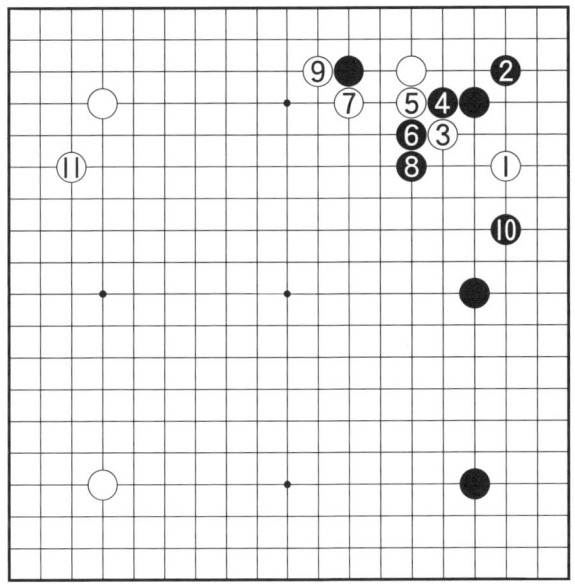

1도

1도(백, 기분 좋은 봉쇄)

백1의 양걸침에 흑2로 3三에 두어 귀를 지키면 백3의 봉쇄가 일단 기분 좋다.

흑은 어느 쪽이든 끊고 싸우겠다는 뜻인데 왼쪽 4, 6으로 끊으면 이하 10까지 AI의 유력한 결말이다. 바꿔치기 양상인데 다음 백11로 굳히면 충분하며 백이 약간 편한 정도로 본다.

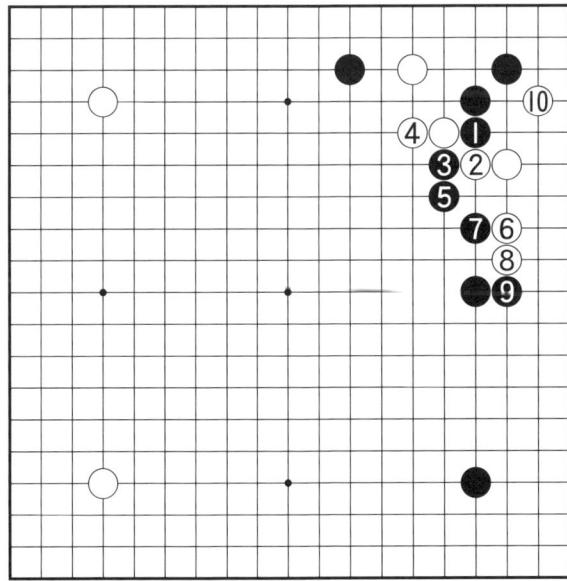

2도

2도(흑, 불리)

앞 그림 백3 때 흑1, 3으로 오른쪽에서 끊으면 이하 9까지 우변 백을 공격할 수 있다.

그러나 백10으로 귀를 위협하면서 타개하면 이후 어떻게 해도 흑이 불리한 진행이다.

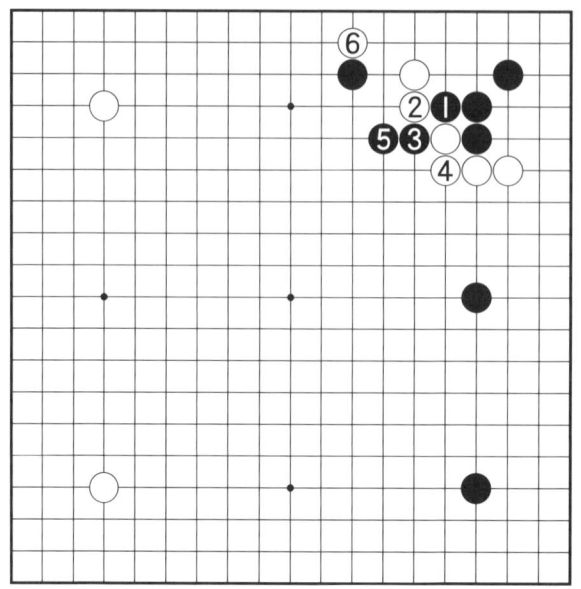

3도

3도(백, 교묘한 붙임)

앞 그림 백2 때 흑1, 3
으로 끊으면서 5로 두
점을 가둘 수 있지만 백
6의 붙임이 교묘한 타
개이다.

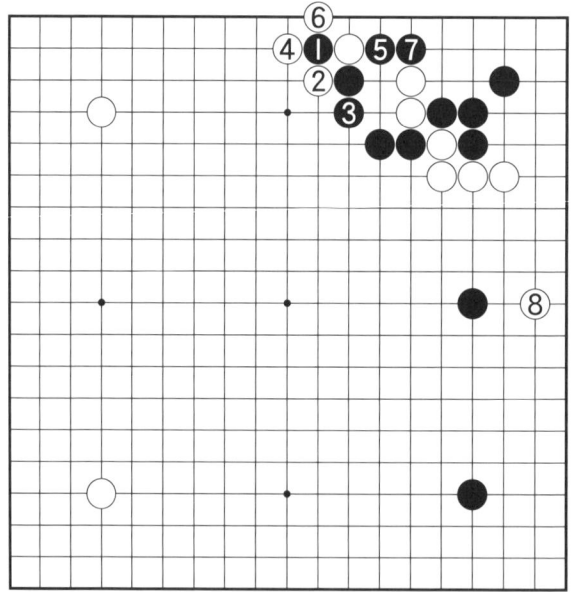

4도

4도(맞끊는 맥점)

이다음 흑1로 젖히면 백
2의 맞끊음이 맥점이다.

　이하 7까지 서로 잡
으며 타협한 후 우변에
서는 백8로 낮게 근거를
확보하는 것이 안정적
이며 백이 약간 활발한
국면이다.

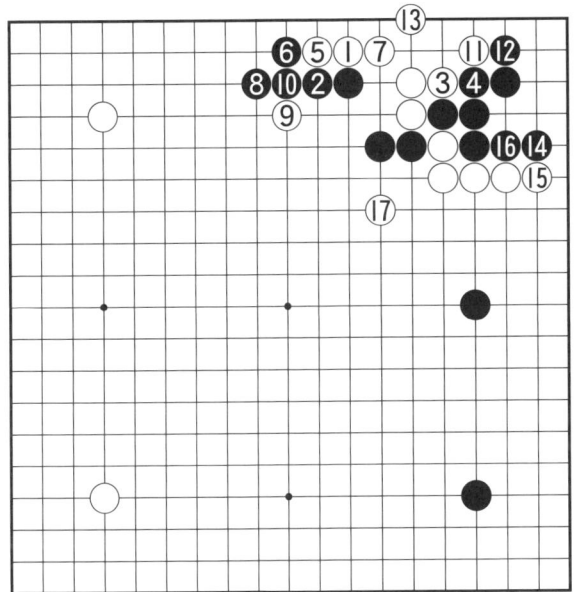

5도

5도(백, 유리)

백1에 흑2로 물러서면 백3 이하 13까지 안에서 살고 나서 이하 17까지 우변도 백이 견실한 모양으로 중앙을 향하면 유리한 국면이다.

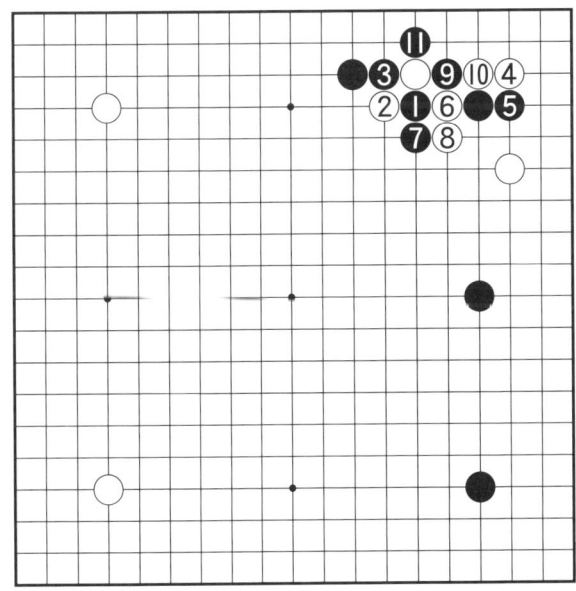

6도

6도(보편적 붙임에서)

처음으로 돌아가서, 양걸침에는 흑1의 붙임이 가장 보편적인 대응이다. 백2의 젖힘은 풀어가는 하나의 방안인데 흑3에 백4의 3三침입이면 흑5의 차단이 강수이며 이하 11까지 필연이다.

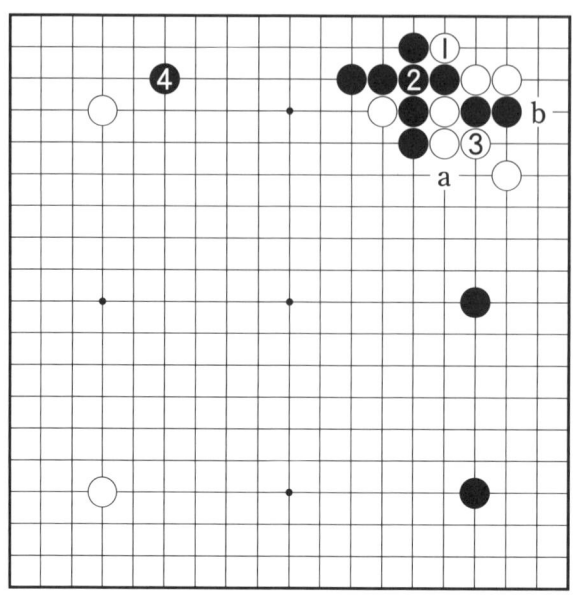

7도

7도(흑, 두터움)

이다음 백1, 3으로 두점을 잡지만 흑4로 걸치며 상변을 키우면 흑이 두터운 진행이다.

나중에 흑a의 젖힘은 모양을 강화하는 요처이며, 귀는 흑이 b로 키운 후 1의 한점을 선수로 잡는 맛도 남아있다.

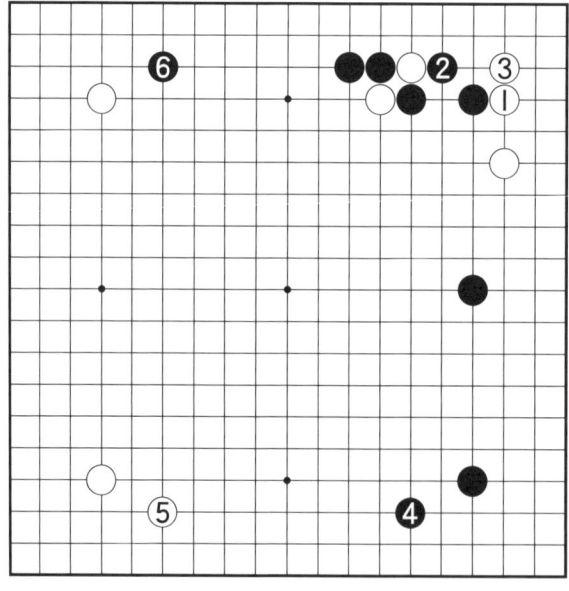

8도

8도(안정된 행마)

6도 흑3 때 백1의 붙임이 안정된 행마이다.

이때 흑2로 물러서면 무난하며 백3으로 귀는 허용하지만 흑4, 6으로 굳히고 걸치며 큰 자리를 주고받으면 거의 대등한 형세이다.

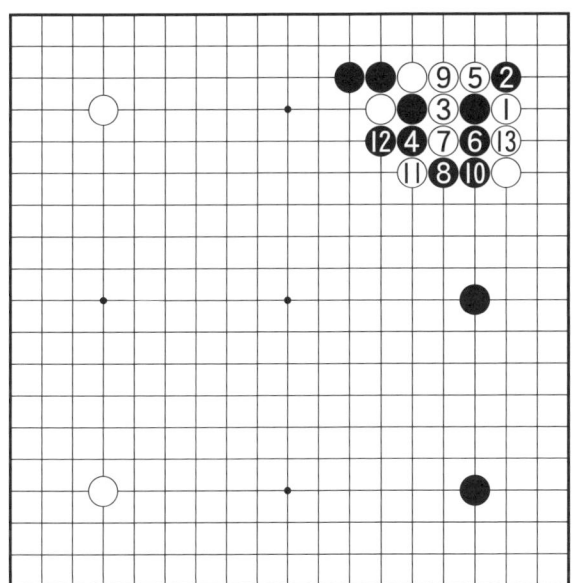

9도

9도(흑이 젖히는 경우)

백1에 붙이면 흑2의 젖힘이 강수이지만 백도 3, 5로 단수치고 나가서 13까지 길을 내며 버틸 수 있다.

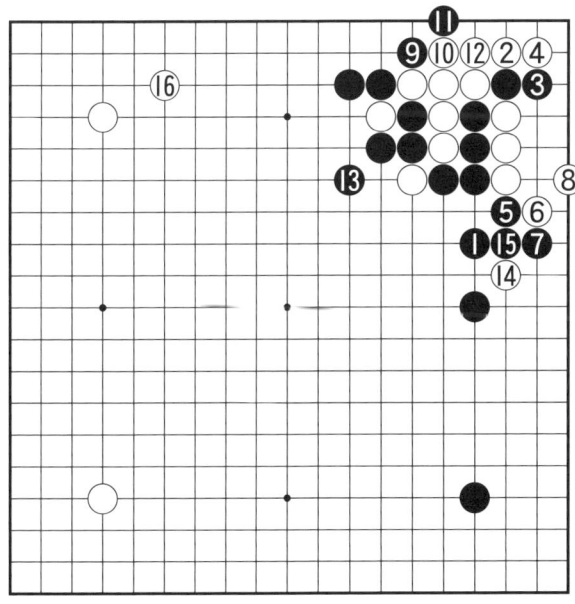

10도

10도(백, 편한 형세)

이다음 흑1로 지킨 후 15까지의 수순을 기억해둔다.

흑이 두터운 모양을 형성했지만 귀의 실리를 차지한 백이 16의 군힘으로 세력도 견제하면 편한 형세라는 것이 AI의 진단이다.

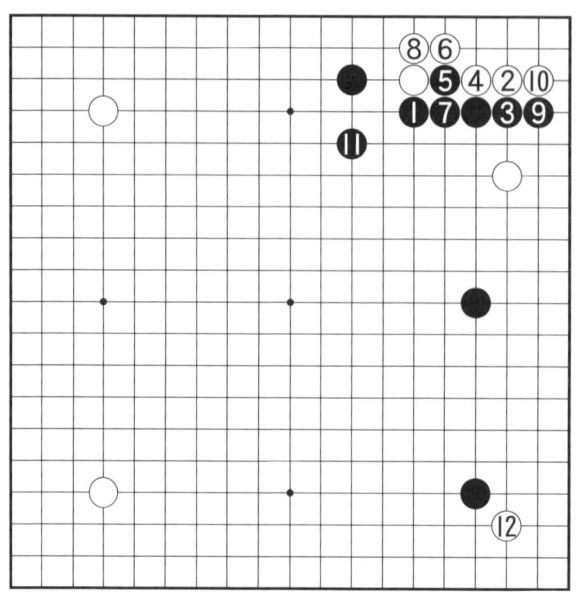

11도

11도(백, 3三침입)

흑1에 곧장 백2의 3三
침입도 일책이다.

흑3에 막고 이하 11
까지 일단락이며 백12
로 전환하면 대등한 형
세이다.

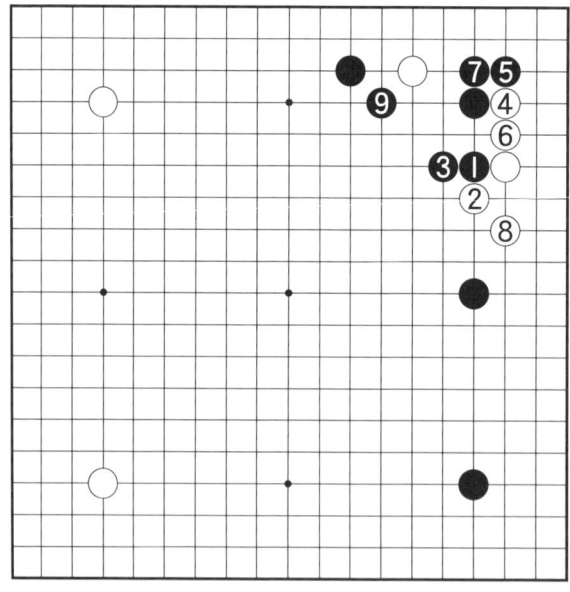

12도

12도(타협)

우변 쪽에서 흑1의 붙
임도 생각할 수 있다.

백2, 4로 귀에 붙인
후 9까지 일단락되면 거
의 대등한 타협이다.

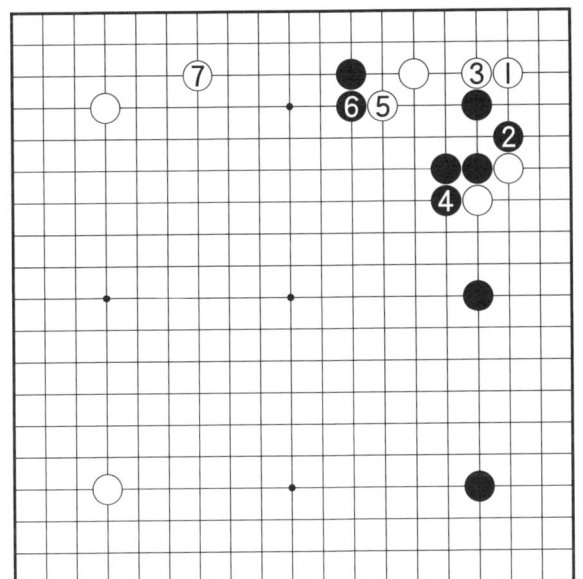

13도

13도(무난한 변화)

앞 그림 흑3 때 백1의
침입으로 귀를 공략하
면 이하 7까지 무난한
변화인데 서로 균형이
잡힌 형세이다.

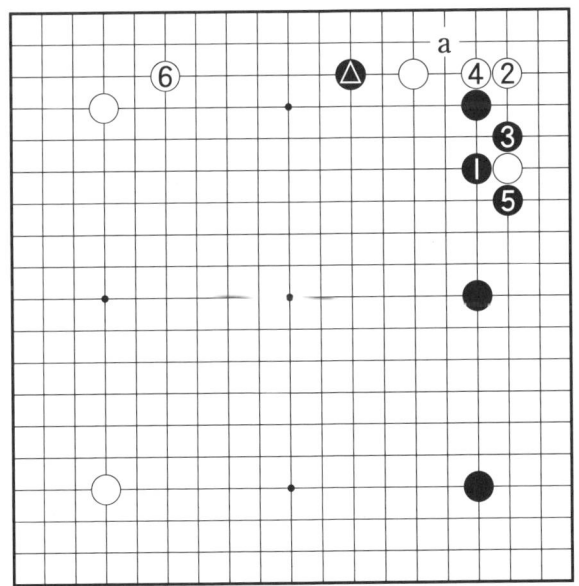

14도

14도(백, 효과적 침입)

흑1에 즉각적인 백2의
침입도 효과적인 기습
공략이다. 흑3, 5로 한
점을 잡으면 백6의 큰
자리로 전환한다.

흑▲가 a의 노림이 없
는 만큼 뭔가 허전한 모
습이며 형세는 백이 약
간 편하다.

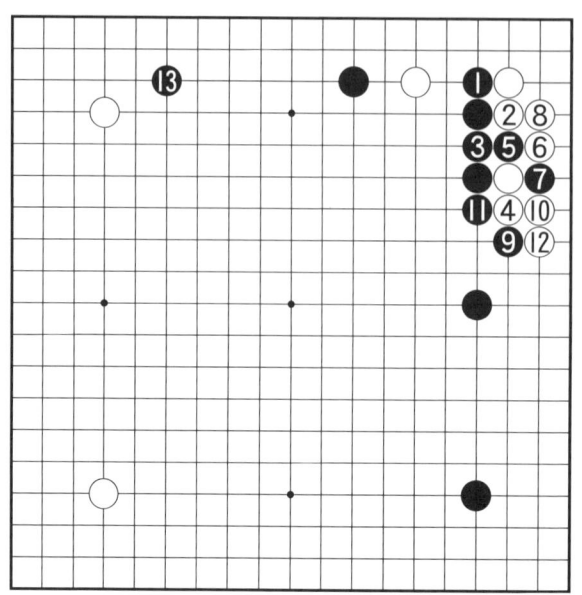

15도

15도(흑, 상변 중시)

앞 그림 백2 때 흑1쪽에
서 막는 방안도 있다.

백2, 4로 나가는 경
우 흑5, 7로 끊어 12까
지 정리한 후 13으로 상
변을 넓히면 백이 약간
편한 정도이다.

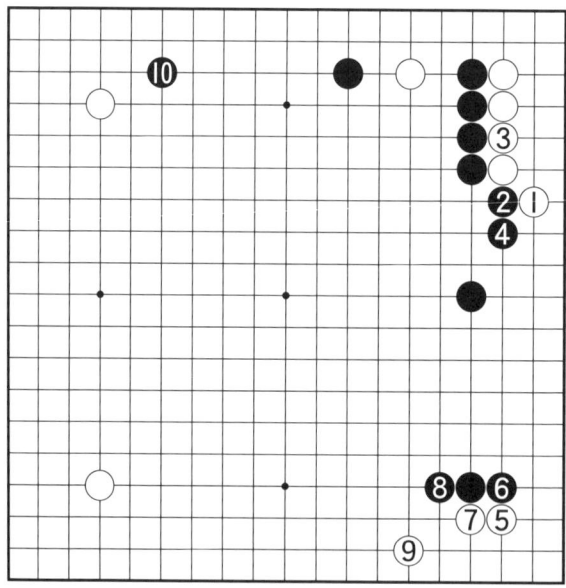

16도

16도(마늘모 지킴 이후)

앞 그림 흑3 때 백1의
마늘모로 지키면 흑2, 4
에 백5의 침입으로 전
환할 수 있다. 이하 10
까지 무난한 변화인데
형세는 역시 백이 약간
편한 정도이다.

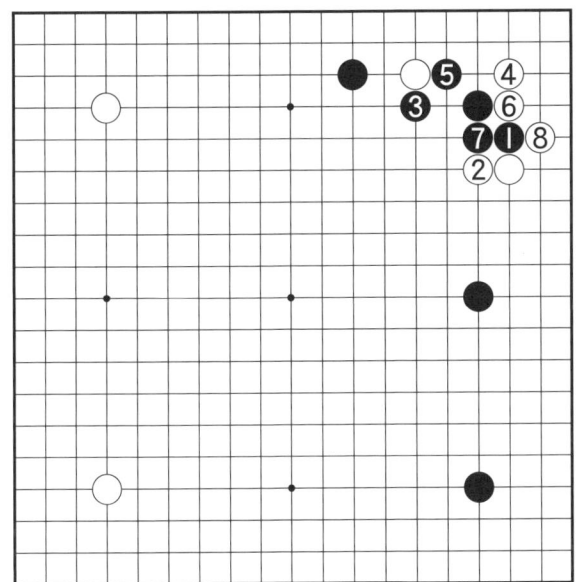

17도

17도(흑의 복안)

처음으로 돌아가서, 흑1로 귀를 제어한 후 3의 붙임도 AI의 복안에 있다. 백4로 침입하면 흑5로 막고 백6, 8로 넘어가는 진행이 자연스럽다.

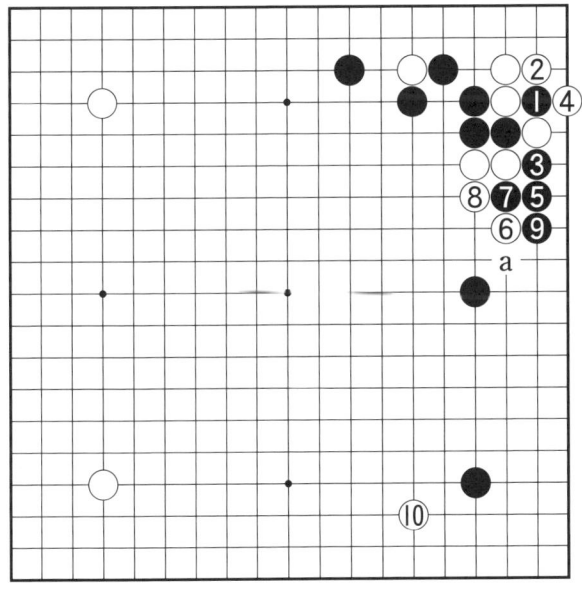

18도

18도(흑, 변에서 활약)

이다음 흑1로 끊어 9까지 되면 백이 a로 나갈 수 없어 10으로 전환한다. 귀에서 실리를 허용한 흑이 변에서 활약한 만큼 AI의 진단은 기의 대등한 형세라고 본다.

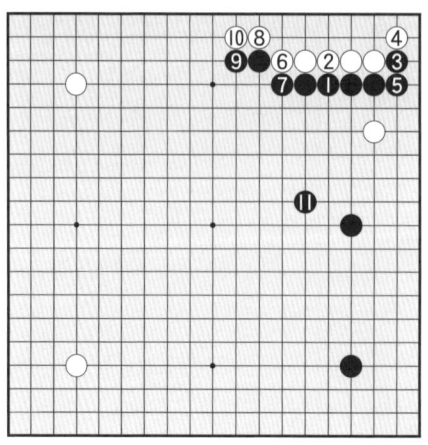

🔲 장면

이 장면(본형 11도 참조) 우상귀에서 흑이 끼우지 않고 1로 잇는 경우 백 2로 같이 이으면 이하 11까지 AI의 유력한 변화인데 우변이 활발한 흑이 약간 편하다고 본다.

그렇다면 흑1에 백의 다른 수단은 없는지 생각해보자.

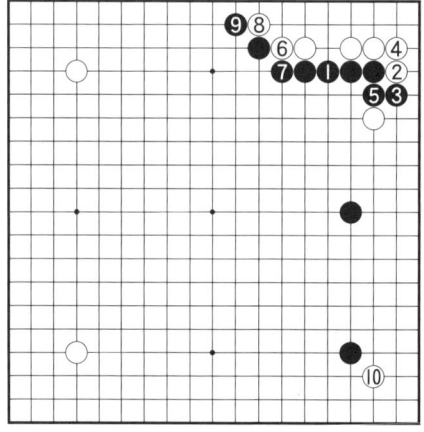

1도(백, 실전적 선수활용)

AI의 견해는 흑1에 백이 먼저 2로 젖히는 것이 낫다고 본다.

흑이 3, 5로 우변을 지키면 백은 6, 8을 선수한 후 10으로 전환해 편한 국면이라고 진단한다. 수순 중 백 6, 8은 AI 특유의 실전적 선수활용이다.

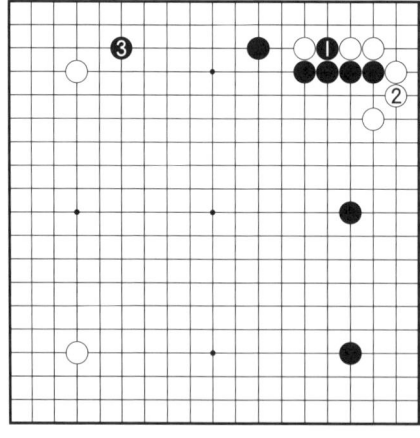

2도(흑, 상변 중시)

앞 그림 백2 때 흑도 1로 뚫고 백2에 흑3으로 상변 모양을 키우면 형세가 거의 어울렸다고 본다.

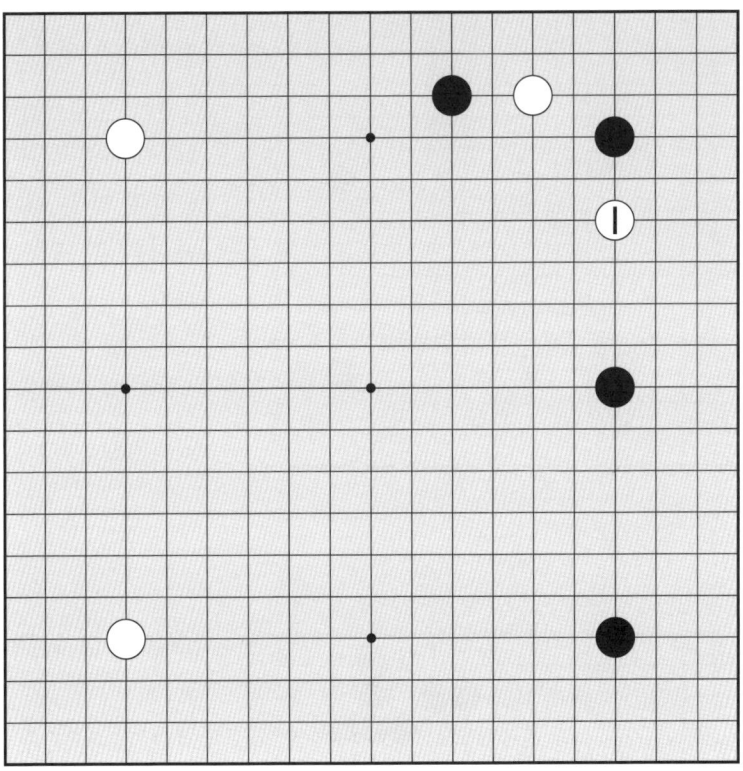

　이번에는 한칸협공 때 백1의 높은 양걸침인데 귀를 더욱 압박해서 원하는 변화를 이끌려는 의도가 있다.
　흑도 무난하게 두고 싶지 않다면 강수를 구사하며 싸울 수 있고, AI가 알려주는 특별한 방안도 있는데 이후의 포석 변화에 대해 알아본다.

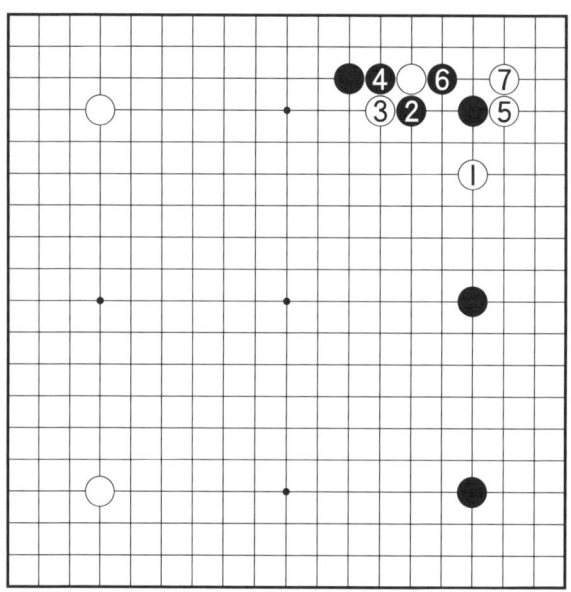

1도

1도(보편적 대응에서)

백1의 높은 양걸침에도 흑2의 붙임이 가장 보편적 대응이다.

백은 3으로 젖힌 후 7까지 귀에 진입하면 무난한데 이후 AI의 포석 변화와 진단을 주목해 보자.

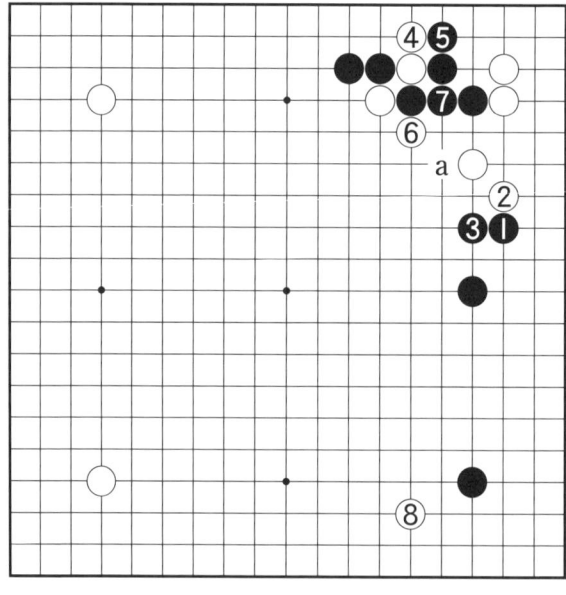

2도

2도(다가섬 이후)

흑1의 다가섬은 요처이지만 발이 늦다. 백2로 지킨 다음 4, 6의 활용은 권리이며 8로 전환하면 a로 차단하는 맛은 남지만 백이 약간 활발한 국면이라고 본다.

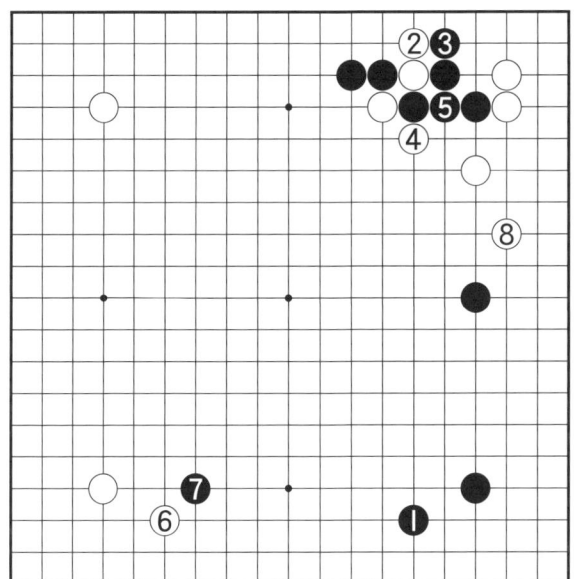

3도

3도(대국적 전환)

1도 다음 흑도 1로 전환하는 것이 대국적이다. 이하 8까지 AI의 유력한 변화인데 서로 대등한 형세라고 본다.

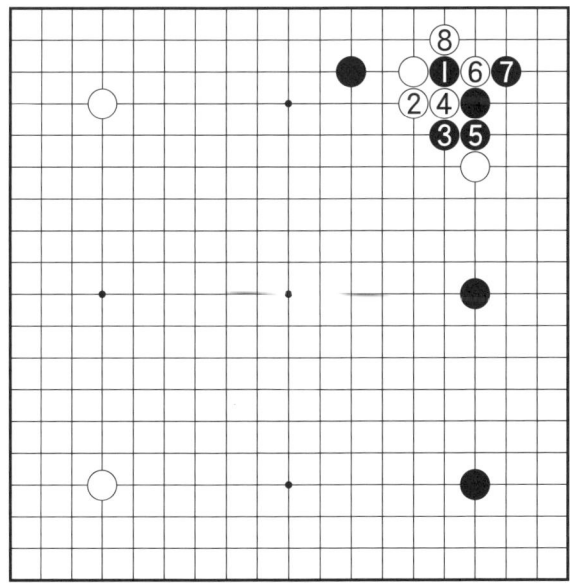

4도

4도(흑, 싸움 유도)

되돌아가서 흑1, 3으로 가르고나오는 것은 싸움을 유도하는 강수이다. 백4로 찌르고 6, 8로 한점을 잡으면~

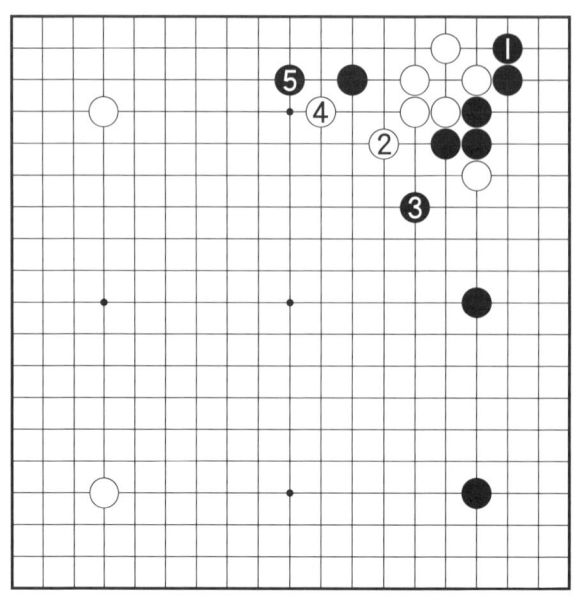

5도

5도(흑, 안정적 뻗음)

흑1로 뻗는 것이 안정
적 수비와 공격을 겸한
다. 이하 5까지 흑이 양
쪽을 두면 앞으로가 어
렵지만 약간이라도 편
한 흐름을 탄다.

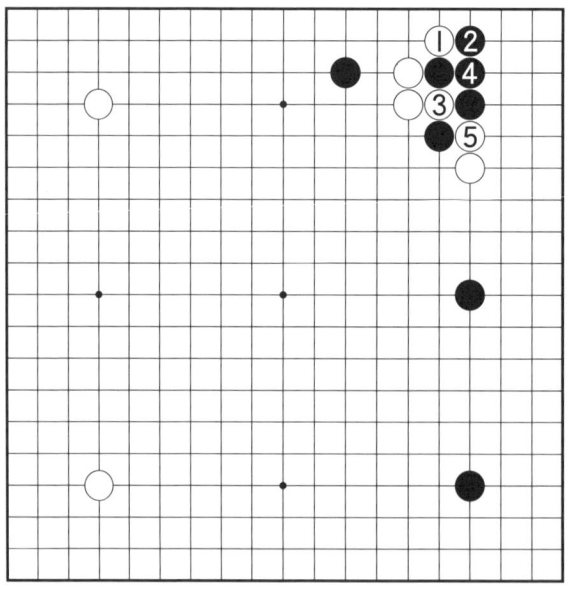

6도

6도(수순을 바꿀 경우)

4도 흑3 때 백1, 3으로
수순을 바꾸면 흑4로
귀를 잇는 것이 효과적
이다. 백5로 끊으면 어
떻게 될까.

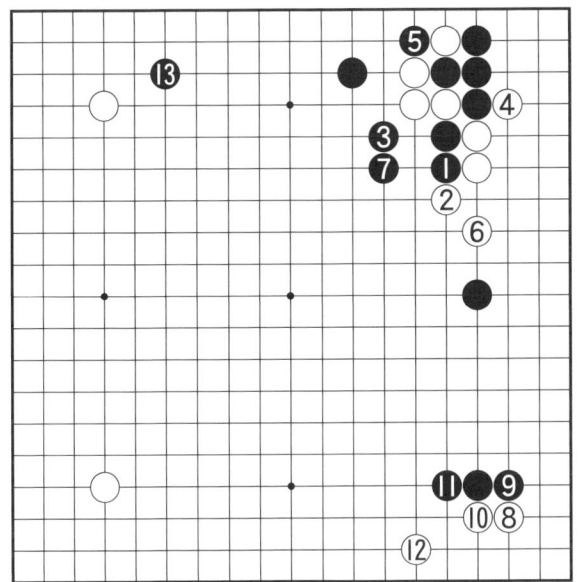

7도

7도(사석 활용)

흑은 1로 밀며 싸울 수 있다. 백도 7까지 사석을 활용해서 우변을 정돈한 후 8로 우하귀를 공략하면 흑은 9, 11 다음 13으로 상변을 키운다. AI의 진단은 거의 대등하다고 본다.

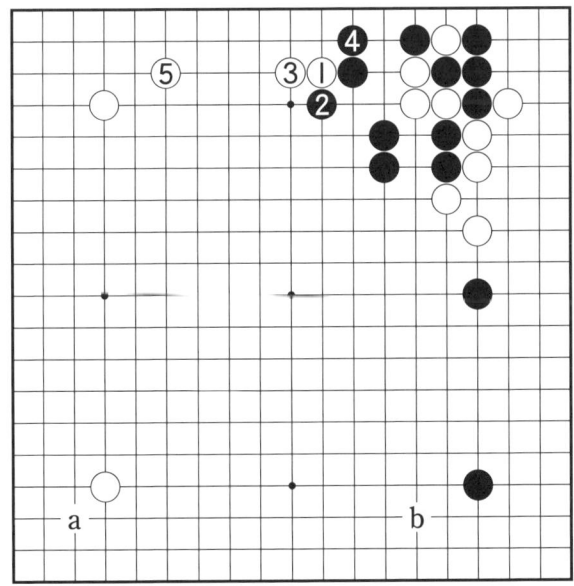

8도

8도(백, 능동적 발상)

앞 그림 흑7 때 백은 1, 3으로 활용한 후 5로 지키며 상변을 다스리는 것도 능동적인 발상이다. 흑은 a나 b의 큰 자리로 전환하겠지만 기의 대등한 형세이다.

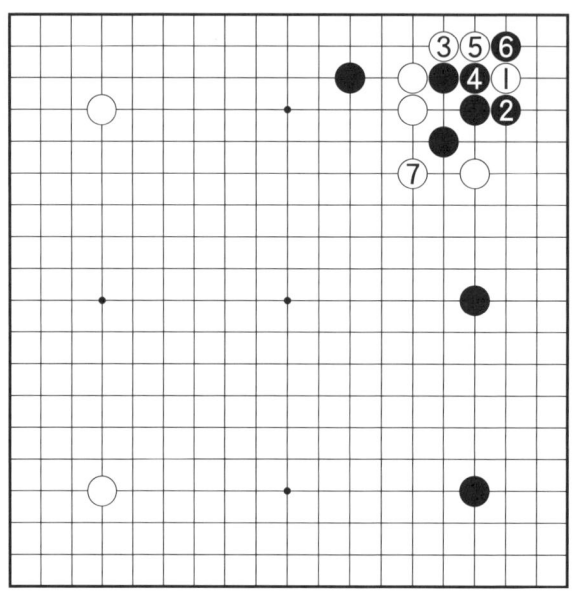

9도

9도(상용수단)

4도 흑3 때 백1의 3三
침입이면 흑2로 막은 후
6까지 한점을 잡는 것이
무난하다.

백도 7의 씌움이 상
용수단인데 흑이 어떻
게 받아야 할까.

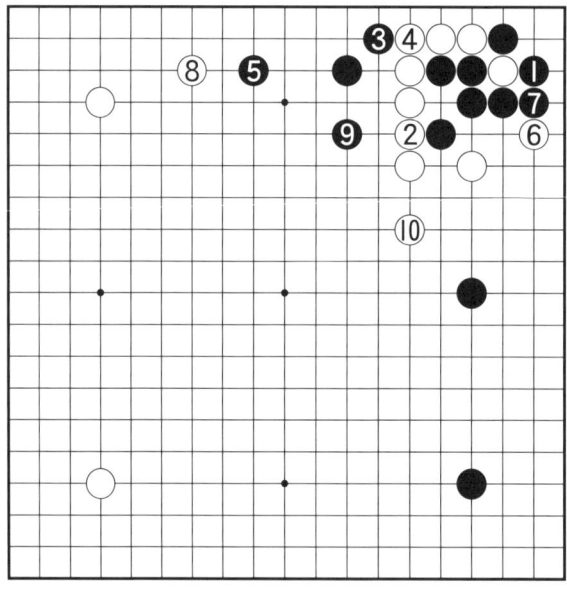

10도

10도(흑, 안전한 따냄)

일단 흑1로 한점을 따
내는 것이 안전하다.

이하 10까지 서로 정
돈하면 귀와 변을 안정
한 흑이 약간 편한 정도
이다. 수순 중 흑3과 백
6은 서로 기민한 활용
이다.

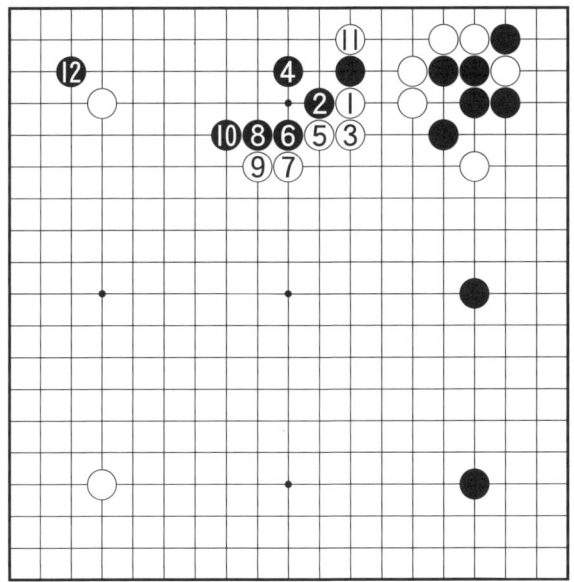

11도

11도(백, 노련한 행마)

9도 흑6 때 백1로 상변에서 압박하며 은근히 귀를 노리는 것도 노련한 행마이다.

이하 10까지 눌러놓고 나서 백11이 근거의 요소이다. 다음 흑12로 전환하면 거의 대등한 국면이다.

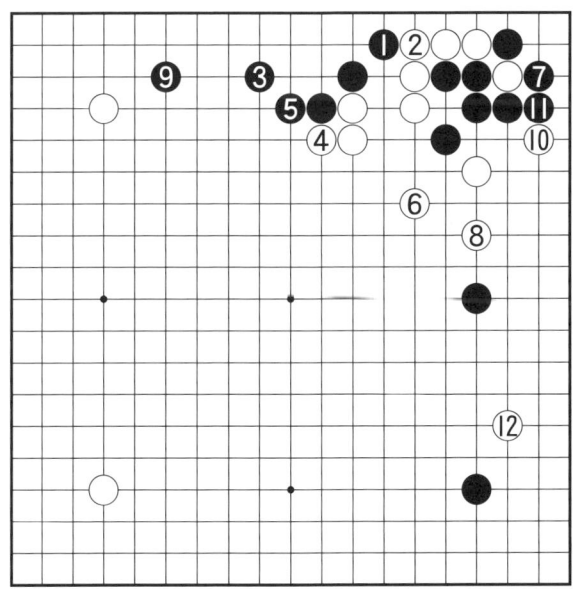

12도

12도(어려운 싸움)

앞 그림 백3 때 흑1로 활용하고 3의 벌림도 일책이다. 백4, 6으로 포위하면 흑7로 따내 안정하는 것이 무난하다.

이하 12까지 AI의 유력한 변화인데 서로 어려운 싸움이다.

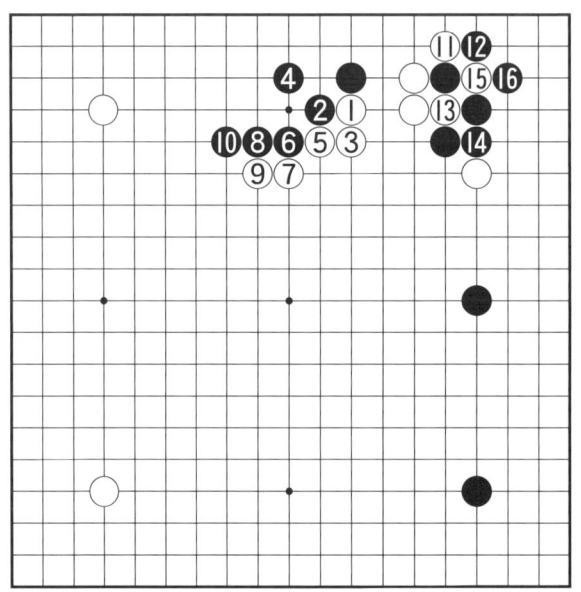

13도

13도(일순위 추천수)

거슬러 올라가 4도 흑3 시점에서 백1의 붙임이 AI의 일순위 추천수이다. 이하 10까지 밀어놓고 나서 귀쪽 백11로 젖히면 이하 16까지 필연이다.

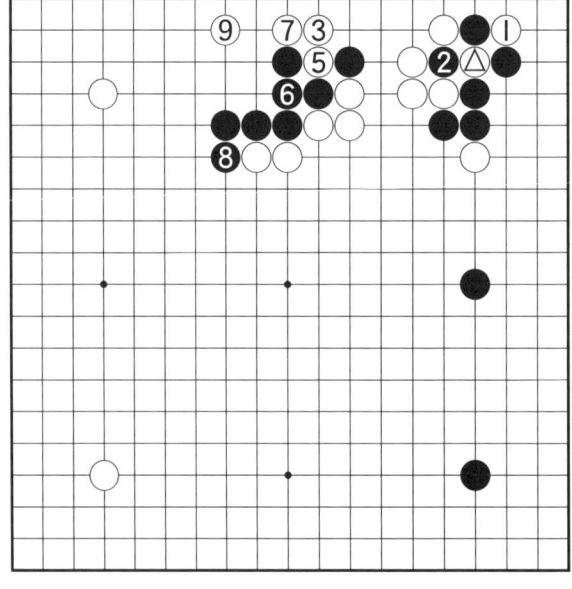

14도

④··△

14도(패의 공방)

이다음 즉각 백1로 패를 걸고 3으로 팻감을 쓰면 흑은 4로 해소하는 것이 무난하다.

　이하 9까지 AI가 제시하는 변화인데 상변 근거를 잃은 흑이 약간 미흡한 정도이다.

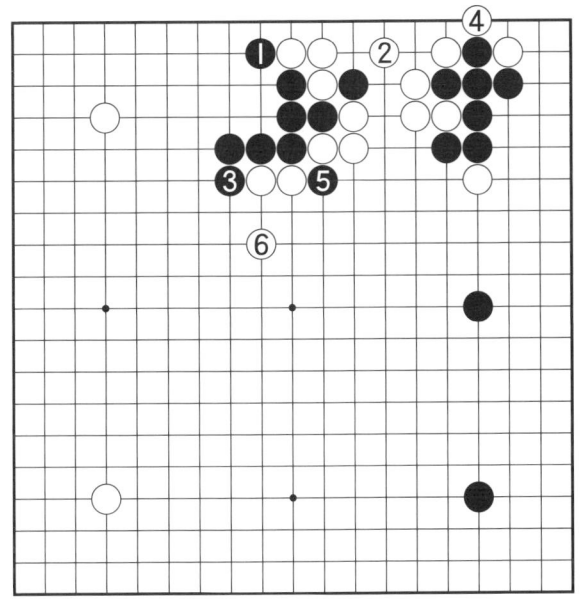

15도

15도(백, 활발)

앞 그림 백7 때 흑1로 막으면 백2의 수비가 탄력적이며 흑3에 백4로 넘는 것이 집으로도 크다. 흑5는 기세의 끊음인데 백6으로 진출하면 상변이 살아있는 만큼 백이 활발한 국면이다.

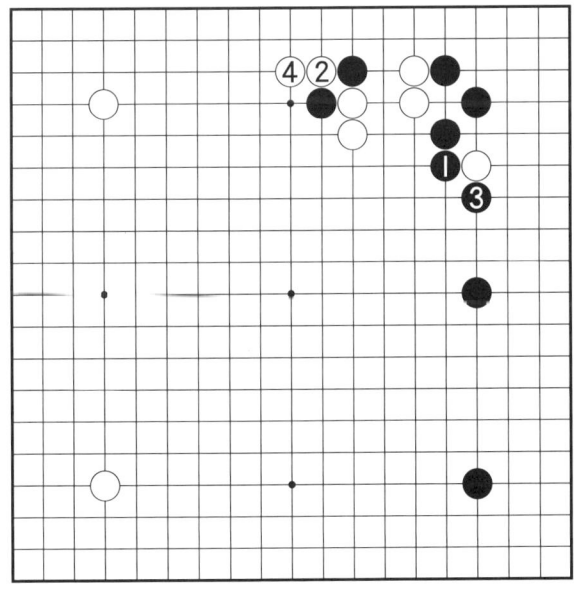

16도

16도(모양을 지키는 경우)

13도 백3 때 흑1과 백2, 이어서 흑3과 백4로 각자 모양부터 지키면 우변 흑보다 상변 백이 효율적이며 전체 형세도 백이 활발하다.

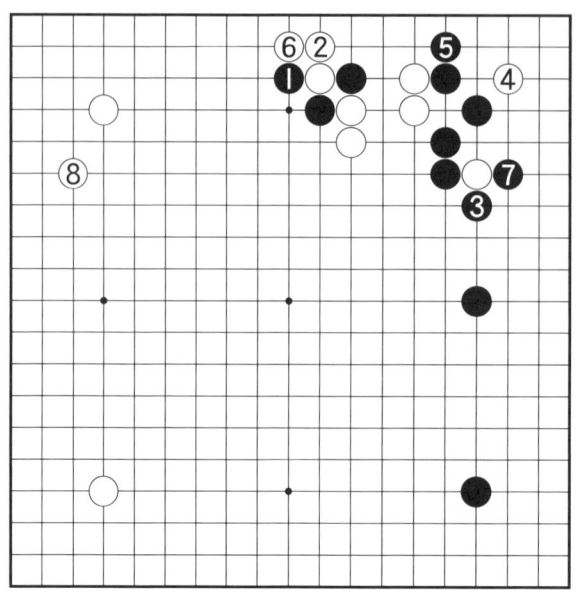

17도

17도(백, 정교한 수순)

앞 그림 백2 때 흑1로 선수해놓고 3으로 제압하면 백4의 침입으로 맛을 남겨놓고 6으로 상변을 보강하는 수순이 정교하다.

흑7로 맛을 없애면 백이 8로 굳히며 상변 일대를 넓혀 활발한 국면이다.

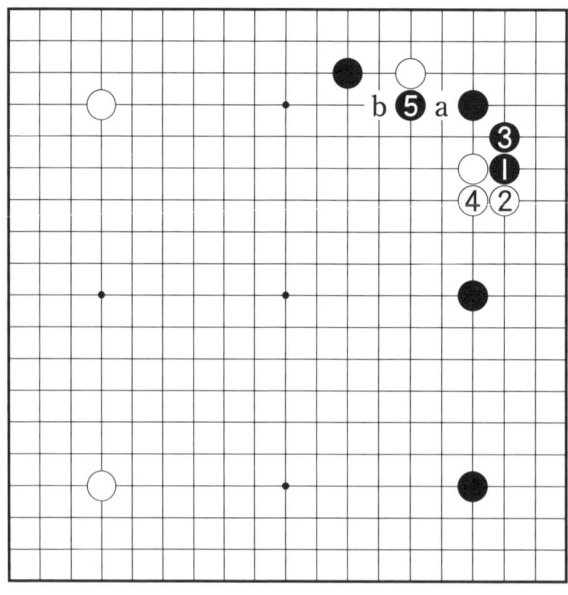

18도

18도(특별 방안)

처음으로 돌아가서 흑1, 3을 선수한 후 5의 붙임도 생소하지만 귀를 보호하는 특별한 방안이다. 백의 대응은 a의 끼움과 b의 젖힘이 있다.

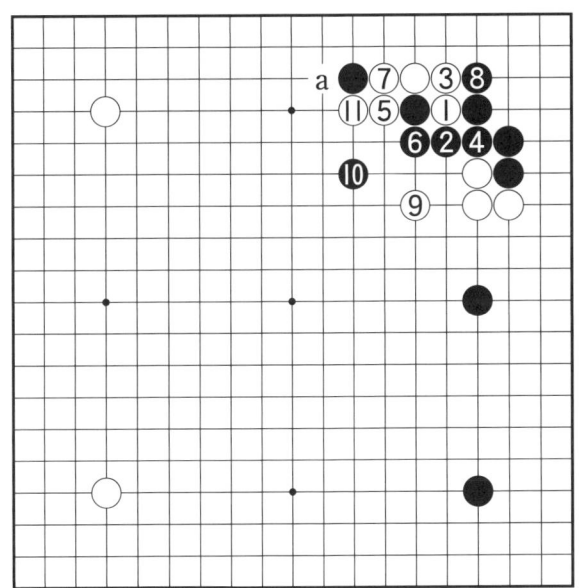

19도

19도(백, 끼우는 경우)

이다음 백1로 끼우면 흑 2, 4에 백5, 7로 나가는 흐름이 자연스럽다.

이하 11까지 서로 어려운 싸움이다. 백11은 a도 가능한 선택이다.

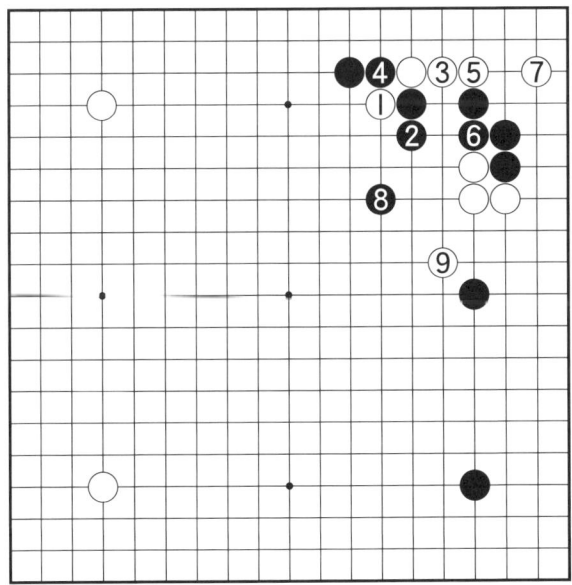

20도

20도(백, 젖히는 경우)

18도 다음 백1의 젖힘이면 흑2로 늘고 백은 7까지 귀에서 사는 것이 자연스럽다. 다음 흑8에 백9로 탈출하는 공방이 이어지는데 역시 이려운 싸움이다.

다만 국면을 주도하려는 공격적인 성향이라면 19도와 20도는 시도해 볼만하다.

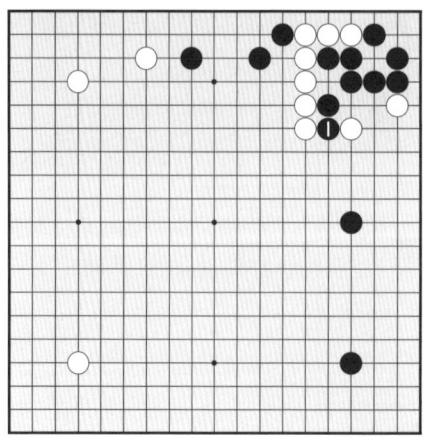

▦ 장면

상변 흑이 엷은 장면(본형 10도 참조)에서 먼저 흑1로 뚫고나오면 백이 어떻게 대응할지 생각해보자.

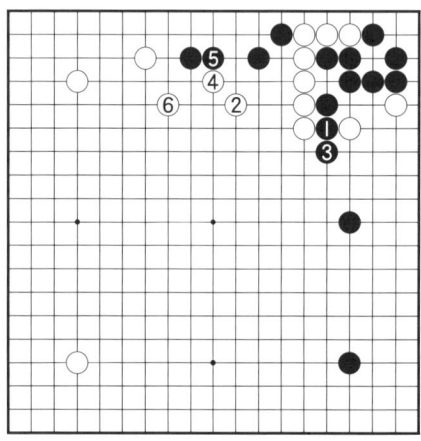

1도(상변부터 추궁)

흑1에 백이 준비없이 바로 막으면 흑이 중앙을 끊을 때 양쪽 백이 걸려 위험에 처한다.

우선 백2로 상변 흑부터 추궁하는 것이 현명하다. 이때 흑3으로 관통하면 백4, 6으로 포위해서 백이 활발한 국면이다.

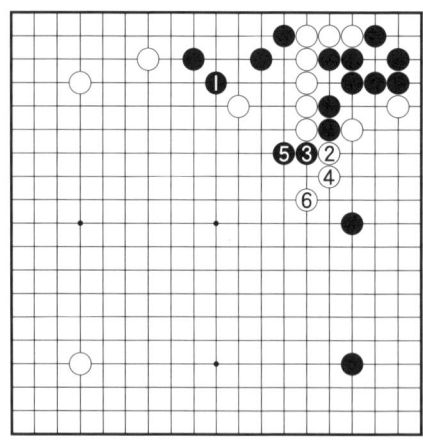

2도(백, 편한 싸움)

앞 그림 백2 때 흑1로 방어하면 이제 백2로 막을 수 있다.

흑3에 끊어도 이번에는 백4, 6으로 나와 편하게 싸울 수 있다.

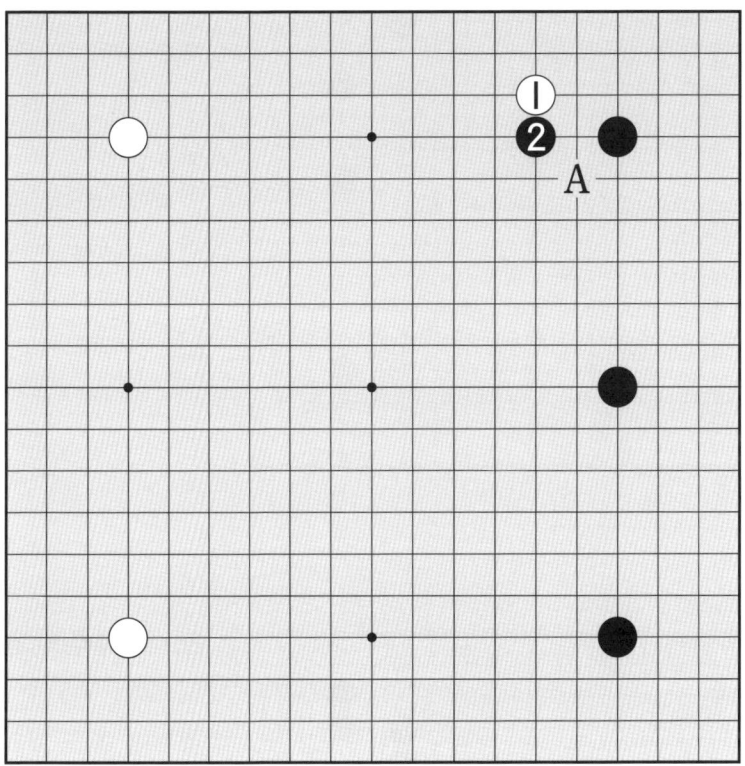

삼연성 포석에서 마지막 주제는 백1의 걸침에 흑2로 위에서의 노골적인 붙임이다. AI의 영향으로 세력 모양을 더욱 키울 때는 유력한 시도이며 이후의 공방도 다양해졌다.

더불어 흑A의 마늘모 행마도 과거에 세력작전의 일환으로 사용되었는데 여기서 핵심 변화에 대해 알아본다.

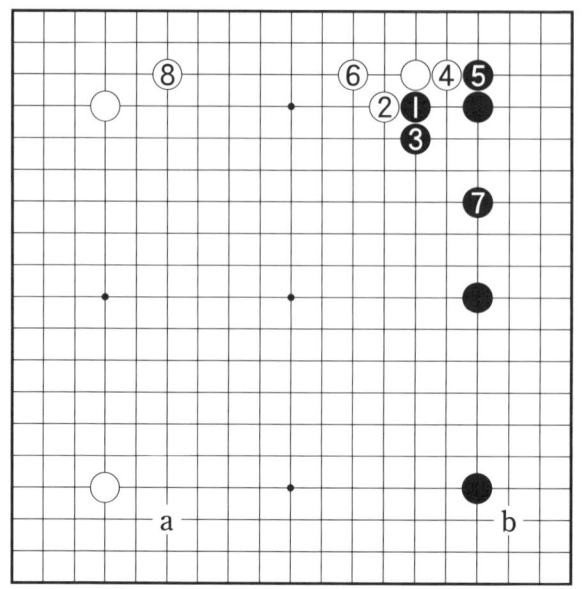

1도

1도(귀의 절대 수비)

흑1의 붙임에 백2, 4 다음 6의 호구 지킴이면 흑은 귀의 수비가 절대인데 AI는 7의 두칸을 권장한다.

다음 백8로 굳혀 상변을 키우면 어울린 형세라고 본다. 백8은 a나 b도 큰 자리이다.

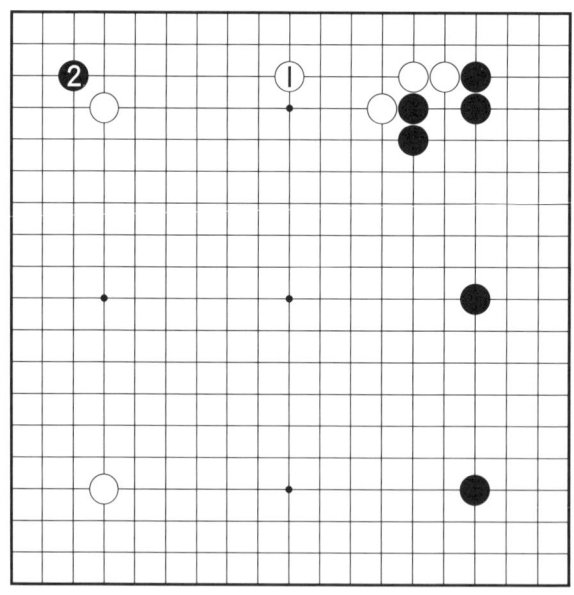

2도

2도(백, 벌림의 경우)

앞 그림 흑5 때 백1로 벌리면 흑은 귀의 수비가 급하지 않으므로 2의 큰 자리로 전환할 수 있다.

이 진행은 흑이 약간이라도 편하다고 본다.

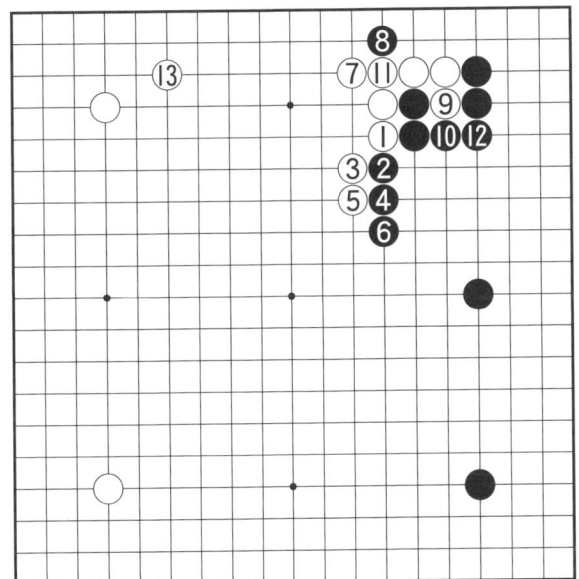

3도

3도(상변 발전성)

이 시점에서 AI는 백1
이하 5까지 밀어놓고 7
의 지킴이면 모양 대결
이지만 우변보다 상변
발전성이 크다고 본다.
흑은 8로 활용해도 어차
피 12까지 귀를 지켜야
실리를 보존하는데 백이
13으로 상변을 보강하
면 활발한 국면이다.

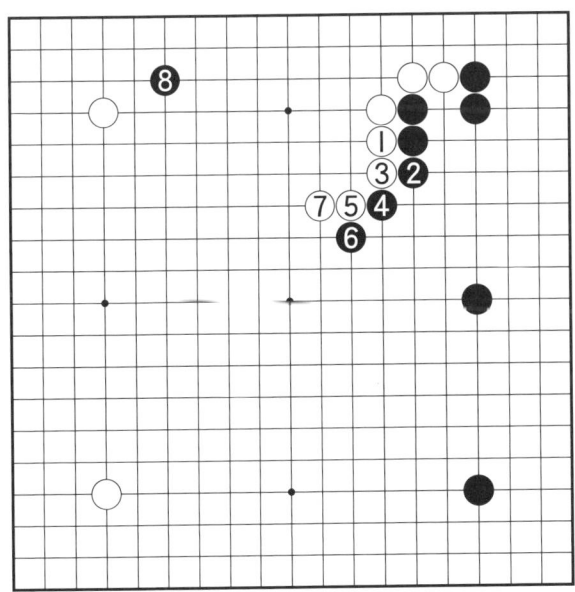

4도

4도(흑, 상변 견제)

백1에 흑도 2로 물러서
면 귀쪽 방어력이 생겨
백3에 흑4, 6의 이단젖
힘이 가능하다.

다음 백7에 흑8로 걸
치면서 상변 모양을 견
제하면 서로 어울린 진
행이다.

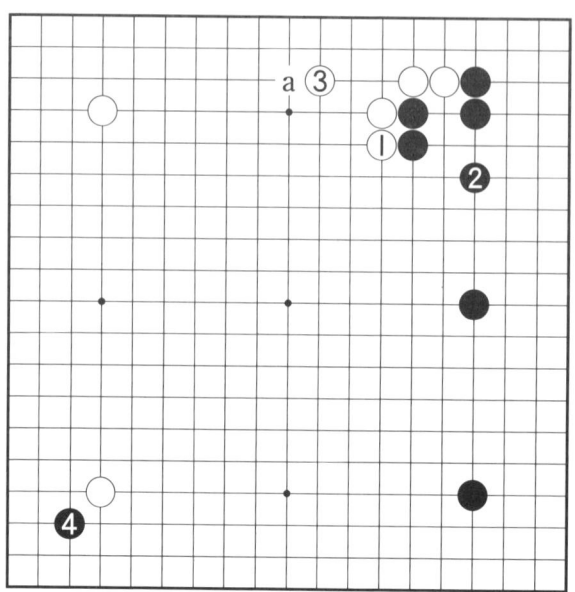

5도

5도(흑의 일책)

백1에 흑2의 지킴도 일책인데 상변에 대모양을 허용하지 않겠다는 의도이다.

백3(또는 a)에 지키면 흑4로 전환해서 백이 약간 편한 정도이다.

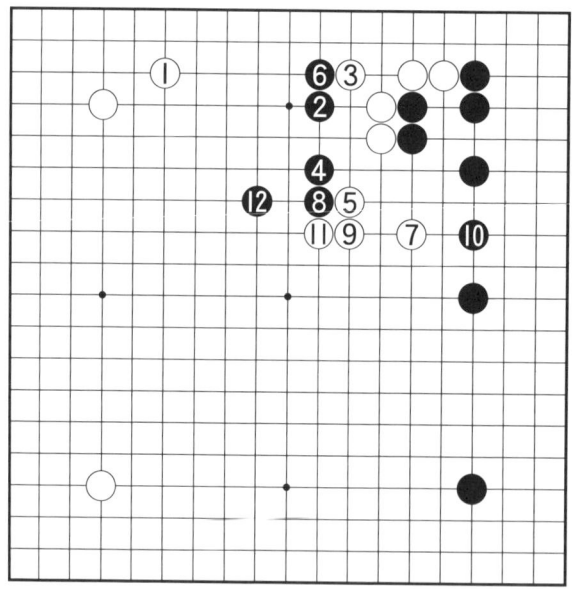

6도

6도(상변의 요소)

앞 그림 흑2 때 백1의 굳힘은 상변을 넓게 사용하려는 의도이다.

흑도 2가 우상 백을 추궁하는 상변의 요소이며 이하 12까지 AI의 유력한 변화인데 대등한 싸움이라 본다.

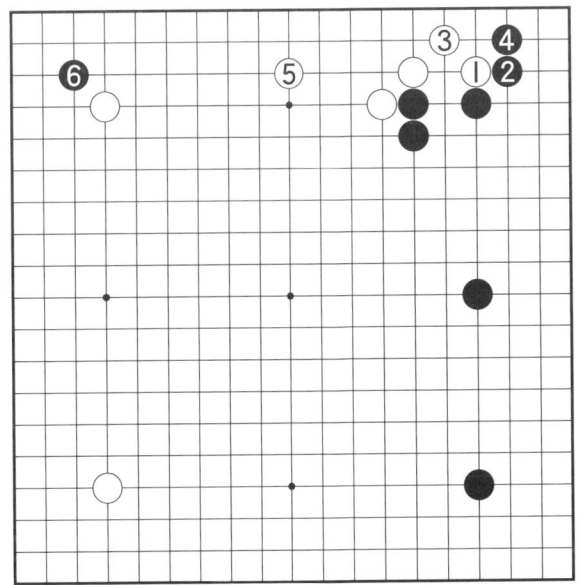

7도

7도(일순위 붙임)

거슬러 올라가 1도 흑3 때 백1의 붙임이 AI의 일순위 추천수이다.

흑2에 백3의 호구가 탄력적 지킴이며 흑도 4로 늘어 최대한 귀를 보호한다. 다음 백5로 벌리면 무난한데 흑6으로 침입해서 대등한 진행이다.

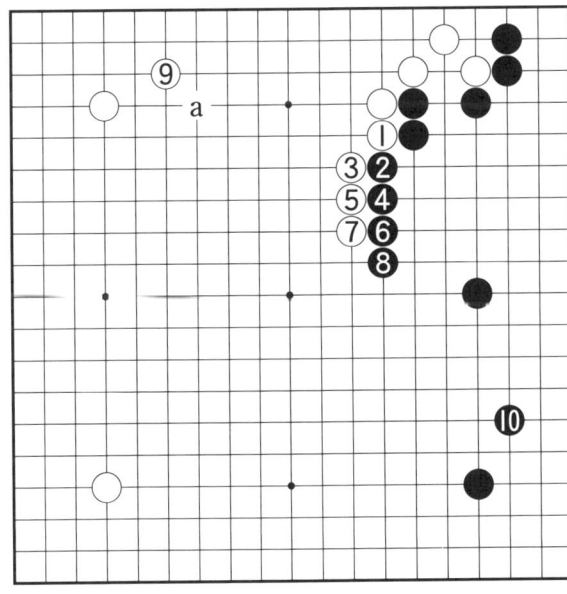

8도

8도(대모양 구축)

앞 그림 흑4 때 백이 능동적으로 두자면 1 이하 7까지 밀어놓고 9로 굳히며 상변을 크게 경영하는데 AI의 진단은 백이 약간 편한 정도라고 본다. 다음 흑도 10으로 굳히면 우변에 대모양이 형성되며, 상변 대모양이 신경 쓰이면 10 대신 a로 삭감하는 방법도 일책이다.

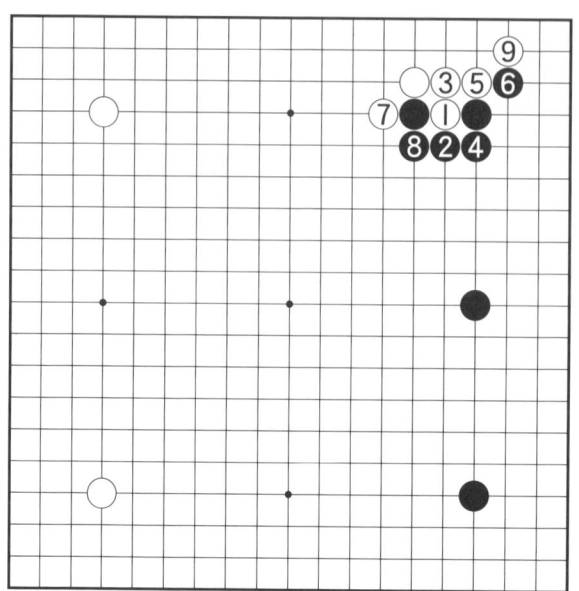

9도

9도(백, 끼우는 경우)

처음으로 돌아가서 백1의 끼움도 생각할 수 있다. 흑2로 위에서 단수치면 이하 9까지 필연이므로 기억해둔다.

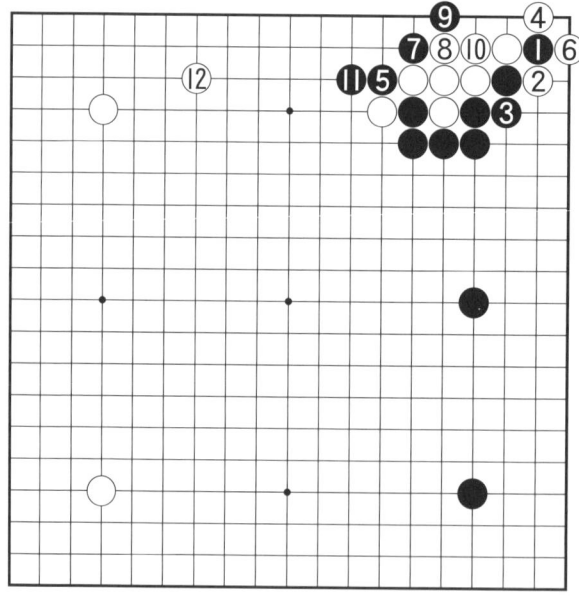

10도

10도(흑세 견제)

이다음 흑1의 이단젖힘에 백2, 4로 잡고 흑5로 끊은 후 11까지도 필연이다.

　다음 백12로 흑세를 견제하면 AI의 진단은 백이 약간 편한 국면이라고 본다.

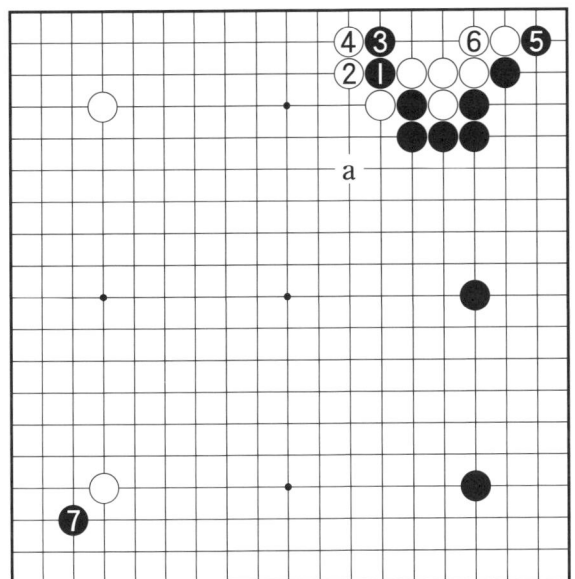

11도

11도(먼저 끊는 경우)

9도 다음 흑1부터 끊으면 흑은 6까지 두점이 잡히지만 a쪽 활용을 남기며 7로 전환할 수 있다. AI는 이 진행도 백이 약간 편하다고 본다.

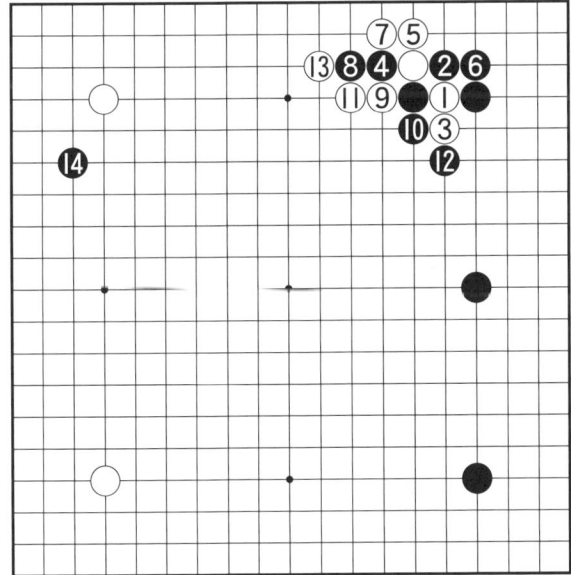

12도

12도(두점 바꿔치기)

백1에 끼울 때 아래쪽 흑2의 단수도 유력한 대응이다. 백3 다음 흑4에도 백5로 나가면 흑6에 이은 후 13까지 서로 두점을 잡는 바꿔치기가 필연이다.

다음 흑이 14와 같은 큰 자리로 전환하겠지만 AI의 진단은 대등한 형세로 본다.

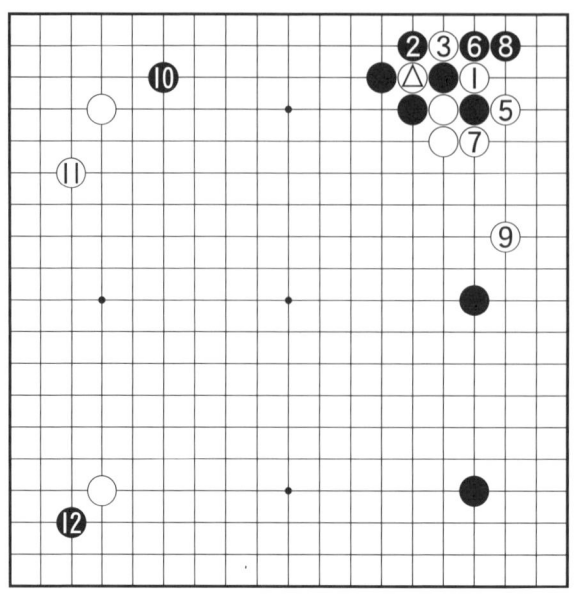

13도

❹‥△

13도(백, 귀쪽 끊음)

앞 그림 흑4 때 백1 이하 5로 귀쪽을 끊으면서 한점을 잡으면 이하 9까지 일단락된다.

흑은 실리가 견실하고 백도 우변을 깨서 충분하다. 다음 흑10으로 상변을 넓힌 후 12로 침입하면 거의 대등한 국면이다.

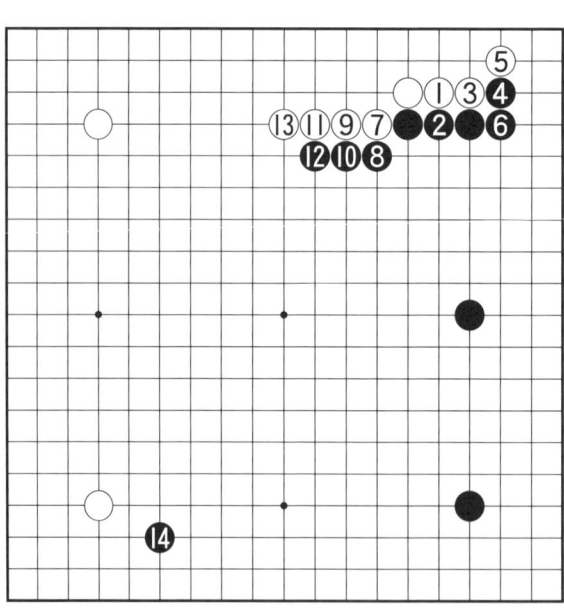

14도

14도(귀에 곧장 진입)

되돌아가서 백1, 3으로 귀에 곧장 진입하는 것도 AI의 유력한 방안이다. 흑4로 막을 때 백5로 젖힌 후 13까지 되면서로 우변과 상변의 모양 대결이다. 다음 흑14의 걸침이면 거의 대등한 국면이다.

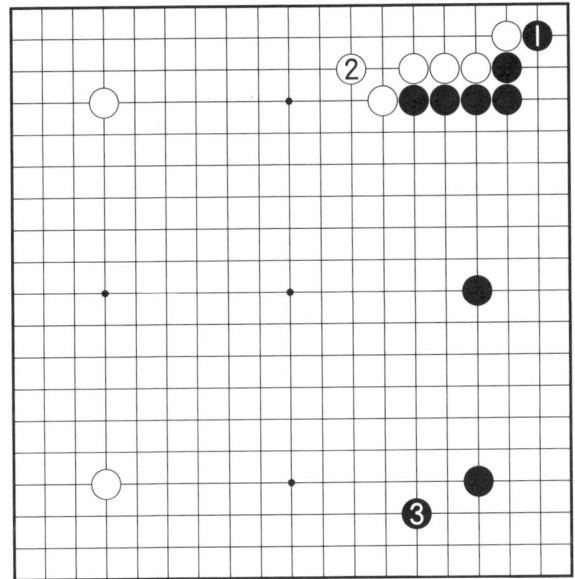

15도

15도(귀의 이득)

앞 그림 백7 때 흑1로 막으면 간명하다. 백2로 지켜 일단락인데 귀에 젖히고 막는 것이 교환된 만큼 흑의 이득이다.

그렇더라도 다음 흑3으로 굳힌다 보고 전체 형세는 거의 대등하다.

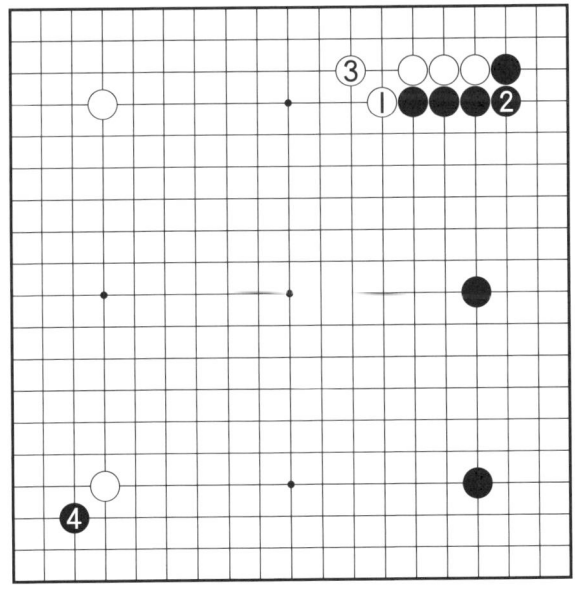

16도

16도(아름다운 타협)

14도 흑4 때 백1의 변쪽 젖힘이 보편적이며 흑2와 백3으로 지키면 일단락이다.

귀에 군더더기 교환이 없는 만큼 아름다운 타협인데 다음 흑4로 전환하면 형세는 백이 약간 편한 정도이다.

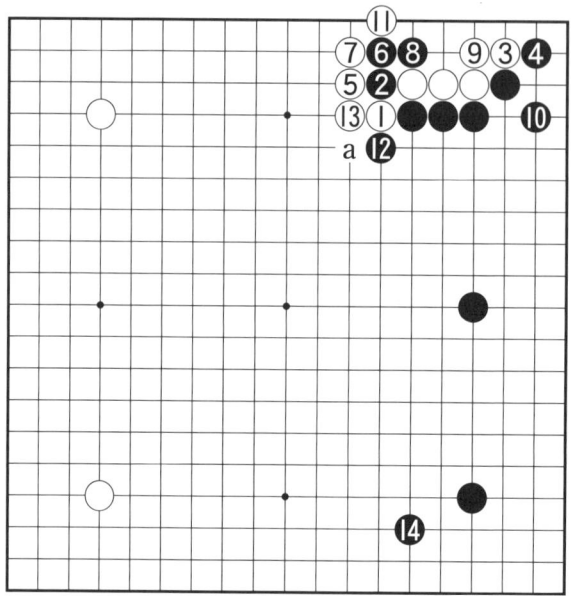

17도

17도(흑이 끊는 경우)

백1에 흑2로 끊으면 백 3에 젖힌 후 5, 7로 몰고 흑은 석점으로 키워서 13까지 일단락이다. 다음 흑이 계속 a로 밀어가면 서로 모양 대결로 긴장을 늦출 수 없다.

흑14로 전환하는 것이 무난하며 AI의 진단은 백이 약간 활발하다고 본다. 흑도 앞 그림의 수순을 밟는 것이 보편적이다.

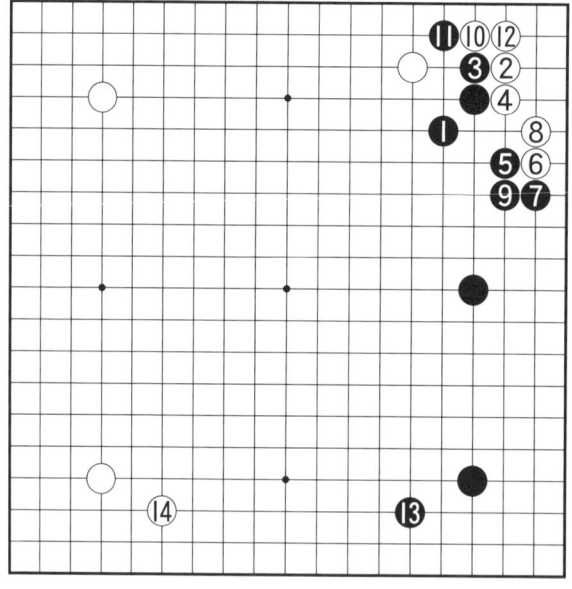

18도

18도(마늘모 세력작전)

처음으로 돌아가서, 흑1의 마늘모 행마도 예전에 세력작전의 일환으로 많이 두었다. 백2로 침입한 후 12까지 알려진 정석 수순인데 다음 흑13과 백14로 굳히면 AI의 진단은 거의 어울린 형세라고 본다.

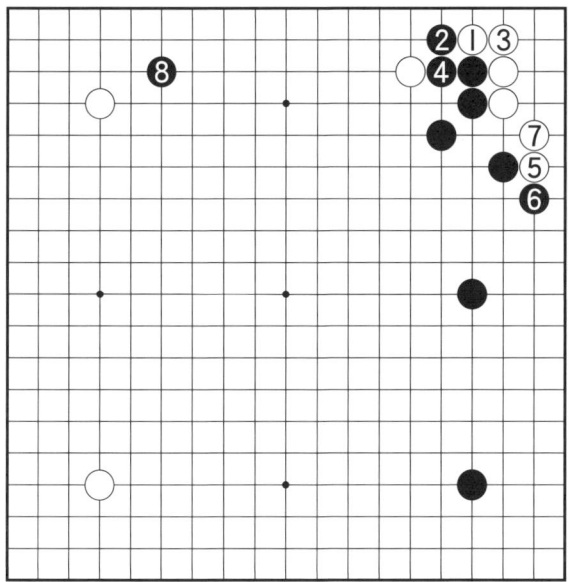

19도

19도(먼저 젖히는 경우)
앞 그림 흑5에 백1의 젖힘부터 두면 흑2, 4로 잇고 백5, 7 때 흑8로 걸치며 상변을 다스린다. AI의 진단은 거의 대등한 형세라고 본다.

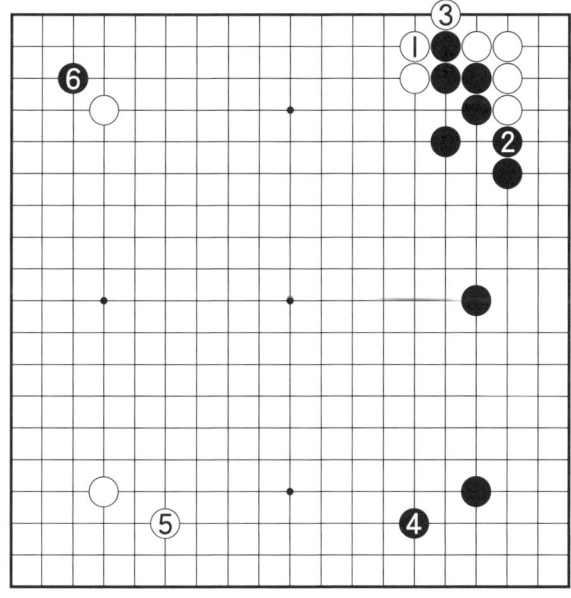

20도

20도(효율적 활용)
앞 그림 흑4 때 먼저 백1의 활용도 효율적 수순이며 흑도 2로 막고 백3에 넘겨주는 것이 무난하다. 다음 흑4와 백5로 굳히고 흑6에 침입하면 AI시대에 걸맞는 진행인데 국면은 어울렸다고 본다.

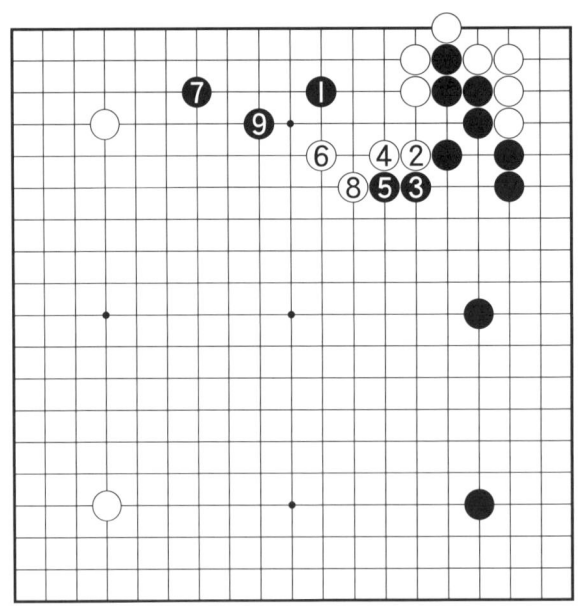

21도

21도(흑, 상변 중시)

앞 그림 백3 때 흑이 상변을 다스리고 싶다면 일단 1이 우상 백을 압박하는 요처이다.

이하 9까지 AI의 유력한 변화인데 형세는 백이 약간 편한 정도라고 본다.

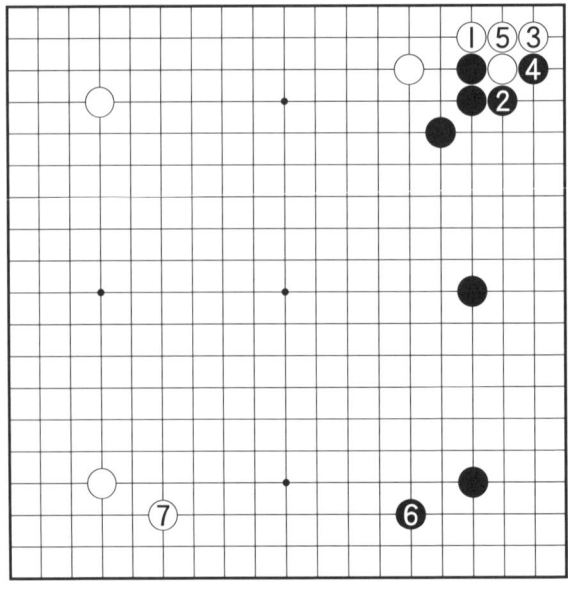

22도

22도(실전적 방안)

거슬러 올라가 18도 흑3 때 백1로 젖힌 후 5까지 귀의 간명한 처리도 AI의 실전적 방안이다.

다음 흑6과 백7로 굳히면 서로 무난하며 백이 약간 편한 정도라고 본다.

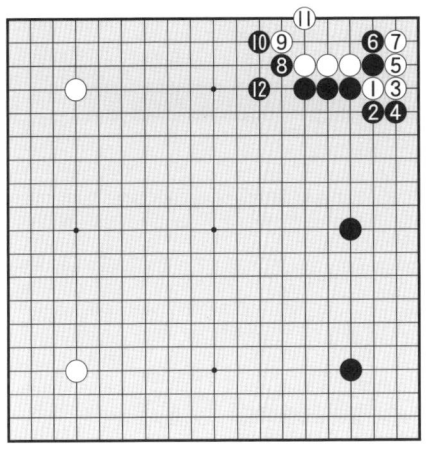

▦ 장면

우상귀 정석 공방 과정에서 백1로 귀쪽에서 끊으면 흑이 어떻게 대응할지 생각해보자.

이때 흑2로 단수친 후 12까지면 봉쇄는 했지만 귀에 견실한 실리를 허용했고 약간 얇어 흑이 미흡하다.

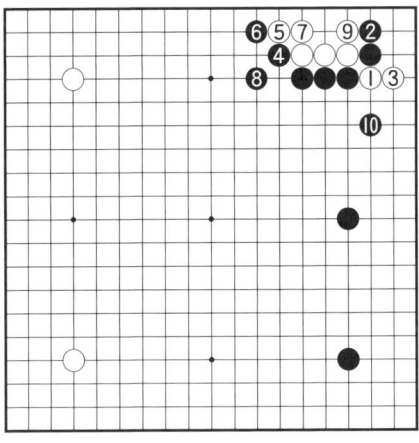

1도(포위 수순)

백1로 끊으면 흑2로 늘고 백3으로 귀를 공격할 때 흑4로 젖힌 후 10까지 포위하는 수순을 기억해둔다.

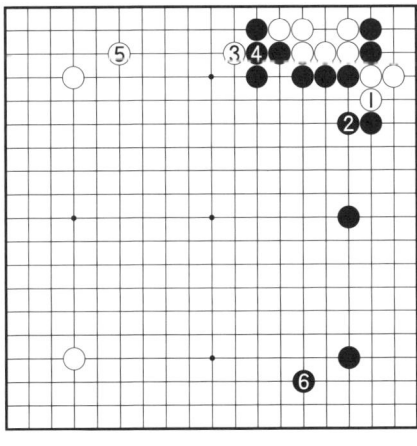

2도(귀쪽 활용하는 맛)

이다음 백1로 완전봉쇄를 피한 후 6까지 AI의 유력한 변화인데, 우상귀쪽 활용하는 맛이 남아 두터운 만큼 흑이 약간 편한 국면이라고 본다.

AI 최강 바둑 시리즈

최강 입문

인공지능 바둑시대 원리를 알고 파헤쳐 단숨에 바둑 두기! 초급자도 생각의 틀을 잡는 필독 입문서!

01 **규칙편** 264쪽 | 이하림 지음 · 진동규 감수

02 **기술편** 264쪽 | 이하림 지음 · 진동규 감수

최강 정석

인공지능 바둑시대 정석에서 진화된 수법 총정리! 혁신적인 AI의 안목으로 고정관념을 깨라!

01 **화점 기본편** 320쪽 | 이하림 지음 · 김일환 감수

02 **화점 협공편** 276쪽 | 이하림 지음 · 김일환 감수

03 **소목 정석편** 304쪽 | 이하림 지음 · 김일환 감수

최강 포석

인공지능 바둑시대 포석에서 진화된 수법 총정리! 혁신적인 AI의 안목으로 고정관념을 깨라!

01 **화점 포석편** 320쪽 | 이하림 지음 · 김일환 감수

02 **소목 포석편** 320쪽 | 이하림 지음 · 김일환 감수

인공지능 바둑시대 국면을 주도하는 능률적 전투 요령! 혁신적인 AI의 안목으로 고정관념을 깨라!

최강 전투편 280쪽 | 이하림 지음 · 김일환 감수

매일 트이는 AI 바둑 핸드북 시리즈

바둑 입문

원리를 알고 파헤쳐 단숨에 바둑 두기!

01 **기본 규칙** 160쪽 | 이하림 지음

02 **초보 사활과 수상전** 160쪽 | 이하림 지음

03 **초보 기술과 끝내기** 160쪽 | 이하림 지음

04 **초보 행마와 운명** 160쪽 | 이하림 지음

화점 정석

AI시대 바둑을 파헤친다!

01 **3르침입 · 날일자 수비** 176쪽 | 이하림 지음

02 **한칸과 눈목사 수비 · 붙임 · 양걸침** 170쪽 | 이하림 지음

03 **한칸 공격** 160쪽 | 이하림 지음

04 **두칸과 세칸 공격 · 수비 후 공격** 160쪽 | 이하림 지음